하나님의 음성

하나님의 음성

지은이 | 김병삼, 배윤주
초판 발행 | 2023. 12. 13
6쇄 발행 | 2024. 1. 2
등록번호 | 제1988-000080호
등록된 곳 | 서울특별시 용산구 서빙고로65길 38
발행처 | 사단법인 두란노서원
영업부 | 2078-3352   FAX | 080-749-3705
출판부 | 2078-3331

책 값은 뒤표지에 있습니다.
ISBN 978-89-531-4757-7   04230
　　　978-89-531-4760-7   04230(set)

독자의 의견을 기다립니다.
tpress@duranno.com   http://www.duranno.com

두란노서원은 바울 사도가 3차 전도여행 때 에베소에서 성령 받은 제자들을 따로 세워 하나님의 말씀으로 양육하던 장소입니다. 사도행전 19장 8·20절의 정신에 따라 첫째 목회자를 돕는 사역과 평신도를 훈련시키는 사역, 둘째 세계선교(TIM)와 문서선교(단행본·잡지) 사역, 셋째 예수문화 및 경배와 찬양 사역, 그리고 가정·상담 사역 등을 감당하고 있습니다. 1980년 12월 22일에 창립된 두란노서원은 주님 오실 때까지 이 사역들을 계속할 것입니다.

말씀과 함께하는
거룩한 습관,
매일만나 365

하나님의
음성

김병삼 · 배윤주 지음

두란노

차례

시편 119편으로 통독 닫기

소그룹 나눔

렉시오 디비나 콘티누아
: 성경 통독을 위한 간결하고 직관적인 묵상

성경 통독에 대한 관심과 열망은 시대와 세대를 불문하고 다양한 방식으로 계속되어 왔습니다. 그중에서도 본서는 '렉시오 디비나 콘티누아'(Lectio Divina Continua : 성경 전체, 연속 읽기) 방식을 채택했습니다. 성경 66권이 이러한 순서로 되어 있는 이유를 물으며 통독하는 방식으로서 창세기부터 요한계시록까지 66권을 한 흐름으로, 한 호흡으로 읽어 나가는 것입니다. 창세기의 '에덴동산'에서 출발하여 요한계시록의 '새 하늘과 새 땅' 즉 하나님 나라의 원형에서 마침내 완성될 하나님 나라를 바라보며 통독합니다.

이 땅에 창조의 순리와 원형대로 '하나님 나라'를 건설하시려는 하나님의 뜻과 구원의 여정들이 성경 66권의 흐름에 따라 펼쳐집니다. 하나님은 줄곧 일관되게 그분의 백성들을 불러 사명을 주십니다. '하나님 나라를 건설하는 예배 공동체!' 우리는 성경을 통해 부르심에 반응하던 사람들과 사건들을 마주하게 됩니다. 시행착오와 불순종, 돌이킴과 순종들을 묵상하면서 지금, 여기서, 내게 말씀하시는 하나님 앞에 단독자로 서게 됩니다.

'렉시오 디비나 콘티누아'는 복잡하거나 분석적인 통독이 아닙니다. 본문 안에서 말씀하시는 하나님의 음성을 간결하게, 직관적으로 묵상하는 통독입니다. 그럼에도 본서는 많은 단행본과 주석서의 지식과 연구들에 큰 도움을 받왔습니다. 본 묵상집은 독창적인 연구와 묵상의 결과물이라기보다 콘티누아 방식에 적합한 내용들을 발췌하고 소화하여 정리한 것입니다.

통독 일정과 묵상은 '6일의 통독'과 '하루의 쉼'으로 구성되어 있습니다. '성경' 본문을 읽고 묵상하는 데 집중하도록 묵상집 내용은 방향만 제시하는 수준에서 최소화하였습니다. 하루 통독 분량은 서사가 있는 책의 경우 20~30분, 족보나 시의 경우는 10분 내외로 되어 있습니다. 소예언서, 일반 서신 등은 분량이 짧더라도 내용의 밀도가 결코 가볍지 않기에 하루에 한 권의 책만 통독하도록 했습니다. 더불어 '하루의 쉼'은 소그룹과 함께 묵상 나눔의 시간으로 구성했습니다. 성경 인물들을 살펴보는 '53주 소그룹 나눔' 교재를 활용하여 더욱 풍성한 은혜를 누리시기 바랍니다.

그리스도인은 성령의 조명 아래, 예수님의 말씀으로, 하나님의 뜻을 묻고, 듣고, 순종하는 사람입니다. 기록된 말씀을 통해 하나님의 음성을 듣고, 묵상한 바를 붙들고 기도하십시오. 환경 가운데서 일하시는 하나님, 한 성령으로 지체된 이들의 입술을 통해 확증하시는 하나님을 만나며 경험하십시오. "주의 말씀은 내 발에 등이요 내 길에 빛이니이다"(시 119:105). 아멘!

우리가 하나님의 거룩한 임재 안에 자신을 신실하게 지
키고 또 그분이 우리 앞에 계시다는 것을 늘 기억한다면
그것은 우리에게 거룩한 자유를 가져다줍니다.

_로렌스 형제

말씀통독

Chapter

1

말씀으로 돌아갑시다!

성경을 통독하기 위해 준비할 사항은 단순합니다.
성경책과 구별된 시간 그리고 '듣는 마음'입니다. '하나님이 무엇을 말씀하시는가?'에 귀 기울이는 것입니다. 성경은 하나님의 숨결이 깃든 책이며 그분의 마음이 담긴 책입니다. 그래서 말씀을 읽고 듣고 깊이 묵상하며 그 말씀대로 살아가다 보면, 어느새 우리에게도 하나님의 숨결이 깃들게 됩니다. 우리 몸에 피가 돌듯 하나님의 생명이 우리의 영, 혼, 몸에 깃들게 됩니다. 성령의 조명 아래 주님의 마음을 헤아리게 됩니다.

우리는 성경 통독을 통해 하나님과 만납니다.
말씀을 읽으며 하나님과 더 친밀해지고 영성도 깊어질 것입니다. 그럼에도 기대한 만큼, 목표한 만큼 인위로 얻을 수는 없습니다. 모든 주도권은 오직 하나님께 있습니다. 그러므로 성경을 통독하기 전에 반드시 기도로 시작하십시오. "성령님, 밝히 깨닫게 해주시고 통독의 전 과정을 인도해 주십시오!" 말씀을 읽는 것은 '성령과 둘이서 하는 독서'입니다(엔조 비앙키[Enzo Bianchi] : 이탈리아 보세 초교파 수도공동체의 창립자-편집자 주).

세상에서 가빠진 숨을 하나님 말씀 앞에서 고르십시오.
내주하신 성령님과 함께 말씀의 자리에 앉으십시오. 성경을 통독하는 시간과 장소마다 성령께서 여러분과 동석하실 것입니다. 창세기부터 요한계시록까지 읽어 나가는 복된 여정, 성령과 함께 완주하시기를 축복합니다. 말씀으로 돌아갑시다!

어떤 자세로 통독에
임하고 있습니까?

❶ 통독의 자리에 성령님과 함께 앉아 있습니까?
❷ 통독과 묵상의 모든 주권을 하나님께 맡기고 있습니까?

창세기
1-5장

태초에 하나님이 말씀으로 세상을 창조하셨습니다.
혼돈과 공허와 어둠이 깊은 곳에 빛과 질서가 생겨났습니다. 하늘과 땅과 바다가 나뉘고 그 안에 각종 생명이 풍성히 채워졌습니다. 수많은 피조물이 한 가족인 듯 조화와 화목을 이루었습니다. 하나님은 모든 것을 창조하시고 보시기에 심히 좋았더라고 하셨습니다.

하나님은 하나님의 형상을 따라 인간을 만드셨습니다.
하나님과 친밀한 관계를 누리며 창조 세계를 가꾸게 하셨지만, 아담과 하와는 선악과를 취하며 하나님의 자리에 올라서려 했습니다. 지혜와 생명의 근원이신 하나님과 단절되면서 인간은 늘 '나는 누구인가'를 고민하게 되었습니다. 죽고 싶은 인생, 죽음이 두려운 인생을 살게 되었습니다. 죄로 인한 고통과 죽음이 시작된 것입니다. 존재와 관계와 노동과 삶 전체가 오염되고 왜곡되었습니다.

에덴동산은 회복해야 할 '하나님 나라'의 원형을 보여 줍니다.
우리는 생명과 지혜의 근원이신 하나님과 다시금 화목을 이루어야 합니다. 하나님이 만드신 존재와 가치대로 서로를 인정하고 존중해야 합니다. 하나님의 형상대로, 지으신 목적과 사명대로 살아가야 합니다. 하나님은 이를 위해 인간의 몸을 입고 이 땅에 오셨습니다. 하나님이신 예수님은 하나님 나라를 선포하고 가르치셨습니다. 하나님 나라가 임했을 때 어떤 일이 일어날지 '치유'를 통해 보여 주셨습니다. 예수님은 하나님 나라와 구원, 새로운 창조를 위해 십자가에 달려 죽으시고 부활하셨습니다.

우리가 회복해야 할 원형과 ❶ 하나님 안에서 발견한 나의 존재와 가치와 사명과 자리는 무엇입니까?
원복은 무엇입니까? ❷ 내가 맺은 모든 관계들 가운데 참된 평화(샬롬)가 있습니까?

어디에 속했는가?

하나님은 창조하신 순간부터 '생육하고 번성하라'고 복을 주셨습니다.
노아의 시대에도, 홍수 이후에도 하나님은 동일한 복을 주셨습니다. 그런데
사람들은 번성하여 무리를 이루게 되면서 죄를 지었습니다. 선악과, 대홍수,
바벨탑 사건에는 일정한 죄의 패턴이 반복됩니다. 아담과 하와는 먹음직하고
보암직하고 탐스럽기도 한 선악과를 '취했으며', 하나님의 아들들은 사람의
딸들의 아름다움을 보고 아내로 '취했습니다'. 바벨탑을 쌓은 사람들은 기술
과 능력을 '취해' 마천루를 지었습니다. 인간은 '보는 것'을 통해 욕망을 품고
어떻게든 '취하려고' 합니다.

우리는 늘 '육신의 정욕, 안목의 정욕, 이생의 자랑'에 유혹을 받습니다(요일 2:16).
에덴에서 추방된 이래 인간은 늘 안정과 정착을 갈망하며 떠도는 신세가 되
었습니다. '여호와의 동산' 같아 보이는 '가짜 에덴'들에 속고 유혹을 받습니다
(창 13:10). 욕망의 결과는 곧 부끄러움과 수치를 당하고 사망에 이르며 흩어
지는 것입니다. "욕심이 잉태한즉 죄를 낳고 죄가 장성한즉 사망을 낳느니라"
(약 1:15).

그럼에도 하나님은 선택하신 자들로 구원을 이루어 가십니다.
창세기 1-11장에 등장하는 족보들에는 두 가지 흐름이 보입니다. 하나는 하
나님께 속한 자들이 이루어 가는 '복과 은혜의 족보'이며, 다른 하나는 육에
속한 자들이 이루어 가는 '저주와 복수의 족보'입니다. 두 족보에 속한 이들의
삶은 극명하게 나뉩니다. 그들이 각각 어떤 가문을 이루게 되는지 주목하며
통독해 보십시오.

나는 어디에 속했습니까? ❶ 하나님께 속했습니까, 육에 속했습니까?
❷ 나를 넘어뜨리는 육신의 정욕, 안목의 정욕, 이생의 자랑은 무엇입니까?

떠나라!

셈의 후손인 데라의 가정에 아브람이 태어났습니다(11:27).
하나님은 아브람을 선택하여 부르셨고 그와 언약을 맺으셨습니다. '생육하고 번성하라'는 축복은 '땅과 민족'으로 구체화되었습니다. 하나님은 아브람에게 "고향과 친척과 아버지의 집"을 떠나라고 명하셨습니다. 하나님이 약속하신 땅을 얻기 위해서는 '익숙한 땅'을 떠나야 합니다. 일가친척의 보호와 안전망을 떠나 하나님의 날개 아래 들어가야 합니다. 모든 권리와 인맥을 뒤로하고 하나님과의 온전한 관계 속으로 들어가야 합니다.

사실 아브람의 가정에는 슬픔이 깃들어 있습니다(11:27-32).
아브람의 형제 하란은 자녀를 남긴 채 아버지보다 일찍 세상을 떠났습니다. 아브람의 아내 사래는 임신하지 못하여 자식이 없었습니다. 아브람과 그의 형제가 맞아들인 아내들은 이름으로 보건대 달 신을 숭배하던 지역 종교에 익숙한 사람들이었습니다.

* 사래와 밀가 : 달의 신인 신(Sin)의 아내와 딸의 이름

하나님은 아브람을 슬픔의 자리에서 소망의 자리로 부르고 계십니다.
그에게 참된 복과 안정을 누리게 하려고 생명의 길을 열어 주셨습니다. 유혹과 시험이 될 만한 모든 것으로부터 보호하려고 고향, 친척, 아버지의 집에서 떠나라 명하신 것입니다. 아브람은 이제 하나님 안에서 진정한 복을 누릴 것입니다. 좁은 시야에서 '복'이라 여긴 것들과 결별하고 그와 비교할 수 없는 참된 복을 경험할 것입니다. 참으로 신뢰할 만하며 의지할 분은 오직 하나님 뿐임을 깨닫게 될 것입니다.

내가 떠나야 할 고향, 친척, 　❶ 하나님 없이도 가능하다고 여기는 익숙함과 능숙함이 있습니까?
아버지의 집은 어디입니까? 　❷ 하나님보다 더 의지하며 바라는 대비책, 보호자, 멘토 등이 있습니까?

자식이 없던 아브람에게는 상속자로서 여러 대안이 있었습니다.
그중 조카 '롯'은 가장 유력한 대안이었습니다. 그러나 그는 아브람과 온전한 연합을 이루지 못했습니다. 관계는 점점 소원해져 급기야 그들이 거느리던 무리끼리 다투는 지경에 이르렀습니다. 아이러니하게도 생육과 번성의 복이 결별 사유가 되어 버린 것입니다. 분가를 앞둔 롯은 눈에 보이는 것을 따라 움직였습니다. 소돔과 고모라는 에덴처럼 보였지만 의인 10명이 없던 도시였습니다. 롯은 그곳에서 나그네와 객처럼 살았고 때로 포로가 되기도 했습니다. 결국 도시는 멸망했고 롯은 불미스러운 사건 가운데 퇴장합니다.

아브람은 또한 종 '엘리에셀'을 대안으로 생각했습니다.
그러나 하나님은 "네 몸에서 날 자가 네 상속자가 되리라"고 말씀하십니다. 아브람과 사래는 이 약속을 자기 식대로 해석하여 하갈을 통해 '이스마엘'을 낳았습니다(16:16). 두 사람에게 이스마엘은 대안이 아니라 '상속자' 자체였습니다(17:18). 하나님은 13년 후 아브람을 다시 찾아오셨습니다(16:16, 17:1). 사래의 출산 가능성은 이전보다 더욱 희박해진 상태였습니다. 그러나 하나님은 그런 사래를 통해 아들을 낳을 것이라 약속하십니다.

그들이 대안을 찾는 동안 약속은 더욱 구체화되었습니다.
이제 하나님은 아이의 어머니와 아이의 이름, 출생 시기까지 정확하게 말씀하십니다. 하나님은 아브람과 사래에게 약속에 걸맞은 새 이름을 주셨습니다(17:5, 15-16). 하나님의 계획과 역사는 인간의 유한함에 막히지 않습니다. 그럼에도 아브라함과 사라는 끝내 하나님 앞에서 '웃어 버립니다'(17:17, 18:12).

나는 하나님의 약속을 믿습니까, 대안을 찾고 있습니까?

❶ 하나님의 말씀을 내 식대로 해석하고, 대안을 응답으로 믿은 경험이 있습니까?
❷ 아브라함과 사라처럼 하나님의 약속에 '웃어 버린' 경험이 있습니까?

하나님 앞에 홀로서기

창세기
21-24장

사라는 아브라함만큼이나 이야기에 자주 등장합니다.
아브라함은 기근과 죽음의 위협 앞에서 아내를 앞세웠습니다. 하나님이 아니라 사라를 통해 위기를 모면하려 한 것입니다(12:13). 아브라함과 사라는 아담과 하와를 닮았습니다. 하와가 선악과를 주었듯, 사라는 여종 하갈을 주었습니다. 아담과 아브라함은 말씀을 듣고도 마음을 지키지 못했고 하와와 사라의 의견대로 선악과와 하갈을 취했습니다(3:6, 16:2).

잘못된 선택은 후손들에게까지 큰 짐으로 남습니다.
아담으로 인해 세상에 죄가 들어오고 모든 사람이 사망에 이르렀습니다(롬 5:12). 아브라함의 선택으로 인해 이삭의 자손들은 '이스마엘의 자손'이라는 적들과 맞서야 했습니다(25:18). 롯의 자손들 역시 훗날 이스라엘에게 걸림돌이 됩니다(민 22-25장). "자기의 육체를 위하여 심는 자는 육체로부터 썩어질 것을 거두고"(갈 6:8).

아브라함은 75세에 부름받았지만 여전히 홀로 서지 못했습니다.
하나님은 그런 아브라함에게 어려운 시험을 치르게 하십니다(22:1-2). 아브라함은 더 이상 사라를 의지하지 않고 모리아산을 향해 떠납니다. 3일의 여정 동안 수많은 생각과 감정들이 아브라함을 괴롭혔을 것입니다. 그러나 그는 하나님 앞에 순종하기로 결단했습니다. 일평생 기도하며 기다려 온 귀한 아들 '이삭'을 내려놓기로 했습니다. 아브라함이 홀로 서서 온전히 순종했을 때 하나님은 그의 믿음을 인정하셨습니다. "내가 이제야 네가 하나님을 경외하는 줄을 아노라"(22:12). 이후 사라에 관한 기록은 사망 소식뿐입니다(23:1).

나는 하나님 앞에서
신앙적인 독립을
이루었습니까?

❶ 현실적인 방안과 조언과 상식보다 하나님을 의지합니까?
❷ 영적인 조언이나 중보보다 하나님을 의지합니까?

아브라함의 아들 이삭이 아내를 맞을 때가 되었습니다.

아브라함은 '여호와 이레'의 하나님을 신뢰하며(22:14) 며느리 리브가를 맞는 전 과정을 하나님께 위임했습니다(24장). 또한 상속자인 이삭을 위해 주변을 정리했습니다(25:6, 18). 리브가는 아브라함의 족속에 속한 정숙한 소녀로 긍휼과 배려의 마음, 건강한 체력을 지닌 여인이었습니다. 리브가는 지체하지 않고 하나님의 인도하심에 적극 반응합니다. 마치 아브라함이 고향, 친척, 아버지의 집을 떠난 것과 같습니다. 이삭은 리브가를 사랑했고, 그에게 어머니의 빈자리를 내주었습니다.

이삭 이야기는 분량이 짧고 대부분 조용하고 평온합니다.

이삭의 가정도 오랫동안 그의 부모와 같은 문제를 겪었습니다. 그러나 이삭은 리브가를 위해 중보하며 하나님께 전권을 위임했습니다. 이로써 리브가의 20년 난임과 임신은 단 한 줄로 기록됩니다(25:21). 이삭은 모리아산에서 순순히 자신을 제물로 드린 바 있습니다(22:7, 9). 그는 평생 한 아내와 살았고 분쟁 대신에 평화를 택했습니다(26:12-33).

그러나 이삭의 성품은 때로 모호하고 불분명해 보입니다(26-27장).

이삭은 아내를 보호하지 못했고 가장으로서 중심을 잡지 못했습니다. 이삭은 온유한 사람이었고 기도하는 사람이었지만, 그 또한 유한한 인간일 뿐 완벽한 사람은 아니었습니다. 모든 상황 가운데서 닫힌 태를 여시고 언약을 이루어 가시는 분은 오직 한 분입니다. 아브라함의 하나님, 이삭의 하나님, 야곱의 하나님이십니다. 그 하나님께서 오늘도 나를 위해 일하고 계십니다.

나는 하나님을 전적으로
신뢰하며 모든 것을
위임합니까?

❶ 이삭처럼 중보하며, 억울한 때에도 하나님의 방식을 택합니까?
❷ 야곱처럼 '인위적인 방식'을 선택하지 않습니까?

흥정하는 인생

창세기
29-31장

야곱은 늘 흥정하는 인생을 살았습니다.
팥죽과 장자권으로 형과 흥정했고, 아내를 얻고자 장인과 흥정했습니다. 품 삯을 두고 라반과 흥정한 야곱은 치밀하고도 발 빠르게 움직였으며, 오고 갈 말들이나 피할 방법과 경로까지 예상하고 대비했습니다. 야곱은 가족마저도 우선순위에 따라 순서를 매겼습니다(33:1-2). 야곱은 심지어 하나님과도 흥정 했습니다. 그는 무사귀환을 조건으로 성전과 예물을 서원합니다(28:21-22). 야 곱은 하나님마저도 자신이 선택할 수 있는 대상처럼 여겼으며, 끝까지 자기 자신을 위해 하나님과 씨름했습니다(32장).

야곱은 축복을 위해 형과 아버지를 속였습니다(27장).
그런 야곱은 훗날 장인에게 속고, 아내와 아들들에게도 속습니다. 야곱의 아내 들도 남편 야곱처럼 계산하고 흥정하는 모습을 보입니다(30장). 야곱은 딸을 범 한 후 아내로 달라며 찾아온 '흥정꾼'들을 맞아야 했습니다. 야곱은 속고 속이 며, 흥정하고 흥정당하는 인생을 산 것입니다(29:25, 31:7, 32, 34:8-12, 37:31-32).

야곱은 이토록 비열하고 험악한 삶을 살 필요가 없었습니다.
하나님은 이미 야곱을 선택하셨고(25:23) 야곱에게 약속하셨기 때문입니다. "내가 너와 함께 있어 네가 어디로 가든지 너를 지키며 너를 이끌어 이 땅으 로 돌아오게 할지라 내가 네게 허락한 것을 다 이루기까지 너를 떠나지 아니 하리라 하신지라"(28:15). 야곱은 하나님의 복과 언약을 갈망하는 듯했지만, 실상은 철저히 인위적인 방식으로 스스로 쟁취하는 삶을 살았습니다. 그는 소유와 자기 안전과 욕망을 추구하며 살았습니다.

나는 무엇을 위해
살고 있습니까?

❶ 재산과 소유와 안전만을 하나님의 복이라 여기지 않습니까?
❷ 일과 관계와 신앙에서 유불리(有不利)를 계산하며 흥정하지 않습니까?

야곱은 에서와 씨름하여 장자권을 얻었습니다(25, 27장).
그리고 라반과 씨름하여 아내와 자손과 재산을 얻었습니다(29-31장). 그런데
이제 야곱은 얍복강에서 떨고 있는 신세가 되었습니다(32:11). 야곱은 자수성
가했지만 금의환향할 '집'이 없었습니다. 본가인 가나안 땅으로 돌아가자니
형과의 관계가 걸리고, 외가(처가)인 밧단아람으로 돌아가자니 장인과의 관계
가 걸립니다. 씨름에서 내내 이긴 줄 알았으나 실상은 진 것입니다.

야곱은 약속을 기억하며 하나님의 이름을 부릅니다(32:9).
하나님이 아니고는 더 이상 방법이 없음을 깨닫게 된 것입니다. 그럼에도 야
곱의 자아는 하나님 앞에 굽힐 줄 모르고 끝까지 버티다가 결국 허벅지 관절,
둔부 힘줄을 맞고 절뚝거리게 됩니다(32:25). 하나님은 야곱에게 '이스라엘'이
라는 새 이름을 주셨습니다. 오랜 세월 이기고만 싶던 야곱은 실상 패배자였
습니다. 그러나 하나님 앞에 엎드려 매달리자 비로소 '이긴 자'가 되었습니다.
하나님은 야곱의 생명을 보전하시고 형으로부터도 은혜를 입게 하셨습니다.
곤경 가운데서 피할 길을 내시고 야곱과 가족을 구해 주셨습니다.

야곱과 권속들은 벧엘로 돌아갑니다.
야곱은 정결함으로 새 옷을 입고 하나님께로부터 언약의 상속자임을 확인받
았습니다(35:2-4, 10-12). 외가(라반)와의 연도 다 정리되고 이삭의 날도 멈췄습
니다(35:8, 35:27-29). 에서의 집은 세일로 이주하여 야곱과 분리된 공동체를 이
뤘습니다(36장). 이로써 이야기는 새로운 장으로 넘어가 야곱의 열두 아들을
조명합니다(35:23-26).

나는 누구와, 무엇을 위해
씨름하고 있습니까?

❶ 이겼지만 졌습니까, 졌지만 이겼습니까?
❷ 스스로 버티고 있습니까, 하나님께 매달리고 있습니까?

010

창세기
37-40장

야곱의 가정은 언약이나 축복과는 거리가 멀어 보입니다.
네 명의 아내, 배다른 아들들 사이에는 늘 불화가 끊이지 않았습니다. 야곱은
형을 만나는 절체절명의 순간에 가족을 줄 세웠습니다(33:2). 가족은 그때 야
곱의 진심을 확실히 알게 되었을 것입니다. 한결같은 야곱은 결국 요셉에게
'채색옷'을 입혔습니다(37:3).

그런데 하나님께서 선택하신 또 한 사람이 있습니다.
갑작스럽게 끼어든 38장은 '유다(지파)'의 특별함을 암시합니다. 유다는 형제
들을 주도하며 훗날 가문을 대표하는 모습으로 등장합니다(37:26-27, 44:14-
34, 46:28, 49:9). 그가 다말에게서 낳은 베레스는 다윗-예수 그리스도까지 연
결됩니다(38장, 룻 4:12, 18-22, 마 1:1). 하나님은 그렇게 장자권을 유다와 요셉에
게 나누어 주십니다. 유다(지파)에게는 통치권을 주시고 계보를 잇게 하시며
(49:9-12), 요셉(에브라임, 므낫세)에게는 두 몫의 땅을 주십니다(48:3-6).

왜 에서가 아니라 야곱이었을까요? 왜 요셉과 유다였을까요?
'선택'은 오로지 하나님의 주권입니다(17:18-19, 25:23, 48:14-20). 하나님의 선
택은 세상이 정한 순서와 같지 않습니다(삼상 9:21, 16:11-12, 왕상 1:30). 하나님
의 선택에 '당연한 것' '본래 그런 것'은 없습니다. 선택받았다는 것이 곧 '완전
함'을 의미하는 것은 아닙니다. 하나님은 천지에 있는 모든 것과 시간을 꿰뚫
어 아시며(시 102:25-27), 사람의 중심과 이면의 모든 것까지 알고 계십니다(삼
상 16:7, 요일 3:20). 다 이해하거나 헤아릴 수 없어도 하나님께는 분명한 이유가
있습니다. 하나님의 부르심에는 결코 후회하심이 없습니다(롬 11:29).

나는 하나님의 선택과   ❶ 하나님께서 결정하신 모든 일을 인정하고 용납합니까?
주권을 인정합니까?   ❷ 하나님께서 선택하신 사람들을 인정하고 용납합니까?

20

'최대치'의 은혜

요셉은 일생 동안 여러 번 '옷'을 갈아입게 됩니다.

아버지의 편애로 채색옷을 입었지만 형들에 의해 벌거벗겨지고, 주인의 눈에
들었지만 그를 유혹한 주인의 아내에게 겉옷을 낚아채입니다. 억울하게 죄수
의 옷을 입었지만 파라오를 알현하며 환복한 요셉은 마침내 국무총리에 올라
세마포 옷을 입게 됩니다. 그의 인생이 마치 롤러코스터를 타는 것 같습니다.
그러나 요셉은 높은 곳과 낮은 곳을 오가는 와중에도 각각의 자리에서 늘 '최
대치'의 신뢰와 전권을 받았습니다. 하나님께서 요셉과 늘 함께하셨기 때문
입니다.

형들은 요셉을 팔며 '너의 꿈은 이제 끝이다' 여겼을 것입니다.

그러나 하나님은 오히려 그 일을 통해 요셉의 꿈을 이루셨습니다. 하나님은
요셉을 13년 동안 고관의 집과 왕의 감옥에 머물게 하심으로 만나야 할 사람
을 만나고 필요한 것들을 익히도록 하셨습니다. 또한 그 기간 동안 요셉의 형
들을 만지셨고, 꿈으로 인해 파라오가 요셉을 찾도록 하셨습니다.

때가 되었을 때, 하나님은 요셉을 총리로 높이셨습니다.

때가 되었을 때, 하나님은 요셉과 형제들이 재회하게 하셨습니다. 요셉은 그
간의 훈련을 통해 총리로서 '최대치'의 역량을 발휘할 수 있었습니다(41:38, 54,
47:20, 26). 요셉과 형들은 서로를 받아들일 수 있을 때 마주 서게 되었습니다.
하나님은 인간의 연약함과 사악함에 막히지 않으십니다. 우발적이고 불가항
력적인 상황들에도 멈추지 않으십니다. 하나님은 '최적의 때'에 '최대치의 은
혜'를 누리게 하십니다.

나는 하나님의 때와 방법을 　❶ 인간의 연약함과 사악함에도 막힘없이 일하시는 하나님을 믿습니까?
신뢰하며 순종합니까? 　❷ 하나님과 함께할 때 누리는 형통과 '최대치의 은혜'를 믿습니까?

012

창세기
44-47장

다 알지 못할지라도

요셉은 마침내 이집트의 국무총리가 되었습니다.
큰 권한을 부여받고 명망 있는 제사장 가문의 딸과 혼인도 하였습니다(41:41-45). 요셉은 이집트의 일원이자 유력인사로서 고위층과 어깨를 나란히 하면서도 언약 공동체의 일원이며 하나님의 백성이라는 정체성을 잊지 않았습니다. 요셉의 형제들은 지금까지 '야곱의 아들' 혹은 '요셉의 형들'로 불렸지만, 식량을 사러 가는 대목에서는 '이스라엘의 아들들'로 불리고 있습니다. 이제부터 성경은 민족(이스라엘)의 미래가 결정될 중요한 대목마다 그들을 '이스라엘의 아들들'이라 부를 것입니다(42:5, 45:21, 46:5).

하나님은 이스라엘의 가족들을 입(入)애굽 하게 하셨습니다(46:1-27).
하나님의 때에 그들은 출(出)애굽 하게 될 것입니다(46:4, 47:29-30, 50:25). 하나님은 출애굽 때까지 이스라엘이 민족과 신앙의 순수성을 지킬 수 있도록 '고센' 땅을 예비해 주셨습니다(46:34, 참고 44:32). 하나님은 요셉을 먼저 보내어 언약 백성을 보존하셨으며, 세상 사람들 또한 살리게 하셨습니다(45:6-11, 47:27, 13-16, 50:20). 요셉의 이야기는 한 개인과 가정사, 평범한 일상을 넘어 하나님의 구원사에 꼭 필요한 퍼즐의 한 조각이었던 것입니다.

아브라함도 당시에 하나님께서 하신 말씀을 다 헤아리지 못했습니다(15:12-21).
야곱과 그의 가족 역시 지금 겪는 일을 전부 깨닫지는 못할 것입니다(46:3-4). 우리 역시 '큰 흑암과 두려움'과 같은 막막한 일을 겪을 때가 있습니다(15:12). 눈앞에 벌어지는 일들이 의미하는 바와 미래의 일들을 다 알 수 없습니다. 그러나 하나님은 언제나 자신이 하신(하실) 일을 분명히 알고 계십니다.

큰 흑암과 두려움이
밀려올 때가 있습니까?

❶ 알 수 없는 미래로 인해 두렵고 막막했던 경험이 있습니까?
❷ 당시에는 이해할 수 없었지만 훗날 주님의 섭리였음을 깨달은 경험이 있습니까?

반드시 돌아가라!

야곱은 맡기신 사명의 구간 그 마지막에 서 있습니다.
이제부터 그는 야곱이 아니라 '이스라엘'로서 말합니다(48:8, 49:2). 한 가정의
가장이 아니라 민족의 시조로서 말하는 것입니다. 야곱(이스라엘)은 요셉(아들
들)의 소속과 정체성을 확실히 합니다. 그들은 이집트인이 아니라 언약 공동
체의 일원입니다(48:5-6, 8-9, 16). 그러므로 요셉 자손은 반드시 '조상의 땅'으로
돌아가야 합니다(48:21). 야곱은 에브라임과 므낫세를 아들로 입양하고 각각
의 몫을 줍니다. 이로써 요셉은 두 몫 즉 통상적인 장자권을 받게 되었습니다.
* 요셉 족속은 가나안 정복 후 두 몫의 땅을 분배 받게 되며 분열왕국 이후 북왕국의 구심점이 된다(수
16-17, 18:5).

그러나 장자권 중 통치권과 계보는 유다에게 돌아갑니다(49:10).
유다 자손 중에 왕과 메시아가 날 것입니다(참고 시 78:67-68). 유다 지파가 형
제들을 통치하는 데는 정해진 기한이 있습니다. "실로가 오시기까지" 즉 참
통치자(메시아)가 오실 때까지입니다(49:10, 겔 21:27). 하나님은 어떤 자가 기업
과 축복을 받을 자인지, 어떤 자가 저주에 가까운 삶을 살게 될 것인지 말씀
하십니다(49장). 축복과 저주의 상당 부분은 그들의 삶이나 인격과 연관됩니
다. 야곱의 인생이 그러했듯이(47:9), 그의 아들들도, 우리도 하나님 앞에서
심은 그대로 거두게 될 것입니다.

야곱은 자신을 선조들과 함께 장사하라고 신신당부합니다.
요셉 역시 자기 유골을 약속의 땅에 묻으라고 유언했습니다. 야곱의 장례는
성대했으며 파라오와 고관들과 온 이집트가 슬퍼했습니다. 요셉의 영향력은
아직 막강하지만 장차 '새 왕'이 일어날 것입니다(50:3, 7, 11, 출 1:8). 이스라엘
은 '약속의 땅' 가나안으로 반드시 돌아가야 합니다(49:29-31, 50:24-25).

나는 분명한 소속과 　　❶ '애굽'에서의 지위와 권력, 풍성함에 만족하며 안주하지 않습니까?
정체성을 갖고 있습니까? 　❷ '약속의 땅'을 기억하며 사명의 구간을 달려가고 있습니까?

014

왜 머뭇거리는가?

출애굽기
1-4장

하나님은 기근의 때에 언약 백성의 생명을 보존하셨습니다.
요셉을 먼저 보내어 이스라엘의 아들들을 입(入)애굽 하게 하셨으며, 그곳에
사는 동안 생육하고 번성하여 강한 민족이 되게 하셨습니다(1:7). 하나님은
400년이 지나도록 신실하게 약속을 지키신 것입니다. 그러나 이스라엘은 신
실하지 않았습니다. 하나님을 두려워하고 신앙을 지킨 사람들이 있는가 하면
(1:17), 많은 이들이 하나님을 잊고 이집트 신들을 섬겼습니다(수 24:14). 반드
시 돌아가야 할 '약속의 땅'도 점점 잊혀졌습니다.

하나님은 이스라엘을 출애굽시키려 '모세'를 택하셨습니다.
모세는 부르심 앞에서 과거의 상처와 현재의 초라함 때문에 머뭇거립니다.
더구나 그는 요셉 자손이나 유다 자손이 아닌 레위 자손이었습니다(2:1, 6:14-
27). 야곱의 유언으로 보건대, 레위 출신의 리더가 환영받기는 쉽지 않을 것
입니다. 가뜩이나 지도자로서 거부당한 과거의 트라우마가 있기에 모세는 무
슨 명분으로 백성 앞에 서야 할지 망설였습니다(창 49:5-6, 출 2:14).

하나님은 모세에게 필요한 능력과 사람들을 주셨습니다(4:8-17).
하나님은 모세를 상처와 편견을 넘어 하나님의 종이자 탁월한 지도자가 되게
하셨습니다. 하나님은 레위 자손에게도 사명과 자리를 맡겨 주셨습니다(신
34:9-12, 민 3장). 하나님은 엄혹한 시절에도 신실하게 일하십니다. 백성들의 배
신에도 불구하고 자기 백성을 돌보며 구원하십니다. 하나님은 상처와 두려움
으로 움츠러든 모세를 빚어 가시며, 내적인 갈등과 장애물을 딛고 성장하도
록 이끄십니다.

하나님의 부르심 앞에 나는 ❶ 머뭇거리게 하는 과거의 상처와 출신과 배경이 있습니까?
어떤 두려움이 있습니까? ❷ 현재의 상황과 능력, 은사의 부족함으로 인해 머뭇거리고 있습니까?

요셉으로 인해 환대받던 이들은 이제 '노예'가 되었습니다.
종살이할 뿐 아니라 민족 전체가 말살당할 위기에 처했습니다(1:11, 16). 출애굽기는 이집트를 탈출하는 이야기이지만 '해방'이 전부는 아닙니다. 탈출이 일단락되는 15장 뒤에도 25장이 남아 있습니다. 출애굽으로 모든 문제가 단번에 끝난다면 얼마나 좋을까요? 금세 '홍해'에 막히고 '군대'에 쫓기는 것이 우리의 인생입니다(14장).

하나님은 탈출과 해방뿐 아니라 약속의 땅으로 인도하실 것입니다.
① 하나님은 '언약'을 기억하셔서 백성들을 해방시키실 것입니다(3:6, 10, 15, 4:5, 6:3, 5-6). ② '사람의 종'에서 해방된 백성들은 이제 '하나님의 종'이 될 것입니다. 하나님이 누구신지 깨닫는 자들은 기꺼이 그분을 영접하며 예배할 것입니다(3:12, 18, 4:22-23, 5:1, 3, 8:27, 9:1-13). ③ 언약 백성들은 하나님과 함께 '약속의 땅'을 향해 행진할 것입니다(3:8, 17, 6:4, 8).

해방과 거듭남의 과정도 순탄치 않습니다.
공동체 안팎에서 부정과 불만이 일고 핍박이 불어닥칩니다(5장). 모세의 리더십이 흔들리고 모세 스스로도 도망칠 길을 찾습니다. 그러나 하나님께서 반드시 이 일들을 이루실 것입니다(6장). 모세와 아론은 그분이 세우신 도구일 뿐입니다. 하나님은 열 가지 재앙을 통해 이집트 신들의 실체를 보이십니다. 그들이 숭배하던 신들은 모두 헛된 우상일 뿐입니다(합 2:18). 오직 하나님만이 예배받기에 합당하신 참 하나님이십니다.

나는 자유와 해방만
바라고 있지 않습니까?

❶ 문제 해결을 위해서만 하나님을 부르는 것은 아닙니까?
❷ 하나님을 신뢰하며 끝까지 동행할 준비가 되어 있습니까?

016

출애굽기
9-12장

무엇을 의지하고 있는가?

열 가지 재앙은 누가 참 신인지를 명확히 보여 줍니다.
창조주 하나님은 모든 자연 만물을 자유자재로 움직이시지만, 이집트 술사들은 흉내만 낼 뿐, 그마저도 문제를 가중시킬 따름입니다. 그들은 재앙으로부터 제 몸 하나 건사할 수 없는 피조물에 불과하지만, 하나님은 모든 피조물을 창조하신 유일한 하나님이십니다(7:22, 8:7, 18-19, 9:11). 8가지 재앙이 지나고 흑암이 온 이집트를 덮었습니다. 가장 강력한 신으로 추앙받던 태양신과 그 아들 파라오를 치신 것입니다. 영원하신 하나님의 빛 앞에 태양(파라오)은 그 즉시 빛을 잃었습니다.

이집트의 신들과 파라오는 그들의 백성을 지키지 못했습니다.
그러나 하나님은 자기 백성을 철저히 보호하시며 구원하십니다(8:22, 9:26, 11:7). 하나님은 자기 '아들들'을 죽음으로 내몬 이집트에 똑같이 갚으십니다(1:16). 마지막 '장자의 죽음' 재앙은 단순히 파라오를 항복시키려는 목적을 넘어 '맏아들' 이스라엘에 대한 하나님의 신실하신 구원이며 부르심입니다(4:21-23, 13:13).

하나님께 속한 자와 아닌 자의 끝은 빛과 어둠의 대비만큼이나 분명할 것입니다.
하나님을 믿는가, 믿지 않는가가 생사를 가르게 될 것입니다(12:12-14, 유월逾越). 출애굽 행렬은 '도주'가 아니라 존귀한 아들들로서의 '개선'이었습니다. 하나님을 믿고 따르는 자들의 구원 행렬이었습니다(12:35-36, 38).

나는 헛된 것을 믿거나
의지하지 않습니까?

❶ 나를 지켜 줄 것이라고 굳게 믿는 것이 있습니까?
❷ 건강과 안전과 재앙과 재난에 대비하여 의지하는 것이 있습니까?

왜 하나님은 유월절과 무교절을 지키라고 명령하실까요?

왜 대대로 출애굽 하나님의 구원을 기억하고 기념하라고 하셨을까요? 인간은 금세 하나님과 그분이 행하신 구원을 잊어버리기 때문입니다. 많은 간증에도 불구하고 인간은 매번 흔들리며 조금의 여지만 있으면 고개를 들고 반항합니다(13:17, 14:3, 5-7, 10-12, 15:24-25). 구원은 온전히 하나님의 인자하심에 기댈 수밖에 없습니다. 인간의 성품에 기댄다면 언약은 벌써 폐기되었을 것입니다. 하나님은 밤낮 백성들을 떠나지 않고 구름기둥과 불기둥으로 인도하십니다. 홍해를 가르고 그 가운데로 걷게 하십니다(13:21-22, 14:29, 15:19).

홍해 사건은 하나님의 성품과 구원을 명확히 드러냅니다.

① 하나님의 구원은 바다로도, 병거로도 막을 수 없습니다. ② 하나님의 구원에는 결코 소외되는 존재가 없습니다(14:29). ③ 그럼에도 스스로 구원에서 소외되는 자들이 있을 것입니다(14:5, 30). 사실 홍해가 갈라진 것만이 기적은 아닙니다. 병거가 쫓아오는데도 남녀노소, 장애인, 가축까지 모두 건넌 것도 기적입니다. 출애굽 대열에 합류한 수많은 잡족 즉 언약 백성이 아닌 자들까지도 하나님을 경외하며 믿게 된 것 또한 기적입니다(12:37-38, 14:31).

그럼에도 여전히 백성들은 망각하고 불평하고 저항합니다.

이스라엘의 배은망덕함에도 불구하고 우리의 힘이요, 노래요, 용사이신 하나님은 자기 백성을 인도하셔서 거룩한 처소에 들어가게 하실 것입니다. 광야를 지나며 하나님의 백성으로 거듭나게 하실 것입니다(15:2-3, 11-13, 25-26, 16:4).

오늘 내 삶에도 하나님의   ❶ 하나님과 함께 '홍해'와 '병거'를 넘어서고 있습니까?
기적이 일어나고 있습니까?   ❷ '모든 지체들'과 함께 구원의 여정을 지나고 있습니까?

주님 외에
다른 수가 있습니까?

백성들은 광야를 지나며 일종의 테스트를 치렀습니다(16:4).

과연 이스라엘은 선민이란 호칭에 걸맞게 좋은 점수를 받았을까요? 이스라엘은 먹고 사는 것과 욕망에 사로잡힌 본능의 사람들이었습니다. 그들은 매 순간 하나님을 불신하며 불순종할 준비가 되어 있었습니다. 이스라엘은 하나님의 테스트에 철저히 낙제점을 받고 말았습니다.

이스라엘에게 하나님 외에 다른 수가 있었던 걸까요?

그들은 노예였고 민족이 말살될 위기에 놓여 있었습니다. 출애굽 이후에도 홍해에 막히고 병거에 쫓겼습니다. 홍해를 건너자 이번엔 광야가 그들을 기다리고 있었습니다. 애초에 하나님 없이는 출애굽도, 홍해를 건너는 일도 불가능했습니다. 하나님 없이는 광야에서의 생존도, 앞날의 일도 장담할 수 없습니다. 그럼에도 백성들은 이집트에서 광야에 이르기까지 늘 불순종했습니다. 하나님은 그런 이스라엘을 먹이고 살리고 보호하셨습니다(16:6, 12, 17:6, 16, 18:3-4, 13-27).

하나님은 이스라엘의 민낯을 보셨습니다.

그들은 언약을 맺을 만한 사람들이 아니었습니다. 적합하지 못한 성품을 지녔으며 하나님에 대한 신뢰도 없었습니다. 언약에 대한 의지도 없었습니다. 하나님께서 계약을 철회할 이유와 조건은 충분했습니다. 그럼에도 다행히 하나님의 은혜는 여기서 멈추지 않았습니다. 완벽한 불순종으로 점철된 2개월의 광야 생활이었음에도 하나님은 백성들을 시내산 언약으로 초대하십니다 (19:1-6). 하나님의 백성으로 삼으며 사랑의 법을 수여해 주십니다.

주님 외에 다른 수가
있습니까?

❶ 나의 인생에 '출애굽' 해방의 경험이 있습니까?
❷ 광야를 지날 때 내려 주신 '만나와 메추라기'의 은혜가 있습니까?

시내산 언약

시내산 언약은 성경 전체로 볼 때 매우 중요한 사건입니다.
'이스라엘'이라는 민족과 국가가 탄생하는 순간이기 때문입니다. 이스라엘은
야곱의 자손으로만 이루어진 단일민족이 아니었습니다. 오랜 세월 이집트에
살면서 혼인 등을 통해 이미 다양한 구성원들이 공동체로 유입되었고, 출애
굽 때 합류한 여러 족속들도 시내산 언약의 현장에 함께 있었습니다(12:38).

"너희가 내 말을 잘 듣고 내 언약을 지키면…"(19:5).
하나님께서 백성들에게 요구하시는 것은 단 하나, '신실함'입니다. 언약 공동
체의 일원으로서 갖춰야 할 유일한 조건입니다. 하나님은 출애굽 과정을 지
나며 자신이 어떤 존재인지 스스로 증명하셨습니다(20:2). 이제 이스라엘이
하나님 앞에서 결단하고 응답할 때입니다(24:1-11). 시내산 언약은 특권인 동
시에 책임과 의무를 동반합니다. 하나님은 자기 백성의 삶 전반을 책임져 주
실 것입니다(20:12-17). 백성들은 하나님을 어떤 형상이나 틀 속에 가두지 말
고 늘 하나님을 '하나님'으로 대해야 합니다(20:4-5, 7).

이스라엘은 '예배 공동체'로 거듭날 것입니다(민 10:10).
그들은 시내산에서 일 년간 생활하며 하나님만 믿고, 하나님만 바랄 것입니
다. 그들은 하나님의 소유이며 제사장 나라이며 거룩한 백성으로서의 비전을
품고(19:5-6), 새로운 존재로서 새로운 사명과 성품과 삶의 방식을 배워 갈 것
입니다. 이스라엘은 율법을 통해 보이신 언약 백성으로서의 삶을 살아가야
합니다(20:3-17, 20-23장).

나의 삶에는 하나님
백성으로서의 품위와
권위가 나타나고 있습니까?

❶ 하나님의 마음으로 '종, 나그네, 고아, 과부'를 바라보고 있습니까?
❷ 하나님을 경외하며 정의와 공의대로 살아가고 있습니까?

020

성막의 은혜

**출애굽기
25-28장**

하나님은 백성들을 이집트 종살이에서 해방시키셨습니다.
그들은 이제 '사람의 종'이 아니라 '하나님의 종'이 되어야 합니다. 하나님과 늘 동행하며 예배하는 백성이자 신앙 공동체가 되어야 합니다. 이를 위해 하나님은 이스라엘과 시내산에서 언약을 맺으셨으며, 백성들에게 '율법'과 '성막 도안'을 주셨습니다.

'율법'은 하나님의 약속과 언약 백성이 갖춰야 할 삶의 양식을 다룹니다.
하나님께 전권을 위임하며 순종하는 자들에게 펼쳐질 언약 백성의 삶, 공동체의 비전과 청사진이 하나님의 법 안에 담겨 있습니다(20-23장). 한편 '성막'은 하나님의 임재를 상징합니다. 성막은 하늘과 땅이 만나는 곳이며(회막會幕) 하나님이 늘 함께하시는 '임마누엘'의 표시입니다(25:8, 40:34-38, 레 9:22-24, 16:2, 민 9:15-23). 하나님의 뜻이 땅에 들리고 이루어지는 거룩한 장소입니다(왕상 8:30).

이스라엘은 어디로 가든지 정중앙에 성막을 배치했습니다(민 2장).
언약 백성의 삶은 성막 중심, 하나님 중심으로 전개됩니다. 하나님이 언약을 맺으며 '율법'과 더불어 '성막 도안'을 주신 것은 이스라엘이 '받아 주신 은혜'를 잊고 죄지을 것을 아셨기 때문입니다. 백성들은 배은망덕할지라도 하나님은 언약을 기억하실 것입니다. 죄인이라도 돌이켜 하나님을 향할 때 받아 주실 것입니다. 성막은 죄지었을 때조차 돌아가야 할 거룩한 공간과 방향을 제시합니다. 이렇듯 중요한 성막이기에 출애굽기는 성막에 관한 지침과 제작 전 과정을 매우 자세히 기록하고 있습니다(25:1-31:18, 35:1-40:38).

내 삶은 매 순간 '하나님의
임재'를 경험하고 있습니까?

❶ 하나님이 내 삶의 중심이며 기준이 되십니까?
❷ 나는 매일 하나님을 바라며 '예배'하는 삶을 살고 있습니까?

30

두려움과 정결함으로

성막과 제사에 관한 본문은 때로 무미건조하게 느껴집니다.
그러나 이 모든 것은 하나님께서 주신 '은혜의 선물'입니다. 죄로 인해 하나님
앞에 나아갈 수 없는 죄인들이 성막(제사)을 통해 다시금 하나님 앞에 설 수 있
게 된 것입니다. 이렇듯 하나님은 은혜로운 분이지만 함부로 대할 분이 아닙
니다. 성막은 터에서부터 커튼과 휘장을 통해 주변과 철저히 '구별'됩니다. 레
위인들은 성막을 유지, 보수하고 성막에 함부로 접근하려는 이들을 막는 완
충 역할을 합니다. 제사장은 의복, 매무새, 마음가짐, 속죄, 정결 등에서 성별
되게 세워져야 합니다(26-27장, 28:36, 29:1-37, 민 1:51, 53, 28장).

**하나님께서 '두려움과 정결'을 강조하시던 때, 백성들은 최악의 반역을 저질
렀습니다.**
출애굽 구원의 하나님을 금송아지로 대체해 버린 것입니다(32장). 그들은 '창
조주 하나님'을 '피조물'로 만들어 냈습니다. 하나님의 말씀을 정면으로 대적
하는 큰 죄를 지은 것입니다. 하나님은 보이지 않고 헤아릴 수 없기에 '하나
님'이십니다. 그러나 이스라엘은 보고 듣고 만질 수 있는 신을 바랐습니다.
눈앞에서 진두지휘하던 모세마저 40일 동안 보이지 않자, 백성들은 자기 필
요를 즉석에서 채워 줄 신을 만들어 냈습니다.

이스라엘은 '하나님과 함께한다는 것'의 진중함을 깨달아야 합니다.
정결함으로 '여호와의 편'에 있는 자가 되어야 합니다(32:26). 결국 '금송아지'
사건으로 3천 명 가량이 죽었습니다(32:28). 아론은 변명했으나, 모세는 백성
들을 위해 중보합니다(32:30-35). 하나님 앞에서는 죄를 감추거나 핑계 댈 수
없습니다(32:22-25, 창 3:12).

'하나님과 함께한다'는 것의
무거움을 깨닫습니까?

❶ 하나님의 사랑과 은혜를 방패로 죄를 가볍게 여기지 않습니까?
❷ 친밀함을 혼동하여 하나님을 함부로 대하지 않습니까?

022

가장 큰 복

출애굽기
33-36장

모세의 중보로 사건은 일단락되었습니다.
그러나 하나님과 모세의 고민은 여전히 깊었습니다. 하나님께서 언약에 대한 지침을 채 내리시기도 전에, 백성들은 빛의 속도로 일탈했고 벌써 3천 명 가량이 죽었습니다. 이대로는 약속의 땅에 도착하기도 전에 모두 진멸당할 것입니다. 하나님은 조상들에게 약속한 것을 모두 주겠다고 하시면서도 백성들과는 동행하지 않겠다고 말씀하십니다(33:1-3).

모세는 하나님의 신실하심을 붙잡고 계속 기도했습니다.
'너와는 함께하겠다'는 하나님의 응답에 결코 만족하지 않고, 지도자로서 이스라엘 전체를 위해 중재하며 중보했습니다. "이 족속을 주의 백성으로 여기소서"(33:13). 모세는 '땅'이 은총의 본질이 아님을 알았습니다. "주께서 우리와 함께 행하심으로 나와 주의 백성을 천하 만민 중에 구별하심이 아니니이까"(33:16). 그는 하나님 없이는 가지 않겠다고 선언합니다!

하나님은 망가졌던 언약을 다시금 갱신하셨습니다.
이는 오로지 은혜와 자비, 하나님의 성품에 기댄 갱신이었습니다(34:6-7, 하나님의 13가지 성품). 하나님은 백성을 위해 놀랍고도 새로운 일을 행하실 것입니다. 백성들은 결코 동일한 죄를 범해서는 안 됩니다(34:11-17). 절기와 의무를 통해 늘 하나님 중심의 삶을 살아야 합니다(34:18-28). 하나님과 극적으로 관계를 회복한 백성들은 주님의 말씀에 순종하며 하나님의 방식대로 살아가게 됩니다(35:1-3). 하나님께서 일러주신 성막 도안과 제작 지침 그대로 풍성한 헌납과 기쁨 가운데 성막을 지어 갑니다(35:4-36장)

나에게 가장 큰 복(은총)은   ❶ 약속에 대한 응답이나 복입니까, 하나님과 함께하는 것입니까?
무엇입니까?   ❷ 하나님과 나의 관계는 온전합니까?

성막, 하나님 나라의 라이프스타일

백성들은 금송아지 사건으로 최악의 반역을 저질렀습니다.
그럼에도 하나님은 백성들에게 엄청난 은혜와 자비를 베푸셨습니다. 그들은 그 감격과 감사를 담아 하나님께 최선으로 반응했습니다. 아낌없이, 전심으로 성막 제작에 몸과 마음을 다했습니다. 마음이 감동된 자, 자원하는 자, 돕기를 원하는 자, 백성들의 헌납과 헌신이 풍성하고도 넉넉히 이어졌습니다. 남녀노소, 빈부를 초월하여 모두가 이 일에 동참한 결과, 필요한 모든 것이 부족함 없이 마련되었습니다(35장).

하나님은 브살렐과 오홀리압을 지명하여 세우셨습니다.
그들에게 지혜와 총명을 더하여 여러 일을 고안하게 하셨습니다. 이렇듯 하나님의 세세한 섭리와 백성들의 순종이 어우러져 마침내 성막과 제사장 의복이 완성되었습니다(36-39장). 하나님이 디자인하신 성막은 창조 세계의 축소판(microcosm)입니다. 하나님은 성막 안에 균형과 질서, 아름다움과 조화를 담아 내셨습니다. 성막은 6단계의 과정을 거쳐 제작되었으며, 마지막 7단계에 안식일에 관한 말씀이 언급됩니다(비교 창 2:2). 모세가 하나님의 말씀대로 행했다는 구절이 7번이나 반복되는데 이는 완벽한 순종 가운데 성막 제작이 완수되었음을 뜻합니다(40:19, 21, 23, 25, 27, 29, 32).

천지가 창조되던 날처럼 새 날이 열렸습니다.
하나님의 영광이 성막 가운데 충만하게 임했습니다(40:34-35). 이제 하나님의 백성에게는 새로운 방식의 삶이 주어지게 됩니다. 하나님께서 움직이시면 따라가고, 멈추시면 머무는 삶, 바로 하나님 나라의 라이프스타일입니다(40:36-37).

나는 하나님께 어떻게 반응하고 있습니까?
❶ 말씀하신 대로 아낌없이, 기쁨으로, 최선을 다해 반응하고 있습니까?
❷ 하나님이 움직이시면 따라가고, 멈추시면 머물고 있습니까?

024

레위기
1-4장

예배자인가,
시청자인가

하나님은 이스라엘을 출애굽시키고 시내산 언약을 맺으셨습니다.
'금송아지' 사건으로 엄청난 위기가 찾아왔지만 하나님의 크신 은혜 덕분에
언약을 유지할 수 있었습니다. 이제 하나님은 이스라엘 가운데 거하십니다
(출 40:34-35). "나는 너희의 하나님이 되려고 너희를 애굽 땅에서 인도하여 낸
여호와라 내가 거룩하니 너희도 거룩할지어다"(레 11:45). 거룩하신 하나님
과 함께하는 백성은 '거룩'해야 합니다. 죄와 더러움과 불결과 부정함은 하나
님과 함께할 수 없습니다. 오직 정결과 거룩함만이 하나님과 함께할 수 있습
니다.

레위기는 제사장만을 위한 전문서적이 아닙니다(1:2, 4:2, 7:22, 출 19:6).
레위기는 열방 가운데 '제사장 나라'가 될 이스라엘 전체에게 주시는 말씀입
니다. 제사장은 이스라엘 전체에 '거룩함'에 대해 가르쳐야 하며(10:10-11), 백
성은 제의와 성결한 삶에 대해 훈련받아야 합니다. 흔히 제사장이 제의를 주
관한다고 생각하기 쉽지만, 준비에서부터 진행되는 과정마다 '백성'의 역할
이 필수적입니다. 제물에 안수하고 잡고 가죽을 벗기며 각을 뜨는 것은 백성
의 몫입니다. 제사장은 제물의 피를 뿌리고 제단에 불을 붙여 제물을 불사릅
니다. 백성과 제사장은 하나님 앞에 신성한 제의 파트너인 것입니다. 각각의
제사들에 관해 통독할 때 제사장의 역할과 제사드리는 당사자(백성)의 역할에
주목하며 말씀을 보십시오.

나는 하나님 앞에 예배자로
서 있습니까?

❶ 나는 예배자입니까, 시청자나 관람객입니까?
❷ 목회자나 예배 인도자에 전적으로 의존하며 예배드리고
   있지는 않습니까?

이스라엘은 시내산 언약을 통해 두 가지 정체성을 부여받았습니다.
첫째는 하나님께 율법을 받은 '계약 공동체'이며, 둘째는 하나님께 제사드리는 '예배 공동체'입니다. 백성들은 율법과 성막(제사)을 통해 구별된 삶과 예배하는 삶을 살게 됩니다. 언약 백성으로서 정결한 삶(1-16장)과 성결한 삶(17-27장)을 살아가는 것입니다.

백성들이 드리는 제사에는 다음과 같은 의미들이 담겨 있습니다.
① **번제** 철저한 '자기 부인', 하나님에 대한 온전한 자기 의탁. 제물을 남김없이 온전히 불태우듯 자신을 온전히 올려 드리는 제사입니다. ② **소제** 하나님에 대한 헌신과 충성, 삶 속에서 완성되는 제사. 곡식을 고운 가루로 빻듯 내 생각과 뜻을 완전히 해체한다는 의미를 담고 있는 제사입니다. ③ **속죄제** 죄를 깨닫는 즉시 드리는 제사. 제사와 삶은 분리되어 있지 않습니다. 삶은 예배를 위한 것이며, 예배는 삶에 영향을 미치게 됩니다. ④ **속건제** 보상과 진정 어린 사죄로 드리는 제사. 하나님과 사람에 대해 죄를 깨닫는 즉시 1/5을 더하여 보상하게 됩니다. ⑤ **화목제[감사제/서원제/자원제]** 모두와 함께 기쁨을 나누는 축제의 제사. 화목제의 성격에 따라 제사 당일 혹은 다음 날, 사흘까지 제물을 나누고 남은 것은 불태워 버립니다. 제물을 버리지 않기 위해 미워하는 사람에게까지 나눔으로써 화목의 계기로 삼게 됩니다.

레위기에서 제물은 '포기'하는 것이 아니라 '바치는 것'입니다.
예배자가 존재와 삶과 소유를 주님께 드리는 것은 '포기'가 아니라 그에 대한 모든 '권리'를 하나님께 믿음으로 위임하는 것입니다. 나의 모든 권리를 하나님께 위임할 때, 하나님은 창조의 순리와 원리대로, 보시기에 좋았던 원형과 원복으로 우리를 이끄실 것입니다.

나는 예배하는 삶을
살고 있습니까?

❶ 자기를 부인하며 모든 권리를 하나님께 위임하고 있습니까?
❷ 죄를 깨닫고 회개와 보상, 화목과 나눔의 자리로 나아가고 있습니까?

말씀하신 그대로

레위기는 출애굽기와 민수기 사이에 있는 책입니다.
출애굽기가 이집트에서의 해방과 시내산 도착을 다루었다면, 레위기는 시내산에서 머문 1년 동안의 이야기를 담고 있습니다(27:34). 이스라엘은 하나님께 나아가는 법과 구별된 삶을 훈련받은 후에야(레위기) 비로소 약속의 땅을 향해 출발하게 될 것입니다(민수기). 한편, 출애굽기가 율법/성막/규례들에 대한 '설명'을 주로 다루었다면, 레위기는 실천적이고 실제적인 부분을 구체적으로 다룹니다. 본문에 기록된 제사장 위임식과 첫 제사에 관한 내용도(8-9장) 출애굽기 28-29장에 이미 언급된 바 있습니다.

백성들은 명하신 규례를 '하라고 하신 방식 그대로' 행해야 합니다.
이것이 거룩하신 하나님과 함께 살아가는 방법입니다. 하나님은 호렙에서 모세를 부르실 때 잠시 보이셨다가(출 3장), 시내산에서는 7일을 머무시며 번개와 천둥을 통해 보이십니다(출 24장). 거룩에 관한 규례들이 선포되고 점점 모습을 갖추어 갈수록 하나님과 함께하는 시간과 거리도 점점 잦아지고 좁혀지는 것입니다. 제사장들이 세워지고 정결 절차들이 체계적으로 정립되었을 때, 하나님의 영광과 임재가 백성 가운데 머물게 됩니다(출 24장, 레 8-9장).

이스라엘은 하나님과 함께 약속의 땅으로 출발할 것입니다.
그 전에 거룩하신 분과 함께하는 방법을 제대로 훈련해야 합니다. 그렇지 않으면 가나안 땅에 도달하기도 전에 생명을 잃게 될 것입니다(10:1-2, 참고 출 33:3). 경계를 늦추지 말고 성과 속, 부정과 정함을 분별해야 합니다(10:9-10). 이것이 복의 근원이며 제사장 나라로서의 시작입니다(창 12:2, 출 19:6).

나는 말씀하신 '그대로'
살고 있습니까?

❶ 하나님이 '말씀하신 것'을 실행하고 있습니까?
❷ 하나님께서 하라고 하신 '방식'대로 행하고 있습니까?

Chapter

2

정결과 부정

레위기 11-15장은 '정결과 부정'에 관해 기록하고 있습니다.
율법에서 말하는 정결과 부정의 기준과 의미는 '예배'와 관련됩니다. 정결한
사람은 성막에 들어가 하나님께 예배할 수 있고, 부정한 사람은 성막에 들어
갈 수 없습니다. 레위기에 언급된 '부정'한 것은 '죽음'과 관련됩니다. 부정하
다고 언급된 동물들은 사체를 먹거나 폐허에 사는 등 생존 방식이나 생활환
경, 이동 방식이 정결하지 않은 것들입니다. 종 자체의 고유성이 확실하지 않
고 혼합 형태의 거주지를 갖습니다. 피부병과 곰팡이는 조금씩 '생명'을 좀먹
는 형태로 진행되며 오염이 적은 부위에서 넓은 범위로 점차 확산됩니다.

성관계나 출산, 시체, 매장 등은 관련자를 부정하게 만듭니다.
이는 그 자체가 부정하다기보다 세상 영역으로만 한정시켜서 성소 내에 그
같은 행태를 일절 들이지 못하도록 금한 것입니다. 즉 하나님께는 오직 온전
함과 완전한 거룩으로만 예배해야 합니다. 이방 종교들이 행하는 인신 공양
이나 망자 공경, 성적 제의들은 결코 허용되지 않습니다.

부정과 정결에 관한 규례는 예배자의 모든 것을 점검하게 만듭니다.
하나님께 예배드리기 전에 입고, 먹고, 만나고, 출입했던 삶 전반을 돌아보게
합니다. 출산과 월경과 장례처럼 자연스럽고 필연적인 부정도 있지만, 부지
불식간에 쌓인 사소한 '부정'의 습관들이 점차 확장되어 불순종과 죽음을 낳
을 수 있습니다. 정결을 유지하는 것은 생명을 더욱 풍요롭게 하지만, 부정하
면 혼돈과 죽음의 그림자를 드리우게 됩니다.

나는 정결한 삶을
유지하고 있습니까?

❶ 하나님 앞에서 삶의 전반(입고 먹고 만나고 출입하는 모든 것)을 점검하고
반추합니까?
❷ 사소한 '부정'의 습관들이 신앙과 삶을 지배한 경험이 있습니까?

028

레위기
14-16장

속죄 (cover)

레위기 16장은 속죄일 규정을 다루고 있습니다.

대제사장은 매년 일곱째 달 열흘날인 속죄일에 자신과 가족들과 이스라엘 온 회중을 위해 속죄 규례를 행해야 합니다(16:11, 17, 24). 제사장과 백성들도 이 날을 엄숙히 지켜야 합니다(16:30, 23:26-32). 속죄일을 지키려면 제사(장)법이 필요한데 그 내용이 레위기 전반부인 1-15장에 기록되어 있습니다. 뒤이어 속죄일(16장)에 관한 내용이 나오고, 속죄일을 통해 정비된 회중들이 거룩한 삶으로 부름 받는 '성결 법전'(17-26장)이 이어집니다. 16장은 위치로나 내용으로나 레위기의 중심입니다.

레위기는 인간의 근본적인 문제인 '죄'를 다룹니다.

죄는 행위와 더불어 보이지 않는 영역 모두를 포함합니다(생각, 마음). 하나님은 '속죄'를 위해 반드시 치러야 할 죗값을 희생 제물로 대신하게 하셨습니다. 즉 희생 제물의 피(생명)로 백성들의 죄(죽음)를 '덮는' 것입니다. "육체의 생명은 피에 있음이라 내가 이 피를 너희에게 주어 제단에 뿌려 너희의 생명을 위하여 속죄하게 하였나니 생명이 피에 있으므로 피가 죄를 속하느니라"(17:11).

속죄일은 유대인 월력 중 가장 중요한 날로 꼽힙니다.

백성들은 하나님께 용서를 구하며 금식과 절제와 회개로 하루를 보냅니다. 아사셀 염소는 진영 밖 광야로 내보냈고, 후대에는 아예 절벽에서 던져 버렸습니다. 공동체에서 죄를 완전히 몰아내 끊어 내고자 한 것입니다. 이후 유월절 어린양(출 12:46, 요 19:14, 36, 고전 5:7)이자 완전한 대제사장이신 예수님(히 7:26-28)은 친히 제물이 되어 하늘 성소의 속죄 의식을 완성하셨습니다(히 9:11-28).

나는 죄의 엄중함을
인식하고 있습니까?

❶ 내 죄로 인해 예수님이 성문 밖, 십자가에 던져졌음을 깨닫습니까?
❷ 예수님의 보혈이 내 모든 죄를 덮어 '속죄(cover)'하셨음을 믿습니까?

내가 거룩하니
너희도 거룩하라

하나님은 '속죄(cover)'를 통해 새로운 삶을 열어 주셨습니다.

죄의 문제가 해결되지 않고는 하나님 앞에 나아갈 수 없는데, '속죄'를 통해 나아갈 길이 열리게 되었습니다. 백성들은 이제 하나님께 나아가 '말씀'을 들을 수 있게 되었습니다. 하나님은 '말씀'을 통해 그들을 새롭게 창조하실 것입니다(창 1:3, 요 1:1, 14, 고후 5:17).

'거룩하라'는 명령에는 하나님의 의지와 축복이 담겨 있습니다.

거룩에 쓰이는 히브리어(카도시)는 '구별, 독보적, 탁월'의 의미가 있습니다. 거룩을 뜻하는 영단어 Holy는 Whole(전체)과 Healthy(건강)로부터 왔습니다. 즉 '거룩'은 '구별되고 전 존재가 온전하고 건강하다'는 의미입니다. 백성들은 '말씀'으로 새롭게 창조되어 새로운 피조물이 되며 영, 혼, 몸이 모두 건강한 존재로 거듭날 것입니다(19:2, 36, 20:26).

이스라엘은 새로운 피조물로서 과거의 풍속을 버려야 합니다.

그들이 정복하게 될 가나안의 풍습에 절대 동화되어서는 안 됩니다. 그 땅에 있던 족속들이 그러한 풍속과 부정함과 죄 때문에 가나안에서 추방되는 것이기 때문입니다. 이스라엘도 거룩하지 않으면 그들과 같은 신세가 될 것입니다(18:3, 24-25, 20:22-24). 하나님은 종교적인 거룩함만 요청하시는 것이 아닙니다. 세상 한복판에서, 일상을 포함한 모든 순간에 거룩해야 합니다.*

* 일상의 거룩함
17-19장 거룩한 예배, 거룩한 식생활, 거룩한 성생활, 거룩한 사회윤리
20-23장 거룩한 가족관계, 거룩한 제사장직, 거룩한 제물, 거룩한 절기
24-25장 거룩한 불과 떡, 거룩한 이름, 거룩한 해(땅, 주종 관계)
26-27장 거룩한 언약, 거룩한 서원

나는 매사에 '거룩'한 삶을 살고 있습니까?

❶ 나의 영, 혼, 몸 모두는 온전한 건강을 누리고 있습니까?
❷ 나의 모든 것에 '거룩'이라는 수식어가 붙을 수 있습니까?

매사에, 매 순간
거룩한 삶

레위기 17-27장은 성결 법전이라 불립니다.
하나님 백성으로서 살아야 할 거룩한 삶을 다루고 있습니다. 이스라엘은 복의 근원이며 제사장 나라가 될 것입니다(창 12:2, 출 19:6). 하나님의 복은 부정한 통로를 통해 전달될 수 없으므로 이스라엘에게는 열방보다 훨씬 높은 수준의 성결이 요구됩니다.

성결의 이유와 내용은 곧 '하나님'으로 귀결됩니다.
(대)제사장은 성막 가까이에서 일하며 백성의 지도자이므로 몸과 마음과 행동에 있어 백성들보다 더 엄격한 규례가 적용됩니다. 거룩한 물건들을 다루며 거룩한 일을 반복함에 있어 무뎌지거나 느슨해지는 일을 늘 경계해야 합니다(21:1-22:16). 예배를 받으시는 분은 거룩하신 하나님입니다. 제물을 다룰 때도 어차피 죽어 태워질 '고깃덩어리'처럼 여겨서는 안 됩니다. 남거나 흠이 있는 것이 아니라 구별된 것을 드려야 합니다. 제사와 제물을 드리는 이유를 잊지 말아야 하며 제물(짐승)도 '생명'임을 기억해야 합니다(22:27-28, 32-33).

이스라엘은 모든 날과 달을 지나며 하나님을 기억해야 합니다.
안식일, 유월절, 칠칠절, 속죄일, 초막절, 안식년, 희년! 나그네이며 종 되었던 곳에서 구원하신 하나님을 잊지 말아야 합니다. 거룩하신 하나님의 임재 앞에서 매사에 정결하게 행해야 합니다. 실생활에서 말씀의 정신대로 살아가야 합니다.

나는 매사에, 매 순간
거룩한 삶을 살고 있습니까?

❶ 나는 '축복의 통로'로서 깨끗하고 성결합니까?
❷ 나는 '거룩'에 대해 느슨해지고 무뎌지지 않았습니까?

하나님의 법,
하나님의 선물

약속의 땅으로 행진할 날이 얼마 남지 않았습니다.
하나님은 이스라엘에게 약속대로 '땅'을 주실 것입니다. 이스라엘이 자기 능력과 수고로 가나안 땅을 차지하는 것이 아닙니다. 하나님께서 죄지은 가나안 족속들을 그곳에서 추방하시는 것입니다. 이스라엘은 이를 반면교사 삼아 말씀에 순종해야 합니다.

하나님의 법은 사람과 땅과 피조 세계 모두를 윤택하게 합니다.
하나님의 법은 가난한 자와 넉넉한 자가 공존하며 더불어 생존하게 만듭니다. 이전 세대의 착취와 궁핍과 실수와 황폐함이 대물림되지 않고, 자손 대대로 복을 누리게 하시려는 하나님의 지혜가 안식년과 희년의 법 정신에 고스란히 담겨 있습니다(25장). 하나님은 때마다 필요대로 공급하실 것입니다. 하나님을 신뢰하며 순종하면 법에 담긴 복을 누리겠지만, 신뢰하지 못하고 욕망과 인위로 땅을 개척하는 자는 곧 질병과 죽음과 굶주림과 원수와 황폐함을 겪게 될 것입니다(26장).

하나님은 혹 불순종하게 될 이들을 위해서도 세심한 은혜를 베푸십니다.
하나님께서 복된 경로를 이탈한 자들을 훈육하여 돌이키시는 그때에는 '순종과 불순종'에 관한 말씀에 귀 기울여야 합니다. 다시금 결단하며 언약의 자리에 서야 합니다(26:40-42, 신 8:5, 잠 3:11-12). 하나님의 명령은 무거운 짐이나 족쇄가 아닙니다. 하나님의 법과 명령에 능동적이며 최선으로 반응하는 자들은 그것이 곧 하나님의 선물임을 깨닫게 될 것입니다(27장).

나는 하나님의 법과 명령이
'선물'임을 믿습니까?

❶ 하나님의 법과 명령이 건강과 윤택함을 가져오리라고 믿습니까?

❷ 믿음과 자원함으로 하나님의 명령을 준수하고 있습니까?

민수기
1-4장

숫자에 담긴 비밀들

민수기는 '백성의 수를 세어 기록한 책'이란 뜻입니다.

영어 성경은 Numbers로 표기합니다. 인원을 세고 진을 배치하는 내용은 다소 지루할 수 있지만 숫자와 진 배치에는 여러 사연이 담겨 있습니다. 두 번의 인구조사는 긴 세월 동안 이스라엘이 번성했음을 보여 줍니다(1, 26장). 아브라함이 이삭을 낳고, 야곱의 가족 70명이 애굽에 들어간 후, 출애굽 때는 장정 60만의 큰 공동체를 이루게 되었습니다(1:46, 2:32, 창 21:2, 46:27, 출 12:37). 하나님은 조상들과 하신 약속을 신실하게 지키고 계셨습니다(창 15:5, 22:17).

인구조사에는 지파의 지위와 광야에서 겪은 사건들이 반영되어 있습니다.

유다 지파는 두 번의 인구조사에서 가장 많은 수를 차지했고, 회막을 열면 곧바로 보이는 정면이자 동쪽 자리에 진을 배치받았습니다. 진영 내부의 아론 제사장 진영과 나란히 평행을 이루는 구조입니다. 제일 처음 자리를 받은 지파는 야곱의 장남인 르우벤 지파이지만, 두각을 나타내며 선두에 서는 것은 유다 지파입니다(1:20, 27, 10:14, 26:22, 참고 창 49:10). 르우벤 지파는 점점 감소하여 지위도 격하되는데 이는 다단과 아비람 사건 때문입니다(1:21, 26:7). 가장 극적인 인구 감소를 보인 것은 시므온 지파이며, 이는 25장의 바알브올 사건이 반영된 것입니다(1:23, 26:14).

민수기의 또 다른 이름은 히브리어로 '광야에서'입니다.

이스라엘은 시내에서 모압까지의 '광야' 여정을 통해 성장하고 성숙해 갈 것입니다. 민족으로서 그 모습을 갖춰 나갈 것입니다(1:1, 36:13).

내 삶에서 신실하게 일해
오신 하나님을 발견합니까?

❶ 기도한 후 잊어버린 일까지 세세히 응답받은 경험이 있습니까?
❷ 기도한 것보다 훨씬 다채롭게 응답을 받은 일이 있습니까?

진영의 질서와 거룩함

하나님은 병력만 60만인 이스라엘 공동체를 진두지휘하십니다.
공동체의 이동과 진 배치에는 순서와 방법이 있습니다(2, 10장). 어디로 가든지 성막은 정중앙에 세워지며(2:2, 10:17, 21), 제사장과 레위 지파가 성막 주위를 둘러 완충지대 역할을 합니다. 그 둘레로 3개 지파가 한 그룹을 이뤄 동, 서, 남, 북에 진을 칩니다. 하나님은 임무와 규칙과 절기들에 관해 세세히 말씀하셨으며, 열두 지파는 필요한 물품과 예물들을 헌납했습니다(3:1-9:14).

공동체의 운영 방침과 임무 수행 방식에는 엄연한 질서가 존재합니다.
모든 백성은 동등하며 그 누구도 공동체에서 배제되지 않습니다. 잦은 이동에도 불구하고 진영은 늘 순수하고 거룩하게 유지되어야 합니다. 공동체와 하나님의 관계를 위협하는 죄는 모두 끊어야 합니다(5장). 지도자들은 매사에 더욱 철저하고 순전해야 합니다. 제사장과 레위인들은 나답과 아비후를 반면교사 삼아야 합니다(3:4). 선두인 유다도 경거망동하면 르우벤의 처지가 될 수 있습니다. 하나님은 사람의 능력과 탁월함과 병력을 필요로 하는 분이 아니며 '작은 자'를 통해서도 얼마든지 뜻을 이루실 수 있습니다(14:30-31).

이렇듯 질서와 거룩을 명하시는 하나님의 뜻은 '복'입니다.
"여호와는 네게 복을 주시고 너를 지키시기를 원하며 여호와는 그의 얼굴을 네게 비추사 은혜 베푸시기를 원하며 여호와는 그 얼굴을 네게로 향하여 드사 평강 주시기를 원하노라 할지니라 하라"(6:24-26).

엄격함 가운데 드러나는 하나님의 사랑과 은혜를 깨닫습니까?

❶ 질서와 거룩함과 순수성을 회복해야 할 삶의 영역이 있습니까?
❷ 탁월함이나 능력, 특권 의식으로 교만한 자리에 앉아 있지 않습니까?

034

행군 시작, 원망도 시작!

예배와 헌신에는 지파 간의 우위가 따로 없습니다.

열두 지파는 동일한 수, 동일한 분량으로 헌물을 바쳤습니다. 성경은 그들의
헌신을 '이하 동문'으로 처리하지 않고 지파별로 동일한 지면을 할애하여 기
록하고 있습니다(7장). 열두 지파는 각각의 존재 이유를 부여받았습니다. 레
위인과 제사장도 각각 수행해야 할 고유한 역할이 있습니다. 중요도나 선두
나 지휘권을 두고 다툴 이유가 없습니다. 하나님의 지휘 아래 제 역할을 감당
하면 되는 것입니다(8:26, 롬 12:4-5). "그들이 여호와의 명령을 따라 진을 치며
여호와의 명령을 따라 행진하고 또 모세를 통하여 이르신 여호와의 명령을
따라 여호와의 직임을 지켰더라"(9:23).

그러나 진군과 함께 '원망'도 시작되었습니다(11:4, 11, 14:22).

하나님은 구름기둥과 불기둥으로 그들을 인도하셨고 항상 앞서가며 그들이
쉴 곳을 찾으셨습니다(10:33-36). 그럼에도 백성들은 물과 식량을 넘어 근사한
식재료를 그리워하며 불평하기 시작했습니다(11:5). 하나님의 구원을 찬양하
던 미리암의 입술에도 리더십에 대한 도전과 불평이 담깁니다(출 15:20-21, 민
12장). 모세마저도 백성들의 불평에 지쳐 하나님 앞에서 탄식합니다(11:11-15,
21-22). 이스라엘의 '원망' 시리즈는 주제별로 계속됩니다. 하나님은 이에 대
대적인 결단을 내리십니다.

나는 지금 '원망'하고 있지
않습니까?

❶ 앞서가시는 하나님을 붙좇아 가고 있습니까?
❷ 전보다 성숙해졌습니까, 더 까다로운 원망을 하고 있습니까?

땅을 두고 원망하다

하나님은 이스라엘에게 '땅'을 약속하신 바 있습니다.
이제 백성들은 하나님이 '주실' 땅으로 정탐을 떠납니다. 안타깝게도 믿음
의 눈이 없던 이들에게 40일간의 정탐은 득이 아니라 독이 되어 버렸습니다
(13:18-20, 25-33). 돌아온 정탐꾼들은 이미 패배 의식에 사로잡혀 있었고, 감정
에 치우쳐 상황을 객관적으로 보고하지 못했습니다(13:32-33). 이를 들은 백성
들은 밤새 통곡하며 또다시 '애굽 타령'을 했습니다. 모세의 리더십에 본격적
인 위기가 찾아왔습니다.

하나님은 백성들의 태도에 매우 진노하셨습니다(14:11).
그들은 마치 '애굽 사람'처럼 하나님을 대적하고 있습니다. 하나님은 그들의
행동에 상응하는 전염병으로써 백성을 진멸하려 하셨습니다. 모세는 하나님
의 약속과 명성과 사랑에 호소하며 백성들을 위해 중보합니다. 하나님은 결
국 모세의 기도를 들으시고 뜻을 돌이키셨습니다(14:12-20).

하나님은 모세의 목소리에만 응답하신 것이 아닙니다.
그분을 경멸한 자들의 목소리에도 응답하십니다(14:27). "너희 말이 내 귀에
들린 대로 내가 너희에게 행하리니"(14:28). 하나님은 이스라엘의 행군 경로
를 변경하셨으며(14:25, 34), 땅에 들어갈 대상도 변경하셨습니다(14:22-24, 30-
31). 아직 무엇이 문제인지 모르는 백성들을(14:39-45) 적에게 패하도록 내버
려 두십니다(비교 출 17:8-16). 그럼에도 하나님의 약속은 '불순종'에 막히지 않
을 것입니다. 하나님은 '순종'하는 백성을 통해 반드시 약속을 이루실 것입니
다(15장).

나는 어떤 태도를   ❶ 믿음으로 '정탐'합니까, '정탐'한 것에 압도됩니까?
갖고 있습니까?   ❷ 나는 하나님께 어떤 '목소리'를 내고 있습니까?

47

036

민수기
16-18장

권위에 불평하다

고라와 다단과 아비람이 모세의 리더십에 반기를 들었습니다.
고라는 당시 '레위인'들의 입장을 대변합니다. 고핫 지파는 가장 성스러운 기구를 담당하고 있었음에도 기구를 직접 보고 만지는 것은 제사장만 할 수 있었습니다. 제사장이 준비하고 레위인은 그것을 옮길 뿐이었습니다(3:31, 4:4-20, 16:1, 8-11, 16-17). 다단과 아비람은 '르우벤' 지파를 대변합니다. 그들은 장자 지파이면서도 선두에 서지 못했습니다(2:3, 10:14). 반기에 가담한 지휘관들은 아론이 가진 제사장직과 권위를 요구했습니다.

그들은 하나님이 부여하신 질서를 부정했습니다.
하나님은 땅을 가르고 반역자들을 삼키게 하셨습니다(16:31-33). 백성들이 정탐 후 입에 올린 원망대로 된 것입니다(참고 13:32-33). 아론의 역할을 탐내던 250명은 나답과 아비후의 뒤를 따르게 되었습니다. 나서지 않았을 뿐 반기를 든 자들과 같은 생각을 가지고 계속하여 원망하던 백성들 역시 염병으로 죽게 됩니다(16:35, 47).

모세는 자기 임의로 백성에게 명령한 것이 아닙니다(16:28).
제사장은 공동체를 보호하려 세우신 존재이며(16:47-48, 18:1-5), 레위인 역시 성막과 백성 사이에 완충재로서 부름받았습니다. 그들이 특별하고 출중해서 그 자리에 있는 것이 아닙니다. 하나님의 도구로서 사명을 위해 세우신 것입니다. 하나님은 혼돈을 바로잡고 질서를 회복하셨으며, 각자의 정체성과 직무와 몫을 분명히 하셨습니다(17-18장).

나는 각자 받은 임무와
권위가 있음을 인정합니까?

❶ 나의 직무를 특권으로 여기며 권위를 남용하지 않습니까?
❷ 마땅히 생각할 것 이상을 생각하며 시기하고 탐하지 않습니까?

하나님의 말씀과 약속은 반드시 성취됩니다.

번성과 땅에 관한 '복의 약속'도 성취되었지만, 진노의 말씀 또한 그대로 이루어졌습니다(14:29-30). 악한 말로 원망하던 자들은 디베랴에서 불타 죽었습니다(11:1). 먹거리나 정탐으로 인해 원망한 자들은 재앙으로 죽었습니다(11:33, 14:37). 하나님 없이 전쟁을 시도한 자들은 적들의 손에 생명을 잃었고(14:45), 고라, 다단, 아비람 등 250명의 지휘관은 지진과 불에 죽었습니다(16:31-35). 이를 보고 원망한 백성 14,700명은 전염병으로 죽었고(16:41-49), 길로 인해 원망한 백성들은 불뱀에 물려 죽었습니다(21:4-6).

하나님은 이스라엘에게 생명의 경로를 보이셨습니다.

그러나 백성들은 계속하여 이탈된 경로, 죽음의 경로를 고수합니다. 모세마저 격한 감정을 드러내며 하나님의 말씀에 불순종합니다(20:11-12, 참고 출 17:6). 하나님의 대리인이 아니라 마치 술사인 듯 행하고 있는 것입니다. 미리암, 아론, 모세를 포함한 옛 세대는 모두 광야에서 죽을 것입니다(20:1, 12, 24). 갈렙과 여호수아와 새로운 세대만이 약속의 땅에 들어갈 것입니다(14:30).

하나님은 새 세대를 위한 정결 규례를 주셨습니다(19장).

불순종으로 죽은 시체들이 많아지면서 부정에 노출되는 일들이 빈번해졌습니다. 하나님은 제사장 없이도 백성들 스스로 정결해질 수 있는 방법을 일러주셨습니다(19:12). 진영을 정결하게 보전하는 것은 제사장만의 몫이 아닙니다. 백성 한 사람, 한 사람, 공동체 전체의 책임입니다(19:13, 20).

나는 어떤 길을
걷고 있습니까?

❶ 하나님이 보이신 생명의 길로 가고 있습니까?
❷ 경로를 이탈하여 죽음의 길로 가고 있습니까?

038

민수기
22-25장

발람 : 무너진
진짜 이유

이스라엘의 진군 소식에 외부의 적들은 바짝 긴장했습니다.
그들은 당장 이스라엘의 머릿수를 보고 근심하지만 진짜 무서운 것은 아직
보지 못했습니다(22:3). 그들과 함께하시는 '하나님'입니다(24:8). 약속의 땅으
로 가는 여정은 백성들의 죄로 얼룩졌지만 여전히 중심을 잡고 계신 하나님
으로 인해 행군은 계속되었습니다. 하나님은 그날 그날의 일정을 착오 없이
완수해 가십니다. 전혀 '낯선 입'을 통해서도 약속을 재차 확인시켜 주십니다
(21:1-3, 10-35, 22-24장).

모압 왕 발락은 근심 가운데 '발람'을 찾았습니다.
왕들의 패전 소식을 들었고 이제 자기 차례라 여겼기 때문입니다(21장). 발람
이 참 선지자인지 거짓 선지자인지에 대한 많은 견해가 있지만, 분명한 것은
'발람'까지도 하나님의 통제 안에 있다는 것입니다. 하나님은 인간의 사악한
꾀와 돈에 영향을 받지 않으십니다(22:5-7). 발락은 자리를 옮겨 가며 발람에
게 저주하게 하고 희생 제물로 신의 환심을 사려고 애썼지만, 오직 하나님만
이 발람의 입술을 주장하실 수 있습니다. 오히려 이스라엘을 저주하기 위해
고용된 발람을 통해 이스라엘의 미래와 복을 더욱 선명하게 보이셨습니다.

정작 이스라엘을 무너뜨린 것은 그들 자신의 죄였습니다(25:1-2).
하나님은 이스라엘을 위해 늘 헌신적으로 일하시지만, 백성들은 육신의 정욕
과 안목의 정욕으로 쉽게 주님을 떠났습니다. 이로써 옛 세대는 바알브올 사
건을 끝으로 모두 퇴장하게 됩니다(25:9).

나는 왜 무너지고 있습니까?　❶ 하나님의 응답이나 도움이 없어 무너집니까?
　　　　　　　　　　　　　　❷ 나 자신의 죄와 욕망으로 인해 무너지고 있지 않습니까?

제발 새로운 세대이기를

과연 새로운 세대는 옛 세대의 과오를 모두 끊어 낼 수 있을까요?
새로운 세대에 대한 간절한 기대에도 불구하고 그들 역시 무균실에서 자라난
세대는 아니었습니다. 옛 세대와 동일한 유혹과 결단의 순간을 때마다 맞게
될 것입니다. 그래서 새로운 세대에 대한 기록인 민수기 26-30장은 옛 세대
의 기록인 1-25장과 유사한 구조를 보입니다.*

* 인구조사에 대한 명령과 명단으로 시작(1:2-3, 비교 26:1-2)하여 서원에 관한 율법(비교 6, 30장), 레위인에
관한 조항(18:21-32, 비교 35장). 헌납과 희생 제물(비교 7, 15장), 축제와 성일제물(28-29장), 유월절과 유월절
축제 거행(9:1-14, 비교 28:16-25). 정탐꾼과 땅 분배 관련 명단(13장, 비교 34장), 광야 여정들(1-25장)과 일정
요약(33장), 정탐/불신(13-14장)과 역사적 가르침(32:6-15) 등으로 대구를 이루고 있다.

새로운 세대의 중심 화두는 '땅의 분배'입니다.
약속의 땅에 도착할 시간이 가까워지고 있습니다. 새로운 지도자로서 여호수
아와 제사장 엘르아살이 세워졌으며 지파별 명단에도 새로운 세대가 추가되
고 있습니다(20:26, 27:15-18, 27:22-23). 슬로브핫의 딸들 이야기는 새 세대의 모
델을 보여 줍니다. 전통을 존중하면서도 근본적인 가치를 근거로 새로운 방
식들을 고안해 가고 있습니다. 이야기 안에는 땅에 대한 하나님의 약속이 재
차 확인되며, 모든 지파가 땅을 분배 받을 것도 명시됩니다(27:1-11).

새로운 세대는 하나님과 더욱 긴밀한 관계로 들어갑니다.
'공간(성막)' 중심의 질서에서 '시간' 중심의 질서로 나아갑니다. 일, 월, 년, 모
든 시간의 경계와 전환은 하나님이 기준입니다. 아침, 저녁, 안식일, 해, 달 모
두 '창조'의 리듬대로 움직이게 됩니다. '구원'을 통해 이루신 '새 창조'는 절기
로서 기념하고 기억합니다(28-29장). 그분을 찾고 서원하는 이들을 위한 지침
도 마련됩니다(30장).

나는 새로운 시대를 위해
준비하고 있습니까?

❶ '성막과 제사'를 넘어 '모든 시간' 속에서 하나님을 기억하며
예배합니까?
❷ 나는 약속의 땅을 받을 준비가 되었습니까?

옛 세대를 기억하라

민수기
31-36장

새로운 세대의 진군과 전쟁이 시작되었습니다.
그들은 미디안과의 문제를 깨끗이 정리해야 합니다(31:2-3, 참고 25장). 이스라엘이 지나온 광야의 여정들을 엄중히 회고하며, 앞으로 정복할 땅과 유산과 분배에 관한 말씀을 듣게 됩니다. 과거를 정리하고 새로운 걸음을 내딛는 것입니다(32장, 33:1-49, 33:50-36장).

그러나 유혹은 옛 세대와 새로운 세대를 가리지 않습니다.
하나님은 영적 일탈을 근절하라고 미디안과 전쟁하게 하셨지만, 백성들은 싸움의 이유를 잊고 탈취와 약탈에 매몰되었습니다(31:11-12, 15). 모세는 참전한 병사들을 꾸짖으며 철저한 정결을 명합니다. '진영 밖의 시간'을 통해 죽음과 살기와 욕망을 씻어 내게 합니다(31:19-24). 갓과 르우벤 지파는 가나안 입성을 앞두고 전쟁에 불참할 의사를 밝힙니다(32:5). 많은 가축을 소유한 두 지파는 굳이 요단을 건너지 않고 목축에 적합한 요단 동편에 남고 싶어 했습니다. 모세는 이기적인 두 지파의 행동을 크게 꾸짖으며 불순종이 가져올 무서운 심판을 경고합니다(32:6-7, 15).

모세는 새로운 세대를 위한 '교육용 교재'를 펼쳤습니다(33장).
옛 세대의 광야 여정에는 좋은 예와 나쁜 예가 모두 담겨 있습니다. 출애굽이나 아랏왕의 기사는 정복 전쟁을 앞둔 백성들에게 희망과 용기를 북돋우는 '좋은 예'가 되었을 것입니다(33:3, 40), 반면, 원망과 반란의 지명들이 불렸을 때는 그곳에서 일어난 불미스러운 사건들과 참혹한 결과들을 떠올렸을 것입니다. 모세는 가나안 입성을 앞둔 새로운 세대를 향해 마음과 뜻과 힘을 다해 준수해야 할 말씀을 선포합니다. 이것이 뒤이어 오는 '신명기'입니다.

나는 말씀을 통해 깨닫고
교정합니까?

❶ 성경 말씀이 '오늘, 나에게 주시는 말씀'임을 깨닫습니까?
❷ '옛 세대'의 실패를 반면교사 삼고, '새 세대'가 나아갈 방향을 바라봅니까?

그날의 일들

모세에게 주어진 시간이 얼마 남지 않았습니다.

신명기는 본격적으로 가나안에 진입하게 될 새로운 세대에게 지난 40년 동안의 역사를 회고하며 당부하는 모세의 권면(설교)입니다. 모세는 단지 지도자로서만이 아니라 실제 할아버지로서 이스라엘에게 진심을 담아 선포했을 것입니다(1:37, 3:26, 대상 23:15-17).

모세는 출애굽과 광야 생활의 중심에 있었습니다.

여호수아와 갈렙이 새로운 세대와 함께할 것이지만(1:36, 38), 출애굽이나 지난 40년간 벌어진 사건의 전말을 가장 잘 아는 사람은 모세뿐입니다. 백성과 하나님의 입장 모두를 아는 것 또한 모세뿐입니다. 광야에서 출생하여 아동기와 청소년기를 보낸 이들이나 진영 중심에서 일어난 사건의 내막을 잘 모르는 이들은 모세의 설교를 통해 '그날의' 진실들을 알게 되었을 것입니다. 그들은 막연히 전해 듣던 조상들의 하나님, 부모님의 하나님이 아니라 '나의 하나님'으로 영접해야 할 결단 앞에 섰습니다.

옛 세대는 '이집트'에서 살던 경험이 있었습니다.

그래서 어려울 때마다 '애굽 타령'을 하는 게 문제였습니다. 반면, 새로운 세대는 거의 대부분을 '광야'에서 지냈기 때문에 가나안 '문명'을 접했을 때 여러 문제를 겪게 될 것입니다. 모세는 이스라엘이 왜, 어떻게 이곳에 이르렀는지를 가르칩니다. 가나안에서 해야 할 일과 금해야 할 것들을 상세히 당부합니다(민 14:29-30). 신명기는 매 순간의 '새로운 세대'를 독자로 합니다. 이는 말씀 가운데 하나님을 '나의 하나님'으로 받아들이며 그분의 비전으로 새롭게 가슴 뛰는 모든 이들을 가리킵니다. 그래서 신명기는 '구약의 맥박'이라고도 불립니다(heartbeat of the Old Testament, 크리스토퍼 라이트).

나는 '그날의 일들'을
알고 있습니까?

❶ 성경 말씀에 담긴 사연과 의미를 새롭게 깨닫습니까?
❷ 하나님을 '나의 하나님'으로 고백하고 있습니까?

042

신명기
3-4장

경계선상에서

이스라엘은 아직 가나안 땅을 밟지 못했습니다.
요단 이편, 약속의 땅 경계선에 서 있는 것입니다(3:29). 약속의 땅은 이스라
엘에게 '당연한 땅'이 아닙니다. 그들은 경계선상에서 '예전으로 회귀할 것인
가, 새롭게 시작할 것인가'를 선택해야 합니다. '옛 세대의 연장선이냐, 새로
운 출발선에 설 것이냐' 사이에서 결단해야 합니다. 문제를 끊고 전진하며 사
명을 완수할 솔루션은 하나입니다. "이제 내가 너희에게 가르치는 규례와 법
도를 듣고 준행하라 그리하면 너희가 살 것이요 너희 조상의 하나님 여호와
께서 너희에게 주시는 땅에 들어가서 그것을 얻게 되리라"(4:1, 참고 40절)

순종과 불순종에 관한 말씀은 모든 세대에게 주시는 생명의 지침입니다.
옛 세대는 아무것도 없는 광야에서도 반역하며 죽어 갔습니다. 새로운 세대
는 한눈팔기 좋은 '가나안' 한복판을 지나야 합니다. 규례와 법도와 말씀을 새
기며 여호와께 꼭 붙어 있어야 합니다. 모든 세대와 자자손손이 말씀을 듣고
준수해야 합니다(4:2, 4, 9-10, 40, 6:4-9, 11:18-20).

오직 하나님만이 유일한 생명의 길입니다.
창조주 하나님, 출애굽 구원의 하나님, 유일하신 하나님은 모든 여정의 신실
한 보호자요 인도자이십니다(1:31, 4:7, 20, 32-38). 새로운 세대는 선택하며 결
단해야 합니다. 경계선을 넘어 약속의 땅을 밟고 들어가 그곳을 정복할 것인
가, 옛 세대처럼 길 가는 중에 소멸할 것인가! 우리 모두는 결단의 경계선상
에 서 있습니다.

나는 경계선상에서   ❶ 순종과 불순종에 관한 말씀을 '생명의 지침'으로 새겨듣습니까?
나아갈 의지가 있습니까?   ❷ 나는 하나님과 그분의 솔루션을 전적으로 신뢰합니까?

야곱은 이스라엘의 정체성과 돌아갈 땅에 대해 강조한 바 있습니다(창 48:5-6, 8-9, 16, 21).

모세 역시도 새로운 세대의 정체성에 대해 강조하면서 '한 하나님, 한 백성, 한 믿음'에 대해 선포합니다(송병현). 이스라엘 민족은 '시내산 언약'으로부터 시작되었습니다. 하나님과 새로운 관계로 들어가며 '율법'을 받았습니다(출 19-24장). 새로운 세대도 하나님 앞에 '언약의 주체'로 서야 합니다(5:3). 언약 백성으로 결단하면서 하나님을 알아 가야 합니다.

광야에서의 삶과 가나안에서의 삶은 다릅니다.

광야에서는 부정과 정결에 관한 규례가 두드러졌다면, 가나안을 앞둔 세대에게는 민족과 신앙의 '순수성'이 강조됩니다. 가나안 신들에 미혹되지 말고 유일신 하나님만 섬겨야 합니다. 하나님만이 참 하나님이며 다른 신은 없습니다(4:32-40, 5:7, 6:4-5). 하나님은 구원자이며 공의롭고 신실하신 분입니다. 하나님은 조상들을 사랑하시고 언약을 기억하셨습니다. 그들을 출애굽시키셨으며 지금까지의 여정을 인도하셨습니다. 가나안 정복 후에도 백성들은 늘 하나님을 기억하며 온전히 의지해야 합니다(4:8, 37, 5:6-7, 7:6-10, 8장).

이스라엘은 복의 근원이며 제사장 나라입니다.

하나님에 대한 신뢰와 충성으로 율법을 준수해야 하며 영적 일탈을 불러올 수 있는 모든 것을 근절해야 합니다(5:1-21). 우상숭배는 매우 심각한 죄입니다(4:19, 5:7-10, 6:14-15, 7:2).

나는 분명한 정체성을
갖고 있습니까?

❶ 나에게 하나님은 어떤 분입니까?
❷ 나의 삶과 신앙에서 '시내산 언약'의 결단이 있습니까?

044

신명기
9-11장

하늘을
바라봐야 하는 땅

모세는 '금송아지 사건'에 대해 이야기를 꺼냅니다.

백성들은 이 엄청난 사건을 단편적으로만 알았을 것입니다. 그러나 모세가
당시 하나님의 반응을 소상히 회고했을 때 백성들은 그 서늘함을 온몸으로
느꼈을 것입니다(참고 출 32장). 하나님의 명령은 애써 기억하고 반복해야 하지
만 불순종은 별다른 훈련 없이도 자연스럽게 몸에 익고 능숙해집니다. 이스
라엘은 한결같이 목이 곧은 백성이었습니다(9:7, 24, 10:16). 새로운 세대도 땅
을 얻고 나면 자기 공으로 땅을 차지한 줄 알 것입니다(9:4-6).

이스라엘이 공의로워서 땅을 얻는 것이 아닙니다.

가나안 족속은 자기 죄로 인해 하나님께 추방되었습니다. 이스라엘의 군사력
때문이 아니라 하나님께서 이스라엘을 위해 싸우시기 때문에 이스라엘이 땅
을 얻는 것입니다. 하나님의 인내와 모세의 헌신적인 중보가 없었다면 이스
라엘은 이미 흔적도 없이 사라졌을 것입니다(9:3-4, 9, 13, 18, 10:10).

가나안은 '하늘을 바라봐야 하는 땅'입니다(최호균).

가나안을 정복한 후에도 긴장을 늦추어선 안 됩니다. 하나님이 말씀하신 바
를 되새기며 그것을 삶의 지침과 방향으로 삼아야 그곳에서의 삶 또한 감당
할 수 있습니다. 우상으로 욕망을 추구하며 정하신 순리를 거스르면 이스라
엘은 아름다운 땅에서 속히 멸망할 것입니다. 하나님의 눈은 연초부터 연말
까지 그 땅 위에 있을 것입니다. 하나님은 의무와 형식이 아니라 이스라엘의
마음을 원하십니다. 명령의 행간에 담긴 하나님의 진심과 사랑을 헤아리며
말씀을 통독해 보십시오(10:12-13, 11:1, 13, 22).

나의 눈(마음)은 늘 하늘을
바라보고 있습니까?

❶ 가나안 땅과 우상에 눈과 마음을 빼앗기지 않았습니까?
❷ 명령을 지키려 애씁니까, 불순종에 능숙합니까?

형통한 날에 기억하라

신명기 12-26장은 '신명기 법전'이라 불립니다.
가나안 정복과 정착 이후에 백성들이 명심해야 할 규례들이 담겨 있습니다.
광야 생활과 정착 생활은 다릅니다. 광야에서는 외부와의 접촉이 거의 없었
지만, 가나안에서는 이방 민족을 자주 만나게 될 것입니다. 그들의 종교와 문
화를 보며 눈과 마음을 빼앗기고 지역 신들을 궁금해하며 들여다보게 될 것
입니다(12:29-30).

이스라엘이 왜(어떻게) 그 땅을 얻게 되었습니까?
하나님께서 가나안을 추방하고 이스라엘에게 주신 것입니다. 이스라엘은 기
존 정착민들이 죄로 오염시킨 가나안 땅을 깨끗하게 정화하고 회복시켜야 합
니다(9:1-5). 죄로 가득한 것들을 진멸해야 하며(13:12-17, 20장), 가나안의 거짓
신과 우상들을 탐구하거나 숭배해서는 안 됩니다(12:30). 이방 신앙으로 미혹
하는 자는 철저히 끊어내야 하며(13장, 17:2-7), 하나님 신앙과 이방 신앙의 혼
합을 철저히 금해야 합니다(12장, 14:1-21).

이스라엘은 자신들이 노예요, 나그네이며, 객이었던 시절을 기억해야 합니다.
가나안에 정착하여 농사를 짓고 소출을 얻고 형통하게 될 때에, 그 모든 것이
하나님께로부터 온 것임을 기억해야 합니다. 하나님께 받은 '은혜'를 '은혜롭
게' 흘려보내야 합니다(12:12, 19, 14:27-29, 15:7-11). 형통한 날에 하나님을 기억
해야 합니다. 은혜를 깨닫는 자가 또한 은혜를 입을 수 있습니다.

나는 주님께 받은 은혜를
기억합니까?
❶ 형통으로 인해 오히려 하나님과의 관계가 소원해진 것은 아닙니까?
❷ 오늘의 형통함을 '자수성가'로 여기는 것은 아닙니까?

57

046

신명기
16-20장

하나님 나라의 청사진

'신명기 법전'은 단지 규례와 법들의 모음집이 아닙니다.
명령의 행간에는 가나안 땅을 향한 하나님의 비전이 가득 담겨 있습니다. 하나님은 왜 이스라엘을 출애굽시키셨습니까? 사람의 종이 아니라 하나님께 속한 자로 세우시기 위함입니다. 하나님께서 이스라엘로 하여금 가나안 땅을 정복하고 정착하게 하신 것은 그곳에 '예배하는 공동체'를 세우기 위함이었습니다.

무엇보다 '하나님과의 관계 회복'이 우선입니다.
죄로 인해 하나님과의 관계가 단절되자 모든 관계가 단절되었습니다. 하나님과 인간의 관계, 인간과 인간의 관계, 인간과 피조 세계 간의 관계가 오염되고 왜곡되었습니다. 보시기에 좋았던 세상과 창조의 순리들이 모두 망가졌습니다. 하나님과의 관계 회복 즉 '하나님 사랑'이 먼저입니다. 그럴 때에야 진정으로 형제들을 살피고 돕는 '이웃 사랑'도 가능하게 될 것입니다.

하나님은 신명기 법전을 통해 '하나님 나라의 청사진'을 보이셨습니다.
구원의 하나님, 창조주 하나님만 예배하는 곳, 노비, 레위인, 객, 고아, 과부와 함께 즐거워하는 곳, 공의로운 재판이 시행되며 무죄한 피를 흘리지 않는 곳, 하나님이 허락하신 각각의 소유와 권리가 인정되는 곳, 언약을 집행하는 재판관과 백성들을 보호하는 왕, 언약에 신실한 제사장과 선지자들이 세워지는 곳!(16:18-17:13, 17:14-20, 18:1-22, 《BST 성경 강해 시리즈: 신명기》) 이스라엘이 가나안에 세워야 할 '하나님 나라 공동체'의 모습입니다.

내가 속한 공동체의 모습은
어떻습니까?

❶ 하나님과의 관계가 명확히 정립되었습니까?
❷ '노비, 레위인, 객, 고아, 과부'와 함께 즐거워합니까?

이스라엘은 '군대'가 아니라 하나님의 '백성'입니다.

그들은 가나안 정복을 위해 전쟁을 치르게 될 것이지만 이를 전문적으로 수행하는 군사 조직이 아닙니다. 모든 전쟁은 하나님의 허용과 통제 아래 진행될 것이며 필요 이상의 살상이나 탈취, 잔혹함은 엄격하게 금지됩니다(20:2 이하). 이 전쟁의 방점은 '정화와 회복'에 있습니다. 땅과 소유의 확장이 아니라 '하나님 나라' 건설에 있습니다.

하나님은 징집과 전쟁과 포로에 관한 규정들을 세심하게 살피십니다.

전쟁의 폭력과 광기와 전후의 혼돈이 일상을 침범하지 못하도록 '사람 됨'과 '하나님 나라의 법'을 강조하십니다(20장, 21:10-14). 하나님은 전쟁 중에도 질서를 유지하게 하십니다. 나무 한 그루, 시체 한 구, 가축 한 마리, 쓰러진 형제, 여성들, 전쟁 중(후)에 일어날 모든 일을 챙기고 살피십니다. 하나님 나라는 죽음과 욕망과 폭력과 기만 위에 세워지지 않습니다. 그 모든 과정 역시 하나님 나라의 법대로 진행되어야 합니다.

이스라엘은 '하나님 나라'의 국민입니다.

언제, 어디서, 무엇을 하든 하나님 나라의 법대로 해야 합니다. 광야 생활에서도 진영의 거룩함과 질서를 유지했듯이 정복과 정착 생활에서도 거룩을 유지해야 합니다. 여전히 진행 중인 오늘날의 수많은 전쟁과 그 참상들을 떠올리며 본문을 통독해 보십시오. 하나님께서 챙기고 보호하시는 사안들과 사람들이 보일 때 이 땅에 이뤄야 할 하나님 나라의 청사진이 보일 것입니다.

나(우리)는 하나님 나라의
국민입니까?

❶ 우리의 '전쟁'은 무엇을 위한 것입니까?

❷ 우리의 '전쟁터'에는 하나님의 질서가 유지되고 있습니까?

048

계약(언약) 갱신 의식

신명기
26-28장

신명기 12-26장에서 하나님의 규례들이 선포되었습니다.

신명기 26장 16-19절에는 '계약(언약) 갱신 의식'이 기록되어 있습니다. 가나안 진입이라는 변동 상황에 맞춰 시내산 언약이 '갱신'되는 것입니다. 신명기 27장에는 계약 내용과 이행 시 발생하는 효력이 명시되며, 신명기 28장에는 이행과 불이행에 따른 약관들이 소개됩니다.

하나님과 이스라엘은 '계약'의 현장에 서게 됩니다.

하나님은 법적 효력을 전제로 계약 내용을 설명하십니다. '신명기 법전'은 들으면 좋고 안 들어도 그만인 '훈화'가 아닙니다. 선포된 항목들에 동의하고 의무조항을 준수해야 합니다(12-26장). **이스라엘**(26:17)은 ① 하나님을 인정하고 도를 행해야 합니다. ② 하나님의 규례와 명령과 법도를 지켜야 합니다. ③ 하나님의 음성에 순종해야 합니다. **하나님**(26:18-19)은 ① 이스라엘을 보배로운 백성으로 인정하며, ② 이스라엘을 모든 민족 위에 뛰어나게 하고, ③ 이스라엘을 거룩한 백성이 되도록 하실 것입니다.

요단을 건너는 날, 이 명령들은 큰 돌에 새겨질 것입니다.

약속의 땅에 발을 내딛는 순간, 법의 효력이 발생할 것입니다. 그날 이스라엘 백성들은 제단을 쌓고 번제와 화목제를 드리며 하나님 앞에서 먹고 마시며 즐거워할 것입니다(계약 식사, 27:2-7). '모든' 백성이 계명들에 대해 '아멘'으로 응답했습니다. 이로써 '모든' 백성이 조항들을 준수할 책임을 지게 되었습니다(27:11-26, 29:10-17).

나는 하나님과의 언약을   ❶ 계약서를 장롱 깊숙이 넣어 두고 잊어버린 것은 아닙니까?
기억하며 준수하고 있습니까? ❷ 하나님과 나, 양측 모두 규정들을 준수하고 있습니까?

무엇을
선택하겠습니까?

신명기 28장에는 순종의 복이 가득 담겼습니다.

자자손손 간절히 중보하며 빌어 주고픈 각양각색의 복들입니다(28:1-14). 그러나 뒤이은 불순종의 저주가 그보다 4배 이상 많습니다. 읽을수록 뒷골이 서늘해지는 무서운 저주들입니다(28:15-68). 신명기 안에서만도 순종과 불순종 이야기가 너무 자주 반복되는 부분이 있지만, 당부하고 또 당부하던 모세의 예감은 틀리지 않았습니다. 안타깝게도 모세가 언급한 불순종과 저주의 내용들은 곧 성경에서 확인해 나갈 이스라엘의 미래입니다.

그들은 결국 가나안의 이방신들을 따를 것입니다.

시내산 언약을 잊고 모압에서의 갱신도 어길 것입니다. 질병, 죽음, 자연재해, 전쟁의 패배, 적군의 모욕, 압제, 노략, 겁탈, 황폐한 땅, 탈취, 학대, 멸망, 포로, 궁핍, 빈곤, 불안, 무정함 등 불순종에 따른 저주들이 그들의 삶과 역사에서 그대로 성취될 것입니다(31:16-18, 20).

그럼에도 하나님은 언제나 신실하게 언약을 이행하십니다.

하나님은 언약을 끝까지 붙잡는 사람들, 자손에게 도를 가르치고 보전하는 자들을 바라보십니다. 하나님은 의무를 준수하는 자들에게 의무를 다하실 것입니다. 그들을 반드시 생명과 복으로 지키실 것입니다(30장, 31:3-13, 23). "보라 내가 오늘 생명과 복과 사망과 화를 네 앞에 두었나니"(30:15). 하나님의 명령은 이해하거나 행하기에 어려운 것이 아닙니다. 우리의 입과 마음에 있으며 모두 행할 수 있는 것들입니다.

무엇을
선택하시겠습니까?

❶ 하나님의 명령이 이해하거나 행하기 어려운 것입니까?
❷ 쉽게 선택하지 못하는 이유는 무엇입니까?

050

신명기
32-34장

사명의 구간

모세는 가나안 땅에 들어가지 못합니다.
그럼에도 죽기 직전까지 지도자로서 최선을 다합니다. 출애굽과 광야를 회고하며 '하나님만 섬기라'고 당부합니다(1-11장). 언약과 규례에 담긴 하나님의 마음을 소상히 전달합니다(5장, 12-26장). 가나안 진입과 더불어 계약(언약)을 갱신하도록 안내했으며(27장), 순종과 불순종에 따른 복과 저주를 반복하여 전했습니다. 이제는 이를 '노래'로 만들어 기억하도록 가르치기까지 합니다(6-9장, 28-30장, 31-32장).

'모세의 노래'에도 진심 어린 당부가 가득합니다.
아쉽고 안타깝고 거듭 당부해도 여전히 부족한 감이 있지만, 모세에게 주어진 시간과 사명의 구간은 여기까지입니다. 이제부터는 새로운 세대, 새로운 지도자가 감당할 몫입니다. 모세는 이스라엘을 축복하며 말씀을 마칩니다. 가나안 땅에 들어가지 못한 모세, 서운했을까요? 오히려 자기 몸처럼 살피던 백성들 걱정이 앞섰을 것입니다.

하나님은 그런 모세의 눈을 들어 가나안을 보게 하십니다(34:1-4).
'본다'는 것은 '부동산의 공식적인 법적 양도 과정'입니다(《BST 성경 강해 시리즈: 신명기》). 조상 때부터 자기 백성들을 신실하게 지키신 하나님은 이후에도 이스라엘을 인도하며 구원하실 것입니다. "이스라엘이여 너는 행복한 사람이로다 여호와의 구원을 너같이 얻은 백성이 누구냐 그는 너를 돕는 방패시요 네 영광의 칼이시로다 네 대적이 네게 복종하리니 네가 그들의 높은 곳을 밟으리로다"(33:29).

가정과 자녀, 일터와 사역으로 ❶ 사명의 구간 이상을 감당하려 애쓰고 있지 않습니까?
인해 걱정하고 염려합니까?　❷ 하나님이 '그들(그것)'을 위해 일하실 것을 믿습니까?

하나님 편에서

여호수아는 이미 준비된 지도자였습니다.
그럼에도 감당할 사명의 무게는 참으로 버거웠습니다(출 17:9, 24:13, 33:11, 민 11:28, 13:16, 14:6, 27:18, 32:28, 신 3:21, 34:9). 전임자의 존재감, 슬퍼하는 백성들, 정복에 대한 부담으로 밤잠을 설쳤을 여호수아에게 하나님이 찾아오셨습니다. "내가 네게 명령한 것이 아니냐 강하고 담대하라 두려워하지 말며 놀라지 말라 네가 어디로 가든지 네 하나님 여호와가 너와 함께하느니라 하시니라"(1:9).

하나님의 구원은 누군가의 죽음으로 흔들리지 않습니다.
하나님은 여호수아와 이스라엘을 통해 새 일을 행하실 것입니다(1:5, 16-18, 4:14). 이스라엘은 하나님과 함께 거룩한 전쟁(聖戰)을 치르게 됩니다. 이 전쟁의 유일한 주어는 한 분 하나님이십니다(1:11, 2:11, 3:8, 16, 5:1, 15). 하나님께서 전쟁의 전략과 전술과 때와 방법을 정하십니다.

이 전쟁은 탈취나 노략을 위한 전쟁이 아닙니다.
죄로 오염된 가나안을 정화하고 하나님 나라를 세우기 위한 전쟁입니다. 이는 죄로 물든 가나안 족속에게는 '심판'이요, 하나님 백성에게는 '약속의 성취'가 될 것입니다. 이 전쟁은 인종 간의 전쟁이나 민족 간의 전쟁이 아닙니다. 거룩과 비거룩, 순종과 불순종의 전쟁입니다. 이스라엘도 죄로 오염되면 추방의 대상이 될 것입니다(레 18:24-25, 28). 이 전쟁에는 내 편, 네 편이 없습니다(수 5:13-15). 오직 하나님 편에 선 자만이 승리합니다.

나는 누구의 편에 ❶ 하나님을 전쟁의 도구나 수단으로 삼고 있지 않습니까?
서 있습니까? ❷ 하나님의 말씀이 내게는 심판입니까, 약속의 성취입니까?

Chapter

3

독특한 전쟁

요단을 건넌 후 치르는 첫 번째 전투, 그런데 전쟁 방식이 매우 독특합니다.
하나님은 '말씀으로' 전술을 명하셨습니다(6:2). 백성들은 침묵하며 정하신 방식대로 성을 돌았습니다. 불만과 두려움과 부정의 목소리가 점점 사라지고 모든 감각과 행동이 하나님께 집중되었습니다. 일곱 제사장, 일곱 나팔, 7일, 일곱 바퀴. 숫자 7이 반복되면서 창조주 하나님의 새로운 창조와 질서가 시작되고 있습니다. 오염된 땅에 '하나님 나라'가 세워지고 있는 것입니다.

이후의 전투 방식은 무기와 매복 등 보통의 전쟁들과 같습니다.
유독 첫 전투를 '제의'에 가까운 방식으로 치르게 하신 것은 왜일까요? 이 전쟁이 '하나님의 전쟁'임을 천명하기 위해서였습니다. 전쟁이 계속될수록 죄와 폭력과 교만과 욕망이 자기도 모르게 심화될 것입니다. 하나님의 거룩한 전쟁임을 잊으면 그 땅은 정말 '전쟁터'가 될 것입니다. 모세는 이미 이를 경고한 바 있습니다(047 '전쟁과 질서'). 전쟁을 하면서도 전쟁의 '이유와 이후'를 되새겨야 합니다. '아이 성'에서와 같은 죄와 불순종과 일탈이 반복된다면 이스라엘은 가나안처럼 '심판'의 대상이 될 것입니다(7장).

이 전쟁은 이스라엘의 전쟁이 아니라 '하나님'의 전쟁입니다.
지휘관 되시는 하나님께 순종해야 승리할 수 있습니다.

나는 하나님의 방법대로
싸우고 있습니까?

❶ 선점과 승리를 위해 기민하고 악독한 방법을 사용하지 않습니까?
❷ 이익과 소유를 보고 움직입니까, 하나님의 명령에 따라 움직입니까?

누가 지휘관인가?

이스라엘은 신명기 말씀대로 언약 갱신 예식을 시행했습니다.
번제와 화목제를 드리고 율법을 큰 돌에 기록했습니다. 그리심산과 에발산에서 축복과 저주의 말씀을 낭독했습니다(수 8:30-35, 참고 신 27장). 그러나 백성들은 금세 하나님께 묻는 것을 잊었습니다. 당연하고도 대수롭지 않게 생각한 일로 큰 낭패를 당하게 됩니다. 기브온과 맺은 조약으로 인해 '하나님의 전쟁'을 수행해야 하는 이스라엘은 '사람의 전쟁'에 휘말리게 되었습니다(9:14, 10:1-6).

여호수아와 백성들은 이 일을 통해 깨달은 바가 컸을 것입니다.
하나님은 이스라엘을 여전히 품고 보호하셨습니다. 우박을 내리고 태양과 달을 멈추게 함으로 여호수아와 백성들이 전쟁에서 승리하도록 이끄셨습니다. 영적 전열을 정비한 이스라엘은 말과 병거를 무기 삼지 않고 하나님만 의지하며 가나안의 거점 도시들을 정복해 나갔습니다(10:11-13, 11:9, 11-12장).

하나님만이 이 전쟁의 지휘관이십니다.
하나님의 백성은 작은 일 하나도 하나님께 물어야 합니다. "여호와께서 그의 종 모세에게 명령하신 것을 모세는 여호수아에게 명령하였고 여호수아는 그대로 행하여 여호와께서 모세에게 명하신 모든 것을 하나도 행하지 아니한 것이 없었더라"(11:15). 여호수아는 모세를 통해 주신 모든 명령을 하나도 빠짐없이 순종하며 이행했습니다.

나는 작은 일까지 '지휘관' 되신 ❶ 사소하고 당연해 보여 즉각 결정하지 않습니까?
하나님께 묻고 있습니까? ❷ 경솔한 결정으로 인해 '사람의 전쟁'에 휘말린 적이 있습니까?

옛 세대는 모두 광야에서 죽음을 맞이했습니다.
단 두 사람만이 약속의 땅을 밟을 수 있었습니다. 바로 여호수아와 갈렙, 믿음의 노장들입니다. 12지파 연합군은 가나안 거점 도시 정복을 마쳤습니다(1-12장). 이제부터 미정복 지역은 구획을 나눠 지파별로 정복해 갈 것입니다. 그런데 이 시점에서 하나님은 여호수아에게 은퇴를 명하십니다(13:1). 아직 정복할 땅이 남았고 갈렙도 현역으로 참전 중이니(14:12) 아쉽고 섭섭할 법도 합니다. 그러나 여호수아는 즉각 순종했습니다.

하나님께서 사령관 자리를 내려놓게 하신 데는 이유가 있습니다.
12지파에게 땅을 분배하는 일이 만만치 않을 것이기 때문입니다. 다양한 사연들과 불만들, 여러 견해와 입장 차가 발생할 때 권위와 노련함으로 중심을 잡을 사람이 필요했습니다. 하나님은 여호수아를 '조정관'의 자리로 부르십니다. 여호수아는 땅 분배에서도 백성들의 본이 되었습니다. 업적이나 지위나 연륜으로 보았을 때 대우받을 조건이 충분했지만, 그는 자신의 땅을 마지막에 배정했습니다(19:49-50, 24:30). 그중에서도 가장 거칠고 가파른 딤낫 세라를 몫으로 받았습니다.

지파별 정복 전쟁을 앞두고 갈렙은 헤브론을 택했습니다.
헤브론은 크고 견고한 성읍이며 아낙 자손이 살고 있었으므로 누구든 선뜻 자원하기 어려운 지역이었습니다(14:6-15). 갈렙은 험지를 택하며 솔선수범했습니다. 성경은 두 노장에 대해 다음과 같이 평가합니다. "여분네의 아들 갈렙과 눈의 아들 여호수아는 여호와를 온전히 따랐느니라"(민 32:12).

나는 믿음의 노장 역할을 하고 있습니까?　❶ 끝까지 하나님 앞에 무릎 꿇고 말씀에 청종합니까?
❷ 경험과 연륜으로 상황을 분석하며 훈수를 두고 있습니까?

그 땅을 그려 오라

땅 분배에 관한 본문은 다소 지루합니다(13-19장).
우리에게는 낯설고 별 의미 없어 보이는 지명과 지역들이 나열됩니다. 그러나 이스라엘에게는 그 모든 것이 '약속의 성취'입니다. 도시명 하나하나, 지역명 하나하나에는 하나님의 약속이 이토록 세세히 성취되었다는 감격이 담겼습니다. "여호와께서 이스라엘의 조상들에게 맹세하사 주리라 하신 온 땅을 이와 같이 이스라엘에게 다 주셨으므로… 여호와께서 이스라엘 족속에게 말씀하신 선한 말씀이 하나도 남음이 없이 다 응하였더라"(21:43, 45).

아브라함과 맺으신 언약이 긴 세월 끝에 드디어 응답되었습니다(참고 창 12장).
그러나 아직 정복하지 못한 땅들이 남아 있습니다. 적극적으로 땅을 정복하여 분배 받은 지파가 있는가 하면 12지파 중 7지파는 미온적인 태도로 차일피일 정복을 미뤘습니다. 여호수아는 위축되고 한편 안일한 일곱 지파를 책망하며 '너희가 취할 땅을 그려 오라'고 명합니다(18:3-4).*

* 두루두루 시간과 정성을 들이고 발품을 팔아 구체적으로 그리는 것.

하나님은 12지파 모두에게 땅을 주셨습니다.
세상은 경쟁적으로 밟고 빼앗아야 땅을 얻게 될 것이라고 부추깁니다. 그러나 하나님께서는 '모든' 사람에게 '자기 땅'을 주십니다. 각자 누릴 분복과 감당할 사명을 주십니다. 그럼에도 선물로 받은 땅을 취하기 위해 쏟아야 할 땀과 노력과 정성이 있습니다.

나는 선물로 주신 땅을
'땀 흘려' 취하고 있습니까?

❶ 하나님께서 주신 '나의 땅'이 있음을 깨닫습니까?
❷ 주신 땅 앞에서 위축되어 머뭇거리고 있지 않습니까?

하나님의 분배

'땅 분배'는 자손 대대로 영향을 줄 만큼 민감한 사안이었습니다.
불공정 시비나 분란이 일 가능성도 있었지만 여호수아와 12지파는 하나님께
땅에 대한 전권을 위임했습니다. 실로의 회막, 하나님 앞에서 제비를 뽑은 것
입니다(18:1, 6). 스불론은 거칠고 척박한 땅을 얻었지만 불평하지 않았습니
다. 오히려 위기의 때에 사사들을 도와 전쟁에 앞장섰습니다(삿 5:14). 아셀 지
파는 지중해와 맞닿은 풍요로운 지역의 땅을 분배 받았지만, 가나안 민족과
가까이 있어 이방 문화에 물들 위험이 있었습니다. 땅의 형편이 지파의 미래
를 결정짓는 것은 아닙니다.

레위 지파는 하나님이 그들의 유산이 되어 주시므로 분깃을 받지 않았습니다.
그들은 각 지파의 영토에 흩어져 살면서 백성들에게 주의 도를 가르치게 됩
니다. 레위 지파 중에서도 고핫 자손은 성막 중심부와 관련된 사역들을 했는
데, 고핫 자손 중에서도 아론의 후손이 유다에 배속된 것은 눈여겨볼 만합니
다. 이후 유다 지파의 땅인 예루살렘에 성전이 건축되기 때문입니다(21:1-42,
9-19, 참고 민 3:31)

정착이 시작되면 '지파별 자치 시대'가 열릴 것입니다.
함께 진을 치고 이동하고 정복하던 일도 자연히 종료될 것입니다. 요단강 동
편과 서편, 가나안 남과 북의 물리적 거리가 멀기 때문에 원활한 소통이나 민
족과 신앙의 순수성을 유지하기가 쉽지 않을 것입니다. 당장에도 요단강을
사이에 두고 지파 간에 소통 문제가 발생했습니다(22:1-20). 땅 분배를 모두 마
친 여호수아에게는 큰 숙제가 남아 있습니다. 바로 이스라엘의 정체성을 확
실히 단속하는 일이었습니다.

나는 어떤 땅을
분배 받았습니까?
❶ 내가 받은 땅은 풍요한 땅입니까, 척박한 땅입니까?
❷ 예상한 결과를 얻었습니까, 반전의 기쁨(혹은 절망)이 있었습니까?

섬길 자를 오늘 택하라

057

여호수아
23-24장

이스라엘은 가나안 정복을 완수하지 못했습니다(23:4-5).
때문에 추방하지 못한 가나안의 잔류민들과 함께 살아가야 합니다. 광야에 비해 가나안의 문화나 종교나 삶의 방식이 그럴듯해 보이지만, 그것이 곧 올무요, 덫이요, 채찍이나 가시가 될 수 있음을 명심해야 합니다(23:13).

이스라엘은 한 민족이나 한 인종 집단이 아닙니다(출 12:38).
출애굽과 광야 생활을 거치며 하나님을 섬기기로 결단한 사람들이 '이스라엘'이라는 이름 아래 신앙의 공동체를 이루게 된 것입니다. 그러므로 이스라엘의 존속은 '하나님 신앙'에 달려 있습니다. 하나님은 가나안 정복과 정착을 위해 이스라엘을 준비시키셨으며, '하나님 나라' 건설을 위해 '신명기 규례와 법도'들을 가르치셨습니다. 이스라엘은 이제 이곳 가나안 땅에 하나님 나라를 건설해야 합니다.

여호수아는 첫 언약의 갱신 장소인 세겜으로 백성들을 소집합니다.
모인 모든 사람에게 하나님이 이루신 위대한 구원을 선포했습니다(8:30-35, 24:1-13). 조상들과의 언약을 신실하게 지켜 출애굽 구원을 이루신 분, 그들을 광야에서 훈련시키고 약속의 땅을 정복하게 하신 분! 시대마다 하나님이 사용하신 '구원의 도구'는 달랐지만, '구원의 주어'는 오직 한 분, '하나님'이셨습니다. "너희가 섬길 자를 오늘 택하라 오직 나와 내 집은 여호와를 섬기겠노라"(24:15). 과연 이스라엘은 어떤 선택을 하게 될까요? 가나안 땅에 '하나님 나라'가 건설되었을까요? 사사기에서 이야기가 이어집니다.

나와 우리 가족은 섬길 자를 택하였습니까?
❶ 하나님만 섬기기로 결단하였습니까?
❷ 우리가 있는 곳에 '하나님 나라'를 건설하고 있습니까?

70

사사기는 여호수아 사후의 이스라엘 상황을 설명합니다.
① **역사적** 지파별 정복 전쟁 실패, 가나안 잔류민에 동화됨(1:1-2:5). ② **신학적** 가나안 종교 근절 실패, 우상숭배, 하나님을 배반함(2:6-3:6). 이스라엘은 점점 더 폭력적이고 비윤리적 행위들로 나아갑니다. 가나안 신을 섬길 뿐 아니라 직접 우상을 만들기까지 합니다. 종국엔 이방인과의 전쟁이 아니라 지파 간 내전에 휘말리게 됩니다(17-18장). 사사기 내내 공동체는 추락하고 몰락합니다.

하나님은 '사사'들을 세워 이스라엘을 구원하게 하십니다.
그러나 백성들은 늘상 돌이키지 않고 우상숭배에 매진했습니다(2:16-17). 심지어 사사들마저 자격 미달인 사람이 많았습니다. 그들은 가나안화되었고 타락과 일탈을 일삼았습니다. 왜 이런 일들이 일어났을까요? "그 세대의 사람도 다 그 조상들에게로 돌아갔고 그 후에 일어난 다른 세대는 여호와를 알지 못하며 여호와께서 이스라엘을 위하여 행하신 일도 알지 못하였더라"(2:10).

성경은 이스라엘이 하나님을 '잊었다'고 말합니다(3:7).
'의도적으로 하나님을 무시하고 등 돌렸다'는 뜻입니다. 세대에서 세대로, 입에서 입으로 전해지는 신앙에는 한계가 있습니다. 하나님의 살아 계심을 경험한 자만이 하나님을 기억할 수 있습니다(2:7). 옷니엘 이야기는 그나마 모범적인 구원의 패턴으로서(3:7-11), 하나님께서 백성의 '부르짖음'을 듣고 사사를 통해 구원하신 이야기입니다(3:9, 15, 4:3, 6:6, 10:10). 그러나 삼손 시대가 되면 사람들은 '부르짖는 일'조차 하지 않습니다.

나와 자녀들은
하나님과 그분의 구원을
알고 있습니까?

❶ 하나님을 인격적으로 만나며 날마다 구원을 경험합니까?
❷ 부모 세대가 지나도 나의 자녀들은 하나님을 기억하고
부르짖을까요?

The LORD, the Judge

사사기
5-7장

'사사(judge)'라는 호칭 자체는 재판이나 판결과 관련된 단어입니다.
그러나 실제로는 이방 민족과 싸워 해방시키는 군사적 성격이 두드러집니다.
사사기는 12명의 사사들과 그들이 활동하던 시대상을 다루지만, 그보다 더
많은 수가 존재했으며 1인 지배 체제가 아니라 지파별, 지역별로 동시대에
여러 명이 활동했습니다.

드보라는 재판관으로서 사사 본연의 임무를 수행했습니다.
대신 '바락'이 구원의 도구로서 군사적 역할을 맡았습니다. 그러나 바락은 하
나님의 약속에도 불구하고 용단을 내리지 못했습니다. 지파 중 일부는 패배
주의와 무관심으로 전쟁에 참여하지 않았습니다. 전쟁을 주관하시는 하나님
은 결국 '여인'에게 영광을 주십니다(4-5장, 4:8-9, 21, 23, 5:6-8, 15-17). 기드온은
자신이 구원의 도구임을 잊고 구원자 행세를 합니다. 이후 이야기는 하나님
의 영광과 왕좌를 탐하는 기드온과(7:18, 8:24, 30) 그의 아들, 공동체 내부의 갈
등과 반목과 내전의 기록들로 점철됩니다.

사사들의 결함과 죄는 점점 증폭되며 고조됩니다.
그럴수록 드러나는 것은 하나님의 구원과 신실하심입니다. 양면 검, 소 모
는 막대기, 나팔, 항아리, 횃불, 맷돌 위짝, 당나귀 턱뼈 등 사사들의 무기는
엄청난 구원에 비해 너무나 허술합니다. 성경은 '누가 이스라엘을 구원하고
있는가?' 질문합니다. 그들의 승리는 강력한 지도자나 군사력, 무기 때문이
아닙니다. 사사들 중 공식적으로 '사사 아무개'라 불린 사람은 없습니다. '사
사'라는 호칭은 단 한 번, 하나님께만 쓰였습니다(11:27, The LORD, the Judge,
NIV,NAS,KJV, 송병현). 하나님만이 우리의 구원자이며 참 사사이십니다.

나의 구원은   ❶ 내가 내세울 만한 무기는 무엇입니까?
어디로부터 옵니까?   ❷ 그것이 나, 우리, 가정에 넉넉한 구원을 가져다주었습니까?

사사들의 도덕적, 영적 상태는 그 시대를 반영합니다.

전쟁에서 승리한 백성들은 기드온을 '구원자'로 바라봅니다. 기드온 역시 하나님을 찬양하지 않고 우두머리 행세를 합니다. 백성들은 기드온 가문을 왕으로 옹립하려 했습니다(8:22). 기드온 역시 말과 달리(8:23) 백성들의 순종을 원했고 왕의 상징과 왕의 재물을 원했습니다(8:24, 26). 왕실처럼 가문을 이루고 가나안 여인(세겜)을 첩으로 맞았습니다. 아들 이름을 '아비멜렉'이라 부르고(8:31, 나의 아버지는 왕이다), 남은 생을 자기 집에 '거주'*하며 왕 노릇 했습니다(8:29).

* 거주하다 : (왕이 보좌에) 앉다.

기드온은 에봇을 만들어 우상숭배의 빌미를 제공했습니다.

실로에 여호와의 법궤를 두듯 에봇을 자기 집에 두었습니다(8:27). 하나님께 순종하며 오브라 제단을 헐던 기드온은 이제 없습니다(6:25-32). 이스라엘은 이미 가나안식 권력과 종교에 동화되었습니다. 왕이 되려는 아비멜렉의 행동은 갑작스러운 것이 아닙니다(9장). 왕 같은 아버지 아래서 가나안식으로 자란 이의 자연스러운 양태입니다. 그는 권력을 얻기 위해 '가나안 방식'을 적극 활용했습니다(9:1-5). 편을 가르고 사람을 고용하여 조직적이고 잔혹한 살인을 벌였습니다. 아버지의 집안과 어머니의 집안을 원수 되게 만들었습니다.

모세가 왜 가나안 족속과의 혼인을 경고했을까요?

왜 하나님 방식으로 지도자를 선택하라고 했을까요? 안타깝게도 모세의 염려는 기우가 아니었습니다. 요담의 비유는 자질이 있는 자가 겸손히 자리를 마다하고, 자격 없는 자가 기어코 자리를 차지하는 혼란한 시대상을 담고 있습니다(9:8-19, 참고 출 34:15-16, 신 7:3-4, 17:14-20)

'하나님 방식'으로 삽니까,
'가나안 방식'으로 삽니까?

❶ 입으로는 신앙을, 행동으로는 '가나안 방식'을 따르지 않습니까?
❷ 우리가 지향하는 지도자의 자질(자격)은 어느 쪽에 더 부합합니까?

위기의 때, 조급한 선택

사사기
11-14장

입다는 위기의 때에 급하게 선택된 지도자입니다(11:5).
그는 불량한 사람들과 함께 약탈하러 다니던 자로(11:3), 인신 제사를 서원할
정도로 가나안에 동화된 사람이었습니다(11:30-31, 송병현). 장로들은 전시를
위해 임시방편으로 입다를 '고용'하려 했으나, 입다는 상황을 이용해 자기 입
지를 상향 조정하여 협상합니다(11:6-10). 무운(武運)을 위해 하나님께 아뢰는
'형식적 절차'들이 진행됩니다(11:9-11). 장로들과 사사에게서는 영적 리더십
이 전혀 보이지 않으며, 모든 과정에서 하나님보다 사람이 앞서고 있습니다.

입다는 논리나 협상력에서 나름 탁월한 지도자였습니다.
그러나 유불리에 따라 움직이는 냉정한 사람이었습니다. 목적한 바를 이끌어
내려 암몬과의 협상에는 최선을 다하면서도(11:12-27) 동족에게는 별다른 노
력도 하지 않고 4만 2000명을 바로 살해합니다(12:1-6). 하나님의 영으로 싸
우면서도 하나님께 무지했던 입다는 하나님이 금하신 방식으로 협상하기에
이릅니다(11:30-31).

이스라엘의 형편은 갈수록 최악으로 흐르고 있습니다.
'7'가지 우상에 관한 언급은 그들의 영적 타락이 최고조에 달했음을 뜻합니
다(10:6). 하나님은 그 심각성에 준하여 심판의 도구를 둘이나 보내셨습니다
(10:7). 암몬이 가나안 중심부에 위치한 유다, 베냐민, 에브라임을 공격하면서
이스라엘은 '허리'를 쓰지 못하는 신세가 되었습니다. 불순종에 따른 저주의
약관들은 어김이 없습니다. 사사기의 끝을 향하며 본격적인 질문들이 떠오릅
니다. '이스라엘에는 과연 어떤 지도자가 필요한가?'

어떻게 위기를
극복하고 있습니까?

❶ 해결에 급급하여 '적당한' 방편을 찾지는 않습니까?
❷ 조급하고 인위적인 결정으로 낭패를 본 경험이 있습니까?

자멸한 사명자 삼손

사사기 안에는 짧은 분량의 소사사 이야기들이 나옵니다.

처음에는 삼갈 1명(3:31), 그다음에는 돌라와 야일 2명(10:1-5), 그다음에는 입산, 엘론, 압돈 3명으로 이어집니다(12:8-15). 송병현 교수는 소사사 이야기를 잠시 '쉬어 가는 구간'으로 봅니다. 점점 심각해지고 수위가 높아지는 폭력과 당시 사회상들로 인해 숨을 고르지 않고는 다음을 읽어 갈 수 없을 정도라는 것입니다.

또 하나 눈에 띄는 것은 '여호와(하나님)의 사자'입니다.

구약에서 70회 정도 언급되는데 그 중 1/3이 사사기에 나옵니다. 이는 최악의 타락에도 불구하고 최선을 다하시는 하나님을 나타냅니다. 그나마 이스라엘이 명맥을 유지할 수 있었던 이유가 여기에 있습니다. 성경은 삼손을 통해 이스라엘의 현 상황을 보여 줍니다. 삼손은 은혜와 섭리로 태어나게 하시고 구별된 존재로 살게 하신 하나님의 뜻을 떠나 늘 이방 여인(우상)에게 눈과 몸과 마음을 빼앗긴 채 살아갑니다. 하나님께 버림받았다는 사실조차 알아차리지 못합니다. 그들의 죄가 가중될수록 이방의 압제는 장기화되고 혹독해지지만, 이스라엘은 이를 당연히 여기며 부르짖음도 없이 순응해 살아갑니다.

삼손의 문제는 '사사'로서의 정체성이 없다는 것입니다.

사사였음에도 정욕에 약하고 군사적 행동에 관심이 없으며 오히려 공동체의 평화를 위협하는 근심거리 취급을 당합니다(14:1, 7-8, 15:11, 16:1). 삼손은 결국 정욕과 복수심으로 살인하며 자멸해 갑니다(16:28). "삼손이 죽을 때에 죽인 자가 살았을 때에 죽인 자보다 더욱 많았더라"(16:30). 그는 죽을 때가 되어서야 하나님 앞에서 겨우 이름값을 합니다.

나는 사명자로서 정체성을 갖고 있습니까? | ❶ 내 소견에 옳은 대로 행동하며 공동체의 근심이 되지 않습니까?
❷ 마음껏 쓰임 받습니까, 겨우 이름값만 하는 정도입니까?

063

사사기
19-21장

소견대로 사는
삶의 최후

영적 타락은 반드시 사회적 혼란을 동반합니다.
사사기 17-21장은 개인의 종교적 타락이 개인의 도덕적 타락, 집단의 총체적
타락(지파, 이스라엘 전체)과 직결됨을 보여 줍니다. 하나님과 인간, 인간과 인간
관계가 모두 무너졌습니다. 모세가 경고하던 일이 일어난 것입니다.

개인이 우상과 산당을 소유하며 제사장을 고용합니다(17장).
제사장이 세워지는 데 지파나 나이 등의 조건, 절차가 고려되지 않습니다. 백
성에게 율법을 가르쳐야 할 레위인은 생존과 안위에 급급합니다. 생계 걱정
으로 세상을 헤매며 고용과 스카우트에 움직이고 하나님의 뜻을 물으면 듣
기 좋은 말로 응대합니다(18:10, 19-20). 지파들의 땅 정복은 죄로 점철됩니다
(18장). 동족이라고 일부러 찾아간 마을은 남보다 못하고, 남편인 레위인은 자
기 여인에게 무심하고 냉정합니다(19:11-15, 27-29). 이스라엘이 하나가 되어
행한 일은 동족 간의 '내전'이고 하나님과 불통하며 살인과 납치와 강간을 일
삼았습니다(20-21장). 이스라엘은 왕 되신 하나님을 완전히 떠났습니다(17:6,
18:1, 19:1, 21:25).

하나님과 단절되면 모든 것이 무너져 내립니다.
"너는 이것을 알라 말세에 고통하는 때가 이르러 사람들이 자기를 사랑하며
돈을 사랑하며 자랑하며 교만하며 비방하며 부모를 거역하며 감사하지 아니
하며 거룩하지 아니하며 무정하며 원통함을 풀지 아니하며 모함하며 절제하
지 못하며 사나우며 선한 것을 좋아하지 아니하며 배신하며 조급하며 자만하
며 쾌락을 사랑하기를 하나님 사랑하는 것보다 더하며 경건의 모양은 있으나
경건의 능력은 부인하니 이 같은 자들에게서 네가 돌아서라"(딤후 3:1-5).

내 소견대로 살아갑니까,
왕 되신 하나님을
따라 삽니까?

❶ '하나님 나라'를 세워 갑니까, 오히려 '가나안화' 되고 있습니까?
❷ 경건의 모양과 경건의 능력이 둘 다 드러나고 있습니까?

76

사사 시대는 무심하고 무정한 무정부 시대였습니다.

영적으로나 사회적으로 타락했고 혼란 그 자체였습니다. 룻기는 사사기와 동
시대 이야기이지만 회복의 소망을 담고 있는 따뜻한 책입니다. 회복은 하나
님을 섬기며 순종하는 한 개인과 가정으로부터 시작됩니다. 하나님은 소외
되고 배척당하는 여인 룻과 나오미를 캐스팅해서 황량한 시대를 위한 부흥과
구원의 처방전을 보이십니다.

룻기의 등장인물들은 받은 은혜를 서로에게 흘려보냅니다(헤세드*).

신명기 법전에 기록된 나눔, 살림, 책임, 돌봄, 배려의 덕목들이 하나님의 섭
리와 연합하여 죽어 가던 이스라엘을 살립니다(신 12-26장). 흉년, 죽음, 실패,
빈손, 소망 없음으로 괴롭던 인생에서 기업을 잇고 생명을 회복하여 더 큰 구
원으로 나아가게 됩니다(1:11, 21, 4:10-22).

* 헤세드 : 구원자 하나님의 선하고 영원하신 성품

어떤 사람이 참 이스라엘 백성일까요?

참 이스라엘의 기준은 '하나님 신앙'입니다. 그래서 룻기는 더 넓은 범주의 사
람들을 공동체로 받아들입니다. 폭력과 납치의 대상이며 물건처럼 취급되던
여성들(삿 19-21장), 총회에 들어오지 못할 대상으로 언급되던 이방인(신 23:3-4,
모압), 모세(에스라)가 강력히 경계한 이방인 배우자(스 10장) 등 하나님은 '하나
님 신앙'이 확고하고 말씀대로 순종하는 자들을 차별하지 않고 하나님의 구원
역사에 캐스팅하십니다. 이제 작은 베들레헴에 펼쳐진 평범한 인물들의 소박
한 이야기는 이스라엘과 열방을 위한 '왕들의 이야기'로 이어집니다(4:17-22).

회복과 부흥이 '나'로부터   ❶ 나(가정)에게 '하나님 중심 신앙'이 견고히 자리 잡고 있습니까?
시작됨을 믿습니까?   ❷ 하나님께 받은 은혜대로 이웃들에게 은혜를 베풀고 있습니까?

065

사무엘상
1-3장

사무엘상은 사사 시대 끝 무렵을 배경으로 합니다.
이스라엘은 하나님 나라 건설에 실패했으며 가나안화되었습니다. 불순종의
결과 땅을 빼앗기는 신세가 되었습니다(삿 1:34-36). 연합 지파 체제는 붕괴되
어 부족 국가로 전락했습니다. 이스라엘은 하향곡선을 그리며 쇠퇴했습니
다. 말씀이 희귀하고 이상이 보이지 않았다는 것은 아주 기본적인 영적 채널
마저 끊겨 버렸음을 뜻합니다(3:1). 제사장 집안에까지 영적, 도덕적, 성적 타
락이 침투할 정도로 이스라엘 도처에는 죄악이 만연했습니다(2:12-17, 22-25,
참고 삿 17-21장).

사무엘상 초반에 등장하는 '한나'는 사사 시대와 닮았습니다(송병현).
한나는 간절한 열망과 몸부림에도 기대하던 결실을 맺지 못했습니다. 주변의
공격 가운데 인고의 세월을 보내지만 미래는 여전히 불투명합니다. 그러나
한나는 하나님의 은혜로 '사무엘'을 잉태했습니다. 이러한 은혜가 이스라엘
에게도 간절히 필요합니다. 하나님은 새로운 시대를 위해 사무엘을 세우셨습
니다. 사무엘은 사사 시대와 왕정 시대의 가교 역할을 감당하며 선지자, 제사
장, 마지막 사사로서 영적 각성을 이끌 것입니다.

사무엘상에는 여러 상승과 쇠퇴가 대조되어 나타납니다.
"여호와는 가난하게도 하시고 부하게도 하시며 낮추기도 하시고 높이기도 하
시는도다"(2:7). 엘리와 그의 집안은 쇠퇴하고 사무엘은 상승합니다. 불순종
한 사울왕은 점점 쇠퇴하고 다윗은 점점 상승합니다. 하나님께서 새로운 시
대를 열어 가고 계십니다. 하향과 쇠퇴 일색이던 이스라엘에 곧 상승이 펼쳐
질 것입니다.

나의 영성과 일상은
상승하고 있습니까,
하강하고 있습니까?

❶ 하나님을 존중히 여김으로 존중히 여김을 받고 있습니까?(2:30)
❷ 하나님의 마음과 뜻대로 행하며 견고히 세워져 가고 있습니까?(2:35)

사사 시대 사람들은 하나님과의 소통에 서툴렀습니다.
그들은 하나님께 무엇을 먼저 묻고 들어야 할지 몰랐습니다(삿 20:18, 23, 28).
사사 시대 말기에는 말씀과 이상마저 희귀해졌습니다(3:1). 하나님의 부름
에 제사장도, 부름 받은 당사자도 얼른 알아차리지 못합니다(3:2-9). 레위인,
제사장, 백성 모두가 마땅히 가르치고 배울 바를 잊은 까닭입니다(레 10:9-11,
참고 신 6:1-9). 이스라엘은 자기 소견대로 사는 방식에 더 익숙해졌습니다(삿
17:6, 18:1, 19:1, 21:25).

이스라엘은 하나님과 함께 전쟁하는 법도 잊었습니다.
전투를 치르기 전에 하나님께 먼저 묻거나 음성을 듣지 않고, 전쟁이 잘 풀리
지 않을 때에만 '하나님'을 떠올립니다(4:3). 그들은 여전히 소견대로 '언약궤'
를 진중에 가져옵니다. 하나님을 우상이나 부적처럼 대하고 있는 것입니다
(4:3-4, 참고 민 14:44). 이스라엘은 결국 전쟁에 패하고 하나님의 궤를 빼앗깁니
다. 나이 많고 비대한 엘리는 '의자(히, 학킷쎄)'에서 뒤로 넘어져 죽습니다(4:17-
18).

하나님의 영광이 이스라엘을 떠난 듯 보였습니다(4:21-22, 이가봇).
그러나 이 일은 하나님의 통제와 주권 아래 진행되고 있습니다. 블레셋은 하
나님이 쓰시는 심판의 도구일 뿐입니다(5-6장, 시 103:19). 하나님은 블레셋을
통해 구시대를 매듭짓고 사무엘을 통해 새 시대의 기반을 마련하십니다(4:17-
18). 회복의 첫걸음은 하나님과의 영적 채널을 복구하는 것입니다. 에벤에셀
하나님을 기억하고 그분께 부르짖을 때에만 진정한 회복과 평안으로 나아갈
수 있습니다(7:3-4, 8, 12-14).

나와 하나님의 영적 채널은　❶ 하나님께 무엇을, 어떻게 묻고 들어야 하는지 '알고' 있습니까?
정상적으로 작동합니까?　❷ 하나님께 '실제' 묻고 들으며 '부르짖고' 있습니까?

사무엘상
8-12장

사무엘의 통치 아래 이스라엘은 회복과 안정을 누립니다.
노년의 사무엘에게는 이제 초대 왕을 소개하는 일만 남은 듯 보입니다. 그런
데 왕정의 첫걸음부터가 심상치 않습니다. 성경은 백성들의 요구로 왕정이
시작되었다고 기록합니다(8:1-5, 7, 19-20). 그러나 하나님은 이미 왕을 주겠다
고 말씀하신 바 있습니다(참고 창 17:6, 16, 35:11, 신 17:14-20). 왜 하나님은 왕정
을 부정적인 것으로 언급하시며 '이스라엘이 나를 버렸다'고 하셨을까요?

이는 왕에 대한 하나님과 백성의 의도가 달랐기 때문입니다.
하나님은 새 시대와 구원의 '도구'로서 왕을 예비하셨지만 백성들은 세상에
따른 왕정 제도를 원했습니다. 하나님이 통치하시는 '하나님 나라'의 비전을
포기하고 인간 왕이 통치하는 세상 왕국을 선택한 것입니다(8:5-7, 12장). 백성
들은 그들의 요청이 가져올 결과를 알지 못합니다. 왕정을 허락하신 하나님
은 왕이 지켜야 할 지침을 주셨습니다. '왕정'은 새로운 체제가 아니라 하나님
통치의 일환이며 변형입니다. 왕도 하나님의 통치 아래에서 규례와 법도대로
행해야 합니다(8:10-18, 12:14-16).

하나님은 왕권을 견제할 제도적 장치로 '선지자'를 쓰십니다.
선지자 사역은 사무엘 시대로부터 전문화, 제도화되어 갔습니다. 선지자들
은 왕과 백성들에게 하나님의 뜻을 전하는 자로서 킹메이커(브레이커) 역할을
할 만큼 영향력을 갖게 됩니다(10:5, 10-12, 19장, 22장, 왕상 19:15, 왕하 8:13, 마 14:5,
21:26, 막 6:20).

나는 하나님과 같은 생각을   ❶ 허락하신 소유, 직분, 직업, 관계에 대한 하나님의 의도를 깨닫습니까?
하고 있습니까?   ❷ 하나님의 통치 아래, 하나님의 방법과 규례를 따라 살고 있습니까?

엘리는 '의자(학킷쎄)'에서 뒤로 넘어져 죽었습니다(4:13, 18).
사사이자 제사장 엘리의 죽음으로 '의자(학킷쎄, 보좌)'가 공석이 되었습니다.
누가 이 의자 즉 '통치권'을 이어받게 될까요? 사무엘과 사울 이야기에는 '의
자'가 나타나지 않습니다. 다윗 이야기에서 비로소 이 단어가 등장합니다(삼
하 3:10, 7:13, 16, 14:9). 사무엘은 통치자가 아니라 준비자요 선지자로서 킹메이
커였습니다. 사울은 왕이었음에도 '의자(학킷쎄)'에 오르지 못했습니다. 그가
하나님의 말씀을 버리고 불순종했기 때문입니다(송병현).

하나님은 이스라엘에게 약속의 땅을 선물로 주셨습니다.
그러나 백성들은 정복을 미완으로 마친 뒤 불순종하여 도리어 땅을 빼앗겼습
니다. 사울도 이스라엘의 초대 왕으로 부름 받지만(10:17-24, 11:12-15), 불순종
으로 인해 결국 '의자(학킷쎄)'를 얻지 못합니다. 왕 역할을 할 뿐 보좌 없는 왕
이었던 것입니다. 사울 왕정은 겸손과 순종과 환호 속에서 출발했습니다(9:2,
21, 10:9, 22, 11:6, 11, 15). 그러나 불순종을 반복하다가 결국 하나님께 버림받았
습니다(13-15장, 15:11, 26, 35). 군사적 능력이 떨어지거나 도덕적 결함이 있어
서가 아닙니다. 사울이 하나님의 말씀을 버렸기 때문입니다(13:9,15:19, 26). 그
는 백성의 소리와 눈을 더 의식했습니다(15:24, 30).

하나님은 그분의 목소리를 '청종'하는 자를 쓰십니다.
하나님은 그분의 통치를 인정하는 자를 인정하시며 그에게 '통치권'을 주십
니다. "여호와께서 나를 보내어 왕에게 기름을 부어 그의 백성 이스라엘 위에
왕으로 삼으셨은즉 이제 왕은 여호와의 말씀을 들으소서(쉐마)"(15:1).

나는 '하나님께'
인정받고 있습니까?

❶ 사람들이 부르는 호칭과 직위대로 하나님께 인정받고 있습니까?
❷ 이미 주신 '자리'를 헛된 열심과 불순종으로 박차고 있지 않습니까?

069

사무엘상
16-18장

무명한 자에서
유명한 자로

사울은 현직 왕이었음에도 무대에서 점점 사라집니다.
반면 이름 없던 막내였다가 구원의 도구로 무대에 오른 다윗은 한참 후에야
왕이 되었음에도 내내 무대 중앙에 서 있습니다. 다윗이 하나님의 마음에 합
한 자였기 때문입니다(13:14, 15:28, 16:1, 7, 11-12, 17장, 참고 삼하 2장).

이스라엘은 왕에 대해 하나님과 '동상이몽'이었습니다(8:5).
하나님은 '왕정'을 군사적 문제가 아닌 신학적 문제로 보십니다(12:14-16). 반
면에 이스라엘과 사울은 세상의 왕을 이상으로 삼았습니다(15:24, 30). 다윗은
칼과 창이 아니라 하나님만 의지했습니다. 하나님은 '이심전심'인 다윗을 왕
으로 세우셨습니다(16:13, 17:47).

사울은 거대한 적인 골리앗에 압도되었습니다.
사울은 담대하게 나아가는 다윗에게 갑옷과 무기를 챙겨 줍니다. 그러나 다
윗은 '만군의 여호와의 이름'으로 출전했으며, 보이는 적에 휘둘리지 않고 영
적인 눈으로 상황을 읽습니다. 골리앗은 결국 목이 잘린 채 하나님 앞에 엎드
러집니다(17:38, 45, 참고 5:4). 이후 사울은 기회가 되는 대로 다윗을 제거하려
애쓰지만, 하나님은 그마저도 다윗을 존귀하게 하는 데 사용하십니다. 하나
님은 무명이던 다윗을 유명하게 만드셨습니다(고후 6:9). 사울왕과 신하들, 백
성들, 사울의 아들, 딸뿐 아니라 심지어 적군에게까지 인정받게 하셨습니다
(16:1, 17-18, 18:1, 7, 28, 30, 21:11).

나는 하나님의 영에
붙들려 있습니까?

❶ 위기의 때에 존귀하게 하시며 무대로 올리시는 손길을 경험합니까?
❷ 가족과 지인과 동료, 심지어 '적'에게도 하나님께 붙들린 자임을
인정받고 있습니까?

흐름을 거스르는 자,
사울

한 나라에 왕이 둘일 수는 없습니다.

사울과 다윗 간에 긴 싸움이 시작되었습니다. 다윗의 도피를 돕는 자는 사울의 아들과 딸입니다. 사울은 후계자인 아들 요나단을 위해서도 다윗을 제거하려 애쓰지만, 오히려 요나단은 겉옷과 군복과 무기를 주며 다윗을 왕으로 인정합니다. 사울은 다윗을 전쟁터에서 죽이려고 딸을 '올무'로 내걸지만, 딸마저 다윗을 사랑하여 아버지보다 남편을 선택합니다(18-20장).

다윗은 사울을 피해 사무엘에게로 도망합니다.

사무엘이 사울로부터 도피한 다윗을 받아들이면서 다윗은 '옛 체제'로부터 인정받은 자가 되었습니다(19:18). 놉 땅의 '제사장' 무리에서 살아남은 아비아달이 합류했고, '선지자' 갓 또한 다윗에게 하나님의 뜻을 전합니다(22:20, 22:5). 다윗 왕정은 도피 중에도 점점 모습을 갖추어 갑니다. 옛 체제(사무엘)와 왕세자(요나단), 적국(가드 왕 아기스)이 그를 왕으로 인정했고, 제사장과 선지자와 에봇이 모두 다윗에게 속해 있습니다(21:11).

사울은 거대한 하나님의 흐름을 거스르고 있습니다.

그는 다윗을 추적하려 날마다 '자리'를 비우고 하나님의 영에 막히며 스스로 '옷'을 벗습니다(19:20-21, 24). 사울도 하나님이 다윗을 선택하셨음을 알고 있지만(26:21, 25), 힘써 부정하며 하나님, 선지자, 아들, 딸, 사위 모두와 등집니다. 사울은 사람도 잃고 권위와 명분도 잃었습니다(22:17). 그에게 남은 것은 오직 힘과 악뿐입니다(22:18, 참고 8:18).

하나님의 흐름을
인정하며 순복합니까?

❶ 하나님을 거스르며 지위와 소유와 관계와 명분 모두를 잃고 있지는 않습니까?
❷ 스스로 수치와 고통, 자멸의 길에 빠지고 있지 않습니까?

071

풍랑에도 순항하는 자, 다윗

사울은 권력을 가졌음에도 늘 초조하고 두렵습니다(18:8, 12).
그는 하나님을 좇지 않고 사람 뒤를 좇느라 기력을 소진합니다(19:1-27:4). 왕
으로서 백성의 마음을 하나로 모으기는커녕 편을 가릅니다(22:7-8). 적군인 아
말렉을 진멸하라는 명령에는 불순종했으면서 정작 제사장과 그의 가족, 가축
들은 '진멸'합니다(15:7-9, 22:18-19).

반면, 다윗은 하나님의 음성에 귀 기울이며 순종합니다(22:5, 23:2, 4, 12).
그는 상황을 핑계로 소외된 자들과 백성의 어려움을 외면하지 않습니다(22:2,
23:2-5). 먼저 선을 넘은 사울에게도 하나님을 기준으로 반응하고 있으며(24,
26장), 자신을 거부한 공동체라도(23:12, 19, 24:1-2) 자기 뿌리임을 잊지 않습니
다(22:5, 27:8). 다윗은 안전과 미래를 도모하려 사람을 모으지 않고(참고 14:52)
먼저 하나님의 뜻을 묻고자 사무엘과 제사장을 찾습니다(19:18, 21장). '골리앗
의 무기'를 찾고 성소에 차려진 '진설병'을 먹습니다. 이는 하나님이 예비하실
승리와 보호를 암시합니다(21:6, 9, 17:50-51, 참고 레 24:5-9).

다윗은 폭풍 같은 도피 생활 속에서도 순항합니다.
하나님은 다윗이 나발에게 사울처럼 행하려는 것을 막으십니다(25:26-32). 끝
까지 견디게 하시고 결국 사울에게 항복과 축복을 받게 하십니다(24:20-21,
26:25). 다윗은 사람들로부터 여러 번 쫓기고 괴롭힘과 배신을 당했지만, 하나
님은 한 번도 다윗을 실망시키신 적이 없습니다(시 142:4-5). 사울이 매일 다윗
을 찾았지만 하나님은 다윗을 그의 손에 넘기지 않으셨습니다(23:14).

풍랑 속에서도 하나님의   ❶ 상황을 핑계대지 않고 보이고 시키시는 일에 순종합니까?
음성을 듣고 있습니까?   ❷ 선을 넘은 사람들 앞에서 요동합니까, 잠잠히 하나님을 바라봅니까?

위기에 빠진 왕들

블레셋과 이스라엘 사이에 전쟁이 벌어집니다.

이 전쟁으로 인해 다윗과 사울 둘 다 위기에 빠졌습니다. 다윗은 블레셋으로 망명하면서 자유를 얻었지만(27:4), 블레셋과 이스라엘 사이의 전쟁으로 난감한 처지가 됩니다. 하나님은 다윗을 보호하여 모두에게 명분을 잃지 않게 하십니다(29:4-10). 그러나 다윗 무리의 부재를 틈타 침략한 아말렉으로 인해 내부 갈등이 고조되고 리더십에 위기가 찾아옵니다(30:6).

사울은 전쟁을 앞두고 하나님께 묻지만 말씀이 없습니다(28:6).

사울은 이미 제사장을 처형하며 종교계와 담을 쌓았고 사무엘도 세상을 떠났습니다(22:18, 25:1). 그는 '신접한 여인'을 도구로 하나님의 뜻을 찾는 모순을 범합니다. 자신이 단행한 종교개혁의 원칙을 스스로 무너뜨린 사울은(28:3, 9) 하나님께는 불순종하고 신접한 자에게는 귀를 기울입니다(쉐마, 15:22). '말씀'을 들은 사울은 망연자실해서 마지막으로 왕의 만찬을 먹습니다(28:24-25).

'말씀'을 들은 다윗은 조급했던 마음에 힘과 용기를 얻어 진군합니다(30:6-9).

사울은 신접한 여인과 신하들의 말에 마음을 돌리고 있지만, 다윗은 하나님으로 중심을 잡고 휘둘리지 않습니다(28:23, 30:22-25). 다윗이 겪은 위기는 우연이 아니라 하나님의 섭리였습니다. 하나님은 다윗을 통해 '아말렉 진멸'을 완수하셨으며 왕으로서 필요한 승리와 재원을 취하게 하셨습니다(15:1-3 참고 30:26-31). 결국 사울과 그의 아들들은 전사했습니다(31:6). 이스라엘에 남은 한 명의 왕, 다윗이 귀환합니다.

위기에 빠질 때 나는 어떤
반응을 보입니까?

❶ 위기로 인해 무너집니까, 더욱 완성되어 갑니까?

❷ 신앙적으로 타협합니까, 신앙적으로 더욱 각성합니까?

마지막 관문

사울이 전사한 후에도 통일왕국이 되는 데는 8년이 더 걸립니다.
죽은 사울을 대신할 왕으로 다윗을 떠올리기 쉽지만, 남아 있던 사울의 아들이나 북쪽 지파들은 생각이 달랐습니다. 다윗은 헤브론을 기반으로 7년 6개월을 '유다 왕'으로 지낸 후에야, 비로소 '온 이스라엘'의 왕으로서 33년을 통치하게 됩니다(2:11, 5:4-5). 사울의 아들 이스보셋은 아버지가 죽은 지 5년 후에 왕이 되지만(2:8-11), 그에게는 정통성만 있을 뿐 실세는 군사력을 지닌 아브넬로 보입니다(3:7-11). 결국 이스보셋은 2년을 다스리고 아브넬에게 배신당했으며(2:10, 3:12), 이후 자신의 군 지휘관들에 의해 암살당합니다(4:5-6).

사울이 전사했을 때 모든 이목이 다윗을 주시했습니다.
사울과 요나단의 죽음, 아브넬의 죽음, 이스보셋의 죽음에 대해서 아군도 적군도 다윗의 반응을 예의주시했습니다. 아말렉 소년이 전사한 사울의 왕관을 들고 찾아올 정도였습니다(1:10). 현실적으로는 그들의 죽음이 다윗에게 유리했을 터이나, 다윗은 정치적 측면을 넘어 사건의 의미와 파장을 살폈습니다. 사울과 요나단뿐 아니라 수많은 백성이 전사하거나 다쳤습니다. 북의 군사령관 아브넬의 죽음은 더 큰 혼란을 가져올 수 있습니다. 다윗은 자신의 유불리보다 하나님의 뜻을 신중히 주시했습니다. 인위적인 모든 움직임을 통탄해하며 경계했습니다(1:14, 3:28-29, 4:10-12).

사람들은 '이제 너의 때가 왔다'고 말할지 모릅니다.
그러나 다윗은 여전히 하나님의 지시를 기다리며 순종합니다. 백성들은 이러한 다윗의 모습을 흡족하게 여겼습니다(3:36). 다윗은 긴 세월을 지나 마지막 관문을 통과했습니다.

끝까지 하나님의 뜻을 살피며 순종합니까?

❶ '나의 때가 왔다'며 경솔히 행동하지 않습니까?
❷ 눈앞의 유불리만 바라봅니까, 깊이, 멀리까지 내다봅니까?

주객전도를 조심하라!

왕과 군사령관 모두 공석이 된 북쪽 지파는 이제 결단을 내립니다.
다윗에게 '온 이스라엘의 왕'이 되어 달라고 요청한 것입니다(5:3). 다윗은 광
야를 지나는 동안 왕의 요건을 두루 갖추어 귀환했습니다. 그는 탁월한 군사
적 능력을 지니고 있습니다(삼상 17장, 18:13-14, 30장). 하나님께서 택하신 자라
는 인정도 받았습니다(삼상 16:1, 삼하 3:9, 18, 5:2). '한 골육'이며 하나님의 통치
를 펼칠 '이스라엘의 목자'로 불렸습니다(5:1-2). 그는 민심과 종교적, 정치적
인정을 받으며 통일왕국의 왕에 올랐습니다.

하나님은 그런 다윗과 언약을 맺으며 뼈 있는 말씀을 하십니다.
"내가 너를 목장 곧 양을 따르는 데에서 데려다가 내 백성 이스라엘의 주권자
로 삼고 네가 가는 모든 곳에서 내가 너와 함께 있어 네 모든 원수를 네 앞에
서 멸하였은즉 땅에서 위대한 자들의 이름같이 네 이름을 위대하게 만들어
주리라… 나는 그의 나라 왕위를 영원히 견고하게 하리라(삼하 7:8-9, 13, 참고 삼
상 16:11-13, 시 78:70-72). 양 치던 다윗을 이스라엘의 목자로 삼으신 것은 하나
님이십니다. 살아 계신 하나님께서 다윗을 견실하게 세우신 것입니다(5:10,
7:9-16).

다윗은 하나님께서 부르신 처음의 자신을 기억해야 합니다.
안타깝게도 다윗은 부와 권력을 손에 넣자 자기 식대로 헌신하였고(6:1-3, 7:1-
3), 하나님이 거절하시자 크게 분을 내었습니다(6:8). 다윗은 처음으로 돌아가
하나님이 원하고 일러주신 방법대로 순종해야 합니다(6:13, 7:12-13, 참고 왕상
5:3, 대상 22:8, 28:3, 신 12:10-11). 사람이 하나님을 보호하며 영화롭게 하는 것이
아닙니다(6:6). 하나님께서 사람을 보호하고 강성하게 세우십니다(7:5-16).

나와 하나님의 관계에서
주객이 전도된 것은
아닙니까?

❶ 내가 하나님(사역, 성전)을 지키며 영화롭게 한다고 여기지 않습니까?
❷ 내 방식과 내 의로 헌신하며 때로 하나님께 분내고 있지 않습니까?

075

복인가, 독인가?

하나님은 다윗과 그의 후손에게 엄청난 복을 약속하셨습니다(7:9-16).
다윗은 예루살렘을 탈환하여 수도로 삼았습니다. 전쟁마다 승리요, 영토가
회복되고, 위상이 점점 높아집니다. 조공과 선물이 들어오고 두로 왕이 사람
을 보내 궁을 지어 줍니다(5:6-7, 11, 17-25, 8장, 10장, 12:26-31). 다윗 성에 법궤를
모셔오고 요나단과의 언약도 지켰습니다(6, 9장). 왕실은 군사, 행정, 종교적
으로 규모를 갖춰 가고 다윗은 '제국'의 왕으로 더욱 명망을 얻습니다(8:15-18).

그러나 인간의 욕망은 복을 독으로 만들곤 합니다.
다윗은 예루살렘에 올라가서도 '처첩들'을 더 두었으며, 과도한 군사적 업적
을 통해 '스스로' 이름을 떨쳤습니다. 사무엘이 경고한 '앗아 가는' 왕의 모습
이 다윗에게 보이고 있습니다(5:13, 8:1-2, 13, 참고 신 17:17, 삼상 8:11-18). 늘 하나
님을 찬양하며 '주 여호와'를 부르던 다윗이(7:18, 19, 20, 22) 이제는 마치 하나
님인 양 왕궁 옥상을 '거닐고' 있습니다(11:2, 참고 창 3:8). 만군의 여호와의 이
름으로 골리앗을 맞서던 모습은 사라지고, 이스라엘과 사울이 추구하던 세상
왕을 닮아 갑니다(삼상 8:5, 17:45). 우리아를 죽이려는 다윗에게서 사울의 모습
이 보입니다(삼하 11:6-17).

다윗은 복으로 주신 것을 독으로 삼기 시작했습니다.
그의 형통함에 점점 균열이 생기더니 다윗으로부터 가정과 나라로 점점 독이
퍼져 갑니다(13장 이후). "칼이 네 집에서 영원토록 떠나지 아니하리라"(12:10).
상승하던 다윗은 어느새 내리막길을 걷고 있습니다.

하나님께서 허락하신 복을   ❶ 평안과 형통함 가운데 한눈팔고 있지 않습니까?
복으로 누리고 있습니까?   ❷ 죄를 감추거나 합리화하려고 더 많은 죄를 짓고 있지 않습니까?

다윗은 왕가를 이룰 만한 세상적 배경이 약했습니다(삼상 18:23).

다윗은 입지를 강화하기 위해 '혼인'에 진심을 다했습니다. 사울의 딸 미갈과 결혼해 왕의 사위가 됩니다(삼상 18:27, 22:14). 도피 생활이 시작되면서 미갈은 다른 이와 재혼했으며(25:44), 다윗은 아비가일과 아히노암을 아내로 맞이했습니다(삼상 25:39, 43). 두 아내의 출신과 기반은 다윗이 유다 왕에 오를 때 큰 도움이 되었을 것입니다. 그는 북쪽 지파와 인접한 그술의 공주(압살롬의 어머니)와도 혼인합니다(3:3). 이는 북쪽 지파를 견제하기 위함이었습니다.

다윗은 아브넬과 협상하면서 전처 미갈을 돌려 달라고 요구합니다(3:12-13).

북쪽 지파에 대해 '사울의 사위'라는 정통성이 필요했기 때문입니다. 미갈은 눈물로 남편과 이별한 후 다윗과 재결합했으나 서로 불화했습니다(3:16, 6:20-23). 또한 다윗은 밧세바를 범한 뒤 완전범죄를 꾀하려다 여의치 않자 자신의 충직한 신하이자 밧세바의 남편인 우리아를 죽음으로 내몰았습니다(11:15). 다윗이 요압에게 한 말은 다윗 가문에 부메랑처럼 돌아옵니다. "칼이 네 집에서 영원토록 떠나지 아니하리라"(12:10).

인위로 쌓아올린 다윗의 세계는 모래성처럼 무너집니다.

악에 더 큰 악을 행하는 암논이나(13:16, 참고 출 22:16-17, 신 22:28-29), 살해를 종용하는 압살롬은 아버지 다윗을 많이 닮았습니다(13:28, 참고 11:25). 덕을 보려 한 '혼인들'로 인해 다윗은 결국 아들들을 잃습니다(13:28-29, 18:14-15, 왕상 2:25). 하나님은 다윗 왕실을 견고히 세우겠다고 약속하셨으나(7:8-13), 다윗은 스스로 자기 성을 쌓다가 아들의 반역으로 인해 다시 '광야'로 돌아갑니다(15:23).

나는 스스로 나의 성을
쌓고 있지 않습니까?

❶ 학연, 지연 등 인위적인 방식으로 나의 성을 쌓고 있지 않습니까?
❷ 성공하려 취한 인위적인 방식들이 부메랑으로 돌아온 경험이 있습니까?

너무 늦은 건가요?

"압살롬아 내 아들 내 아들 압살롬아"(18:33).
다윗이 아버지나 왕으로서 '때'를 놓치지 않았다면 어땠을까요? 다윗은 암논
과 다말 사건에 대해 침묵했습니다(13:21-22). 압살롬이 암논을 살해하고 도
피했을 때도 3년간 침묵했으며, 압살롬이 다시 예루살렘으로 돌아온 뒤에도
2년간 침묵합니다(13:37-39, 14:28). 회개와 영적 각성으로 왕실을 정비하기에
충분한 시간이었습니다. 그러나 다윗은 침묵했고 압살롬의 증오는 점점 커져
갔습니다.

압살롬은 차근차근 자신의 계획을 수행해 나갑니다(13:23, 15:6-7).
압살롬은 반역이 아니었어도 차기 왕이 될 확률이 높았습니다. 서열, 출신,
외모, 상황을 읽는 눈, 영민함, 사람의 마음을 움직이는 능력(3:2-5, 14:25, 15:6),
무엇보다 아버지 다윗의 마음이 여전히 압살롬을 향해 있었습니다(13:39,
14:1). 그의 반역은 왕위 찬탈을 넘어 아버지에 대한 복수였습니다. 5년 만의
입맞춤으로 상황을 무마하기엔 너무 늦은 것입니다(14:33).

다윗 왕실은 다름 아닌 '다윗의 아들'에 의해 짓밟혔습니다.
다윗은 인간의 헛된 열심과 죄의 삯을 깊이 통감합니다(16:21-22, 참고 12:11-
12). 수면 아래 숨겨진 분쟁의 씨앗과 인간의 민낯을 보게 됩니다(16장). 예전
같으면 명분을 위해 먼저 챙겼을 언약궤도 돌려보냅니다(15:24-25). 영적으로
무뎌진 다윗은 때와 기회를 놓쳤습니다. 그러나 '자기 보좌'에서 내려와 왕이
신 하나님 앞에 섰을 때, 다윗은 이전의 겸손함, 신중함, 민첩함, 지혜로움을
회복합니다(15:14, 20, 25-26, 34-35, 16:10-12).

너무 늦었습니까,
아직 기회가 있습니까?

❶ 상황과 관계를 바로잡을 기회와 때를 놓치고 있지 않습니까?
❷ 회개하고 영적으로 각성할 기회와 때를 놓치고 있지 않습니까?

허상과 실상

19-21장

다윗은 압살롬의 반역을 통해 영적으로 각성합니다.

또한 왕국과 인물들의 실상을 직면하게 되었습니다. 다윗은 수면 아래 숨겨진 분열의 조짐들을 보았습니다. 틈을 보이자 사울의 친족과 북쪽 지파들은 즉시 본심을 드러냈습니다(16:5, 7-8, 19:9-10, 20:1-2). 변심하는 유다를 보면서 영원한 아군도 없음을 깨달았습니다(15:10, 19:11-12, 20:5). 요압의 충심은 여전했지만 그는 늘 다윗을 앞서갑니다(19:5-7, 20:9-10). 통제되지 않은 군사력은 이전부터 다윗의 심기를 불편하게 했습니다(3:27, 39).

다윗은 아들을 잃고도 슬픔을 추스를 새가 없었습니다.

더 큰 문제들이 발생하기 전에 왕국을 봉합해야 했습니다(19:8). 가족, 정치적 고향, 통일왕국이라는 형체가 모두 허상 같았습니다. 다윗은 당장에 거론할 수 없는 일들을 마음에 새겼습니다(19:20, 왕상 2:1-9).

다윗은 다시금 복잡한 정치적 셈법 아래 놓였습니다.

사안이 아무리 복잡해 보여도 늘 '말씀'에 길이 있습니다(20:19, 참고 신 20:10-11). 다윗은 밧세바 사건과 압살롬의 반역, 사울 집안의 죽음을 통해 죄에는 반드시 대가와 고통이 따르게 마련임을 깨달았습니다(12:10-12, 13:37, 16:21-22, 18:15, 21:1-14). 거대한 폭풍이 지난 후, 다윗의 통치도 끝을 향하고 있습니다.

내 인생의 허상과 실상을
바로 보고 있습니까?

❶ 허상으로 거짓 안정을 느끼며 자신만만해 하지 않습니까?

❷ 실상을 깨닫고 근심과 두려움에 빠진 것은 아닙니까?

Chapter

4

행복한 말년의 조건

다윗은 사무엘하를 끝으로 주연 자리에서 내려옵니다.
이후 묵직한 조연으로 출연하다가 무대에서 퇴장합니다. 하나님의 마음에 합한 자로 등장했던 다윗(삼상 16장)은 우여곡절 끝에 승전가를 부르며 마지막 말을 남깁니다(22-23장). 여기에서 이야기가 아름답게 마무리되었다면 얼마나 좋았을까요? 다윗은 요압조차 주저하는 인구조사를 강행합니다(24:3). 그 죄로 인해 7만 명의 백성이 전염병으로 생명을 잃게 됩니다(24:15).

보통 인구조사는 하나님의 명령을 받아 시행되었습니다(민 1, 26장).
20세 이상을 계수해 인당 1/2세겔의 속전을 성전에 들였습니다(출 30:11-16). 그런데 다윗은 자신의 목적을 위해 인구조사를 명령합니다(24:2). 앞선 사건들을 통해 왕국을 더 속속들이 살펴야 한다는 강박과 왕권을 강화하고 후계 구도에 빈틈을 보이지 않으려는 다윗 말년의 고민과 의지가 반영된 것으로 보입니다.

하나님은 그런 다윗에게 선지자 갓을 보내십니다(24:11).
그는 다윗이 무명이던 시절에 말씀을 전해 주던 선지자였습니다(삼상 22:5). 다윗은 갓과 재회하며 계산 없이 말씀을 듣고 따르던 시절을 떠올렸을 것입니다. 광야 시절부터 지금까지 매 순간 신실하시던 주님을 기억했을 것입니다. 다윗은 죄를 회개하며 다시금 하나님의 긍휼을 간구합니다(24:14, 17). 절대적으로 선한 인물은 존재하지 않습니다. 이야기가 끝날 때까지 아직 끝난 것이 아닙니다. 모든 사람은 결국 하나님의 은혜와 자비에 '끝까지' 기댈 수밖에 없다는 것, 이것이 다윗 이야기가 미담이 아닌 '하나님'으로 끝나는 이유입니다.

나의 이야기는 어떤 결말을 맞게 될까요? ❶ 말씀 듣고 순종하는 일에도 은퇴하려 하지 않습니까?
❷ 받은 복을 헤아리면서도 '이후(노후)' 걱정에 골몰하지 않습니까?

다 된 것처럼 보여도

**열왕기상
1-2장**

국가 지도자인 왕의 건강은 중대하고도 민감한 사안입니다.
다윗은 신하들이 원기회복을 걱정할 정도로 노쇠하였습니다(1:1-4). 그러니
'다음 왕은 누구인가?' 묻는 것은 자연스러운 일이었습니다. 왕위 계승의 룰이
아직 명확하지 않던 때이므로 각각의 셈법도 달랐습니다. 아도니야 측은 서
열을 중시했고 솔로몬 측은 왕의 선택권을 중시했습니다. 아도니야가 형제들
을 초대하면서 유독 솔로몬을 배제한 것은(1:19) 이미 왕실 내에 양강 구도가
확립된 연유였을 것입니다.

사실 아도니야가 '다 된 것처럼' 보였습니다(2:15).
아버지의 총애를 얻었고 나이나 외모 등에서 안정적인 조건을 갖추고 있었습
니다(1:6, 참고 삼하 3:4). 군을 대표하는 요압과 종교를 대표하는 아비아달이 아
도니야 편에 섰으며 몇몇을 제외한 모든 왕자와 신하들 역시 아도니야를 따
랐습니다(1:19). 그러나 상황은 하나님의 뜻을 향해 움직였습니다(2:15).

솔로몬에게는 어머니 밧세바와 선지자 나단이 있었습니다.
두 사람이 솔로몬을 왕위에 올리기 위해 바쁘게 움직였습니다(1:11-31). 그러
나 솔로몬이 왕이 된 것은 밧세바나 나단의 지략 때문이 아닙니다. 하나님께
서 그분의 주권으로 '솔로몬'을 택하셨기 때문입니다. 하나님은 때로 '다 된 것
처럼' 보이는 중에도 그분의 반전을 보이십니다.

내게도 '다 된 것처럼'
보이는 일들이 있습니까?

❶ 당연히 내가 될 거라 여기며 자만한 경험이 있습니까?
❷ 결국 그렇게 될 거라 단정하며 미루어 절망하거나 포기하지
않습니까?

네게 무엇을 줄꼬?

솔로몬은 하나님 앞에서 자신을 '작은 아이'라고 부릅니다(3:7).
그러나 사실 솔로몬은 이미 대장부였고 영리한 어른이었습니다(2:2, 9, 3:9). 즉위 과정에서 어머니 밧세바와 선지자 나단에 가려져 있었지만 왕위에 오르자 다윗의 유언을 당차게 실행해 나갑니다(2:13-44). 솔로몬은 형 아도니야와 요압 장군, 시므이를 처형했습니다(2:24, 34, 46). 또한 제사장 아비아달을 파면했습니다(2:27). 일련의 과정에서 왕권 강화를 위한 솔로몬의 의지가 엿보입니다. 내부 기강을 확립한 솔로몬은 '애굽' 왕실과 혼인을 맺음으로써 왕국 안팎의 통치 기반을 확고히 마련했습니다(3:1).

그럼에도 솔로몬은 하나님 앞에 '작은 아이'로 섰습니다.
솔로몬은 어려서부터 왕실에서 일어난 사건들은 물론 반란까지 목격했습니다. 사리사욕과 당락, 자기 판단에 따라 움직이는 군상들을 보아 왔습니다. 왕실에는 아직도 왕이 될 만한 자들과 수많은 변수들이 존재합니다. '다 된 듯 보여도' 솔로몬 역시 언제든 무너질 수 있습니다.

"네게 무엇을 줄꼬"(3:5).
솔로몬은 든든한 왕권의 기초가 주께 있음을 고백합니다(3:6). '세상 왕도'가 아니라 '하나님의 왕도'를 따르기로 확정한 솔로몬은 하나님의 통치 아래 자신을 복종하며 '듣는 마음'을 구합니다(3:9). 하나님의 뜻과 사랑으로 치리하는 왕이 되고자 결단한 것입니다(3:11, 16-28). 이는 하나님의 마음이나 다윗의 유언에도 합한 것이었습니다(2:3-4, 3:14, 6:12-13, 8:25-26). 하나님은 솔로몬이 구한 것 이상의 복을 주셨습니다. 그로 하여금 태평성대 가운데 성전을 건축하게 하셨습니다(3:12-13, 4-6장, 삼하 7:11-16).

나는 하나님께 무엇을
구해야 할지 알고 있습니까?

❶ 하나님 앞에 '어린아이'입니까, '영리한 어른'입니까?
❷ "네게 무엇을 줄꼬?"라고 물으실 때 어떻게 답하겠습니까?

눈부신 성전과 그림자

솔로몬 시대의 건축물들은 황금빛으로 웅장한 위용을 자랑했습니다.
규모나 건축 방식은 물론 최상급 재료와 투입된 역군, 전문가, 세심한 데까지 정성을 쏟는 것을 읽다 보면 저절로 '와!' 탄성을 지르게 됩니다(6-7장, 10:11-12). 솔로몬은 최선을 다해 성전을 건축했으며 봉헌식에도 영적인 의미를 풍성히 담았습니다. 성전은 완공 후 11개월이 지나 봉헌했는데 이는 7년마다 율법을 선포하는 해와 초막절에 맞추기 위함이었습니다.* 솔로몬과 백성들은 성전 봉헌과 더불어 하나님의 구원과 언약을 기억하는 '계약(언약) 갱신'을 통해 새 출발을 하고 있습니다(8:2, 65, 참고 신 31:9-13).

* 8장에는 창조신학(12-13절), 출애굽(51절), 율법(9절), 광야(4절) 전통이 고루 담겨 있다. 초막절은 한 해의 시작이자 출애굽과 광야에서 베푸신 하나님의 은혜를 기억하고 기념하는 절기다.

그러나 우리는 솔로몬 성전의 미래를 알고 있습니다.
곧 애굽 왕이 성전과 왕궁의 보물과 금 방패를 빼앗아 갈 것입니다(14:26). 이방 제단을 모방하여 성전의 물두멍, 놋바다, 낭실이 옮겨질 것입니다(왕하 16:17-18). 성전 문과 기둥의 금을 벗겨 앗수르 왕에게 바치게 될 것이며(왕하 18:16), 성전의 보물과 기물들을 다 빼앗기고 불태워질 것입니다(삼하 24:13, 25:8-17). 언약궤나 성전이 임재와 은총의 절대적 보증물은 아닙니다(8:27, 참고 렘 7:4, 행 7:44-50). 하나님 없는 성전은 한갓 건물에 지나지 않습니다.

하나님은 계속해서 법도와 율례와 다윗의 길을 당부하십니다.
"네가 만일 내 법도를 따르며 내 율례를 행하며 내 모든 계명을 지켜 그대로 행하면 내가 네 아버지 다윗에게 한 말을 네게 확실히 이룰 것이요 내가 또한 이스라엘 자손 가운데에 거하며 내 백성 이스라엘을 버리지 아니하리라 하셨더라"(6:12-13).

나는 예배에 집중합니까, 예배를 위한 요소에 더 집중합니까?

❶ 예배를 위한 모든 요소가 하나님을 향하고 있습니까?
❷ 하나님보다 예배를 위한 요소들에 더 관심이 많습니까?
　(예배당, 음악, 설교, 기도, 예전 등)

적신호

**열왕기상
9-11장**

솔로몬 왕국은 최대치의 번영과 명성을 누렸습니다(10:23).
하나님은 솔로몬에게 구한 것 이상의 복을 주셨습니다. 솔로몬의 지혜는 경
제, 국방, 행정, 건축 등을 넘나들며 다방면에서 탁월했습니다. 국제적인 명
성과 엄청난 세입금, 전무후무한 규모의 부와 왕궁의 보좌, 기물들의 위용,
마병과 병거들, 국제적 교류와 무역 등 무엇 하나 부족한 것이 없었습니다(9-
10장).

그러나 하나님은 화려한 솔로몬의 치세에 적신호를 켜셨습니다(9:1-9).
솔로몬은 이방 여인들과 그들의 신을 왕궁에 들였습니다(3:1, 9:24, 11:1). 성전
을 건축하고 하나님만 섬기던 '작은 아이' 솔로몬은(3:6-9) 어느새 자기 보좌의
위용을 자랑하며(10:18-20) 우상의 산당들을 건축했습니다(11:7-10). 여호와를
사랑하고 다윗의 법도를 행하던 솔로몬은(3:3) 마음을 돌려 여호와 하나님을
떠났습니다(11:9-10). 성경은 변심한 솔로몬에 대해 반복적인 탄식을 표합니
다(11:4, 6, 9, 33).

솔로몬은 하나님께서 금하신 '세상 왕도'를 걸었습니다(10:14-29, 참고 신 17:16-17).
그리고 결국 하나님을 버렸습니다(11:33). 하나님이 경고하신 불순종의 저주
가 이스라엘에 발효되었습니다. 대적자들이 일어나고(11:14-40) 분열의 그림
자가 왕국에 드리워집니다(11:11-13, 35-36).

나의 삶에 켜진 영적 적신호 ❶ 물질적으로 번영하나 영적인 빈궁과 헐벗음 가운데 있지 않습니까?
를 감지하고 있습니까?   ❷ '나의 보좌'를 드높이며 '세상의 도'를 따르는 것은 아닙니까?

평가 기준 :
그들이 나를 버리고

열왕기서의 핵심은 '하나님과 왕의 관계'입니다(11:33).
솔로몬에 대한 평가는(11장) 열왕기서 전체의 패턴을 제시합니다. ① 모든 왕
은 '하나님 신앙'으로 평가됩니다(11:33). 군사적 능력과 치세는 열왕기서의 관
심과 기준이 아닙니다(참고 14:19). 하나님만 바라보았는지, 군사력과 외세를
더 의지했는지를 봅니다. 산당과 우상을 타파했는지, 그대로 두었는지 신앙
적 측면을 봅니다(12:25-33, 13:2, 33-34, 14:9, 16).

② 선지자들의 등장과 역할이 부각됩니다(11:29).
하나님은 왕권을 견제하는 장치로서 선지자를 쓰십니다(삼상 10:5, 10-12). 선
지자들은 하나님의 뜻 '그대로'를 왕과 백성에게 전해야 합니다(12:22, 13:2, 11,
14:2). 하나님께서 선지자를 통해 선포하신 말씀은 반드시 이루어질 것입니
다. 선지자의 권위와 영향력은 '하나님'의 말씀으로부터 나오며 메신저인 선
지자도 하나님의 말씀에만 순종해야 합니다(13:17-18).

③ 하나님은 국제 정세를 주관하는 '만국의 왕'이십니다(11:14, 23).
하나님은 불순종한 왕과 백성들에게 대적들을 일으켜 보내십니다. 앗수르
와 바벨론 등 강대국까지도 심판의 도구로 쓰십니다. 하나님의 통치는 그분
이 창조하신 피조 세계 곳곳을 아우릅니다. 현실 정치와 세속의 인물들도 하
나님의 손안에 있습니다. 솔로몬은 하나님을 버렸고 왕국은 남북으로 분열됩
니다(12:16-17). 왕들의 성품과 영성, 주변 정세와 사건들은 대체로 절망적입
니다. 결국 이스라엘이 기대할 것은 하나님의 신실함뿐입니다(11:36, 15:4, 왕하
8:19).

나는 하나님의 평가 기준을
중시합니까?

❶ 실제 나에게 영향을 미치는 평가 기준은 무엇입니까?
❷ 내가 기대하며 소망을 둘 만한 변치 않는 존재가 있습니까?

눈물로 되짚어 읽는
역사

열왕기서의 결말은 남북왕국의 멸망입니다.
북왕국은 앗시리아에, 남왕국은 바벨론에 멸망합니다(왕하 17장, 25장). 이스라
엘은 포로기, 실패의 자리에서 역사를 되짚어 읽었습니다. 신명기를 통해 선
포되었던 명령들과 순종에 따른 복, 불순종에 따른 저주를 기억하면서 여호
수아, 사사기(룻), 사무엘, 열왕기를 반추했습니다(신명기 역사서). '우리가 어쩌
다 이 지경이 되었는가!' 통회하고 자복하면서 왕들(왕국)의 행적과 과오를 가
감 없이 보았습니다(참고 신 4:25-31).

여로보암과 바아사도 한때 하나님의 선택을 받은 자였습니다.
그러나 하나님을 버렸고 그로 인해 가문 전체가 진멸 아래 놓였습니다. 시므
리왕은 즉위한 지 7일 만에 죽음으로 폐위되었습니다(16:15, 19). 하나님은 구
체적인 통치를 시작하기도 전에 그의 영적인 상태와 삶의 궤적들이 여로보암
의 길에 서 있음을 아셨습니다(11:37-38, 14:10, 16:2-3). 하나님은 불순종에 대하
여 계속해서 적신호를 보내셨고 선지자들을 통해 뜻을 전하고 돌이킬 기회를
주셨습니다. 그러나 왕과 백성들은 하나님의 경고를 흘려들었습니다. 북왕
국과 남왕국이 멸망하고 포로 생활을 한 후에야 '듣는 마음'으로 말씀 앞에 서
게 된 것입니다.

훗날 이스라엘은 어떤 심정으로 열왕기서를 읽었을까요?
왕과 백성들이 잘못된 선택을 하는 장면이 등장할 때마다, 하나님의 사인을
무시하고 기회를 박찰 때마다 탄식했을 것입니다. '그때 돌이켰더라면!' 후회
하고 다시금 옷깃을 여몄을 것입니다. 오늘 말씀 앞에 선 우리도 동일한 마음
과 자세로 본문에 귀 기울이기 원합니다.

나는 하나님 앞에서 　❶ 나의 영적 상태와 삶의 궤적들은 어느 길에 서 있습니까?
어떤 삶을 살아왔습니까? 　❷ 하나님의 적신호와 기회를 무시하여 눈물로 후회한 경험이 있습니까?

솔로몬 이후 분열왕국 왕들

(당시 북왕국 왕 / 통치 기간)남왕국	No.	북왕국(통치 기간 / 당시 남왕국 왕)
(여로보암 / 17년)르호보암	1	여로보암(22년 / 르호보암) 여로보암 왕조 ①
(여로보암 18년 / 3년)아비얌	2	나답(2년 / 아사 2년) 여로보암 왕조 ②
(여로보암 20년 / 41년)아사	3	바아사(24년 / 아사 3년) 바아사 왕조 ①
(아합 4년 / 25년)여호사밧	4	엘라(2년 / 아사 26년) 바아사 왕조 ②
(요람 5년 / 8년)여호람	5	시므리(7일 / 아사 27년) 시므리 왕조 ①
(요람 12년 / 1년)아하시야	6	디브니(6년 / 아사 27년) 시므리 왕조 ②
(여왕, 아하시야母, 북왕국 출신, 6년)아달랴	7	오므리(12년[6년 디르사] / 아사 31년) 오므리 왕조 ①
(예후 7년 / 40년)요아스	8	아합(22년 / 아사38년) 오므리 왕조 ②
(요아스 12년 / 29년)아마샤	9	아하시야(2년 / 여호사밧 17년) 오므리 왕조 ③
(여로보암 27년 / 52년, 웃시야)아사랴	10	여호람(요람, 12년 / 여호사밧 18년) 오므리 왕조 ④
(베가 2년 / 16년)요담	11	예후(28년 / 요람, 아하시야 살해) 예후 왕조 ①
(베가 17년 / 16년)아하스	12	여호아하스(17년 / 요아스 23년) 예후 왕조 ②
북왕국 멸망(호세아 3년 / 29년)히스기야	13	요아스(16년 / 요아스 37년) 예후 왕조 ③
(55년)므낫세	14	여로보암(41년 / 아마샤 15년) 예후 왕조 ④
(2년)아몬	15	스가랴(6달 / 아사랴 38년)
(31년)요시야	16	살룸(1달 / 웃시야[아사랴] 39년)
(3달)여호아하스	17	므나헴(10년 / 아사랴 39년)
(11년, 엘리아김)여호야김	18	브가히야(2년 / 아사랴 50년)
(3달)여호야긴	19	베가(20년 / 아사랴 52년)
(11년, 맛다니야)시드기야	20	호세아(9년 / 아하스 21년)

악인이 득세한 듯
보여도

오므리왕과 그 아들 아합왕은 최악의 평가를 받습니다.

하나님을 멸시하고 우상을 숭배하는 데 누구보다 앞장섰으며(16:25), 여로보암의 죄가 가볍다 할 만큼 악의 클래스가 남달랐습니다(16:31). 백성보다 짐승이 먼저이고 욕망이 먼저인 왕이었습니다(18:5, 21:8-15). 그들은 하나님을 무시하고 '세상 왕도'를 택했습니다(21:7).

그럼에도 오므리 왕조는 가장 강력한 왕조였습니다.

오므리가 수도로 삼은 사마리아는 상업적, 군사적 요충지였습니다. 북왕국은 외교와 무역에 능해 지중해 연안국의 맹주 역할을 했으며, 열세였던 남왕국도 오래도록 북왕국의 속주 형태를 유지했습니다. 오므리는 경제 대국인 시돈과의 혼인으로 외교적, 경제적 실익을 얻지만 바알과 아세라 숭배라는 독을 들이게 됩니다(16:31-33).

마치 악인들이 득세하고 바알이 이긴 것 같았습니다.

선지자 엘리야조차도 압박과 두려움에 위축되었습니다(18:22, 19:1-4, 10, 13-14). 그러나 하나님은 성경의 모든 페이지마다 등장하며 일하십니다. 자연 만물을 관장하고 주관하시며, 연약한 자를 돌보고 죽은 자를 살리며 쓰러진 자를 세우십니다(17:1, 4, 15, 22, 18:37-38, 19:7-8). 세상이 이긴 것 같은 때에도 하나님은 하나님이십니다. 악인이 득세한 듯 보여도 주의 말씀은 반드시 성취됩니다(16:34, 17:1, 14, 18:1, 45, 21:21-23, 왕하 9:7-9, 21, 10:7, 10-11).

악이 득세하며 소망이
끊긴 중에도 하나님을
신뢰합니까?

❶ 마침내 모든 것을 바로잡으실 하나님을 신뢰합니까?
❷ 본문이 오늘 나에게 주시는 위로는 무엇일까요?

087

열왕기상
20-22장

내가 여호와인 줄을
알리라

하나님은 악한 왕에게도 여러 번 기회를 주십니다.

아합은 불리한 전쟁 앞에서 하나님 말씀에 '잠시' 순종했고, 자신의 집에 내린 저주와 재앙 앞에서 '잠시' 겸비했습니다. 그러나 그 순종과 겸비함은 오래가지 못했습니다(20:13-14, 21:29). 하나님은 적은 군사로도 아람 대군을 맞아 승리하도록 이끄셨으며, 선지자를 통해 다음 전투까지 대비하도록 보살피셨습니다(20:15, 20, 22).

"너(너희)는 내가 여호와인 줄을 알리라"(20:13, 28).

적들은 하나님을 '산의 신'으로 규정하며 유리한 전장을 물색하지만, 하나님은 하늘과 땅과 바다와 온 세상을 창조하신 창조주 하나님이십니다. 전쟁에 능하신 만군의 여호와이십니다(출 15:3, 사 42:13). 아합은 하나님이 어떤 분이신지 깨달았어야 합니다. 그러나 그는 전쟁에서 승리하자 더 이상 하나님을 찾지 않았습니다. 자기 소견대로 적장을 살리고 실리를 취하려 했습니다(20:33-34). "네가 스스로 결정하였으니 그대로 당하여야 하리라"(20:40).

결국 아람 왕 벤하닷은 아합과의 약조를 지키지 않습니다.

아합은 사돈인 유다 왕 여호사밧과 연합하여 아람을 응징하려 했지만, 선지자 미가야의 예언처럼 부상당하고 끝내 목숨을 잃습니다(22:17, 참고 왕하 8:18). 감추고 변장해도 하나님의 심판은 피할 수 없습니다. 하나님은 우연히 쏜 화살로도 말씀을 성취하십니다(22:30, 34, 37).

하나님이 주신 기회를
깨닫고 있습니까?

❶ 나에게 허락하신 하나님의 '기회'를 깨닫습니까?
❷ 이를 통해 하나님이 어떤 분이신지 깨닫습니까?

누가 우리를
돌보았는가?

열왕기서는 왕들의 이야기입니다(열왕기列王記).
그런데 때로는 왕보다 선지자들이 더욱 부각되곤 합니다. 왕들은 번영할 때
나 빈궁할 때나 백성을 돌보지 못합니다. 자기 짐승을 먹이기에 바쁘고 자기
욕망을 채우기에 급급합니다(왕상18:5, 21:15). 병의 호전 여부를 알아보고자
우상을 찾는가 하면 전쟁을 하느라 바쁩니다(1:2, 3:5, 7). 적군에게 포위되어
굶주릴 때도 왕은 무능하고 무력합니다(6:27, 33). 더 큰 권력 앞에서 당황하여
속수무책일 뿐입니다(5:7, 6:21).

이때 바쁘게 움직이는 이가 바로 선지자입니다.
물 근원을 고치고 선지자 미망인과 자녀를 살핍니다(2:21, 4:3-4). 결핍과 필요
를 돌아보고 주린 이들을 먹이며 생명을 살립니다(4:14, 35, 41, 42-43). 소망을
잃고 절망하는 백성들에게 하나님의 뜻과 계획을 선포합니다(6:32, 7:1). 무지
하고 무능하며 무력하고 무책임한 세상 왕들과 달리 참 왕이신 하나님이 선
지자를 통해 일하시는 것입니다.

나라 잃은 포로기 백성들은 더 이상 왕을 옹립할 수 없었습니다.
그래서 늘 왕을 갈망하며 옛 왕국의 영화를 추억했습니다. 그러나 역사를 되
짚어 읽으며 진실을 깨달아야 합니다(삼상 8:18-19). 왕들이 진정 우리를 지키
고 돌보았던가? "사람을 보며 세상을 볼 때 만족함이 없었네, 나의 하나님 그
분을 뵐 땐 나는 만족하였네"(찬양 '만족함이 없었네').

'지금까지 지내온 것'이   ❶ 생각지 못한 '돕는 손길'을 보내 주신 경험이 있습니까?
주의 은혜임을 깨닫습니까?   ❷ 절망적인 상황에서도 최선으로 이끄시는 은혜를 경험합니까?

089

하나님의 역전

열왕기하
5-7장

나아만은 대국의 장관으로 '크고 존귀한 자'였습니다.

그러나 하나님의 치유를 경험한 이후 선지자 앞에 겸손히 머리를 숙입니다.
이방인이며 나병환자였던 나아만은 치유받고 신앙인이 되었습니다(5:11, 15,
17-18). 그러나 선지자의 사환인 게하시는 불신앙으로 나병환자가 되었습니
다(5:27). 하나님에 대한 신앙은 신분과 상황을 역전시킵니다.

아람 왕은 엘리사를 잡으려고 수많은 군사를 보냈습니다.

그러나 하나님은 보이지 않는 불말과 불병거로 엘리사를 호위하셨습니다
(6:14, 17). 아람군은 성읍을 포위했으나 곧 적진 한복판에 놓입니다. 하나님은
눈을 뜨게도 하시고 멀게도 하심으로 상황을 역전시키십니다(6:20). 아람군에
포위되어 성 전체가 식량난에 시달리게 되었을 때 '아름다운 소식'을 전한 이
는 나병환자들이었습니다(7:9). 그들은 공동체에서 추방되었기 때문에 '성 밖'
의 구원을 볼 수 있었습니다. 하나님은 소외되고 힘없는 나병환자들이 아람
을 향해 갈 때 병거와 말과 큰 군대 소리로 적진을 흔드십니다(7:6).

포로로 잡혀간 여자아이의 믿음이 나아만을 살렸습니다.

공동체에서 추방당한 나병환자들의 결단이 백성들 전체를 살립니다. 비천한
자와 존귀한 자, 강자와 약자가 역전된 것입니다. 물에 빠진 무거운 쇠도끼가
물 위로 떠오르듯이(6:6) 하나님을 신뢰하는 자에게는 엄청난 역전들이 일어
납니다(송병현). 절망의 포로기, 소망 없는 공동체가 기대고 의지할 것은 하나
님의 역전뿐입니다(요 16:22).

나는 하나님과 복음에 대해
확신합니까?

❶ 나아만이나 비관적인 장관처럼 반응하지 않습니까?(5:11-12, 7:2)
❷ 포로 여자아이나 나병환자처럼 '복음'에 대해 확신합니까?(5:2, 7:9)

개혁의 함정

북왕국에도 하나님의 뜻을 따라 개혁한 왕이 있었습니다.
하나님께서 '여호와의 백성 곧 이스라엘의 왕'으로 삼으신 '예후'입니다. 하나님은 백성을 주께로 돌이키기 위해 예후를 세우셨습니다(9:1, 6). 그는 우상과 죄로 더럽혀진 왕국을 개혁하기 시작했습니다. 혼인을 맺으며 악행에 길동무가 되었던 남과 북의 왕을 처단하고(9:17-37), 이세벨과 아합의 아들들과 바알 숭배자들까지 모두 처단했습니다. 남왕국 왕의 친족과 아합의 남은 추종자들까지도 살해했습니다(10:1-17).

"여호와를 위한 나의 열심을 보라"(10:16).
그러나 예후의 진정성은 다음 행보에서 드러납니다. 그는 그 외에 율법을 지켜 행한 것이 없습니다. 백성들을 죄에서 떠나게 하지도 않았습니다(10:31). 사실 하나님이 원하신 정치, 종교적 개혁 대상들은 예후가 자기 왕권을 위해 숙청해야 할 대상이기도 했습니다. 예후는 처음부터 제거할 대상이 명확했고 전심을 다했습니다. 그저 자신의 목적과 하나님의 뜻이 맞물렸던 것뿐입니다. "평안이 네게 상관이 있느냐"(9:18, 19).

하나님은 예후에게 '나 보기에 정직한 일을 잘 행했다'고 말씀하십니다(10:30).
그러나 이 말씀은 아합에 대한 예후의 행위에만 국한된 것입니다. 하나님은 예후의 악을 선용하셨을 뿐 그의 모든 것을 인정하신 것은 아닙니다. 그의 개혁은 하나님의 뜻을 빙자한 '숙청'이었습니다(10:17). 예후는 끝내 돌이키지 않았습니다(10:31).

나는 하나님의 뜻을 빙자하여 욕망을 추구하지 않습니까?

❶ 하나님의 영광을 핑계로 '나의 욕망'을 기도하고 있지 않습니까?
❷ 말씀을 근거로 나의 욕망을 합리화, 정당화하고 있지 않습니까?

열왕기하
11-14장

요아스는 즉위 자체가 매우 극적인 왕이었습니다.
그의 할머니 아달랴는 북왕국의 공주로서 유다에 시집왔으며(8:26), 남편인 여호람왕의 폭력과 악행에 지대한 영향을 주었습니다(대하 21장). 아들 아하시야왕이 예후에 의해 북쪽 왕과 함께 살해되자(9:27), 아달랴는 왕실 후손들을 멸절하고 스스로 왕위에 오릅니다(11:1).

요아스는 고모와 그 남편 여호야다 제사장 덕에 목숨을 건졌습니다(대하 22:11).
그리고 7세 되던 해, '규례'대로 백성의 지지를 받으며 왕으로 즉위합니다(11:14). 이때 왕과 백성은 서로 간에 계약을 맺었을 뿐 아니라 하나님과도 계약을 맺었습니다(11:17). 왕과 백성 모두가 '하나님의 백성'임을 인정하며 함께 말씀 앞에 선 것입니다(신 27:9-10). 그들은 바알의 제사장들과 신전을 제거했습니다. 성전을 지키며 관리하고 보수하는 과정도 투명하게 진행했습니다(11:18, 12:7, 14). 아달랴와 추종자들을 척결하면서도 희생을 최소화하고 반드시 성전 밖에서 시행토록 절제시켰습니다(11:15-16, 20).

남왕국의 개혁은 신앙과 율법을 기반으로 했습니다(11:12, 17).
소수가 아닌 백성 전체가 하나님 앞에 서서 개혁에 동참했습니다. 또한 다윗의 자손에게만 약속된 합법적인 왕의 계보를 회복했습니다. 그럼에도 요아스의 개혁은 미완으로 남습니다. 요아스가 성전을 보수하는 데서 그쳤다면(12:2-3, 대하 24:15-18), 이후 요시야왕은 공동체 전체를 개혁하는 데까지 나아갑니다(22장).

우리의 개혁은 하나님의 법 정신대로 진행되고 있습니까?
❶ 하나님의 말씀에 따라 '회복'을 목적으로 진행됩니까?
❷ 상처와 희생을 최소화하고 절제하며 진행하고 있습니까?

[북왕국의 멸망]
회개에도 때가 있다

왕들은 하나님과의 관계와 신앙으로 평가받습니다.

그렇다고 선한 왕과 악한 왕에게 늘 상응하는 일만 일어나는 것은 아닙니다. 선한 왕에게도 나쁜 일이 일어날 수 있고, 악한 왕에게도 좋은 일이 일어날 수 있습니다. 성급하게 인과응보를 판단하는 것은 위험합니다.

북왕국은 악했지만 거듭 주님의 구원을 경험했습니다.

하나님은 왕과 백성들을 아람의 학대로부터 구해 주셨으며(13:5), 조상과 세우신 언약을 기억하여 은혜와 긍휼을 베푸셨습니다(13:23, 25). 무능한 지도자로 인해 고난받는 백성을 불쌍히 여겨 변변찮은 왕들을 붙들어 구원의 도구로 쓰신 것입니다(14:26-27). 하나님의 구원이 늘 '잘하고 있다'를 뜻하는 것은 아닙니다. 당장 위기를 모면했다고 늘 그럴 것이란 생각은 착각입니다. 이는 돌이키라고 베푸신 하나님의 인애요, 인내입니다.

하나님은 돌이킬 기회를 주시나 회개에도 때가 있습니다.

사마리아로 이주한 사람들의 '혼합 신앙'에 관한 내용은 남북왕국의 신앙 행태를 꼬집는 풍자이며 책망의 말씀입니다. 그들은 헛된 것을 따르다가 헛된 자가 되었습니다(17:15). 회개의 때를 놓친 북왕국은 결국 멸망당했습니다(15:19-20, 29, 17:5-6, 주전 721년). "네가 하나님의 인자하심이 너를 인도하여 회개하게 하심을 알지 못하여 그의 인자하심과 용납하심과 길이 참으심이 풍성함을 멸시하느냐… 하나님께서 각 사람에게 그 행한 대로 보응하시되"(롬 2:4, 6).

나는 '그럼에도 불구하고' 구원하시는 하나님의 뜻을 깨닫습니까?

❶ 하나님이 베푸시는 '회개의 기회'를 깨닫습니까?
❷ 회개에도 '때'가 있음을 깨닫고 '즉시' 돌이킵니까?

흔들리는 믿음,
확실한 말씀

북왕국의 멸망을 목도한 남왕국은 충격에 사로잡혔습니다.
'하나님이 계시다면 북왕국이 어떻게 멸망할 수 있는가?' '능력의 하나님이 왜 자기 백성을 구원하지 않으시는가?' 이는 포로기 유대인들의 질문이기도 했습니다(18:28-35). 북왕국은 회개의 때를 놓쳐서 멸망했습니다. 하나님께서 열강을 들어 북왕국을 심판하신 것입니다. 앗수르는 군사력으로 북왕국을 정복했다고 여길지 모르지만 이는 하나님의 통제와 주권하에 이루어진 일입니다. 강대국(왕)의 명운도 하나님께 속했습니다(18:33, 19:7, 28, 35).

히스기야는 선한 왕이었음에도 난관이 많았습니다(18:3, 5-7).
강대국의 위협에 시달렸으며 질병으로도 고생했습니다(18:13, 17, 20:1). 히스기야는 위기 앞에서 모범적으로 반응했습니다(19:14-28, 20:3-6). 하나님께 매달려 기도했고 응답받았습니다. 이로써 하나님을 경험하고 믿음이 더욱 강화되었습니다(19:35-37, 20:11). 그럼에도 하나님은 히스기야에게 남왕국에 드리울 암운을 예고하십니다(20:16-18). 왕은 하나님의 주권을 인정하며 주신 은혜에 자족합니다(20:19). 어떤 결정이든 하나님은 실수가 없으시기 때문입니다.

다가올 남왕국 멸망의 결정적 원인은 므낫세왕입니다.
그의 55년간의 통치는 '배교의 난장판'이라 불릴 만큼 극악무도한 죄로 가득했습니다. 자신뿐 아니라 백성들까지도 죄의 구렁텅이로 몰아넣었습니다(21:9). 므낫세 당시의 가증한 악들은 왕 자신의 후회와 기도로도, 요시야왕의 개혁으로도 돌이킬 수 없는 것이었습니다(21장, 22:17, 23:12, 26, 24:3, 대하 33:10-13, 렘 15:4).

하나님의 공의와 주권을 두렵고 떨리는 마음으로 받아들입니까?

❶ 위기와 고난이 찾아올 때 어떻게 반응하고 있습니까?
❷ '행한 대로 갚으리라'는 말씀을 마음에 새기며 살아갑니까?
(마 16:27, 롬 2:6, 고후 5:10, 히 9:27, 계 2:23, 20:12)

[남왕국의 멸망]
흑야, 희미한 등불

'최선의 왕'이라 불리는 요시야는 철저한 개혁을 추진했습니다.
성전을 보수하고 그곳에서 발견한 율법책을 기반으로(22:5, 10-11) 왕과 백성
전체가 하나님 앞에서 언약을 갱신했습니다(23:2-3, 참고 신 31:9, 24-26). 또한 구
체적인 척결과 정화와 유월절 준수를 이행했습니다(23:1-25). 그럼에도 요시
야의 개혁은 왕국의 멸망을 막지 못했습니다. 긴 분량에 걸쳐 소개되고 있는
개혁의 목록들은 오히려 그간 행한 죄악의 방증인 것입니다(23:4-20).

그렇다면 요시야 시대의 열심과 진정성은 헛된 것이었을까요?
돌이키면 용서하신다는 하나님의 말씀은 거짓일까요? 하나님은 요시야에게
'평안'한 죽음을 약속하셨습니다. 최소한 그 시대 사람들은 임박한 재앙을 피
하게 될 것입니다(22:19-20). 그러나 요시야왕의 죽음은 평범하고 편안한 죽음
이 아니었습니다. 그는 이집트와의 전쟁 중에 사망합니다(23:29). 전사한 요
시야의 죽음이 '평안'으로 여겨질 만큼 남왕국의 말로는 비참할 것입니다.

멸망의 날, 바벨론은 왕 앞에서 아들들을 죽이고 두 눈을 뽑았습니다(25:7).
성전과 왕궁을 파괴한 후 불태웠으며 기물들을 탈취했습니다(25:9-10, 13-15).
오랜 세월 누적된 악행과 죄의 현장은 파국을 맞았으며 왕과 백성들은 바벨
론에 포로로 잡혀가게 됩니다(25:11-12). 이제 이스라엘의 미래는 어떻게 되는
걸까요? 열왕기는 여호야긴왕이 석방되고 새로운 지위를 얻게 되는 것으로
끝맺습니다(25:27-30). 모호하지만 열린 결말은 하나님의 약속과 희망을 소환
합니다. "그의 아들에게는 내가 한 지파를 주어서 내가 거기에 내 이름을 두
고자 하여 택한 성읍 예루살렘에서 내 종 다윗이 항상 내 앞에 등불을 가지고
있게 하리라"(왕상 11:36).

나는 하나님 앞에
철저히 회개합니까?

❶ 말씀을 듣고 '마음을 찢으며' 여호와께 돌이킵니까?(욜 2:13)
❷ 나의 삶 전반에 구체적인 척결과 정화가 일어납니까?

소망으로
되짚어 읽는 역사

보통 통독의 위기를 출애굽기 중·후반, 레위기, 민수기로 꼽곤 합니다.
그러나 역대기의 족보나 조직 그리고 명단 분량도 만만치 않습니다. 역대기
는 사무엘서나 열왕기 내용의 반복처럼 보이기도 하고 앞선 책들의 부록이나
부연 혹은 참고 자료처럼 여겨지기도 합니다. 그러나 역대기는 대제사장이
'욤 키푸르(속죄일)' 전날에 깨어 읽던 책들 중 하나입니다. '이제 어떻게 할 것
인가?'를 질문하며 골똘히 읽는 역사서입니다.

신명기는 포로기의 '원인'을 눈물로 되짚어 간 역사서입니다.
한편, 역대기는 포로기 '이후'를 위해 새로운 꿈을 꾸며 소망으로 읽는 역사서
입니다. 역대기 역사서는 아담으로부터 지금, 여기까지 이르게 하신 하나님
의 구원을 기억하면서 다음 세대에도 그 돌보심이 계속되기를 소망합니다(1-
9장). '무엇에서부터 다시 시작해야 할까?' 새로운 공동체의 뿌리와 방향성을
찾아갑니다.

*신명기 역사서 : 여호수아/사사기(룻)/사무엘/열왕기 * 역대기 역사서 : 역대기/에스라/느헤미야

새 이스라엘의 비전은 '다윗 이야기'로부터 시작됩니다.
하나님께서 다윗 자손에게 영원한 왕위를 약속하신 바 있기 때문입니다(17장,
삼하 7:1-17, 왕상 11:36). 또한 예루살렘 성전에 가득하던 하나님의 임재를 기억
하며 '예배하는 공동체'로서의 이상을 강조합니다(대하 5:14, 7:2, 왕상 8:11). 이스
라엘은 멸망과 포로기라는 실패와 절망 가운데 소망으로 역사를 되짚어 읽습
니다. 그 속에서 회복해야 할 성경적 비전과 이상들을 찾아 나갑니다.

나와 우리 공동체에는
어떤 '소망'이 있습니까?

❶ 우리가 회복해야 할 '성경적 이상'은 무엇입니까?
❷ 족보에 기록된 수많은 이름을 보며 무엇을 깨닫습니까?

족보, 하나님 구원의 조각보

족보에는 수많은 이름들이 기록되어 있습니다.
아브라함, 야곱, 유다, 갈렙, 다윗 등의 짧은 이름자 안에는 개인사와 하나님의 풍성한 구원사가 축약되어 있습니다. 우리가 족보를 살펴보며 지난 통독 내용들을 소환해 보듯이 유대인들도 조상들의 이름에 담긴 이야기들을 떠올렸을 것입니다. 즉 족보는 단순한 이름의 집합이 아니라 '이스라엘의 역사'입니다. 하나님의 선택과 구원이 각양각색으로 어우러진 거대한 구원의 조각보(patchwork)인 것입니다.

족보에는 수많은 의미들이 담겨 있습니다.
① 족보가 아담으로부터 시작되는 것은 태초부터 이 세상의 모든 주권이 하나님께 속해 있음을 나타냅니다(1:1). ② 이스라엘은 창조주이며 역사의 주관자이신 하나님의 백성입니다. 절망의 포로기를 지나고 있으나 하나님께서 반드시 구원하실 것입니다. ③ 배열과 분량의 차이가 있지만 족보는 지파 전체를 포함하고 있습니다. 남북으로 왕국이 분열된 적도 있으나 그들은 모두 '이스라엘 백성'입니다. ④ 그럼에도 유다 지파가 족보 중 많은 분량을 차지합니다. 또한 족보와 이야기 중심에는 '다윗왕'이 자리하고 있습니다.

족보는 자자손손 새로운 이름들이 추가되고 업데이트됩니다.
하나님의 부르심과 구원은 과거형이 아니라 현재진행형입니다. 오늘도 구원의 조각보는 더욱 다채롭게 확장되어 갑니다. "주께서 내게 복을 주시려거든 나의 지역을 넓히시고 주의 손으로 나를 도우사 나로 환난을 벗어나 내게 근심이 없게 하옵소서 하였더니 하나님이 그가 구하는 것을 허락하셨더라"(4:10, 야베스의 기도).

나의 이름, 나의 삶에는 어떤 구원의 이야기가 담겨 있습니까?

❶ 내 삶 속에 베푸신 '출애굽 구원'을 기억해 보십시오.
❷ 주님을 영접하고 인격적으로 만났던 감사와 감격을 기억해 보십시오.

097

역대상
6-7장

족보,
일관된 말씀의 성취

하나님은 요셉과 유다에게 장자권을 '나누어' 주셨습니다.
요셉 가문에게는 통상적 의미의 장자권인 '두 몫'을 주셨으며, 유다 지파에게
는 장자의 권리 중 '통치권'을 갖게 하셨습니다(참고 창 48:5-6, 49:10). 이를 따라
유다 지파는 진 배치와 행군, 전쟁 등에서 선두에 섰고, 요셉 가문은 땅 분배
시 두 몫을 받았습니다(에브라임, 므낫세).

공동체 재건을 앞두고 백성들은 유다 지파를 주목했습니다.
요셉 가문이 속한 북왕국 출신의 지파들에도 장자권이 남아 있으나(5:1-2) '통
치권'은 유다 지파, 특별히 '다윗 자손'에게 약속되었기 때문입니다(삼하 7:16,
왕상 11:36, 15:4, 왕하 8:19, 대상 28:4, 시 78:67-68). 포로기 백성들은 다윗에게 주신
'영원한 왕위'에 관한 약속을 붙들고 공동체 재건을 소망합니다.

① 역대기는 '다윗 왕조'와 '예배 공동체'를 강조합니다.
유다 지파는 왕조 그리고 성막과 성전 건축의 중심에 있었습니다. 브살렐(성
막 제조 2:20, 출 31:2), 다윗(성전 건축 준비, 17:1-12, 22장, 28장), 솔로몬(성전 봉헌, 대하
2-5장), 스룹바벨(제2성전 건축, 스 3:8, 4:2, 5:1-2, 학 1-2장, 슥 4:9)이 모두 유다 지파
출신입니다. ② '언약궤가 평안한 곳을 얻은 후' 레위인은 새 임무를 받습니다
(6:31-48). 성막과 기물 운반 대신 이제는 '찬양대'로 섬기게 됩니다(헤만, 아삽, 에
단, 참고 스 3:10).

하나님의 말씀과 약속은 불변하며 늘 일관되고 반드시 성취됩니다.
창조 이래 지금까지 하나님 백성의 비전과 사명은 일관됩니다. '하나님 나라'
를 건설하는 '예배 공동체'가 되는 것입니다. 이것이 포로기 이후 새로운 공동
체가 지향해야 할 비전과 사명입니다.

급변하는 시대와 세대 속에서   ❶ 일관되며 불변하시는 하나님과 그분의 말씀과 약속을 믿습니까?
한결같은 신앙을 유지합니까?   ❷ 한결같이 하나님만 예배하며 주어진 사명에 헌신합니까?

다 함께 참여하는 미래 공동체

역대기는 다윗 이야기 전에 '사울왕' 이야기를 먼저 언급합니다(10장).
사울의 가문과 그가 속한 베냐민 지파의 족보도 소개합니다(8-9장). 이는 초대 왕 사울의 특별한 지위를 인정한 것입니다. 그러나 사울은 반면교사로 삼을 '나쁜 예'입니다. '하나님 나라'와 '예배 공동체'라는 역대기 기준에서 볼 때, 사울은 불순종과 죄로 인해 심판받은 왕인 것입니다(10:13-14). 그는 하나님께 묻기보다 신접한 자를 찾았습니다(삼상 28:3-25).

하나님은 사울을 심판하고 다윗을 왕으로 세우셨습니다.
사울과 대척점에 있는 다윗은 공동체가 따를 '좋은 예'입니다. 새로운 공동체는 사울과 같은 불신앙과 불순종을 끊어 내고 신실한 예배자 다윗과 같이 매 순간 주께 물어야 합니다. 하나님의 뜻에 반응하는 예배자가 되어야 합니다 (10:14, 28:4).

새로운 공동체에는 모든 백성이 포함됩니다.
예루살렘으로 귀환한 자들은 남왕국 출신 지파만이 아니라 므낫세, 에브라임으로 대표되는 북왕국 출신의 지파들도 포함되어 있습니다. 역대기가 유다 지파와 다윗 자손에 집중하는 측면이 있지만 이는 공동체의 근간과 통치권에 관한 부분 때문입니다. 공동체 재건의 주역은 온 이스라엘, 모든 백성입니다 (9:1-3). '하나님 나라'는 왕 한 사람에 의해 건설되는 것이 아닙니다. 하나님 앞에 선 신실한 예배자들과 신앙 공동체를 통해 하나님의 뜻이 이 땅에서도 이루어질 것입니다.

나는 미래 공동체에 속할
준비가 되었습니까?

❶ 소견대로 살던 불신앙과 불순종의 일들을 버렸습니까?
❷ 하나님 안에서 모든 형제, 자매를 받아들일 준비가 되었습니까?

무엇이 다를까?

역대상
11-14장

역대기는 사무엘서나 열왕기서와 비슷한 듯 다릅니다.
본문을 통독하며 '무엇이 다를까, 왜 다를까?'를 질문할 때, 당시 이스라엘이 가졌던 고민과 결단과 소망과 믿음들이 보이기 시작합니다. 역대기는 앞의 책들과 달리 모든 역사적 사건을 다루지 않습니다. '공동체 재건'에 유의미한 사건을 발췌하고 부연합니다.

① **역대기는 '하나의 이스라엘'이던 시절을 상기합니다.**
때문에 다윗왕의 헤브론 통치 시대를 먼저 언급하지 않고(비교 삼하 1-4장), 12지파 전체의 왕이 된 '통일왕국' 시대부터 시작합니다(11:1-3, 참고 29:27). 한 왕 아래 한 공동체를 이루던 평화의 때입니다(12:17-18, 38-40). ② 역대기는 공동체의 최우선 과제로 '영적 결집'을 꼽습니다. 때문에 다윗왕의 즉위와 예루살렘 점령 기사 바로 다음으로 '언약궤 운반'을 기록합니다. 언약궤는 '출애굽 전통'을 상징하며 북왕국 영성의 중심이었습니다. 역대기는 이 사건에 이목을 집중시키며 '출애굽 정신 계승'과 더불어 남북이 다시 한 신앙으로 결집해야 함을 강조하고 있습니다.

이스라엘은 '하나님 나라를 건설하는 예배 공동체'로 거듭나야 합니다.
이를 위해 자신의 뿌리와 정체성을 다시 한번 확인해야 합니다. 역대기는 사무엘하와 달리 언약궤 운반의 '숨은 주역들'을 조명합니다(13:1-4). 운반의 준비 과정부터 실행에 이르기까지 '모든 백성'이 적극적으로 참여했음을 부각하고 있으며(13, 15장), 다윗은 소외되는 이가 없도록 살피는 참된 지도자로 그려집니다(13:2).

우리 공동체는 한 몸을 이루고 있습니까?

❶ '하나님 나라를 건설하는 예배 공동체'로서 정체성이 확고합니까?
❷ 나는 이에 적극적으로 동참합니까, 여러 이유로 불참하고 있습니까?

열심과 열정보다
중요한 것

역대기는 다윗 왕조의 긍정적인 면을 주로 다룹니다.
그럼에도 '웃사 사건'을 상세히 다루는 점은 시사점이 큽니다. "우리 하나님
여호와께서 **우리**를 찢으셨으니 이는 **우리가** 규례대로 그에게 구하지 아니하
였음이라"(15:13). 역대기는 이 사건을 웃사 개인의 문제가 아니라 '모두'의 문
제로 보고 있으며, 단독 자료를 통해 공동체가 지닐 영적 태도를 제시합니다.
즉 '처음부터 끝까지, 철저히, 하나님의 규례대로'입니다(15:1-24).

① 다윗은 실패의 원인을 파악한 후 처음부터 다시 시작합니다.
언약궤를 안치할 곳을 마련하고 전문가와 함께 율법을 살핍니다(15:1-2). 규
례대로 언약궤를 레위인의 어깨에 메어 운반하도록 하며(민 4:15, 7:9, 출 25:14),
온 이스라엘을 예루살렘으로 소집하여 동참하게 합니다(15:4-10). ② 하나님
의 일에는 각자가 해야 할 역할이 있습니다(15:14-28). 사무엘하는 언약궤 운
반과 제사, 춤에 있어 다윗에게 집중했지만, 역대기는 레위인, 제사장, 백성
들의 역할을 각각 조명합니다. 맡겨진 역할에 기쁨으로 동참하여 최선으로
반응하고 모든 백성이 '아멘'으로 화답하며 찬양합니다(16:36).

하나님은 다윗과 백성들을 축복하십니다.
하나님은 예배자로서 전심을 다한 이스라엘 백성과 주의 전을 건축하려는 다
윗의 마음을 받으셨습니다(17:1). 그리고 그들에게 '먼 자손 세대(히, 제라, 씨)'
까지 지속될 나라를 약속하십니다(17:11). "견고하게 하시며… 견고하게 하시
고"(17:23-24). 새로운 공동체는 하나님의 약속을 간절히 붙들며 됩니다.

우리 공동체는 '하나님의   ❶ 열심과 열정이 앞섭니까, 하나님의 뜻과 규례를 먼저 묻습니까?
규례대로' 행하고 있습니까?   ❷ 문제에 대해 서로를 탓합니까, 겸비함으로 함께 회개합니까?

101

역대상
19-22장

성전, 회개의 터 위에!

포로기 이후 이스라엘은 강대국의 왕조 없는 속국 신세였습니다.
그들은 영원한 왕위에 대한 약속을 붙들고 가장 넓은 영토를 소유하며(17:11, 18-20장) 정의와 공의로 백성들을 다스리던 다윗 시대를 이상으로 삼았습니다 (18:14). 이로부터 새로운 지도자상과 국가상을 정립해 갔습니다.

① 다윗은 '백성과 함께' 광대한 왕국을 이루었습니다(18-20장).
역대기는 다윗의 군사적 업적 뒤에 숨겨진 주역들을 조명합니다. 승리 이면에는 함께한 용사들과 백성들이 있었습니다. 새로 쓰일 역사는 '왕들의 이야기'가 아니라 '온 이스라엘의 이야기'입니다(11:6, 15:25, 18:12, 20:1, 비교 삼하 5:20, 8:13, 16, 12:29). **②** 이스라엘의 모든 것은 '왕의 소유'가 아니라 '하나님의 소유'입니다. 역대기는 '네 집, 네 나라, 다윗의 보좌'(삼하 7:16, 왕상 2:12)라는 표현을 '내 집, 내 나라, 여호와의 나라(보좌)'로 대신합니다(17:14, 28:5, 29:23). 백성들은 여호와의 회중이며 왕은 하나님의 대리자일 뿐입니다(28:5, 28:8, 대하 9:8).

왕이 하나님의 대리자임을 잊을 때 국가와 백성에 큰 재앙이 임합니다(21:3, 8)
다윗은 인구조사를 통해 하나님의 소유권을 침범했고, 이로 인해 나라 전체에 재앙이 임했습니다. 그는 상당한 값을 지불하고 타작하는 '곳(마콤)'을 구입하여 제단을 쌓았습니다. 다윗이 눈물로 회개했을 때 하나님은 그의 기도를 받으시고 불로써 응답하셨습니다(21:26). '마콤'은 그 자체로 '성소, 성전'을 나타내는 단어이기도 합니다. 하나님은 그곳(마콤)에 세워진 성전에 대해 다음과 같이 약속하십니다. "내 이름으로 일컫는 내 백성이 그들의 악한 길에서 떠나 스스로 낮추고 기도하여 내 얼굴을 찾으면 내가 하늘에서 듣고 그들의 죄를 사하고 그들의 땅을 고칠지라"(대하 7:14).

우리 공동체가 추구하는
이상은 무엇입니까?

❶ 모두가 하나님의 백성이며 그분의 통치 아래 있습니까?
❷ 공동체 안에 죄에 대한 통회와 자복과 눈물이 있습니까?

역대상 22-29장의 대부분은 역대기에만 기록된 특수 자료입니다.
다윗은 왕조 계승과 성전 건축을 준비하며 사명의 구간을 마무리합니다. 이는 '하나님 나라, 예배 공동체'라는 역대기의 흐름과도 일치합니다. 다윗에게 왕조 계승과 성전(예배)은 불가분의 관계였습니다. 노왕(老王)은 성전(예배)에 이스라엘의 미래와 소망이 있음을 확신했습니다. 개인도 국가도 하나님(신앙) 없이는 결코 존재할 수 없습니다.

① 다윗은 성전 건축을 위한 모든 것을 준비합니다(22-29장).
솔로몬이 건축을 준비한 내용도 기록되어 있지만(왕상 5:6-18, 대하 2장), 실제 성전을 위한 부지, 설계도, 건축 인부, 자재들, 금, 은, 놋, 철, 보석을 준비한 것은 다윗입니다(22:1, 3-4, 14-15, 28:11-12, 29:2-9). 다윗은 솔로몬의 즉위 초에 왕권이 미약할 경우 생길 수 있는 차질들까지도 대비하여 바로 시공에 들어가도 될 만큼 모든 것을 완비했습니다(22:5, 29:1). 다윗은 방백들에게도 성전 건축을 거듭 당부합니다(22:19, 28:21). 다음 세대의 최우선 과제는 '성전 건축'인 것입니다.

② 다윗은 성전에 종사할 이들의 조직과 임명까지 마쳤습니다.
역대기는 레위인, 제사장, 성가대, 문지기, 성전 곳간지기, 관리인과 가문 대표, 관원, 지파 관리자의 명단과 직임을 상세히 기록하고 있습니다(23-27장). 그들은 차등 없이, 제비뽑은 대로 반열과 직임을 결정했습니다(24:5, 25:8, 26:13). 찬양대도 성소 사역자와 마찬가지로 신중히 '구별'해서 세웠습니다(25:1, 민 8:14, 16:9, 신 10:8). 찬양은 '신령한 노래'로서 예언하는 일에 비견되었으며(25:1-3), 헤만, 아삽, 여두둔은 선견자로 불렸습니다(25:5, 대하 29:30, 35:15).

나는 예배(신앙)에 우리의 전 존재가 달려 있음을 믿습니까?

❶ 우리의 인생, 가정, 일, 사역 전반이 '예배'의 기초 위에 서 있습니까?
❷ '예배'를 위해 최선으로 준비하며 구별되고 있습니까?

103

역대상
27-29장

오늘, 우리의 사명은?

다윗과 솔로몬은 감당해야 할 사명의 구간이 달랐습니다.
다윗은 전쟁의 때에 부름 받았고, 솔로몬은 평화의 때에 부름 받았습니다. 역대기가 그린 다윗의 마지막은 모세와 닮았습니다. 다윗은 견고한 왕국과 평화를 위해 전쟁해야 했습니다. 아무리 하나님의 전쟁이라도 살상은 피할 수 없었습니다.

이로 인해 다윗은 하나님으로부터 성전 건축을 허락받지 못했습니다(22:8, 28:3). 그러나 모세처럼 끝까지, 전심으로 최선을 다했습니다. 다윗은 백성과 솔로몬과 하나님을 향해 차례로 선포합니다(28:2, 9-10, 20-21, 29:1, 10-19). 성전 건축을 지시하며 신앙을 당부하고 있는 다윗의 모습은(28:11, 29:1, 10) 끝까지 기력이 쇠하지 않고 강건했던 모세를 떠오르게 합니다(신 34:7, 비교 왕상 1:1). 또한 아들 솔로몬을 향해 축복하는 다윗의 마지막 말들은 모세의 후임인 여호수아에게 임했던 말씀을 연상케 합니다(수 1:9).

다윗도 백성들도 사명에 최선을 다했습니다.
"너는 강하고 담대하게 이 일을 행하라 두려워하지 말며 놀라지 말라 네가 여호와의 성전 공사의 모든 일을 마치기까지 여호와 하나님 나의 하나님이 너와 함께 계시사 네게서 떠나지 아니하시고 너를 버리지 아니하시리라"(28:20, 참고 수 1:9). 주신 사명에 최선을 다하는 일, 이제 솔로몬과 귀환한 백성들과 우리의 차례입니다(29:2-9).

나는 하나님 앞에서 후회 없이 최선을 다하고 있습니까?

❶ 허락되지 않은 일로 원망하고 불평하며 모든 일을 멈춘 것은 아닙니까?

❷ 허락된 일, 할 수 있는 일에 전심으로 최선을 다하고 있습니까?

118

Chapter

5

성전 건축자 솔로몬

역대기의 솔로몬은 '다윗의 후계자'이며 '성전 건축자'입니다(대상 28:4-6, 20).
하나님께서 솔로몬을 세우시고 지혜와 부귀영화를 주신 이유는 성전(예배)을
위한 것이며, 성전(예배)으로 인한 것입니다(1:11, 8-9장). 역대기는 열왕기와 달
리 기브온에서 드린 일천번제를 개인적 차원이 아니라 백성과 함께 드린 국
가적 차원의 예배로 봅니다(1:1-3, 대상 29:23). 왕으로 첫발을 내디딘 솔로몬은
자기 직무를 바르게 이해하고 있으며, 백성을 통치하기 위해 '지혜'를 구합니
다(1:9-10).

솔로몬은 지혜와 부귀영화로 '성전 건축'에 집중합니다(2:1, 비교 왕상 3:16-28).
바로의 딸을 위한 궁 건축도 '예배적 관점'에서 재해석됩니다(8:11, 16). 역대기
는 솔로몬의 타락이나 왕국 분열의 책임을 언급하기보다 성전 건축과 예배
공동체 건립을 완수한 왕으로서 그 공을 인정합니다(8:16). 모든 것이 '성전'을
중심으로 전후 관계 속에서 해석됩니다.

역대기는 '예루살렘 성전'의 합법성을 천명합니다(3:1-2).
성전의 터는 아브라함이 이삭을 바치며 하나님을 경험한 곳이고(창 22:2, 14),
다윗이 죄를 회개하며 제단을 쌓았을 때 불로써 응답받은 곳입니다(대상
21:26). 역대기는 합법적 성전 터에 관한 남왕국과 북왕국의 논쟁에 종지부를
찍고자 합니다. 예루살렘은 하나님께서 택하신 곳이며 자기 이름을 두신 곳
입니다(신 12:5, 대하 6:6, 7:12, 16, 참고 창 22:2). 성전 건축에 관한 내용은 오히려
축약되어 있습니다. 건물로서의 성전보다 예배적 측면이 강조되기 때문입니
다. 성전은 기도하는 집이며 예배하는 집입니다(3-4장, 6:40, 7:15-16, 참고 왕상
6-7장)

나는 어떤 사람으로
기억되길 원합니까?

❶ 나의 묘비에 남길 '나에 관한 소개'는 무엇입니까?
❷ 그렇다면 남은 생과 신앙에 어떤 변화가 필요할까요?

**역대하
6-9장**

성전은 기도하는 집입니다(6장, 7:12, 사 56:7, 막 11:17).

"나의 하나님이여 이제 이 곳에서 하는 기도에 눈을 드시고 귀를 기울이소서"(6:40). 제단 앞에서 서약한 맹세와 기도들은 구속력이 있습니다(6:22-23). 죄로 인해 삶에 문제가 발생했을 때 성전을 향해 기도할 수 있습니다(6:28-31). 신앙 공동체에 속하지 않은 이방인일지라도 하나님을 인정하고 의지하며 성전을 향해 기도할 수 있습니다(6:32, 사 2:1-4).

성전은 하나님께 예배하는 곳입니다(8:12-14).

화려하고 아름다운 건물일지라도 그곳에서 무엇을 하는가가 중요합니다. 솔로몬은 모세의 율법을 지켜 때와 절기에 따라 예배를 드리게 하고, 규례대로 제사장, 레위인, 문지기들이 직임을 수행하게 했습니다. 솔로몬은 성전 기초부터 준공까지 모든 것을 완비했습니다(8:16).

하나님께서는 솔로몬과 백성의 기도에 응답하십니다(7:12).

"내 이름으로 일컫는 내 백성이 그들의 악한 길에서 떠나 스스로 낮추고 기도하여 내 얼굴을 찾으면 내가 하늘에서 듣고 그들의 죄를 사하고 그들의 땅을 고칠지라"(7:14). 하나님은 겸비한 자의 기도를 받으십니다(7:14, 30:11, 32:26, 33:12, 19, 23, 34:7, 36:12). 하나님의 율례와 명령을 버리고 다른 신을 섬긴다면 '성전'일지라도 하나님께 버림받을 것입니다(7:19-22, 36:14, 18-19, 신 28:37).

나는 '겸비한 자'로
기도하고 있습니까?

❶ 악에서 떠나 스스로 낮추며 기도하고 있습니까?
❷ 세상을 바라며 기도합니까, 하나님의 얼굴을 찾으며 기도합니까?

역대기는 올바른 성전과 올바른 예배를 강조합니다.

역대기가 북왕국보다 남왕국 역사에 집중하는 것도 이런 이유에서입니다. 역대기는 12지파, 온 이스라엘을 이상으로 삼고 있지만, 불법하고 부정한 예배에 관해서는 철저히 배제합니다(13:4-12). 북왕국은 여로보암 때부터 첫 단추를 잘못 끼웠습니다(11:14-15, 왕상 12:28, 31, 33). 남왕국의 아비야(야비얌)왕은 북왕국의 배교를 혹독하게 꾸짖으며(13:5-9) 회복의 원형으로서 남왕국의 예배 처소와 제의를 제시합니다(13:10-11). 돌이켜 한 하나님 신앙을 가진다면 함께 하나님 편이 될 것이지만, 돌이키지 않는다면 하나님을 대적하게 될 것입니다(13:12).

왕국이 남북으로 분열된 데는 분명 르호보암의 책임이 있습니다.

그럼에도 단지 르호보암만의 잘못은 아닙니다(10:15, 13:7). 역대기는 이 일로 그의 생애 전체를 부정하지는 않습니다. '성전, 예배, 말씀에 대한 반응'이라는 일관적인 기준으로 평가하고 있습니다. 르호보암은 하나님의 말씀을 듣고 순종했습니다(11:4). 이후 왕의 직무에 충실하여 영토와 성읍들을 방비했습니다(11:5-12). 북왕국의 제사장과 레위인들과 독실한 신앙인들이 바른 예배를 찾아 예루살렘으로 모였습니다(11:14-16).

그러나 르호보암은 형통의 때에 교만해졌습니다(12:1, 신 6:10-12).

"너희가 나를 버렸으므로 나도 너희를 버려"(12:5). 하나님은 그의 일관성 없는 신앙을 책망하셨습니다(12:14). 회개와 겸비, 오만과 불순종의 자리를 오간 르호보암은(10:14-15, 11:4, 17, 12:1, 6-7) 결국 부정적인 최종 평가를 받게 됩니다(12:14).

나에 대한 하나님의
최종 평가는 무엇일까요?

❶ 오늘 내가 선 곳은 겸비의 자리입니까, 오만의 자리입니까?
❷ 내가 끝까지 지켜야 할 자리는 어디입니까?(시 1:1-2)

개혁자➊ 아사,
'끝까지'의 중요성

역대기는 개혁을 실시한 4명의 왕들을 주목합니다.*

그럼에도 왕들을 미화하지 않고 정직하게 기록합니다. 미래 공동체에게는 좋은 예뿐만 아니라 하나님을 버리는 부정적인 모습까지도 반면교사로서 양분이 될 것이기 때문입니다.

* 아사, 여호사밧, 히스기야, 요시야

① "너희가 만일 그를 찾으면 그가 너희와 만나게 되시려니와"(15:2)

아사왕의 개혁은 이후 개혁들의 전조이며 기초가 됩니다. 이방 제단과 우상을 제거하고 율법으로 내실을 다집니다(14:4, 15:8, 신 7:5, 12:3, 왕상 15:12-13, 대하 15:16). 아사 이후의 개혁자들 모두 다윗의 길을 따랐습니다(대상 22:19, 28:8). 아사는 종교개혁자이면서 유능한 군 지휘관이었습니다. 평화 시에는 성읍을 건축하고 군 조직을 정비했으며(14:6, 8), 전쟁 시에는 하나님께 온전히 의탁하는 신실함을 보였습니다(14:11). 하나님을 간절히 찾았을 때 왕국은 오랜 평안을 누렸으며, 그 모습을 보고 북쪽에서도 돌아오는 자들이 많았습니다 (14:1, 7, 15:9, 19, 대상 22:9).

② "너희가 만일 그를 버리면 그도 너희를 버리시리라"(15:2).

그러나 안타깝게도 아사왕은 하나님께로부터 돌아섰으며 백성까지 저버렸습니다. 세상은 비상한 외교적 처신이라고 평가할지 모르지만(16:1-6) 하나님은 일관된 믿음과 신뢰와 순종을 원하십니다(참고 12:14). 순종에는 복이 임하나 불순종에는 저주가 임합니다(16:7-10). 35년간 신실하던 아사는 6년간 믿음 없이 살았습니다. 하나님은 각각 그의 행위대로 보응하셨습니다(15:19, 16:12).

나는 일관된 신앙을
갖고 있습니까?

➊ 나는 일관된 믿음으로 하나님을 신뢰하며 순종합니까?
➋ '찾으면 만나고 버리면 버림받는' 성경적 원리를 깨닫습니까?

여호사밧 개혁자❷, '동반자'의 중요성

① "너희가 만일 그를 찾으면 그가 너희와 만나게 되시려니와"(15:2)
여호사밧은 다윗의 길을 따랐으며(17:3), 종교개혁을 통해 견고한 왕국을 세웠습니다. 레위인, 제사장을 파송하여 유다 전역에 있는 백성들에게 율법을 가르치게 했습니다(17:8-9, 참고 5:3, 느 8:7-8). 요새와 국고성을 건축하고 막강한 군사력을 보유했으며 주변국의 조공을 받는 등 남왕국은 안과 밖으로 견고하고 강대해졌습니다(17:11-13).

② "너희가 만일 그를 버리면 그도 너희를 버리시리라"(15:2).
그러나 여호사밧은 북왕국의 아합 가문과 혼인 동맹을 맺었습니다(18:1). 이 동맹으로 여호사밧은 남왕국 왕실을 악과 죽음으로 내몬 장본인이 되었습니다(21:6, 22:3, 10, 12). 그는 해야 할 바와 가야 할 바를 알았음에도 멈추지 않았습니다(18:6, 16, 18-22, 28). 아합은 자기 안전만 챙길 뿐 사돈이자 동맹자의 안전에는 관심이 없었습니다. 결국 여호사밧을 구출한 것은 동맹자가 아니라 하나님이셨습니다(18:29-31).

이후 여호사밧은 정의, 공의, 하나님 경외를 당부합니다(19:5-7, 9).
여호사밧은 영적으로 각성한 후 전쟁에 출전하여 승리를 얻게 됩니다(20:15, 17, 20, 29-30, 참고 수 6장). 그러나 또다시 악인 아하시야와 교제하며 동업합니다(20:35-36). 그가 동업을 위해 건조한 배들은 영영 출항하지 못했습니다. 하나님께서 모두 다 부수어 파하셨기 때문입니다(20:37). "왕이 악한 자를 돕고 여호와를 미워하는 자들을 사랑하는 것이 옳으니이까 그러므로 여호와께로부터 진노하심이 왕에게 임하리이다"(19:2).

나는 누구와 벗하며,   ❶ 많은 시간을 함께하며 삶을 나누는 이들은 누구입니까?
누구를 의지하고 있습니까?   ❷ 나의 '교제, 동맹, 동업'은 신앙을 기반으로 하고 있습니까?

109

잔혹한 죄의 여운

역대하
21-24장

여호사밧이 맺은 혼인 동맹은 잔혹한 죄의 여운을 남깁니다.
며느리 아달랴로 인하여 왕국 전체가 아합의 길을 걷게 되고 아들, 손자, 증
손자 모두 다윗의 묘실에 장사되지 못합니다(21:6, 20). 아달랴와 혼인한 여
호람은 형제와 유력자를 살해했으며, 자기뿐 아니라 백성들까지 아합의 길
을 걷도록 미혹했습니다(21:4, 11). 죄와 불순종은 곧 저주와 적들을 불러옵니
다(21:10, 16-17, 22:1). 여호람은 재물과 가족을 잃고 질병으로 사망했습니다
(21:15, 18-19).

아하시야왕 역시 어머니 아달랴의 영향을 받았습니다.
아합의 길로 행한 아하시야는 곧 아합의 집과 함께 멸망합니다(22:7). 이에 아
달랴는 왕실 후손을 모두 살해하고 스스로 여왕이 됩니다(22:10, 12). 오직 요
아스만이 구사일생으로 살아남아 왕위를 잇게 됩니다(22:11-12). 여호사밧의
동맹이 왕실의 존속 자체를 흔든 것입니다. 역대기는 요아스왕을 개혁자 명
단에 올리지 않습니다. 제사장 여호야다를 요아스 개혁의 주역으로 보기 때
문입니다(22:11, 23장). 여호야다는 요아스를 구했고 규례에 따라 새 왕으로 옹
립함으로써 다윗의 자손이 아닌 자가 왕이 되는 불법적 왕위 계승을 막았습
니다. 그는 요아스가 주의 도로 치리하도록 도왔습니다.

여호야다가 생을 마치자 왕과 백성들은 불법으로 돌아섰습니다(24:17-18).
요아스는 영으로 직언한 여호야다의 아들 스가랴를 처형했습니다(24:21-22).
생명의 은인이던 여호야다의 은혜를 피로 갚은 것입니다(24:22). 요아스는 결
국 적들에게 패하고 신하들에게 암살당합니다(24:24-25). "너희가 여호와를 버
렸으므로 여호와께서도 너희를 버리셨느니라"(24:20).

나는 하나님 안에서   ❶ 바른 선택으로 주변과 공동체에 유익을 준 경험이 있습니까?
바른 선택을 하고 있습니까?   ❷ 잘못된 선택으로 오랜 기간 모두를 힘들게 한 경험이 있습니까?

126

교만은 패망의 선봉

아마샤와 웃시야는 처음이 좋았던 왕들입니다.

그러나 교만을 분기점으로 평화의 치세는 곧 비극으로 치닫습니다. 아마샤는 율법과 선지자의 말에 귀 기울이던 왕이었습니다(25:3-4, 8-9). 군사력이나 경제적 이익보다 순종을 택한 왕입니다(25:6). 그러나 승리를 맛본 아마샤는 에돔 신을 들였으며(25:14) 북왕국과 전쟁을 벌였다가 대패합니다(25:19, 22). 그는 볼모로 잡혀가는 등의 수모 끝에 결국 암살당합니다(25:23-24, 27). 웃시야 역시 하나님을 찾을 때 형통을 누렸으나(26:5) 명성을 얻자 교만으로 무너졌습니다. 그는 성전에 들어가 향단에 분향하려다가 결국 나병환자로 생을 마감하게 됩니다(26:16, 21).

아하스왕은 처음부터 끝까지 한결같이 악했습니다(28:2-4).

하나님께서 유다를 아람과 북이스라엘의 손에 넘기시자 유다는 앗수르에 원조를 요청했다가 도리어 공격을 당합니다(28:6-8, 20). 그럼에도 돌이키지 않고 오히려 앗수르처럼 강해지려고 다메섹의 신을 섬기는 어리석은 행동을 벌입니다(28:22-25).

요담은 하나님께 정직하고 경건했으며 성실한 왕이었습니다(27:2).

요담은 화려한 업적이나 긴 기록은 없지만 묵묵히 할 일을 해나갑니다. 하나님의 은혜를 잊고 교만으로 패망한 왕들과 달리 일관되고 견실한 삶을 살았습니다. "그의 하나님 여호와 앞에서 바른 길을 걸었으므로 점점 강하여졌더라"(27:6). 요담은 여호사밧 이후 처음으로 조상의 묘실에 장사됩니다(27:9).

나의 능력과 역할을 바로 깨닫고 있습니까?
❶ 하나님의 은혜를 내 능력과 공으로 여기며 교만하지 않습니까?
❷ 하나님 앞에서 정직하고 경건하며 성실히 행하고 있습니까?

111

**역대하
29-32장**

개혁자❸ 히스기야,
회복의 왕

히스기야는 성전을 정화하고 다윗의 제의를 재확립했습니다.

① 폐쇄되었던 성전 문들을 개방했습니다(28:24, 29:3). 이는 하나님과의 영적
채널이 복구되었음을 상징합니다. ② 레위인과 제사장들을 준비시켰습니다
(29:5, 12-14). 이는 다윗 제의의 회복을 의미합니다(대상 23:2-26:32). 이들은 성
전과 기물을 정화하고 더러운 것을 축출했으며, 반열에 따라 자기 직임을 이
행했습니다(29:15-19, 31:2).

③ 성전과 제의와 유월절 절기가 회복되었습니다.

회복의 과정은 속죄일이나 제단 봉헌식과 유사합니다(29:17, 21 참고 레 16:1-28,
23:26-32, 겔 45:18-20, 민 7:87-88). 성전 제의를 재개하며 공동체 전체가 새로워
지고 있는 것입니다. 온전한 준수에 이르기에는 아직 미숙하고 부족한 부분
도 있지만, 히스기야는 시작 자체를 귀하게 여기며 백성을 위해 중보합니다
(29:34, 30:17, 18-20). ④ 레위인과 제사장들의 생계를 마련했습니다(31:4). 왕은
백성들에게 제사장과 레위인의 몫을 공급하게 함으로 그들이 오직 여호와의
율법에 힘쓸 수 있게 했습니다.

제의와 성전의 회복은 왕국 전체에 큰 반향을 불러왔습니다.

일손이 모자랄 정도로 많은 백성이 영적 회복에 동참했습니다. 성읍마다 산
당을 제거하는 정화 운동이 확산되었습니다. 레위인과 제사장의 몫 역시 충
분히 채워졌습니다(29:34, 31:1, 10, 참고 대상 6:54-81). 히스기야는 남과 북 모두
를 예배의 자리로 초대합니다. 제사장, 레위인, 온 회중, 나그네들까지 절기
로 함께했습니다. 솔로몬 이후 최대의 기쁨이 예루살렘에 임했습니다(29:24,
30:6-10, 25-26).

우리의 신앙 공동체는 '모든
영역'에서 온전합니까?

❶ 하나님과의 영적 채널, 예배, 직임, 직분자, 헌신자 모두 제대로
　기능하고 있습니까?
❷ 갈등과 차별과 소외되는 이 없이 모두 기쁨을 누리고 있습니까?

므낫세왕은 사울의 길을 걸어간 왕이었습니다(33:2-9, 참고 대상 10:13-14).
그는 자신뿐 아니라 백성들까지 악을 행하도록 꾀었습니다. 그럼에도 55년
의 긴 통치가 주어진 것은 회개하고 개혁했기 때문입니다(33:15-16). 마지막
개혁 왕인 요시야는 히스기야 때보다 역동적인 개혁을 이끕니다(34:6, 비교
30:10). 북쪽 지파 지역까지 직접 찾아가 개혁을 단행했으며, 성전 보수 중 율
법책을 발견하고 말씀 앞에 언약을 갱신합니다(34:8, 29-33). 히스기야 때의 유
월절 준수에는 여러 어려움과 변칙들이 있었지만(30:3, 17-18), 요시야 때는 합
법적 인력들로 모범적인 축제를 치릅니다(35:2-6, 18).

그럼에도 개혁은 재앙을 잠시 멈춘 것뿐이었습니다.
역대기는 남왕국 멸망의 원인을 단지 '므낫세왕'으로만 국한하지 않습니다.
이미 유다 전체에 손쓸 수 없는 죄악이 만연했던 것입니다(36:14-17, 대상 9:1).
왕, 제사장, 방백, 백성 모두가 죄로 오염되어 있었습니다(36:5, 8, 9, 14-16). 역
대기는 요시야 말년의 빗나간 중심을 언급합니다(35:21-23). 마지막 네 왕들은
모두 포로 신세가 되었으며(36:4, 6, 10, 왕하 25:7), 시드기야왕을 끝으로 결국
남왕국은 바벨론에 멸망당하게 됩니다(36:14, 17-20).

역대기의 마지막은 열왕기서보다 밝습니다.
하나님께서 약속하신 귀환 길이 열렸기 때문입니다. "너희 중에 그의 백성
된 자는 다 올라갈지어다 너희 하나님 여호와께서 함께하시기를 원하노
라"(36:23). 백성들은 이 말씀에 어떻게 반응했을까요? 에스라, 느헤미야, 에스
더서에서 이야기가 계속됩니다.

나는 절망의 시대, 어두운
세상 속 빛의 역할을 하고
있습니까?

❶ '세상 속에' 들어가 빛과 소금의 역할을 하고 있습니까?
❷ 절망의 시대에 '복음'을 선포하며 회복으로 초청합니까?

회복, 쉽지 않은 길

에스라
1-4장

고레스왕은 유대인의 귀환과 성전 건축을 허가했습니다(1:1-4, 대하 36:22-23).
공동체 재건이 성큼 다가온 듯 보였으나 갈 길은 멀었습니다(대하 36:21, 렘
25:11-12, 단 9:2, 슥 1:12, 7:5). ① 무엇보다 귀환 희망자가 많지 않았습니다. 바벨
론 태생도 다수였고 자치권이나 상업 활동, 종교 활동을 인정받아 이미 그곳
에 기반을 마련했으므로 잔류를 택한 인원이 많았습니다. ② 귀환한 백성들
은 이상과 다른 고국의 현실과 맞닥뜨렸습니다. 조상들의 가옥과 토지는 이
미 남의 터전이 되어 있었습니다. 불안정한 날씨, 계속된 흉작, 과한 세금으
로 생계조차 어려웠습니다. 고리대금으로 인해 토지를 잡히고 자녀를 팔기에
이르렀으며, 본토에서 계속 살아오던 이들과도 갈등이 깊었습니다(4:1-6).

하나님은 어려운 상황에서도 귀환을 결단한 자들을 도우셨습니다.
그들은 이웃들로부터 선물을 받았습니다(1:4, 6, 출 3:21, 비교 11:2, 12:35). 바벨
론에서의 '포로 살이'를 마치고 약속하신 말씀에 따라 '예루살렘 땅'으로 출발
했습니다(1:11, 비교 출 3:8, 17). 이후 성전 건축을 위해 자원하여 풍성한 예물을
드렸습니다(2:68, 비교 출 35:21-29). 예루살렘 땅을 향해 귀환하는 행렬은 마치
출애굽 때의 구원 행렬과 같았습니다(2:64-67, 7:6, 7, 8:1, 비교 출 12:37-41).

귀환한 공동체는 존재의 적법성을 위해 '뿌리'를 찾았습니다.
돌아온 이들의 명단은 '개인'보다 '조상'의 이름을 더욱 강조합니다(2:3-20). 연
고지를 기록하며 '포로기 이전' 마을 이름을 그대로 사용하고 있습니다(2:21-
35). 이는 여호수아 후반부의 '약속의 땅 분배'와 관련된 것으로 자신들이 언
약의 연속선상에 있음을 천명하는 것이었습니다(2:3-20, 21-35, 창 12:1-3). 귀환
공동체는 제단을 짓고 초막절을 지키며 예배합니다(3:2, 3). 그리고 귀환 후
2년이 되던 해, 마침내 성전 건축이 시작되었습니다(3:8).

나는 하나님이 보이신 길로   ❶ 떠나지 못하도록 붙드는 '이 땅의 것들'은 무엇입니까?
떠날 준비가 되었습니까?   ❷ 찾아야 할 나의 '뿌리'와 '우선순위'는 무엇입니까?

길을 내시는 하나님

에스라
5-7장

페르시아는 넓은 영토를 안정적으로 통치하기 원했습니다.
이를 위해 각 지역에 제국과 우호적 관계를 유지할 공동체 건립을 추진했으며, 종교와 문화를 인정하고 필요한 재정을 지원했습니다(1:2-4). 이 모든 일의 주도권은 페르시아에 있었습니다. 분쟁이나 반란의 소지가 있을 경우 모든 것이 무산될 수 있었습니다. 귀환 공동체의 재건을 중단시키려던 대적들은 효과적인 사유를 이용했습니다. '반역 및 제국 운영의 손실 우려'가 그것입니다(4:13, 15-16, 19-20). 이로 인해 성전, 성벽 재건은 여러 번의 고비를 넘겨야 했습니다(4:23-24, 5:1-6).

장로들은 공동체를 대표하여 이 상황을 제국에 변호해야 했습니다.
하나님은 예민한 사안을 건드리지 않도록 신중한 용어와 표현으로 포로기, 귀환, 성전 건축에 담긴 입장들을 설명하도록 도우셨습니다(5:5, 11-16). 지난 역사에 대한 공동체의 깊은 신학적 이해와 통찰은 포로기 시간이 결코 헛되지 않았음을 보여 줍니다. 위기는 오히려 기회가 되었습니다. 본래 칙령에 있던 '왕실의 재정 후원'이 확인되면서 건축과 제사에 필요한 재정과 물품을 지원받게 되었습니다(6:4, 8-9). 이를 변조, 방해하는 이들을 엄벌에 처한다는 조서도 내려졌습니다. 닷드내 등은 왕의 명령을 신속히 준행했습니다(6:11-13).

쉽지 않은 회복의 길, 하나님께서 그 길을 내셨습니다.
출애굽 백성이 하나님과 언약을 맺고 제사장 나라로 거듭났듯이(출 19:5-6), 새로운 공동체도 하나님의 법으로 거듭날 것입니다. 이 일을 위하여 학사 에스라가 돌아옵니다(7장).

나는 길을 내시는
하나님을 경험합니까?

❶ 억울한 상황에서 피할 길과 새로운 길을 내시는 주님을 경험합니까?
❷ 신실한 자에게 허락하시는 하나님의 '전화위복'을 경험합니까?

꽃샘추위

에스라
8-10장

에스라는 페르시아의 '유대인 담당 서기관'이었습니다.
그는 파견 지역을 안정시키는 임무와 그에 대한 권한을 부여받았습니다. 즉 페르시아를 위해 일해야 할 제국의 관리였습니다(7:12-13, 21, 23). 그러나 에스라는 '영'의 눈으로 '형제'들을 보았습니다(7:10, 8:21, 23, 31). 백성들은 이방인과 통혼하는 등 율법에 태만한 삶을 살고 있었습니다(9:1-2). 에스라는 그들이 과거의 실패를 되풀이할 것을 염려하며(9:7-10) 총회를 소집하고 영적 개혁들을 실시했습니다(10:1-4, 12, 15).

그러나 에스라 개혁은 논쟁의 대상이 되기도 합니다.
성전 건축에 협조하겠다는 본토 생존자들을 배제하고(4:3), 이방인 아내와 자녀를 매몰차게 끊어 냈기 때문입니다(10:11, 44). 당시 귀환 공동체는 열세했으며 비주류에 가까웠습니다. '하나님 나라를 건설하는 예배 공동체'의 비전을 품었으나 제국과 지역의 주류들에 저지되고 동화될 위기에 처해 있었습니다. 그들은 새 시대의 변곡점에서 과감한 결단을 감행해야 했습니다. 하나님 없이 택한 일들로 인해 감내할 고통이 결코 작지 않았습니다(10:10-12, 44). 그럼에도 정치화되고 혼합된 종교로부터 구별되어(왕하 17:24-28, 33) 하나님 백성으로서 정체성을 지키기 위해 몸부림쳤습니다.

귀환은 했지만 아직 만연한 봄은 오지 않았습니다.
주의 손이 짧아 부족한 구원을 행하신 것이 아닙니다(사 59:1). 이스라엘 백성은 영적으로 각성하고 결집하여 새로운 공동체를 세우는 훈련 중에 있습니다. 타협과 포용, 배제와 구별이라는 복잡한 난제를 풀어 가면서 단지 건물만이 아니라 '이스라엘'이라는 민족과 정체성이 재건되고 있는 것입니다.

나는 하나님과 함께
꽃샘추위를 견뎌 냅니까?

❶ 믿음으로 '거듭남'의 훈련을 받고 있습니까?
❷ 삶의 변곡점에서 과감히 결단하며 실행하고 있습니까?

모든 순간에, 기도

하나님은 때에 맞는 인물들을 통해 신실하게 일하십니다.
하나님은 스룹바벨을 세워 '성전'을 건축하게 하셨습니다(스 6:14-16). 에스라
를 보내 '율법'을 통한 영적 개혁을 하셨습니다(스 9-10장). 이제 하나님은 느헤
미야를 통해 '성벽'을 재건하게 하십니다.

느헤미야는 '기도'의 사람이었습니다(1:6, 11, 5:19, 6:9, 14, 13:14, 22, 31).
예루살렘의 소식을 들은 느헤미야는 먼저 회개 기도를 드립니다(1:6-7). 하나
님의 사랑과 긍휼에 의지하여 금식하며 기도했습니다(1:3-4). 제국의 고위직
으로 입신하게 한 뜻을 이루시도록 기도하며, 믿음의 형제들과 함께 중보했
습니다(1:11). 하나님은 4개월의 기도 끝에 기회를 주셨습니다. 느헤미야가
하려는 일은 결코 가볍지 않습니다. 낯빛조차 '반역'으로 오인될 수 있는 왕궁
에서(2:1-2) '반역'을 사유로 중단된 성벽 재건을 재개하도록 요청하는 일입니
다(스 4:19). 그것도 왕이 직접 내린 명령을 번복하게 하는 일이니(스 4:23), 느
헤미야로서는 큰 부담이며 두려움이었을 것입니다.

느헤미야는 그 순간에도 하나님께 기도했습니다(2:4).
그동안 기도로 준비해 온 일들을 담대히 요청했을 때, 하나님은 왕으로 모든
것을 좋게 여겨 응하도록 하셨습니다(2:4-9). 예루살렘에 도착한 느헤미야는
3일 만에 현장을 파악하고 백성과 함께 성벽 재건에 돌입합니다(2:11-18). 백
성들은 모두 적극적으로 동참했습니다. 남녀노소, 빈부귀천을 떠나 가족별,
지역별, 직업별, 개인별로 집 앞 작은 부분이라도 힘을 보태고자 최선을 다했
습니다(3장, 4:6). 그러나 곧 안팎의 방해와 소란이 공동체를 찾아옵니다(4장).

나는 기도를 통해 베푸시는 　❶ 준비-진행 과정-중요한 결정마다 기도합니까?
은혜를 경험합니까? 　❷ 중재자와 중보자로서 공동체와 지체들을 위해 기도합니까?

대적들

느헤미야
5-7장

공동체에 2가지 적이 찾아왔습니다.

첫째는 눈에 보이는 대적이었습니다. 산발랏 등은 끊임없이 반대하고 방해했습니다. 그들은 왕의 호위대에 둘러싸여 귀환한 느헤미야를 두려워하면서도 동시에 조롱과 위협, 함정, 모함, 선지자 포섭 등 온갖 방법으로 괴롭혔습니다(4:1-3, 6:2-4, 6, 10-13). 느헤미야는 왕으로부터 권한을 받은 사람이었습니다. 그럼에도 세상 권위를 앞세워 일하지 않고 하나님께 신원했습니다(2:20, 4:4, 6:14). 영적인 분별력과 신중함으로 대적들의 방해 공작에 대처했습니다(6:1-14). 그는 두려움에 사로잡힌 백성들을 다독이며 한 손에는 병기를, 한 손에는 연장을 들게 하고 묵묵히 성벽을 재건해 나갑니다(4:10-12, 17-18).

한편, 또 다른 적인 '죄'가 공동체를 흔들었습니다.

귀환 후 기근과 흉작 등 경제 상황이 여의치 않자(5:3, 학 1:10-11), 토지를 저당 잡히고 자녀들을 종으로 파는 일이 발생했습니다. 율법에 위배되는 일과 각종 불법들로 공동체가 오염되고 분열되었습니다(5:7-8). 느헤미야는 스스로 총리로서의 권리를 내려놓았을 뿐 아니라 대회를 열어 관련자들의 다짐을 받아 냈습니다(5:12, 14).

드디어 52일 만에 성벽이 완성되었습니다(6:15).

성벽 재건은 외벽을 쌓아 방비하는 것에 그치지 않고 내부 균열을 메우고 영적 방어막을 세우는 대공사였습니다. 이 모든 것은 하나님께서 이루신 역사였습니다(6:16). 그럼에도 봉헌식까지 아직 할 일이 남았습니다. 온전한 봉헌을 위한 신앙적 각성과 언약 갱신입니다.

나와 공동체를 공격하는 적은
무엇입니까?

❶ 실제적이고 구체적인 문제와 대상은 무엇입니까?

❷ 마음, 생각, 영적으로 찾아오는 미혹과 유혹들은 무엇입니까?

영적 정비

① 율법을 묵상하며 하나님을 경배하기

공동체는 봉헌식에 앞서 영적 정비를 실시합니다. 율법을 묵상하고 죄를 고백하며 언약을 갱신합니다(8-10장). 모든 백성이 적극적이고 자발적인 자세로 예배했습니다(8:1, 13, 9:1, 3). 지도자들이 강권한 것이 아닙니다. 무릇 모든 이들이 말씀을 요청하고 경청하며 하나님을 경배했습니다(8:1-3, 5-6, 9, 11-12). 레위인들의 도움으로 말씀을 이해하게 된 백성들은 힘을 다해 예배하며 눈물로 말씀을 받았습니다. 말씀을 알아듣고 '여호와를 기뻐하며' 즐거워했습니다(8:3, 7-9, 12, 17, 9:4-5, 10:28).

② 초막절 축제를 갱신하며 하나님을 의지하기

'초막절'은 출애굽과 광야 생활에 임한 하나님의 은혜를 기억하는 절기입니다. 새로운 공동체는 포로기 이후의 귀환을 '제2의 출애굽'으로 보았습니다. 그들은 초막절을 지키며 재건 과정에서 베푸신 은혜를 곱씹었습니다(8:14-17). 그들을 지키는 것은 성벽이 아니라 하나님이심을 기억했습니다.

③ 계약을 갱신하며 하나님께 돌아가기

백성들은 조상으로부터 지금까지의 죄들을 고백했습니다. 내 안에 있는 죄와 조상들의 죄가 다르지 않음을 인정했습니다. 더불어 자신들이 과거 '언약 공동체'와 연결된 존재임을 자각했습니다. 한결같은 죄에도 불구하고 하나님은 늘 공의와 진실로 행하셨습니다(9:33-36). 백성들은 하나님의 긍휼을 묵상하며 언약을 세워 인봉합니다(10장). 이방인과의 결혼 금지, 안식일(년) 준수, 성전(성직자) 지원, 첫 열매(첫 이삭, 십일조)와 헌물 드리기 등 세부적인 실천 사항도 결단합니다(10:30, 31, 32-39).

나는 영적으로 정비되었습니까? 새롭게 되었습니까?

❶ 하나님을 기뻐하고 의지하며 그분께 돌이킵니까?
❷ 회복해야 할 세부적인 실천 사항들은 무엇입니까?

끝 그러나 시작

느헤미야
11-13장

언약을 갱신한 백성들은 제비뽑기로 거주지를 정했습니다.
자신들의 삶을 온전히 하나님의 손에 위임한 것입니다(11:1-2). 성벽이 완공되
고 그 안에 거주할 백성들이 결정되었습니다. 성전과 제의를 위한 제사장과
레위인도 준비되었습니다(12:1-26). 영적 정비를 마친 공동체는 봉헌식을 거
행합니다(12:27). 백성들은 성벽을 따라 행진하며 황폐한 옛 성벽을 떠올리고
눈앞의 새로운 역사를 확인합니다. 한숨과 눈물을 기쁨으로 바꾸신 하나님을
찬양합니다. 남녀노소 모두의 기쁨이 온 도성에 가득 넘쳤습니다(12:43).

안타깝게도 에스라, 느헤미야서의 마지막은 해피엔딩이 아닙니다.
지도자를 중심으로 성전과 성벽, 영적 재건을 마쳤지만, 지도자들이 부재하
자 백성들은 타락한 삶을 재개했습니다(13장). '봉헌(히, 카도시)' 즉 '구별'되이
세워졌던 성전, 도성, 공동체는 조상들의 타락한 역사와 동일한 수순을 밟았
습니다(참고 9장). '봉헌'과 관련된 히브리어 단어가 하나 더 있습니다. '하나크'
즉 '입문하다, 새롭게 시작하다'라는 뜻입니다. 구별되고 거룩히 보전되려면
지속적인 헌신이 필요합니다. 예식을 넘어 삶에까지 개혁, 갱신, 헌신이 연결
되어야 합니다. 그러므로 봉헌은 '완결'인 동시에 '새로운 시작'입니다.

희망과 비전을 품었던 귀환 공동체도 죄의 패턴을 반복하게 되었습니다.
이로부터 성경은 인간 삶의 근간인 '마음'에 대해 고찰합니다(시가서-예언서). 그
리고 전혀 새로운 차원과 방식을 향하여 나아가게 됩니다(예언서-신약).

나의 신앙은 지도자, 공동체,
이벤트에 의존하고
있지 않습니까?

❶ 하나님 앞에 한 사람의 신앙인으로서 견고히 서 있습니까?
❷ 나의 삶 깊숙이 개혁, 갱신, 헌신이 지속되고 있습니까?

에스라, 느헤미야서는 귀환 공동체를 배경으로 합니다.
에스더서는 동시대에 제국에 남았던 잔류 공동체의 이야기를 다루고 있습니다. 유대인들은 포로기 중에도 나름의 안정을 누렸습니다. 포로였지만 노예가 아니었기 때문에 사회, 종교, 상업 활동 및 재산과 부의 축적이 가능했습니다. 유대인 중에는 은행을 운영하거나 고위직에 오른 이들도 있었습니다 (2:17-18, 참고 단 6:3). 바벨론 태생이거나 이미 삶의 기반을 견고히 한 이들은 귀환길이 열렸음에도 '잔류'를 택했습니다.

그러나 제국의 호의는 영원한 것이 아니었습니다.
거대 권력이(하만) 원수로 변하자 하루아침에 상황이 급변합니다. 생존을 위협받고 공동체의 존속 자체도 불투명해졌습니다(3:6). 왕비도, 왕의 최측근도 내일을 자신할 수 없었습니다(1:12, 2:19, 4:11, 단 6:1-3, 16). 시대와 상황에 따라 제국의 입장이 달라졌습니다. 고레스왕은 귀환 길을 열어 주고 여러 지원을 했지만(스 1:1-4), 다리오와 아닥사스다왕은 재건을 막기도 하고 풀어 주기도 했습니다(스 4:5, 4:21, 6:7, 느 2:1, 6-9). 변덕스럽고 충동적인 아하수에로왕은 그들이 선택한 '제국'의 실체가 무엇인지를 여실히 보여 줍니다(1장, 2:1-4, 3:7-11, 8:4-8).

진정한 평안과 안정과 생존과 번영은 어디에서 옵니까?
귀환 공동체가 성전과 성벽 재건을 지나며 영적 갱신을 이뤘듯이, 잔류 공동체 역시 제국의 한복판에서 벌어지는 박해를 지나며 '하나님'께로 돌이킵니다. '제국'의 호의는 한순간에 뒤집힐 수 있습니다. 잔류 공동체는 이방 땅에서 '잔치'(2:18)의 신기루를 경험합니다.

나의 도움과 안정과 평안은
어디에서 옵니까?

❶ '제국'의 호의와 나의 '지위'가 영원할 것처럼 안심하며 의존합니까?
❷ 문제가 발생했을 때 가장 먼저 떠올리는 방편은 무엇입니까?

121

보이지 않는 손길

에스더
6-10장

에스라와 느헤미야서와 달리 에스더서에는 종교적 이슈가 언급되지 않습니다.
율법, 안식일, 언약 갱신 같은 단어 대신 '페르시아 왕'이라는 단어가 190차례
나 언급되며 '수산궁'에서 펼쳐지는 정치, 권력 이야기가 주를 이룹니다. '수산
궁'은 주의 이름을 공적으로 부르지 않는 세상 한복판의 정치, 경제, 사회 현
장을 상징합니다. 하나님은 '성전'뿐 아니라 '수산궁'에서도 일하십니다. 다윗
과 솔로몬뿐 아니라 '하만, 아하수에로' 같은 세상 권력자도 하나님이 지으시
고 통치하시는 세계의 일부입니다.

'수산궁'에서 벌어지는 모든 일은 결코 우연이 아닙니다.
에스더가 왕후로 간택되는 과정(2:9, 15, 17)과 모르드개가 왕의 목숨을 구한
일(2:22)은 하나님께서 적극적으로 개입하신 '섭리'입니다(6:1-3, 11). 합력하
여 선을 이루시는 하나님의 '보이지 않는 손길'입니다(롬 8:28, 스 7:9, 8:31, 느 2:8,
18). 유대인들은 부림절을 유월절 다음가는 절기로 여깁니다(9장). '해방자, 구
원자 하나님'을 묵상하는 두 절기는 매우 닮았습니다. 이스라엘은 이방 땅에
서 '총리'와 '왕후'를 배출한 민족입니다(2:16-18, 창 41:43). 그럼에도 영아 학살
과 민족 말살이라는 위기를 맞게 되었습니다(3:6, 출 1:16).

유대인들은 역사 속에서 수많은 '하만'을 마주했습니다.
이스라엘의 생존과 번영은 근면이나 정치적 수완이나 고위직 덕분이 아닙니
다. 구원자 하나님의 손길이 그들을 살펴 살리시는 까닭입니다. 그들은 '제국'
의 변덕과 잔혹함, 세상의 조약과 협약이 얼마나 무력한지 다시금 깨닫게 됩
니다. "눈을 들어 산을 보네. 산이 내게 힘이 되어 줄까? 아니, 내 힘은 오직
하나님, 하늘과 땅과 산을 만드신 그분"(시 121:1-2, 메시지성경).

나는 보이지 않는 하나님의
손길을 신뢰합니까?

❶ '수산궁'과 그곳의 모든 일이 하나님 안에 있음을 믿습니까?
❷ 나를 떠받쳐 살리시는 하나님의 손길을 신뢰합니까?

138

성경은 오래전 먼 곳, 이방 땅으로 눈을 돌립니다.

이스라엘 역사로부터 일반적인 인간사 속으로 우리를 초대합니다. 욥은 남부러울 것이 없는 사람이었습니다(1:2, 10은 완전을 상징). 물질적으로 번영했을 뿐 아니라 경건하였고 가족 제사장으로서 제 역할을 다하는 '동방 사람 중에 가장 훌륭한 자'였습니다(1:3-5, 29장).

그러나 욥은 하루아침에 이 모든 것을 잃게 됩니다(1:15-19, 2:7, 9).

그가 당한 일들은 오늘날 우리가 겪는 고난의 집합체입니다. 다행히 욥은 안락함에 길들여진 유약한 신앙인이 아니었으며(1:9), 고난을 당했을 때 직관적으로 하나님께 반응했습니다(1:21-22, 2:10). 고난 자체에 대해서 욥은 평정을 유지했습니다. 정작 욥에게 문제가 된 것은 '신앙'이었습니다(3장 이후). 욥은 하나님의 존재와 능력에 대해 의심한 것이 아닙니다. 하나님의 존재와 선하심을 믿기 때문에 고뇌한 것입니다. '왜 선한 사람에게 나쁜 일이 생기는가?' 욥은 하나님의 정의와 침묵에 대해 질문했습니다.

모든 고난은 하나님의 '통제'하에 있습니다(1:6, 12, 2:1, 6).

하나님께서 허락하셨지만 하나님으로부터 온 것은 아닙니다(약 1:12-17). 복잡한 인간사(자유의지를 지닌)와 피조 세계 가운데 생기는 전쟁, 대화재, 자연재해, 사별, 광야 등의 고난에 대하여 하나님은 똑똑히 보고 계시며 섭리로 살피십니다(롬 8:35, 39). "오직 하나님은 미쁘사 너희가 감당하지 못할 시험당함을 허락하지 아니하시고 시험당할 즈음에 또한 피할 길을 내사 너희로 능히 감당하게 하시느니라"(고전 10:13, 참고 욥 36:15-16).

나는 고난 앞에서
어떤 반응을 보입니까?

❶ 하나님께 나아가 질문합니까, 하나님이 계신지 질문합니까?
❷ 하나님께서 모두 보고 계시며 섭리로 살피실 것을 믿습니까?

123

상처 주는 위로자

욥기
6-10장

욥은 지금까지 보지 못했던 '낯선 하나님'과 마주합니다.
세 친구들은 고통 속에서 고뇌하는 욥을 위로하기 시작했습니다(4-27장).

①-1, 2 엘리바스와 빌닷의 첫 번째 말(4-5, 8장)
엘리바스는 깊은 영적 체험을 지닌 사람이었습니다(4:12). 그는 욥이 당하는 고난을 '죄' 때문이라고 여겼습니다(4:7-9). 하나님은 고난을 통하여 우리를 훈련하고 징계하시므로 저항하지 말고 의로우신 주를 찾으라고 권면합니다(5:17-18). 회개하면 장막과 자손이 회복되리라고 위로합니다(5:25-26). 빌닷은 하나님에 대한 지식과 배움을 중시합니다(8:8-10). 그 역시 욥과 자녀들에게 일어난 일을 죄 때문으로 봅니다. 돌이켜서 하나님을 찾고 그분과의 관계를 회복할 때(8:4-6, 13), 다시 웃음과 기쁨이 찾아올 것이라고 조언합니다(8:20-21).

욥은 자신의 결백을 주장하며 변호합니다(6:24, 9:21, 32-35, 10:2-7).
친구들의 위로는 오히려 욥의 고통을 가중시킬 뿐이었습니다(6:14-15). 그들은 욥과 죽은 자녀들을 정죄했으며 '자손과 회복'을 섣불리 언급합니다. 욥은 무기력함에 깊이 절망하며 죽음을 갈망하면서도(7:2, 6, 7, 9, 10:18-22) 여전히 하나님 앞에 묻고 간청합니다(7:7-21, 9:25-32, 10장). 친구들의 '신앙 명제'들은 그 자체로 문제가 없습니다. 그러나 욥의 상태와 상황에 대한 답은 아니었습니다(6:22-30). 친구들은 욥이 아니라 고난의 원인을 규명하는 데 집중하고 있습니다. 차라리 그들이 침묵하며 공감했을 때가 가장 큰 위로였습니다(2:13).

나는 섣불리 판단하거나, ❶ 나는 고난당한 자와 함께 공감하고 있습니까?
섣불리 위로하지 않습니까? ❷ 하나님 앞에서 충분히 슬퍼하며 씨름할 시간을 빼앗지는 않습니까?

①-3 소발의 첫 번째 말(11장)

소발은 스스로를 식자, 지혜가 깊은 자로 여깁니다. 소발의 위로는 경멸과 질
책, 나아가 저주에 가깝습니다(11:2-6). 욥을 무지한 자, 허망하고 악한 자로
'단정'하며 책망합니다(11:7, 11-12, 20). 소발은 욥에게 회개의 네 단계를 처방
합니다(11:13-14). 그는 하나님의 높이와 깊이와 길이와 넓이를 강조하면서도
(11:8-9), 마치 하나님인 양 욥과 욥의 고난을 판단합니다. 헤아릴 길 없는 하
나님께(11:7) 복종하고 회개하라면서도 정작 스스로 하나님의 일을 '헤아리고'
있습니다.

욥도 그들이 말하는 하나님과 그분의 능력을 압니다(12:13-25, 13:1-2).
인간은 스스로 하나님의 일을 헤아리며 판단할 수 없습니다. 그래서 욥은 그
하나님, 전능자 하나님께 묻고 있는 것입니다(12:3). 그는 '그럼에도 고통만큼
은 제발 거두어 달라'고 간청하면서 하나님께 직접 말씀을 듣고자 씨름합니
다(13:21-28).

욥은 인생의 덧없음을 한탄하면서도 하나님으로 소망합니다(14:1-17).
"나를 그 상태로 버려두지는 말아 주십시오! 날짜를 정하시고 때가 되면 나를
다시 찾아 주십시오… 이 힘겨운 시기 내내 나는 희망을 놓지 않고 최후의 변
화를 기다립니다. 부활을 고대합니다! 손수 지으신 피조물을 애타게 그리워
하셔서 주께서 부르시면, 내가 응답하겠습니다!"(14:13-15, 메시지성경)

나는 하나님께 물으며　　❶ 세상의 소리와 반응들에 절망하며 포기합니까?
씨름하고 있습니까?　　　❷ '골방'으로 들어가 주님과 대면하여 씨름합니까?

욥기
15-19장

②-1, 2 **엘리바스와 빌닷의 두 번째 말**(15, 18장)
엘리바스는 이번에도 경험과 경륜을 앞세웁니다(15:8-10, 18). 그는 하나님께 질문하며 씨름하는 욥이 못마땅합니다(15:12-13). 이를 믿음 없고 불경건한 모습으로 여깁니다(15:3-4, 12-13, 20). 엘리바스는 욥을 악인이며 하나님을 대적하는 자로 간주하고 정죄하며 그런 자들이 맞는 험한 결과에 대해 피력합니다(15:7, 11, 20-25, 28-35). 빌닷은 친구들을 대하는 욥의 태도가 못마땅합니다(18:2-4). 그도 욥을 악인이며 불경건한 자로 정죄하며 훈계합니다(18:5-21). 어느덧 친구들의 위로는 책망과 정죄와 논쟁으로 바뀌었습니다.

욥은 고난과 공격들에 묵과하시는 하나님께 불평합니다(16:6-16).
친구들은 형편없는 상담자이며 재난을 주는 위로자입니다(16:2). 그들은 번지수를 잘못 찾았습니다(16:1-5, 17:10, 19:2-6, 28-29). 욥은 조롱과 멸시의 대상이요, 투명인간 취급을 받고 있습니다(19:3-20). 욥은 친구들에게 차라리 멈춰 달라고 호소합니다(19:21).

'하나님, 왜 나를 원수처럼 대하십니까?'(16:7-9, 11-12, 14, 19:6, 8-12)
욥은 하나님 앞에 마음을 내어놓고 탄식합니다. 결백을 주장하며 신원을 호소합니다(16:17-17:9). 그는 의로우신 재판장이며 구속자(히, 고엘) 하나님을 두 눈으로 뵙기 원합니다(19:23-29). 욥은 캄캄한 밤이라 하나님의 손을 더욱 꼬옥 잡습니다.

나는 위로합니까,
논쟁합니까?

❶ 선의로 시작한 위로가 정죄와 훈계로 바뀌지 않습니까?
❷ 신앙(말씀)으로 '위로'합니까, 신앙(말씀)으로 '논쟁'합니까?

②-3 소발의 두 번째 말(20장)

소발은 효과적인 상담과 위로의 정반대에 있는 사람입니다. 냉담한 말투를 감출 수 없으며 본인 위주의 사고와 자만에 빠져 있습니다(20:2-3). 욥의 처지와 심경은 아랑곳않고 노골적인 언어들로 욥을 공격합니다(20:4-29). 굳이 욥의 고난을 주도면밀하게 복기하여 해석을 달고 있습니다.

③-1, 2 엘리바스, 빌닷의 세 번째 말(22장, 25장)

엘리바스는 욥에 대한 평소 생각을 털어놓기 시작합니다. 그는 '본래부터 욥이 문제가 많았다'고 말합니다. 죄가 명확하니 회개하라고 결론 내립니다(22:5-11, 21-25). 빌닷은 의롭고 전능하신 하나님에 대해 일장 연설을 합니다. 욥은 지금 하나님을 부인하는 것이 아니라 '그분께' 항변하는 것임에도 빌닷은 자기 말만 합니다. 그는 사안의 요점과 욥의 필요에서 벗어나 있습니다.

욥은 친구들에게 경청과 위로와 공감을 기대할 수 없습니다(26:1-4).
욥에게는 이제 하나님뿐입니다(23:4-7, 10-12). "내가 가는 길을 그가 아시나니 그가 나를 단련하신 후에는 내가 순금같이 되어 나오리라"(23:10). 그는 인과응보로 무장한 친구들에게 세상에서 벌어지는 불합리한 일들에 관하여 질문합니다(21장). 욥은 질문들 속에서 하나님을 간절히 찾고 있습니다(23:3). 그러나 하나님을 어디서, 어떻게 만나야 할지 몰라 안타깝습니다(23:8-9). 욥에게는 갈망과 기대, 두려움과 경외가 교차합니다(23:10-17, 26:5-14).

나는 뜻을 세우고 끝까지 하나님을 바라봅니까? | ❶ 주변의 평가와 공격에 순응하며 자책하고 비관합니까?
❷ 나와 내 길을 아시는 하나님을 신뢰하며 단련받습니까?

욥기
27-31장

욥에게 믿음과 신앙, 질문과 고뇌는 곧 '삶의 방식'입니다.
욥은 고난을 맞아 살아 계신 하나님과 역동적으로 교통합니다. 그것이 욥이 지금, 여기에서, 하나님을 경험하며 반응하는 방법입니다(27:1-3). 반면, 세 친구에게 믿음은 '지식의 축적' 혹은 '기술'에 가깝습니다. 그들은 현장에서 벌어지는 일이나 하나님과의 살아 움직이는 관계가 아니라, 합리적인 신념, 다수가 고백하는 진리, 상식적인 신앙을 나열하며 기계적으로 적용하고 처방하는 일에 치중합니다.

인간은 유한하여 '무엇을 모르는지'조차 모르는 존재입니다.
인간의 기술이 아무리 뛰어나도(28:1-6) 알 수 없고 발견할 수 없는 무언가가 존재합니다. 지혜와 명철, 그 깊이와 가치는 이루 헤아릴 수 없습니다. 이는 세상에 속한 것이 아니요 하나님께 속했으며(28:20-22, 23) 오직 하나님께로부터 말미암기 때문입니다(28:25-28).

욥은 참으로 좋았던 지난날을 회상합니다(29장).
다시금 현실로 돌아온 욥은 자신의 결백을 주장하며 법적 선서를 펼칩니다(30-31장). 욥은 부정한 일, 부정직한 일로 결코 죄를 짓지 않았습니다(31:1-12). 약자를 함부로 대하거나 힘을 남용하지 않았습니다(31:13-23). 하나님과 사람 앞에서 신실하고 순전했습니다(31:24-40). "나의 서명이 여기 있으니 전능자가 내게 대답하시기를 바라노라"(31:35). 세 친구는(전통주의, 율법주의 신앙) 욥을 돕지 못했습니다. 욥은 하나님이 직접 등판해 주시길 간청합니다.

나의 신앙에는
생명력이 있습니까?

❶ 나는 지금, 여기에서, 살아 계신 하나님과 역동적인 교통을 나눕니까?
❷ 질문하고 저항하며 하나님과의 씨름을 통해 답을 찾고 있습니까?

밤에 노래를 주시는
하나님

욥은 하나님의 등장과 응답을 간절히 갈망합니다.
그러나 하나님은 '스스로의 시간'에 역사하십니다. 하나님은 긍휼과 자비를
베푸시는 동시에 주권적인 분이므로 우리가 '원하는 때'가 아니라 가장 '선한
때'를 택하십니다.

갑작스레 등장한 엘리후는 세 친구와 다름없어 보입니다.
다소 건방지고 무례하며 시끄러운 등장이 무색하게 그는 별다른 답변을 제
시하지 못합니다(34-35장). 인간 중 그 누가 완벽한 답을 제시할 수 있을까
요?(28장) 그럼에도 엘리후는 '고난'을 새로운 눈으로 바라봅니다. 고난을 '죄
의 결과'로 본 세 친구와 달리 엘리후는 '더 긍정적인 일을 이루기 위하여' 하
나님께서 주시는 고난에 대해 언급합니다(33:30). "하나님은 곤고한 자를 그
곤고에서 구원하시며 학대당할 즈음에 그의 귀를 여시나니 그러므로 하나님
이 그대를 환난에서 이끌어 내사 좁지 않고 넉넉한 곳으로 옮기려 하셨은즉
무릇 그대의 상에는 기름진 것이 놓이리라"(36:15-16).

하나님은 고난이 우리를 삼켜 버리지 않도록 통제하십니다.
고난을 통해 새로운 감각을 일깨우고 귀가 열리게 하며, 우리의 이해와 경험
과 영적 지평을 확장하십니다(대상 4:10). 하나님은 헤아릴 수 없는 중에 큰일
을 행하십니다(36:26, 37:5). 하나님은 밤에 노래를 주시는 분입니다(35:10).

고난을 통해 지경을 확장시키 ❶ 나의 '눈'과 '귀'가 열렸던 고난의 경험이 있습니까?
시는 하나님을 경험합니까? ❷ 캄캄한 밤에도 노래하게 하시는 하나님을 경험합니까?

상처 입은 치유자

욥기
38-42장

드디어 '여호와' 하나님이 나타나셨습니다(38:1).
그동안 너무나 멀게 느껴지던 '전능자(엘 샤다이)'(3-37장)께서 친밀하고 인격적인
'여호와' 하나님으로 찾아오셨습니다(1-2장, 38-42장). 하나님은 욥이 물었던 질문
들에 바로 답하지 않고 스스로 깨닫도록 질문하며 지도하십니다(Spiritual Direction,
38:3, 40:7). 욥은 하나님의 물음 안에 펼쳐진 창조 세계와 질서를 보게 됩니다. 좁
은 자기 세계에서 빠져나와 충만한 하나님의 세계로 나아갑니다(36:16). 고난의
구덩이에서 나와 빛 가운데서 세상을 보게 됩니다.

천하의 모든 것이 하나님의 통치 아래 존재합니다.
심지어 혼돈과 두려움의 존재까지도 주께 속했습니다(40:15, 41:1, 11). 욥은 버림
받지 않았고 창조 세계와 하나님의 질서 속에 속해 있습니다. 하나님의 돌보심
과 창조주의 손길이 욥을 붙들고 계십니다. 인간은 웅장한 피조 세계의 작은 일
원일 뿐, 자연만물과 세상이 돌아가는 일들을 다 알지 못합니다. 때문에 단정하
거나 판결하거나 변호하는 일이 불가능합니다. 모든 것을 아시는 하나님만이
공의로우실 수 있습니다(40:8-9).

세 친구는 삼단논법처럼 일관되고 논리적인 신앙을 추구했습니다.
그러나 욥은 하나님의 '거친 질서'와 마주했습니다(프랜스 영). 하나님의 생각과
길은 유한한 인간의 것과 다릅니다(사 55:9). 하나님은 철학자들의 하나님이나
학자들의 하나님이 아니라 '아브라함과 이삭과 야곱의 하나님'이십니다(블레즈
파스칼). 욥은 '어둔 밤'을 통해 '나의 하나님'을 만났습니다(42:5). 욥은 이제 세 친
구를 위한 중재자, 중보자, 예배자로 서게 됩니다(42:7-9). 깊고 넓은 세계로 나왔
으나 욥은 '상처 입은 치유자'입니다. 아름다운 자녀들 속에 때로 상흔을 더듬는
'아버지'입니다(42:13-15, 참고 1:18-19).

나는 하나님의 영적 지도를
받고 있습니까?

❶ 좁은 나의 세계에서 벗어나 하나님의 세계로 나아갑니까?
❷ 고난의 구덩이에서 나와 하나님의 빛 아래 세상을 봅니까?

'복 있는 사람은!' 시편 1편의 서론이자 시편 전체의 서론입니다.

시편은 '복된 삶을 영위하는 비결'에 대해 말합니다. 비결은 다름 아닌 '하나님 말씀에 사로잡혀 밤낮 묵상하는 것'이며, '하나님께 피하는 것'입니다(1:1, 2:12). 시편 시인들의 상황은 복된 삶과 거리가 멀어 보입니다. 욥의 울부짖음처럼 악인들이 성공하고 번영합니다. 선한 사람들이 절망의 모서리와 삶의 구석으로 내몰립니다. 죽음의 문턱, 극단의 경험, 불안정한 삶, 막막한 삶의 행로들! 그때마다 시인은 1, 2편에 제시된 비결을 곱씹어 되새깁니다.

시편의 시는 '공통된 인간들의 소리'를 담고 있습니다.

오래되었지만 고리타분하지 않고 여전히 진실하며 유효합니다. 시인의 상황과 형편과 감정들이 오늘의 나와 꼭 같습니다. '당신의 인생이 혼란과 고통 가운데 있음을 잘 안다!' 때론 그것만으로도 충분한 위로가 됩니다. 시인들의 표현은 종이를 뚫고 나올 듯 생생합니다. 어떤 시편은 '성경의 언어가 맞나' 싶을 정도로 솔직합니다. 시인들은 하나님 앞에 아무것도 감추지 않고 쏟아 놓습니다(3:7, 5:1-2). 하나님은 그분을 필사적으로 붙드는 시인들에게(3:4, 4:3, 5:7, 6:4, 8-9) 찬양과 감사를 회복시켜 주십니다. 그들의 영, 혼, 몸을 새롭게 하십니다.

시편 시인들의 기도를 내 삶에 가져와 보십시오.

내 삶 그대로를 시편 시인들의 자리로 가져가 보십시오. 추임새와 공감 중에 깨닫게 하시는 뜻과 위로를 통해 몸과 마음이 시원하게 정화되는 기쁨을 누리시기 바랍니다.

나는 복된 삶을 살고 있습니까?

❶ 하나님의 말씀을 즐거워하여 밤낮 묵상하고 있습니까?
❷ 모든 상황 속에서 하나님께 피하고 있습니까?

Chapter

6

[개인 탄식시]*
내가 주께 피하오니

시편에는 '개인 탄식시'들이 많이 등장합니다.
억울한 상황, 탄원의 상황에 놓인 이들의 시입니다. 재판만 받을 수 있다면
결백을 증명할 수 있겠지만, 그들에게는 재정, 지위, 언변, 연줄이 전혀 없습
니다(참고 눅 18:2-7). 누구 하나 경청하는 이도 없고 해결 방안도 없지만 시인
들은 절망하고 낙심하며 주저앉아 있지 않습니다. 그 모든 것을 의로우신 재
판장인 '하나님'께로 가져갑니다. "피 흘림을 심문하시는 이가 그들을 기억하
심이여 가난한 자의 부르짖음을 잊지 아니하시도다"(9:12).

하나님은 의로운 재판장이십니다(7:8, 11, 9:4, 8, 10:18).
하나님은 악인의 편법과 불법과 눈속임에 대해 시인과 함께 분노하십니다.
잊지 않고 기억하여 보응하시는 분입니다(9:12, 18, 10:12). 사람과 상황에 대한
모든 주권이 주께 있습니다(8장). 하나님은 참 심판자이시며, 구원자이시며,
해방자이십니다(사사judge).

시인은 '옳은 편에 선 것'과 '의로움'의 차이를 압니다.
특정 사안에 대해서는 하나님 앞에 결백한 것이 사실이지만, '내 나머지의 삶
도 모두 의로운가?'는 다른 문제입니다. 하나님 앞에서는 모든(사람의) 죄가 드
러납니다(50:6-21). 시인은 대적을 고소했던 동일한 잣대인 '하나님'으로 자신
의 삶 구석구석을 세밀하고 구체적으로 성찰합니다. "여호와께서 만민에게
심판을 행하시오니 여호와여 나의 의와 나의 성실함을 따라 나를 심판하소
서"(7:8).

* 시편 시 분류(p. 183-185) 참고

나는 의로우신 '하나님'께
나아갑니까?

❶ 참 심판자, 구원자, 해방자 하나님께 문제를 아뢰고 있습니까?
❷ 대적과 함께 '나의 삶'도 심판대 앞에 세울 자신이 있습니까?

터가 무너져 내릴 때

"터가 무너지면 의인이 무엇을 하랴"(11:3).

인생의 모든 것이 무너져 내리는 경험 앞에서 시인들은 '도망갈 것인가, 믿을 것인가?' 갈등합니다. 태풍이 지나고 난 자리에 폐허와 울부짖음만이 남아 있듯 시인들은 길을 잃고 홀로 고립되어 있습니다(12-14편, 17편). '하나님! 그럼에도 충실한 자로 남아야 합니까?' 하며 고뇌합니다.

악인들은 하나님 없이도 잘 사는 것처럼 보입니다(14:1).

그들은 무방비한 사람을 목표물로 정하고 공격을 합니다(11:2). 이 사람에게는 이 말을, 저 사람에게는 저 말을 하며 빠져나갑니다(12:2). 권한 가진 이에게 아첨하고 힘없는 자들을 억압합니다(12:2-3, 5, 14:4). 자신의 비열한 성공을 영적으로 둔갑시켜 간증합니다(12:3-4). "여호와여 어느 때까지니이까"(13:1).

시인의 탄식에는 '기도의 가능성'이 열려 있습니다.

그는 '하나님, 나, 이웃'에 대해 각각 묵상하기 시작합니다. '하나님은 어떤 분이신가' '악인은 어떤 자들인가?' '나는 어떻게 해야 하는가?' 곰곰이 말씀에 잠깁니다. 시인은 하나님 앞에서 마음과 길을 정했습니다(15편). 자신의 터를 다시 무너질 '모래' 위에 세우지 않고 '반석'이신 하나님 위에 견고히 세우기로 결정합니다(16:8-9, 11, 마 7:24-25). 신실하신 하나님께 피하고 머물기로 결단합니다(14:6, 16:1-2, 17:7-8, 15).

'터가 무너져 내릴 때' 나는
어떤 선택을 합니까?

❶ 하나님은 어떤 분이십니까, 악인들은 어떤 자들입니까?

❷ 나는 어떤 선택과 결정을 합니까?

[다윗왕의 고백]
나의 힘이신 여호와여

다윗은 우여곡절이 참 많은 왕이었습니다.
오늘 시편은 다윗의 이야기를 시로 담아 냅니다(18편, 삼하 22장). 다윗은 자신을 구원하신 하나님의 심상을 써 내려갑니다. 반석, 요새, 피할 바위, 방패, 구원의 뿔, 산성(18:1-3)! 하나님은 보이는 원수들과 보이지 않는 어둠, 악으로부터 다윗을 감추시고 건져 구원하셨습니다(18:4-19).

다윗은 하나님의 구원을 증거하며 찬양합니다(18:20-30).
그는 승리를 주신 하나님으로 인해 승전가를 부릅니다(18:31-50). 하나님은 왜 그토록 다윗에게 신실하셨을까요? 왜 귀히 여기셨을까요? 다윗은 하나님과 그분의 '율법'을 가까이했습니다(18:22-24, 30, 참고 1:1). 율법은 '꿀보다 달고, 순금보다 사모할 것'입니다(19:10). 율법은 '완전하고 순수하여 모든 자의 방패'가 됩니다(18:30). 다윗이 사람과 상황들로 혼란스러워하며 길을 잃었을 때, 하나님의 '율법'은 그에게 길과 기준이 되어 주었습니다(19:7-13, 40:8). 그의 눈과 귀와 마음을 시원하게 해주었습니다.

다윗은 오랫동안 '싸우는 삶'을 살았습니다.
내부의 적, 외부의 적, 자기 자신과 싸우며 때로 넘어지고 실패했습니다. 그때마다 다윗은 하나님 편을 선택했습니다. "어떤 사람은 병거, 어떤 사람은 말을 의지하나 우리는 여호와 우리 하나님의 이름을 자랑하리로다"(20:7).

하나님께서 나의 힘 되심을 고백할 수 있습니까? ❶ 다윗이 고백한 하나님의 이미지를 나의 삶 속에서 묵상해 보십시오(18:2). ❷ 하나님의 법(말씀)이 내 삶의 기초, 기준, 잣대입니까?

134

왕이신 나의 하나님

시편
21-25편

유대인들은 다윗을 '대왕'으로 부르며 각별히 여깁니다.
그러나 다윗은 '만왕의 왕'이신 하나님을 찬양했습니다. 시편 21편은 왕의 대관식에서 낭송되던 시입니다. 대관식의 주인공은 '왕'이지만 시인은 하늘을 바라봅니다. 왕관, 장수, 영화가 모두 주께 속했습니다(21:3-5, 참고 왕상 3:3-15). 왕권뿐 아니라 세상과 모든 생명이 하나님의 것입니다(24:1). 하나님은 바다와 강들 위에 세상의 터를 세우신 창조주이십니다(24:2, 참고 창 1:2). '창조'라는 전투에서 승리하신 영광의 왕, 만군의 여호와는(24:2, 8, 29:3) 세상에 대한 모든 주권을 지니신 '온 세상의 왕'입니다. 어떤 왕(제국)도 세상의 주인일 수 없습니다.

고대 근동에서 '목자'는 왕을 상징했습니다.
시인은 '목자(하나님)'의 돌봄으로 부족함이 없다고 고백합니다(23:1, 신 2:7). 하나님은 출애굽과 광야 생활 가운데 이스라엘의 목자가 되어 주셨습니다. 자기 백성에게 길을 보이고 상을 베푸셨습니다(23:2-3, 5, 78:19). "내 평생에 선하심과 인자하심이 반드시 나를 따르리니 내가 여호와의 집에 영원히 살리로다"(23:6).

인간은 누구나 사람에게 버림받고 원수, 죽음과 마주하는 순간이 있습니다.
그때마다 하나님께 피하며 그분의 구원을 간절히 바라는 자들은(25:2-5, 20-21) 고난 끝에 반드시 '부활'과 '해방'을 맞게 될 것입니다(22:27-31). 십자가에서 시편으로 기도하신 예수님처럼!(22편, 마 27:46, 히 5:7) 포로기 동안 시편을 묵상한 이스라엘처럼!(25편, 대하 36:22-23)

왕이신 나의 하나님으로 인해 ❶ 목자(왕)이신 하나님의 돌봄을 부족함 없이 누리고 있습니까?
안전과 만족을 누립니까? ❷ 하나님의 선하심과 인자하심이 평생 함께하실 것을 믿습니까?

152

여호와께 바라는
한 가지

오늘 만나 볼 시인들에게는 공통점이 있습니다.
하나님을 매우 사랑하고 갈망한다는 점(26:8, 27:4-9)과, 하나님 없이는 살 수
없다는 점입니다(28:1, 30:2, 8). 시인은 하나님을 깊이 사랑하고 갈망하기에 온
전히 행하며 흔들림 없는 신앙을 지킬 수 있었습니다(26:1). 성전을 사모하며
악인과 동행하지 않을 수 있었습니다(26:4-5). 환난에 처했을 때도 시인은 한
가지만을 구하고 있습니다. '평생 여호와의 집에 살며 그분의 아름다움을 바
라보는 것'입니다(27:4).

시인은 하나님 없는 삶을 무덤에 비유합니다(28:1).
하나님의 부재와 침묵을 '죽음, 음부'와 같다고 고백합니다. 시인은 음부로부
터 끌어내시는 하나님을 찬양합니다(30:2-3). 그들은 부를 수 있는 '하나님의
이름'이 있기에 어떤 상황에서도 인내하며 소망할 수 있습니다(26:12, 27:14,
28:6-8, 29:11, 30:10-12). "하나님이여 사슴이 시냇물을 찾기에 갈급함 같이 내
영혼이 주를 찾기에 갈급하니이다 내 영혼이 하나님 곧 살아 계시는 하나님
을 갈망하나니 내가 어느 때에 나아가서 하나님의 얼굴을 뵈올까"(42:1-2).

시인들에게 가장 두렵고 끔찍한 일은 하나님을 잃는 것입니다(27:9).
하나님 없이 사는 영원은 끔찍합니다. 그들은 지금, 여기, 살아 계신 하나님
안에 거함으로 천국을 누리고, 영원한 천국을 소망하며 살아갑니다(27:13).

나는 하나님을 갈망하며
그분으로 기뻐합니까?

❶ 내가 바라는 '한 가지'는 무엇입니까?
❷ 나에게 가장 두렵고 끔찍한 일은 무엇입니까?

〔감사 시편〕
죽음에서 생명 맛보기

본회퍼는 수감생활 중에 시편으로 기도했습니다.

그는 감사 시편들을 곱씹으며 탈출구 없는 현실 속에서도 '한계 안에 허락된 선함과 기쁨을 맛보는 법'을 배웠다고 고백합니다(34:8-10). '하나님으로 기뻐하는 법을 터득했다'고 말합니다. 시편의 시인들과 본회퍼 그리고 우리 모두는 녹록지 않은 현실 속에서 찬양과 탄식 사이를 오갑니다. 하나님에 대한 신뢰로 감사하며 인내하다가도 마주친 현실에 또 절망하게 됩니다. "나의 앞날이 주의 손에 있사오니"(31:15)라는 믿음과 "여호와여 어느 때까지니이까"(13:1)라는 탄식을 반복하게 됩니다.

둘 사이를 오가는 이들에게 '감사 시편'은 참 소망이 됩니다.

죽음에서 건짐 받고 간구가 응답되었다는 시인들의 증언을 붙잡고 동일한 소망을 품으며 인내하게 됩니다(32:3-5, 34:4, 6, 17-18). 시인에게 '죽음'은 단지 생물학적 사망이 아닙니다. 서서히 생기를 잃게 만드는 모든 것을 의미합니다(90:3-10, 103:14-16). 하나님과 그분으로부터 온 것들에 대해 무감각해지고(88:10-12), 찬양하지 못하며 경이로움을 느끼지 못하는 상태가 바로 '죽음'입니다.

어떻게 죽음에서 생명으로 나아갈 수 있을까요?

죽음에서 생명으로 회복되었다는 것은 예배로 들어가 하나님과의 관계를 회복했다는 말과 같은 의미입니다(32:6). 하나님께 손을 뻗어 생명을 공급받는 것입니다. "내가 나의 영을 주의 손에 부탁하나이다"(31:5, 눅 23:46). 예수님은 죽음의 십자가에서 하나님께 자신을 내어 맡기셨습니다. 이로써 '구원'을 누리는 동시에 '구원'을 이루셨습니다.

나는 하나님으로 '살아나는 기쁨'을 맛보고 있습니까?

❶ 탄식과 죽음의 절정에서 하나님께 생명을 공급받고 있습니까?
❷ 현실을 보는 새로운 눈과 하나님으로 기뻐하는 법을 터득했습니까?

[지혜 시편]
의인이 땅을 차지함이여

지혜 시편(36, 37편)은 **잠언과 유사한 형태를 보입니다.**
교훈적인 내용과 격언들의 모음으로 되어 있는 지혜 시편은 '어떻게 살아야
하는가?'를 질문합니다. 또한 개인과 공동체의 '참살이(well-being)'에 관심을 갖
습니다. 어떻게 하면 잘 살 수 있을까요? 모든 것의 시작인 '창조의 질서'를 알
아야 가능합니다. 모든 것을 창조하신 하나님의 뜻을 알아야 가능합니다.

이로부터 생명의 길과 죽음의 길이 나닙니다(36:4, 7-9, 37:27, 마 7:13-14).
하나님을 경외하며 그분의 생명을 향유하는 자는 복이 있습니다. 반대로 불
경건하고 불순종하는 자는 복을 누릴 수 없습니다(36:10-12, 37:3-7). "온유한
자들은 땅을 차지하며 풍성한 화평으로 즐거워하리로다"(37:11, 참고 37:3, 9, 18,
22, 29, 34).

37편은 히브리어 원전으로 볼 때 '계획된 시'입니다.
두 행마다 첫 글자를 히브리어 알파벳순으로 써 내려갔습니다. 시인은 이처
럼 잘 보이지 않더라도 세상에 '분명한 질서'가 존재함을 피력합니다. 악인
이 득세하며 세상이 무법인 것 같아도(참고 35편), 하나님의 질서와 법과 심판
이 엄연히 존재합니다(36:5-6, 37:18, 23, 25, 28). 시인은 형통한 악인들로 인해
시험 들 것이 아니라(37:1) 창조의 질서, 하나님의 법, 생명의 길을 견지하도
록 교훈합니다. '심판의 일정'이 불확실해 보여도 '그날'은 반드시 올 것입니다
(37:2, 10, 13, 36).

나는 하나님의 질서, 생명의   ❶ 형통한 악인들의 방식에 솔깃하여 경로를 이탈하지 않습니까?
길로 걸어가고 있습니까?   ❷ 하나님의 (심판) 일정에 이의를 제기하며 경로를 이탈하지 않습니까?

그를 병상에서
붙드시고

오늘 만날 시인은 질병과 죽음 앞에 놓여 있습니다.

질병은 단순한 임상 현상이 아니라 '한 개인의 경험'입니다. 질병을 계기로 시인-하나님-이웃들 간의 이야기가 더욱 확장되어 갑니다(38, 39, 41편). 시인들은 때로 질병으로 인한 육체적, 정신적 고통을 죄에 대한 하나님의 벌로 받아들입니다(38편). 사랑하는 사람들, 친구들, 친척들도 모두 떠나가고(38:11), 원수들은 이 틈을 타 시인을 해하려 음모를 꾸밉니다(38:12). 수많은 비방에도 불구하고 자기 죄 때문이라 여긴 시인은 할 수 있는 말이 없습니다(38:13-14). 그는 회개하며 하나님과의 화해를 요청할 뿐입니다(38:21-22).

39편은 살날이 얼마 남지 않은 시점에 쓰인 시입니다(39:4, 7, 10, 13).

인생은 찰나이며 돌아보면 허무합니다. 인간은 참으로 미약한 존재가 아닐 수 없습니다(39:4-6). 시인의 탄식은 질병을 넘어 인간의 실존에까지 이릅니다. 모든 인간이 언젠가 가야 할 '죽음'이라는 길 위에서, 시인은 남은 시간 동안의 평안을 구합니다(39:13).

스스로가 그렇게 여긴다 해도, 모든 질병을 다 죄의 결과나 징벌로 볼 것은 아닙니다.

환자들은 때로 병보다 정죄와 비방으로 더 아픕니다(41:4, 5-9). 인간의 유한함, 질병, 죽음, 적의 비방으로 여기저기가 아픈 시인들이지만 분명한 것이 하나 있습니다. "주여 이제 내가 무엇을 바라리요 나의 소망은 주께 있나이다"(39:7).

나는 나(남)의 '아픔'을 통해 어떤 경험을 합니까?

❶ 우리의 연약함과 고통을 겪으셨고 공감하시는 주님과 더욱 깊어집니까?(히 4:15)

❷ 공감과 위로와 중보를 통해 이웃과 더욱 깊어지고 있습니까?

목마른 사슴의
갈급함같이

"네 하나님이 어디 있느뇨?"(42:3, 10, 참고 44:13)

시인은 사람들의 손가락질에 변명과 미화가 불가능한 처지에 놓였습니다 (42:3, 43:2, 44:7-16). 시인은 어느 때보다 하나님이 갈급하지만 주님은 답이 없으십니다(42:1-2, 9, 43:2, 44:23-24). 그분의 임재를 느낄 수 없는 시인은 불안하기만 합니다(42:5, 11, 43:5).

시인은 '성전'에서의 복된 예배를 기억했습니다.

'성전에 올라 하나님에 대한 갈증을 해갈할 수 있다면!' 그러나 그는 성전에 올라갈 형편이 못 됩니다(42:2, 43:3-4). 이스라엘은 포로기와 신구약 중간기 등 여러 차례 군사적인 실패와 압제를 경험했습니다(44편). 국가적인 재난과 원수들의 조롱으로도 괴로운데 성전에 올라가 예배할 길까지 막혔습니다.

시인은 성전에 올라갈 수 없는 상황에서도 '하나님'께 집중합니다.

"내 영혼아 네가 어찌하여 낙심하며 어찌하여 내 속에서 불안해하는가 너는 하나님께 소망을 두라 그가 나타나 도우심으로 말미암아 내가 여전히 찬송하리로다"(42:5, 11, 43:5). 하나님은 성전만이 아니라 '지금, 여기'에도 계십니다. 시인은 그 옛날 은혜로운 시절을 추억하는 데 그치지 않고, 오늘 내 곁에 계신 '하나님의 얼굴'을 찾고 또 찾습니다.

나는 내 곁에 계시는 '하나님 ❶ 과거에 은혜 충만하던 시절만 추억하고 있지 않습니까?
의 얼굴'을 찾고 있습니까? ❷ '영적 갈급함'의 이유를 다른 무언가에서 찾고 있지는 않습니까?

[시온의 노래, 제왕 즉위 시편]
하나님의 성, 시온

이사야는 웃시야왕이 죽던 해에 환상을 보았습니다(사 6:1, 5).
온 나라가 강력한 왕을 잃고 침통하게 국가의 장래를 염려할 때, 이사야는 '천상 보좌'에 좌정하신 왕의 환상을 보게 됩니다. 예로부터, 영원부터 계신(93:2) '참 왕, 하나님'을 뵌 것입니다. '하나님은 온 땅의 왕이심이라'(47:2, 8-9).

포로기 동안, 이스라엘도 이와 동일한 깨달음을 얻게 됩니다.
그들은 택하신 장소에서, 택하신 방법으로 예배를 드려 왔습니다(신 12:5, 대하 6:6, 7:12, 16). 그런데 나라가 망하고 성전이 파괴된 후 이방 땅에 포로로 앉아 있자니(겔 1:1), 어디서 어떻게 예배해야 할지 참담했습니다(42:4, 43:3-4). 대적들은 자기 신들이 이겼다며 승리를 자축했습니다. 하나님의 임재가 '성전'과 함께 사라진 것은 아닙니다. 하나님은 어디에나 계시며 온 세상을 다스리십니다(46:10, 50:12). 혼돈의 세력을 물리치고 터를 세우신 창조주 하나님은(46:2-3, 창 1:2) 세상이 혼돈과 무질서로 회귀하도록 버려두지 않으십니다. 열방과 악인들을 반드시 심판하실 것입니다(46:10-11).

'시온'은 하나님이 임재하시는 하나님의 도성입니다.
시온은 온 세상을 다스리시는 하나님 통치의 중심입니다(24:7-8, 46:4, 48:1-3, 8, 참고 마 6:10). "내 힘만 의지할 때는 패할 수밖에 없도다 힘 있는 장수 나와서 날 대신 하여 싸우네 이 장수 누군가 주 예수 그리스도 만군의 주로다 당할 자 누구랴 반드시 이기리로다"(찬송가 585장, 46편을 묵상하며 루터가 지은 찬송 시).

나는 어디에나 계시며 통치하 ❶ 나는 언제 어디서나 예배자의 삶을 살고 있습니까?
시는 하나님을 믿습니까? ❷ 아무도 보는 이 없을 때 나는 어떤 사람입니까?

[참회시]
나의 죄악을 말갛게 씻으시며

51편은 다윗의 참회시로 알려져 있습니다(참고 삼하 11-12장).

다윗이 실제 죄를 범한 대상은 밧세바와 그 남편 우리아인데 왜 '주께만' 범죄했다고 표현했을까요?(51:4) 구약에서 '죄'는 개인의 문제에 국한되지 않습니다. 개인의 죄로 인해 소속된 공동체까지 오염되고 상처 입기 때문입니다. 다윗의 죄는 왕실과 국가 전체에 큰 재난을 불러왔습니다. 인간의 죄는 자신이 생각한 것보다 훨씬 깊고 넓을 수 있습니다.

시인은 '특정 죄'뿐 아니라 '죄 된 실존(담밈*)' 자체를 구원해 달라고 간청합니다(51:5, 10, 14).

이스라엘이 멸망한 것도 특정 시기, 몇몇 죄들 때문이 아니라 하나님과의 관계 자체가 어긋났기 때문입니다. 인간은 하나님의 심판과 구원을 경험한 후에야 비로소 자신이 '죄인'인 것과 그 죄가 얼마나 깊었는지를 깨닫게 됩니다 (52:1-5).

* 담밈: 죄를 일컫는 포괄적 용어

결국 죄와 회개는 행위보다 존재 자체의 문제입니다.

'무엇을 했는가?' 이전에 '나는 어떤 존재인가'의 문제인 것입니다(51:5, 제임스 L 메이스). 시인은 단순한 용서를 넘어 '정직한 마음, 정직한 영'을 구합니다(51:10). 이는 '하나님을 신뢰하여 흔들림이 없는 굳건한 마음'을 가리킵니다(112:6-7). 즉 자신의 '존재 자체'를 새롭게 창조해 달라고 간구한 것입니다 (78:37, 겔 36:26, 참고 고후 5:17). 하나님은 상한 심령과 통회하는 마음을 받으십니다(51:17). 시인은 자기 보좌에서 내려와 겸비한 자세로 머리를 숙입니다. 창조주 앞에 피조물로서 제자리를 찾아갑니다(52:7-8).

나는 내 죄의 실체와 깊이를 깨닫고 있습니까? ❶ 하나님이 판단하시는 나의 죄와 그 깊이를 깨닫습니까?

❷ 내 죄로 공동체가 오염되고 상처 입은 것은 아닙니까?

142

시편
56-60편

주의 날개 그늘
아래에서

믿음은 '내 생의 기반을 어디로 정할까'의 문제입니다(마 7:24).
매우 실제적이고 신중한 고뇌의 과정입니다. 믿음은 마음먹는다고 가질 수 있는 것이 아닙니다. 하나님 앞에서 씨름하고, 믿고, 반응하는 과정에서 생깁니다. 하나님의 구원과 약속을 듣고, 믿고, 순종할 때 생깁니다. 즉 믿음은 하나님과의 '관계' 안에서 생기는 것입니다(56:4, 10-13, 막 9:24).

시인은 자기 상황을 '구덩이, 웅덩이(pit, 57:6)'**로 표현하곤 합니다.**
이는 분리, 단절, 적막, 죽음, 상실, 결핍, 무기력, 어둠의 장소입니다. 제도적이고 일상적인 폭력과 편법과 차별과 억압에 대하여(56:1-2, 57:6, 58:1-2, 59:2-3) 시인이 할 수 있는 일은 '입으로' 쏟아내는 것뿐입니다(58:3-10, 59:14). 세상은 시대와 세대를 뛰어넘어 늘 악하고 불공정합니다. 그렇다고 '세상은 원래 그렇다'라고 순응할 일이 아닙니다. 이는 권력과 부와 권한을 가진 자들이 저지르는 불법이며, 하나님의 순리와 질서를 거스르는 명백한 죄입니다(58편).

왕이신 하나님은 공정한 재판장이기도 합니다(7:11, 9:7-12, 11:4-7, 96-99편).
시인은 거친 입말마저 기도로 승화시킵니다(58:11, 59:1, 5, 9, 16-17). 구덩이에서 구원되기를 간청하며 '주의 날개'(57:1)로 피합니다. 그곳은 참된 안전과 안심과 평안과 온기가 있는 피난처입니다. 시인의 격렬했던 호흡에 믿음과 찬양이 깃들기 시작합니다. 그는 반석이신 하나님 위에 안착합니다(56:3-4, 13, 57:3, 60:4-5, 11-12). 그분과의 관계 속에서 믿음은 더욱 견고해져 갑니다(57:7-11).

내 모든 생의 기반을
'하나님'께 두고 있습니까?

❶ 구덩이에서 '주의 날개' 아래로 피하고 있습니까?
❷ 하나님과의 '관계' 안에서 믿음이 더욱 견고해져 갑니까?

우리가, 만족하리이다

시편은 개인과 공동체 모두의 사랑을 받아 왔습니다.
시인들의 탄식과 찬양은 시대마다 다양한 삶의 자리에서 낭송되었습니다. 포로기는 개인과 공동체가 거듭나는 산고의 시간이었습니다. 대적들과 조롱, 비난, 영적인 고뇌들, 유혹과 현실적인 문제들이 몰려올 때, 그들은 시편을 낭독하며 '다윗 언약'을 기억하고 기도했습니다(61:6-7). 하나님을 의지하여 마음을 토해 냄으로써 평안을 유지했습니다(62:1-2, 8). '하나님의 속성'을 곱씹으며 흔들리는 '믿음'을 다잡았습니다(62:8).

초대교회는 주일 아침 예배의 첫 시편으로 63편을 낭송했습니다.
원수들로 인해 곤핍한 시인은 성전과 하나님의 임재를 갈망합니다. 초대교회 성도들도 제국의 핍박과 박해로 영과 육이 피폐한 가운데 하나님의 임재를 갈망했습니다. 예배를 통해 주님으로 충만케 되기를 간절히 소원했습니다(63:1, 5). 성도들은 '주의 인자하심이 생명보다 낫다'고 노래했습니다(63:3). 설사 핍박과 죽음으로부터 건짐 받지 못하고 순교한다 해도 목숨보다 귀한 주님을 붙들겠다고 고백한 것입니다(단 3:18).

미국 교회는 추수감사절에 65편을 낭송하곤 합니다.
하나님께서 시온 성전의 주인이시며, 구원의 하나님, 우주의 주인, 우주의 농부이심을 낭송하며 곱씹어 묵상합니다(65:4-6, 9-10). 영적, 세속적, 물질적 열매는 행운이나 우연이 아닙니다. 인간의 기술적 성과도 아닙니다. 이는 하나님의 일하심이며 하나님의 은혜입니다.

나와 공동체는 시편을 낭송
하며 하나님과 그분의 역사
를 기억합니까?

❶ 나와 우리 가정을 구원하신 '하나님의 이름'을 기억합니까?
❷ 믿음이 흔들릴 때 '하나님의 이름(속성)'을 곱씹으며 묵상합니까?

144

시편
66-68편

여호와는
네게 복을 주시며

시편 전체를 관통하고 있는 주제가 있습니다.
'하나님 백성'을 위한 '하나님의 행하심'입니다. 율법을 밤낮으로 묵상하며 하나님께 내 모든 것을 가지고 나갈 때(1편, 2:12), 하나님은 자기 백성을 위해 친히 심판하며 구원하십니다. 이것이 시편이 말하는 복된 삶입니다.

하나님은 온 땅의 찬양과 경배를 받으실 분입니다(66:1-4).
홍해와 광야를 건너게 하신 '출애굽' 구원의 하나님은(66:6, 68:4-18), '포로기' 동안 백성들을 단련시키고 '물불'을 통과하게 하셨습니다(66:10-12). 하나님은 죄와 사망의 권세로부터 승리하게 하는 '구원의 주님'이시며 '부활의 주님'이십니다(68:19-23, 롬 8:2, 고전 15:54-57). "여호와는 네게 복을 주시고 너를 지키시기를 원하며 여호와는 그의 얼굴을 네게 비추사 은혜 베푸시기를 원하며 여호와는 그 얼굴을 네게로 향하여 드사 평강 주시기를 원하노라 할지니라 하라"(민 6:24-26, 시 67:1).

하나님은 자기 백성에게 복 주기를 원하십니다.
이스라엘뿐 아니라 '모든 민족'이 이 복을 누리기 원하십니다(67:3, 5, 68:28-35). 바울은 시편에 고백된 '온 세상의 왕'에 대해 깊이 묵상했습니다. 부활하신 예수님이 곧 세상을 위한 구세주임을 깨닫고 '이방인'들에게도 이 복음을 선포하기 시작했습니다(사 49:6, 행 13:47). "내가 복음을 부끄러워하지 아니하노니 이 복음은 모든 믿는 자에게 구원을 주시는 하나님의 능력이 됨이라 먼저는 유대인에게요 그리고 헬라인에게로다"(롬 1:16).

나는 하나님의 복(복음)이   ❶ 홍해, 광야, 포로기 중에도 복 주시는 하나님을 믿습니까?(히 11:6, 약 1:17)
모두를 위한 것임을 믿습니까? ❷ 복음이 '모든 이'들에게 미칠 '기쁜 소식'임을 믿고 전합니까?

[원수 갚기]
속히 나를 도우소서

시편은 솔직함과 정직함의 대명사입니다.
감정을 감춘 시편은 '변절'이라고 말할 정도입니다(월터 브루그만). 시인들은 원수에 대한 분노와 복수의 열망을 그대로 드러냅니다. 그들은 마음에 있는 적개심을 말로써 쏟아냅니다(7:13, 58편, 69:22-28, 70:2-3, 109:8-15, 참고 137:9). 영적인 기준으로는 물론이고 세상 기준으로도 거친 표현들입니다. 세상은 우리에게 늘 문화적이고 순화된 언어들을 요구합니다. 솔직한 표현은 위험하다고 여기며 불편해합니다.

그러나 시인은 삶이 늘 안녕하고 평온한 것이 아님을 압니다.
시인은 인생의 밑바닥에서 억울한 사건, 사고를 당하는 이들의 형편을 헤아립니다. '미칠 듯이 견딜 수 없는' 입장 그대로를 수용합니다(69:1-4, 8-12, 21, 29, 71:10-11). 시인들은 때로 위협적으로 보이지만 철저히 통제되고 있습니다. 엄청난 말들이지만 잘 살펴보면 결국 '기도'인 것입니다. 복수의 말(speech)과 복수의 행위(act)는 분명히 다릅니다. 시인들의 원수 갚기는 곧 '하나님께로의 양도'입니다. 거친 외형을 지녔으나 자신의 모든 감정을 '하나님 앞에서' '하나님께로' 이동시키고 있는 것입니다(69:17-19, 70:4-5, 71:4, 12).

시인의 감정과 복수의 열정은 직접 원수를 향하지 않습니다.
전지하며 전능하신 하나님, 거룩하신 하나님께 모두 위임됩니다. 시인은 하나님을 향한 꾸밈없는 기도를 통해 '정화(카타르시스)'와 '자유'를 경험합니다.

* 71편은 22, 31편과 함께 고난주간 묵상에 사용된다.

나는 어떤 기도의 언어로
나아갑니까?

❶ 생생하고 정직한 언어로 진솔하게 기도합니까?
❷ 울부짖는 기도로 위임합니까, 침묵하며 복수를 계획합니까?

146

악인의 형통함을 보고

시편
73-77편

시인은 악인들의 형통함이 이해되지 않습니다.
죽을 것처럼 마음이 상하고 신앙까지 흔들립니다. 악인들은 하나님을 알지 못하며 멸시합니다(73:11, 74:10). 그럼에도 재력가나 권력자인 그들은 끝까지 잘삽니다(73:4-5). 갑질과 폭력을 일삼지만 승승장구하며 고액 연봉을 받고(73:5-9), 그 소유와 재산이 나날이 불어만 갑니다(73:12).

하나님의 전과 영적 권위들이 무너져 내립니다.
세상 사람들의 비난과 조롱거리로 전락해 버렸습니다(74:3-8). 무기와 전쟁 앞에서 하나님의 공의는 사라져 버린 것 같습니다(76:3, 6). 주의 인자가 끝나고 약속들이 폐기된 것처럼 보입니다(77:6-8). 시인은 성실하게 말씀대로 살아온 삶이 허탈합니다(73:13-14). 언제까지 주의 이름이 능욕을 받아야 하는지 탄식합니다(74:10). 오만한 자들과 고관과 세상 왕들로 인해 절규합니다(75:4).

시인들은 '하나님 앞'에서 답을 얻습니다(73:17, 75:1-2, 7, 76:12, 77:3, 5-6, 11-12).
그들은 '하나님과 함께'하라고 권면하며 교훈합니다(73:22, 23, 25, 27-28). 주의 이름이 가깝고, 정한 기약이 이르면 바르게 심판하실 것입니다(75:2). '오만한 자들'*의 기세가 꺾이게 될 것입니다(75:4, 76:12). 가장 비참한 것은 하나님을 멀리하는 것이며, 가장 복된 것은 하나님과 함께하는 것입니다(73:27-28). "내 맘의 주여 소망 되소서 주 없이 모든 일 헛되어라 밤에나 낮에나 주님 생각 잘 때나 깰 때 함께하소서"(찬송가 484장, 73편을 기반으로 작시).

* 오만한 자들(홀레림) : 국제적, 사회적 측면의 악인들

나는 '하나님과 함께'가 가장 복된 것임을 인정합니까?

❶ 나는 무엇으로부터 모든 것을 넉넉히 이길 힘을 얻습니까?
(소득, 지위에 따른 비교/선악의 판단에 따른 분노/억울함/자괴감 등)
❷ 나는 어디에서 질문의 답을 얻고 있습니까?

그들의 자손에게 알리라

시인들은 때로 역사를 풀어내는 이야기꾼입니다(78, 105-106, 135-136편).
78편은 이스라엘 역사의 대략을 담고 있습니다. 모세가 새로운 세대에게 말씀으로 당부했듯이(신 32장), 시인은 회중들에게 '역사를 잊지 말라'고 교훈합니다. 자손의 자손에 이르도록 이를 전하라고 강권합니다(78:5-6). 하나님을 기억하여 생명의 길을 견지하도록 하기 위함입니다(78:7-8).

모든 인간은 동일한 죄와 유혹 앞에 서게 됩니다.
이스라엘이 수많은 기적을 경험하고도 불순종했듯이 우리도 "하나님이 광야에서 식탁을 베푸실 수 있으랴"(78:19) "능히 떡도 주시며 자기 백성을 위하여 고기도 예비하시랴"(78:20) 하며 그때와 똑같이 의심하고 불평합니다. 이스라엘은 땅을 차지하고 각자 장막에 거하게 되자 언약을 잊어버리고 우상들에게 온통 마음을 빼앗겼습니다. 번번이 불순종하며 하나님을 시험했습니다 (78:54-56, 58).

우리는 역사를 통해 죄의 결국을 알게 됩니다.
그 비참함과 고통의 결말을 미리 볼 수 있습니다(78:61-67). 멸망 후 재 위에서 탄식하며 절규하고 있는 시편 79편은 '역사를 기억하라'는 78편의 권고에 힘을 더합니다.

나는 성경 속 역사를 통해
나의 삶을 조정합니까?

❶ '광야'에서도 식탁을 베푸시는 하나님을 믿습니까?
❷ 나와 자녀, 그 자녀들에게까지 하나님 말씀이 이어지고 있습니까?

[계약 갱신, 제의 기도문]
주의 집에 사는 자들

시편 84편은 '순례자의 노래'로 불립니다.

성전과 예배를 사모하는 자들이 예루살렘을 향합니다. 성전을 향하는 순례자들의 갈망과 기쁨이 아름다운 시어들로 표현되었습니다(84:2, 10). 그들은 생명의 근원이며 보호자이신 하나님을 바랍니다(84:11). '행복송'을 부르며 성전을 향해 올라갑니다(84:4, 5, 12).

시인은 예배와 예배자의 삶에 대해 노래합니다.

'절기'는 다시금 말씀을 '청종'하게 될 기회입니다(81:4-6, 8). 하나님과의 언약을 기억하며 갱신하는 기회입니다(81:9-10). '반란의 역사를 계속할 것인가, 돌이켜 청종할 것인가?'(81:11-13, 95:7-8) 하나님은 돌이킨 죄와 실패에 대해 책임을 묻지 않으시지만, 계속되는 죄는 '과거의 역사를 지속하는 것'입니다(81:14-15). "하나님이여 우리를 돌이키시고 주의 얼굴빛을 비추사 우리가 구원을 얻게 하소서"(80:3).

하나님은 모든 우상에게 '죽음'을 선포하십니다(82:7).

애초에 인간의 욕망을 투사한 조형물들에게 공의와 정의를 바라는 것은 불가능합니다(82:2-4, 참고 출 7-12장, 합 2:18-19). 반면 '살아 계신 참 하나님'을 섬긴다면 '예배자의 삶'에 그분의 공의와 정의가 실현되는 것이 당연합니다. 이 세상은 여전히 죄와 폭력, 실패와 갈등으로 얼룩져 있습니다. 시인은 참 인자와 신실과 화평이 도래할 날을 기다리며 예배합니다(85:9-12, 강림절 시편). "너희 안에서 착한 일을 시작하신 이가 그리스도 예수의 날까지 이루실 줄을 우리는 확신하노라"(빌 1:6).

나는 하나님의 임재 앞에서   ❶ 각 절기의 의미를 되새기며 예배하고 있습니까?
바른 예배를 드리고 있습니까?   ❷ 참 예배자로서, 내 삶에 공의와 정의가 실현되고 있습니까?

'주의 종'에게
힘을 주시고

시인과 하나님은 '종과 주인'으로 표현됩니다(86편).

종은 주인에게 속해 있고 그의 결정에 따라 살아갑니다. 주인은 그런 종을 보호하고 부양할 의무를 지닙니다. 이는 출애굽 구원을 이루신 하나님의 복된 선포로부터 시작된 관계입니다. "나는… 네 하나님 여호와니라"(출 20:2). 시인은 곤고하고 궁핍할 때 하나님께 요청합니다. 주인 되신 하나님을 삶의 기준과 지침으로 삼습니다(86:1-2). 그는 '일심'으로 하나님의 이름 경외하기를 간구합니다(82:11). '한마음과 한길'을 받아 마음과 뜻을 다해 사랑하고(렘 32:39, 신 6:5), '한 주인'만 섬기기를 간절히 원하는 것입니다(마 6:19-34).

왕은 천상의 주재이자 주권자 하나님의 '종'입니다(89:19-20).

하나님은 다윗왕을 세우고 영원한 왕위를 약속하셨습니다(89:3-4). 하나님의 오른손과 강한 팔이 다윗의 손과 팔에 힘을 주셨으며, 하나님께서 대적을 치듯 왕으로 승전하게 하셨습니다(89:21-23, 골 1:15-20, 엡 3:8-12). 하나님께서는 '왕'을 통해 이 세상을 통치하고 계십니다.

그러나 왕들은 신실하지 못했고 죄로 인해 심판받았습니다(89:31-32, 38-51).

그럼에도 하나님은 그분의 약속을 철회하지 않으셨습니다(89:33-34). 다윗의 자손에게서 영원한 왕이 나게 하실 것입니다(89:29, 사 11:1, 10). 열방의 모든 백성이 그분 안에서 택함을 받을 것이며 죽음 아래 울부짖는 영혼들에게 생명이 임할 것입니다(87:5-7, 88편). "보라 내 종이 형통하리니 받들어 높이 들려서 지극히 존귀하게 되리라"(사 52:13, 고난받는 종).

나는 주님을 주인으로
인정하고 있습니까?

❶ 주님께 속해 있고, 주님의 결정대로 살아갑니까?
❷ 곤고, 궁핍, 환난 때에 주님만 의지하고 주님께로 피합니까?

150

시편
90-94편

[지혜로운 마음]
주는 우리의 거처

무엇이 '지혜로운 마음'일까요?

시인은 인생의 목적을 '지혜로운 마음'으로 봅니다(90:12, 월터 브루그만). 지혜란 삶과 사람에 대한 하나님의 절대적인 주권을 인정하며 나의 권리를 내려놓고 주께 모두 위임하는 것입니다(90:2, 91:16, 92:5-6, 8, 93편). 시인은 인간의 한계와 유한성을 깨닫습니다. "우리의 연수가 칠십이요 강건하면 팔십이라도 그 연수의 자랑은 수고와 슬픔뿐이요 신속히 가니 우리가 날아가나이다"(90:10). 인간의 삶은 '한순간, 잠깐, 순식간'으로 점철됩니다(90:4, 5, 9). 그마저도 '죄, 소멸, 분, 진노' 등으로 괴롭습니다(90:7-8, 11).

그럼에도 우리는 고아가 아닙니다(homeless, 90:1-2, 91:3-7, 94:14, 요 14:18).

하나님께서 우리의 거처이며, 피난처이며, 도피처가 되십니다(91:4, 9, 94:22). 안정적인 가정과 소속은 내가 '성취'하는 것이 아니라 모든 것의 주관자 되시는 하나님의 선물입니다(home-maker). '거처'에 대한 갈망은 주님과의 '교제'로만 해결되며, 하나님만이 참된 '거처'이십니다(91:1-2, 14-15, 92:12-13, 94:17).

세상의 은자와 철학자들도 인생무상을 깨닫습니다.

그들과 '지혜로운 마음'의 차별성은 '유한함'을 비관하는데 그치지 않고 더 나아가 '하나님'으로 소망한다는 것입니다. 그분 안에 '거처'를 발견하고, 인정하며, 그 안으로 들어가는 것입니다(90:13-17, 92:14, 94:19). "여호와는 나의 피난처시라 하고 지존자를 너의 거처로 삼았으므로 화가 네게 미치지 못하며 재앙이 네 장막에 가까이 오지 못하리니 그가 너를 위하여… 네 모든 길에서 너를 지키게 하심이라"(91:9-11).

나는 '지혜로운 마음'을
구하고 있습니까?

❶ 인생의 유한함과 괴로움을 깨닫고 있습니까?
❷ 나(가정)의 영, 혼, 몸이 안착할 참 '거처'를 발견했습니까?

[찬양시]
이름에 합당한 영광을!

"온 땅이여 여호와께 즐거운 찬송을 부를지어다"(100:1).

시인들은 찬양하고, 찬양을 권면하며, 찬양을 선포합니다. 하나님께서도 '하나님을 찬양하라!'고 명하십니다. 왜 찬양해야 할까요? 왜 찬양을 요구하실까요?(50:23, 사 43:21) '찬양'은 대상의 가치를 바로 인식해야 가능합니다. 하나님과 그분의 역사와 창조하신 세계에 대해 찬양하기 위해서는 우리가 예사로 지나치던 것들에 관심과 주의를 기울여야 합니다. 그 속에서 세세한 아름다움과 질서를 발견할 때에야 비로소 찬양할 수 있으며, 진정으로 감탄하고 인정하며, 반응할 수 있습니다.

사실 '찬양'은 좀 더 자연스러운 일이기도 합니다.

무언가 '사랑'할 때 관심과 감탄이 절로 생깁니다. 기호, 취미, 맛집, 책, 영화, 운동, 차, 아파트, 특정 제품 등 우리는 이런 것들에 자발적인 '찬양'을 합니다. 그러나 이 찬양들에는 유효기간과 유통기한이 있습니다. 시편은 '가장 값진 분(Supremely Valuable)'을 찬양합니다. 신제품이 출시되는 순간 잊히거나 폐기되는 것들과 달리 하나님은 처음부터 마지막까지 '하나님'이십니다(God is God, 계 1:8, 21:6, 22:13).

"표현 없는 '절정'은 없습니다."

"내면의 감격과 감탄, 인정은 표현되기 전까지 '미완'입니다." 하나님과 그분의 역사와 창조 세계를 보는 진정한 눈이 열릴 때, '악기 조율'의 정도가 아니라 '교향곡'이 울려 퍼지는 경험을 하게 될 것입니다. 하나님께 흠뻑 취하고 사랑에 빠지는 '찬양'을 경험하게 될 것입니다(C. S. 루이스).

나는 어떤 '찬양'을 드리고 있습니까?

❶ 내가 찬양하는 대상은 무엇입니까? 유효기간은 어떻습니까?
❷ 하나님과 그분의 창조, 역사에 절로 감탄하며 찬양합니까?

152

여호와를 송축하라

시편
102-104편

시인은 하나님과 그분의 사역과 창조 세계를 깨닫고 하나님을 찬양합니다.

시인은 '연대가 무궁하신' 하나님을 찬양합니다(102편). 환자로 추정되는 시인은 살날이 얼마 남지 않았습니다. 불완전한 시간성에 묶여 아등바등하고 있는 자신과 달리, 하나님은 '영원하신 분'이란 사실을 새삼 떠올리게 됩니다. 시인은 자신의 유한함을 인정하며 하나님께 나아갑니다. 하나님은 그분을 사모하여 '시온'을 찾는 백성들을 돌보십니다(102:13-14).

시인은 자신이 '용서받은 죄인'임을 깨닫고 감격합니다(103편).

그는 주님의 긍휼과 인자하심을 찬양하며 송축합니다(103:2, 4, 7, 8, 11, 13, 17). 하나님은 도저히 용서할 수 없는 죄인을 사랑으로 받아 주셨습니다(103:10-13, 17, 19, 참고 출 32장). '모든 은택, 모든 죄악, 모든 병, 만유, 모든 천군, 모든 곳(all)!' 하나님의 사하심과 구원, 그분의 능력과 주권은 모든(all) 것에 이릅니다.

시인은 '창조 세계'를 보며 하나님의 섭리에 경탄합니다(104편).

하나님이 창조하신 세계는 경이롭고 질서와 조화로 충만합니다(104:2-9, 10-13). 하나님이 세상을 만드셨고 다스리신다는 사실은 '이 땅이 견고하다'는 말과 같습니다. 하나님의 호흡과 피조물의 호흡이 조화를 이루는 창조 세계에는 삶과 죽음, 새로운 탄생이 물 흐르듯 지속되고 유지됩니다(103:30, 창 2:7). 창조의 순리를 거스르는 변경과 훼손은 죄입니다.

하나님이 주신 깨달음으로
감격하며 찬양합니까?

❶ '유한함'과 '용서받은 죄인'임을 깨닫고 묵상하며 찬양합니까?
❷ 창조 세계에 계시된 하나님과 그분의 뜻을 발견합니까?

진정한 찬양은 '하나님 경험'으로부터 나옵니다.

살아 역사하시는 하나님의 호흡에 가까이 닿을 때 진정한 감동과 감격으로 찬양하게 됩니다. 하나님께서 무로부터(ex nihilo) 인간을 창조하셨다는 것은 '아무것도 아닌 존재(nothingness)'에서 '하나님 백성'으로 만들어 가신다는 것을 의미합니다(95:6-7, Maker, 버나드 앤더슨). 인간은 역사 속 실제적 경험들 가운데 '이스라엘'이 되어 갑니다

특히 '출애굽'은 하나님을 경험하는 절대적 관문입니다.

그분의 백성들은 대적과 억압의 상황 속에서 찾아오시는 하나님을 만납니다. 그분의 구원을 경험하며 '하나님 백성'으로 거듭납니다. 이것이 자자손손 출애굽을 기억하고 기념하는 이유입니다. 조상과 현세대는 '출애굽'이라는 인간의 실존 앞에서 하나로 연결되고 같은 감격을 공유하게 됩니다. 생존과 생계와 신앙의 문제들로 가득 찬 '광야 생활'은 지금, 여기, 우리의 삶 속에서도 동일하게 펼쳐집니다. 이와 관련된 이스라엘의 실수와 실패와 회개와 구원 역시 지금, 여기, 우리에게도 동일하게 반복됩니다.

결국 이스라엘의 역사는 '공유된 역사(shared history)'입니다.

이는 우리 모두가 걷고 있는 '구속사'인 것입니다(history of salvation). "여호와여 주의 백성에게 베푸시는 은혜로 나를 기억하시며 주의 구원으로 나를 돌보사 내가 주의 택하신 자가 형통함을 보고 주의 나라의 기쁨을 나누어 가지게 하사 주의 유산을 자랑하게 하소서"(106:4-5).

나는 '하나님의 역사' 속에서   ❶ 하나님을 만나고, 알아 가며, 그분의 백성으로 성장하고 있습니까?
성장하고 있습니까?   ❷ 말씀이 먼 과거의 일입니까, '지금, 여기'에서의 생생한 현재입니까?

[헤세드]
주의 인자하심

오늘 만나 볼 시인들은 각자의 '출애굽' 가운데 있습니다.
그들은 문제 앞에서 하나님의 성품을 묵상하며 찬양합니다. 시인은 하나님의 '인자하심(헤세드)'과 구원을 찬양합니다. 하나님은 하루하루의 생계가 걱정인 자들을 건지셨으며(107:4-9), 곤고와 쇠사슬에 매이고 갇힌 자들을 도우셨습니다(107:10-16). 지독한 병과 거친 풍랑으로부터도 구원하셨습니다(107:17-22, 23-32).

이스라엘 역사에서도 동일한 은혜들이 발견됩니다.
하나님은 광야와 포로기 동안의 '생계와 생존'을 책임지셨고, 이방 땅에 '갇힌' 포로 이스라엘을 건져 내셨습니다. 그들은 '죄'라는 지독한 병에 걸렸으나 치유받았고 정치적 외교적 풍랑 가운데서 구원받았습니다.

나에게도 동일한 구원과 은혜의 경험이 있습니까?
시인은 자신이 경험한 하나님을 고백하며 찬양합니다. 하나님은 건지고 해방시키며 고치시는 분 즉 선하고 '인자하신' 분입니다(107:19-20). 시인은 하나님의 '인자하심'에 기대어 구원을 간구합니다(108편). 선을 악으로 갚은 대적들에 대해서도 하나님께 위임합니다(109:1-4). 욕이 절로 튀어나오고 분이 풀리지 않는 상황에서도 하나님의 인자하심을 믿고 의지합니다(109:6-19, 21).

나는 하나님의 '인자하심'에 기대며 기도합니까?

❶ 인자하신 하나님께서 생계, 갇힘, 질병, 풍랑 중에 구원하실 것을 믿습니까?

❷ 격분한 상황에서도 하나님의 성품(인자하심)을 묵상하며 찬양합니까?

하나님 우편에
앉아 계시다가

하나님은 구원의 도구로서 '세상 왕'을 세우셨습니다.
하나님의 뜻을 이 땅에 이루게 하시려고 그에게 권력을 주셨습니다. 그 뜻을
잊게 될 때 왕은 하나님과 '원수'가 됩니다(110:1-2). 사람은 창조의 동역자로서
하나님의 '다스림'에 동참합니다(창 1:27). 각자의 자리에서 새 창조의 동역자
로서 '왕업'을 수행하게 하신 것입니다(롬 5:17, 딤후 2:12, 계 22:5). 그분의 다스림
(왕 노릇)에 참여할 뿐, 우리는 하나님이 아닙니다(111, 113편). 하나님은 하나님
이시며 우리는 그분의 피조물입니다(114편). 이를 잊어버리면 우리도 하나님
의 '원수'가 됩니다.

지혜가 없다면 '지금, 나의 사명'을 알 수 없습니다.
"여호와를 경외함이 지혜의 근본이라 그의 계명을 지키는 자는 다 훌륭한 지
각을 가진 자이니 여호와를 찬양함이 영원히 계속되리로다"(111:10). 지혜가
없으면 왜 내게 이 지위와 소유를 주셨는지도 깨달을 수 없습니다. '지혜'는
나이나 연륜, 경험에서 오는 노련함이 아닙니다. 처음부터 끝까지 하나님께
세세히 묻고 순종하는 전 과정 즉 하나님과의 '관계' 안에서만 습득되는 것입
니다. 이 지혜가 우리를 복된 삶으로 인도합니다(112편).

예수님은 십자가와 부활을 통해 '다 이루셨습니다'(요 19:30).
세상에서 힘과 권력을 남용하는 '원수'를 만날 때도 여전히 하나님을 경외하
며 그 뜻을 수행할 수 있습니다. 이는 하나님 우편에 앉아 계신 예수님이 다
시 오실 것이며(110:1, 4-7, 계 6:17), 온전한 하나님 나라(다스림)가 임할 것이라
는 믿음 때문입니다.

나는 하나님의 '다스림'에
동참하고 있습니까?

❶ 창조의 동역자로서 하나님과 함께 세상을 가꾸고 있습니까?
❷ 교만한 자리에 서서 하나님과 '원수' 되고 있습니까?

여호와를 의지하라

시편
115-118편

인간은 자신의 욕망을 투사하여 우상을 만듭니다.
우상이 지닌 모양이나 그와 관련된 이야기에는 사람들이 기대하는 바가 고스란히 담겨 있습니다. 특정한 '형상'을 가졌다는 것은 유한하다는 뜻입니다. 물고기나 돌 등은 존재와 활동의 범위가 제한되어 있습니다. 때문에 이방인들은 여러 종류의 신들이 필요했으며, 때와 장소와 용도에 따라 적절한 신들을 택해 복을 빌었습니다. 시인은 이러한 우상들을 풍자하며 비판합니다. 우상의 이목구비와 손발은 제 기능을 하지 못하며, 헛된 믿음과 헛된 기대는 헛된 결과를 낳을 뿐입니다(115:5-8). "우상들을 만드는 자들과 그것을 의지하는 자들이 다 그와 같으리로다"(115:8).

인간이 '만든' 우상과 달리 하나님은 '창조주'이십니다(115:15).
창조주 하나님은 우리에게 '귀' 기울이시며 '손'을 들어 권능을 베푸십니다(116:2, 118:16, 21). 하나님은 살아 계셔서 우리를 구원할 수 있는 분입니다(118:5, 13, 23). 하나님은 우리의 도움이고 방패이며(115:9-11, 118:8-9), 복을 주시는 참 하나님이십니다(115:12-13, 118:26). 시인은 선하고 '인자'하신 구원자 하나님을 찬양합니다(117:2, 118:1-5). "여호와는 내 편이시라 내가 두려워하지 아니하리니 사람이 내게 어찌할까… 여호와께 피하는 것이 사람을 신뢰하는 것보다 나으며 여호와께 피하는 것이 고관들을 신뢰하는 것보다 낫도다"(118:6, 8-9).

나는 '살아 계신 하나님'을
믿고 의지합니까?

❶ 헛된 것에 헛된 기대와 소망을 두고 있지 않습니까?
❷ 천지를 창조하신 하나님, 능력과 구원의 하나님을 믿습니까?

Chapter

7

119편은 가장 짜임새 있는 시편 중 하나입니다.
숙련된 장인이 한 땀, 한 땀, 수를 놓듯 심혈을 기울여 쓴 시입니다. 시인은 '율법'과 사랑에 빠졌습니다(119:2). 하나님의 법에 푹 빠져 읽고 연구하며 곱씹어 묵상합니다. 율법은 참되고 정확하며 견고하고 튼튼한 기초입니다. 하나님의 말씀은 살아서 역사합니다(참고 히 4:12).

하나님은 선한 분이므로 선한 것을 명령하십니다.
'말씀을 붙잡는다'는 것은 인간이 스스로 아는 것보다 더 완전하고도 올바른 견해를 붙잡고 있다는 뜻입니다. 하나님의 본성에 근거한 율법은 불변하는 진리입니다(36:5-6). 모든 것의 참 기준, 진정한 '캐논(canon)'입니다(119:96, 151, 160). 열방과 제국들의 위협으로 국제 정세는 혼란스럽고 이방 신전에서는 난잡하고 잔혹한 제의들이 벌어집니다. 그런 가운데 유대인들은 율법에 깃든 참 빛을 발견했습니다. 깨끗함과 견고함, 단단함, 명확함, 질서와 정화! 하나님의 말씀이 그들의 눈을 밝혀 주었습니다(C. S. 루이스).

말씀은 오늘날 우리에게도 등이요 빛입니다(119:105).
잔인하고 잔혹한 세상에서 공허와 혼돈 가운데 길을 잃을 때, 말씀은 개인과 공동체가 돌아가야 할 제자리를 보여 줍니다. 참된 아름다움과 인간다움과 나다움의 원형을 보여 줍니다. "주의 말씀의 맛이 내게 어찌 그리 단지요 내 입에 꿀보다 더 다니이다"(119:103).

나는 하나님의 말씀을
진심으로 사랑합니까?

❶ 말씀을 즐거워하여 작은 소리로 읊조리고 있습니까?
❷ 말씀을 통해 눈, 귀, 마음, 행위를 하나님께로 돌이킵니까?

[성전에 올라가는 노래 ❶]
여호와의 집에 올라가자

120-135편은 '성전에 올라가는 노래' 모음집입니다.
성전에 오르는 순례자들의 실제 삶은 전쟁 같습니다. 하나님의 순리대로 살아
보려 애를 쓰지만 녹록지 않습니다. 거짓된 입술과 속이는 혀로 인해 죽을 고
생을 하고(120:2), 물고 뜯는 사람들 사이에서 버텨 내느라 진이 빠집니다(120:5-
6). 평화를 원하지만 세상은 싸우자고 덤벼듭니다(120:7).

그럼에도 시인은 '하나님이 지키신다'는 확신이 있습니다(참고 91편).
"내가 산을 향하여 눈을 들리라 나의 도움이 어디서 올까 나의 도움은 천지를
지으신 여호와에게서로다"(121:1-2, 124:8). '천지를 지으신' 하나님의 지혜와 능
력과 도움과 축복에는 그 어떤 한계도 없습니다(121:3-8). 하나님 없이는 어떠
한 계획도 노력도 헛됩니다(127:2, 128:2). 순례자들은 돌이켜 하나님을 바라봅
니다(123:3-4). 주님의 종이니 '주인'께서 책임져 주십사 간구합니다(123:2). 하나
님 없이는 지나올 수 없었던 과거를 회상하며(124-126편), 참된 형통과 옳은 행
실이 함께하기를 간구합니다(125:4-5).

성전을 오르는 것은 피난처이신 주께로 가는 여정입니다(122:3).
또한 예배자인 형제, 자매, 이웃들이 모두 하나 되는 여정입니다(122:8, 133:1).
순례자들은 지방에서 해결 받지 못한 분쟁들을 예루살렘으로 가져와 왕립 재
판소로 이송하여 최종 판결을 받기도 했습니다(122:5). 즉 순례길은 영적 여
정인 동시에 실제 '사회 정의'가 구현되길 소망하며 오르는 복된 여정이었습
니다.

나는 어떤 마음으로
주의 전에 오릅니까?

❶ 피난처 되신 주님께 '모든 문제'를 가지고 올라갑니까?
❷ '그럼에도 불구하고' 예배자로 살 것을 결단합니까?

[성전에 올라가는 노래 ❷]
'시온'에서 복을 주실지어다

이스라엘은 압제당한 경험이 여러 번 있습니다(129:1-2).
쟁기로 간 밭에 깊은 고랑이 파이듯 열방의 채찍은 이스라엘에 쓰라린 상처
들을 남겼습니다(129:3, 참고 사 1:6, 51:23). 그들에게서는 '평화의 기원'조차* 나
오지 않았습니다. 하나님은 그 모든 억압의 '줄'을 끊고 백성들을 구원하셨습
니다. 또한 '깊은 곳'으로부터도 건지셨습니다(130:1). 죄로 인한 고통의 심연
가운데서 허우적거릴 때(참고 사 51:10, 겔 27:34), 하나님은 그들을 용서하고 속
량하셨습니다(130:4, 7-8).

*하나님 백성으로서의 의무(129:8)

순례자들은 평안한 심령으로 하나님께 안깁니다.
젖 뗀 아이처럼 갈급함 없이 만족과 행복을 누립니다. 모든 종류의 인위와 교
만을 내려놓고(131:1, 참고 빌 3:4-11) 하나님께 모든 것을 온전히 내어 맡긴 것입
니다(131:2-3).

순례자들이 '시온'을 찾는 이유가 여기에 있습니다.
'시온'은 하나님께서 택하신 평안의 장소입니다(132:8). 순례자들은 이곳 '시온'
에서 보금자리를 얻습니다(참고 84편). '시온'은 풍성함과 기도의 응답과 영생
이 있는 곳입니다. 순례자들은 한마음으로 '시온'을 향해 올라갑니다(132:15-
16, 10-13, 133:1, 3, 참고 대하 6장). "성소를 향하여 너희 손을 들고 여호와를 송축
하라 천지를 지으신 여호와께서 시온에서 네게 복을 주실지어다"(134:2-3). '찬
양과 축복', 이것이 순례의 궁극적인 목적입니다.

나는 순례자의 마음으로
살아가고 있습니까?
❶ 주님 안에서 갈급함 없는 만족과 행복을 누립니까?
❷ 주님 안에서 쉼과 안식을 누립니까?

주의 영을 떠나 어디로 가며

이스라엘의 역사는 하나님의 구원 역사입니다.

모든 구원은 하나님의 인자하심(헤세드)에 근거합니다. 역사가 지속되는 한 하나님의 구원과 인자도 계속됩니다. 하나님의 인자하심은 영원하며 시대를 초월합니다(136편, 36:5-9, 57:10, 119:64).

이스라엘은 '포로기'라는 값비싼 수업료를 지불했습니다.

'찬양이나 한 곡조 뽑아 보라'는 원수들의 조롱과 멸시 속에서(137:3), 백성들은 '예루살렘'을 기억하며 통한의 눈물을 흘렸습니다. 이는 막연한 그리움이나 향수병이 아니라 '영적 훈련'이었습니다. '바벨론'에서 '찬양'하는 것은 결코 쉽지 않습니다. 주의 백성들은 수치와 모멸 속에서도 찬양하는 법을 배웠습니다(138편). 그리고 해방의 날, 진정한 기쁨으로 찬양할 수 있었습니다. 영원한 인자와 구원으로 함께하실 주님을 소망할 수 있었습니다(138:7).

'공동체'의 신앙은 '개인'의 신앙으로 더욱 깊어집니다.

하나님은 어디에나 계시며 모든 것을 아는 분이십니다(139:1-18). 인간은 존재하는 순간부터 삶의 전반, 모든 것에서 하나님으로부터 결코 분리될 수 없습니다. 이는 억압과 굴레가 아니요 참 자유입니다. 시인은 알면 알수록 '알 수 없는' 하나님에 경탄합니다. '기묘하심과 기이함'은 '하나님의 하나님' 되심의 방중입니다. 그는 전지하신 주님께 모두 위임하며 자유를 누립니다. 영원한 길로 인도해 주십사 기도합니다(139:23-24, 참고 요 15:5).

나와 공동체는 하나님의 '영성 ❶ '바벨론'(수치, 모욕, 실패, 눈물)' 가운데서도 '찬양'하는 법을 배우고 있습니까?
수업'에 참여하고 있습니까? ❷ '알 수 없는 하나님'이라 더욱 믿게 되는 신앙의 신비를 경험했습니까?

다만 악에서 구하옵소서

시인은 대적들에 둘러싸여 공격받고 있습니다.

그들의 언어와 위협이 어찌나 험악하고 집요한지, 독사의 독 같고 사냥꾼의 올무와 같습니다(140:3, 5). 옥여쌈을 당해 마치 감옥에 갇힌 것 같습니다(141:7). 속상한 마음은 헤아릴 길 없고, 마치 죽은 자와 같습니다(143:3-4).

시인은 악인의 함정에 빠지지 않기를 기도합니다(140편).

하나님의 공의에 기대어 악한 꾀를 폐기해 주십사 간구합니다(141:8). 원수에 대해 탄원하면서도 시인 또한 무릎을 꿇고 회개합니다(143:2). 세상 법정에서의 명백한 합법/불법/유책/무책의 기준들이 하늘 법정에서도 동일한 것은 아니기 때문입니다(143:2, 롬 3:10-18).

시인은 하나님을 피난처요 '분깃'이라고 노래합니다(142:5).

레위 지파는 땅이 아니라 '하나님'을 분깃으로 받았습니다(참고 민 18:20, 신 10:9, 수 13:14). 즉 하나님을 분깃이라 부르는 것은 간청인 동시에 결단입니다. 하나님 외에 그 어떤 것도 터전이나 도움으로 삼지 않겠다는 것입니다. 시인은 가장 확실한 보호자요 안전망을 택했습니다. 나 자신과의 전쟁, 대적들과의 전쟁, 사탄과 벌이는 숱한 전쟁과 싸움 가운데 하나님은 친히 가르치고 승리하게 하실 것입니다(144:1-2).

나는 하나님으로
승리하고 있습니까?

❶ 악인의 함정과 사탄의 시험을 말씀으로 이겨 내고 있습니까?
❷ 가장 확실한 하나님을 '나의 분깃'으로 고백하며 결단합니까?

시편
145-150편

〔할렐루야 시편〕
할렐루야

시편은 '복된 삶의 비결'을 물으며 시작한 바 있습니다.
비결은 '말씀을 묵상하고, 하나님께 피하는 것'입니다(1:1, 2:12). 하나님의 말씀
과 다스림에 들어가 순종하는 자는 그분의 구원을 경험하게 됩니다(1-2편). 앞
서 읽은 시편들은 종류나 주제에 상관없이 하나님에 대한 신뢰-간구-찬양으로
끝을 맺습니다. 시편 전체도 '찬양하라!'로 끝이 납니다(할렐루야 시편). 복된 삶
에는 '찬양'의 열매가 맺힙니다.

하나님을 경험한 자는 반드시 찬양하게 됩니다(145편).
하나님의 이름과 속성과 성품과 구원을 체험하기 때문입니다. 시인은 '내가 만
난 하나님'을 송축하며 찬양합니다. 하나님은 영원히 신실하고 진실하신 분입
니다(146편). 하나님은 온 세상의 왕이며 모든 권세를 가진 분으로, 그분의 정
의와 구원과 통치는 모든 곳에 이르며 영원할 것입니다. 하나님은 못하실 일
도 못 고치실 이도 없습니다(147편). 하나님은 흩어진 백성들을 모으고 회복시
키십니다.

**찬양은 천상의 존재, 피조 세계, 인생들이 할 수 있는 가장 고상하고 귀한 일
입니다**(148편).
이는 고난의 현장 한복판에서 울려 퍼지는 소망의 노래이며, 주의 인자와 구
원을 증거하는 기쁨의 노래입니다(149편). 과거에서 현재로, 현재에서 미래로
힘차게 나아가는 '새 노래'이며, '희망의 노래'입니다. 마지막 '할렐루야' 시편들
에는 탄원과 간구가 없습니다. 하나님께서 결국 '찬양하게 하실 것'이기 때문
입니다.

나는 어떠한 상황에서도
'찬양'합니까?

❶ 하나님의 인자와 구원이 영원할 것을 믿고 찬양합니까?
❷ 과거-현재-미래, 모든 것을 믿음으로 맡기며 찬양합니까?

182

시편 시 분류(버나드 W. 앤더슨, 《시편의 깊은 세계》)

시편 1권(1-41편)

편	유형	편	유형
1	토라(지혜) 시편	22	개인 탄식시
2	왕조시편	23	신뢰의 시편
3	개인 탄식시	24	찬양시
4	개인 탄식시(신뢰)	25	개인 탄식시
5	개인 탄식시	26	개인 탄식시
6	개인 탄식시(참회)	27	신뢰의 시편 / 개인 탄식시
7	개인 탄식시	28	개인 탄식시
8	찬양시	29	찬양시
9	개인 탄식시	30	개인 감사시
10	개인 탄식시	31	개인 탄식시
11	신뢰의 노래	32	개인 감사시(참회)
12	공동체 탄식시	33	찬양시
13	개인 탄식시	34	개인 감사시
14	개인 탄식시(53편)	35	개인 탄식시
15	입장 기도문	36	지혜 시편 (탄식시 / 찬양)
16	신뢰의 노래	37	지혜 시편
17	개인 탄식시	38	개인 탄식시(참회)
18	개인 감사 (왕조, 삼하 22장)	39	개인 탄식시
19	찬양시 / 토라(지혜)	40	개인 감사 노래 / 개인 탄식시
20	왕조 시편	41	개인 탄식시
21	왕조 시편		

시편 2권(42-72편)

편	유형	편	유형
42	개인 탄식시	58	공동체 탄식시
43	개인 탄식시	59	개인 탄식시
44	공동체 탄식시	60	공동체 탄식시
45	왕조 시편	61	개인 탄식시
46	시온의 노래	62	신뢰의 노래
47	찬양시(제왕 즉위)	63	신뢰의 노래 (개인 탄식시)
48	시온의 노래	64	개인 탄식시
49	지혜 시편	65	공동체 감사 시편 (찬양시)
50	계약갱신 제의문	66	찬양시, 개인 감사 시편
51	개인 탄식시(참회)	67	감사의 공동체 노래(찬양시)
52	개인 탄식시(혼합)	68	시온 제의 기도문
53	개인 탄식시(=14)	69	개인 탄식시
54	개인 탄식시	70	개인 탄식시 (=40:13-17)
55	개인 탄식시	71	개인 탄식시
56	개인 탄식시	72	왕조 시편
57	개인 탄식시		

시편 3권(73-89편)

편	유형	편	유형
73	지혜 시편	82	제의 기도문
74	공동체 탄식시	83	공동체 탄식시
75	공동체 감사시	84	시온의 노래
76	시온의 노래	85	개인 탄식시
77	개인 탄식시	86	공동체 탄식시
78	구속사 시편 (지혜 시편)	87	시온의 노래
79	공동체 탄식시	88	개인 탄식시
80	공동체 탄식시	89	개인 탄식시(왕조)
81	계약갱신 제의문		

시편 4권(90-106편)

편	유형	편	유형
90	공동체 탄식시	99	찬양시
91	신뢰의 노래	100	찬양시
92	개인 감사시	101	왕조 시편
93	찬양시	102	찬양시 요소를 지닌 개인 탄식시 (참회)
94	공동체 탄식시	103	찬양시
95	찬양시	104	찬양시
96	찬양시	105	구속사 시편 (찬양시)
97	찬양시	106	구속사 시편
98	찬양시		

시편 5권(107-150편)

편	유형	편	유형
107	공동체 감사시	129	공동체 탄식시
108	혼합 유형(57:1-11, 60:5-12)	130	개인 탄식시(참회)
109	개인 탄식시	131	신뢰의 노래
110	왕조 시편	132	다윗 계약 제의 기도문
111	찬양시(아크로스틱 알파벳)	133	지혜 시편
112	지혜시(아크로스틱 알파벳)	134	제의 기도문
113	찬양시	135	구속사 시편(찬양시)
114	찬양시	136	구속사 시편(찬양시, 공동체 감사시)
115	제의 기도문	137	공동체 탄식시
116	개인 감사 시편	138	개인 감사시
117	찬양시	139	개인 탄식시(지혜시)
118	개인 감사시(왕조)	140	개인 탄식시
119	토라(지혜) 시편	141	개인 탄식시
120	개인 탄식시	142	개인 탄식시
121	신뢰의 노래	143	개인 탄식시
122	시온의 노래	144	왕조 시편(1-11)
123	공동체 탄식시	145	찬양시(아크로스틱 알파벳)
124	공동체 감사시	146	찬양시
125	신뢰의 노래(공동체 탄식시)	147	찬양시
126	공동체 탄식시	148	찬양시
127	지혜 시편	149	찬양시
128	지혜 시편	150	시편서 결론 송영

지혜,
하나님 백성의 생존법

이스라엘은 오랜 세월에 걸쳐 수많은 전쟁을 치렀습니다.

이집트, 메소포타미아, 히타이트 문명의 틈바구니에서 강대국들의 각축장이
자 결전지로 짓밟히면서 한 세대에 한 번 이상 전쟁을 경험해야 했습니다. 어
떤 전쟁이든 그 참혹함에서 덜하고 더한 것이 있겠는가마는, 고대 전쟁은 특
히나 미개하고 잔인하고 무자비했습니다.* 많은 이들이 원시 무기에 의해 고
통스러운 죽음을 맞았습니다. 파괴와 방화, 약탈, 여성과 포로들에 대한 잔인
한 처분, 전쟁으로 발생하게 된 '가난한 자, 고아, 과부' 등의 문제는 생존자들
이 감내해야 할 또 다른 고통이었습니다(《두란노 HOW 주석》).

* 전쟁의 참상들 : 출 22:22, 신 10:18, 14:29, 16:11, 14, 24:17-21, 26:12-13, 27:19, 삿 16:21,
왕하 8:12, 15:16, 18:27, 20:18, 25:7, 사 13:16, 36:12, 39:7, 애 5:11, 호 13:16, 암 1:13, 슥 14:2

잠언은 추상적이고 이론적인 지혜가 아닙니다.

잠언서는 전쟁과 전후 상황 중에서, 제국의 지배하에서, '그럼에도 생존'해야
하는 유대인들의 절실함이 담겼습니다. 힘과 세상의 논리 가운데 공동체를
존속하고 보전해 가는 일, 잠언은 이를 위한 실제적인 지혜를 다루고 있습니
다(2:1-8, 3:2, 16, 4:10, 13, 5:9).

잠언은 특히 '다음 세대'를 교육하는 데 사용되었습니다(1:8 "내 아들아").

젊은 지도자를 양성함에 있어 잠언은 수양을 위한 한가로운 권면이 아닙니
다. 치열한 세상에서 생존하기 위한 필수적인 가르침입니다. 고통과 눈물, 치
욕의 역사를 통해 체득한 실제적인 삶의 지혜입니다.

나는 '하나님 지혜'의
실효성을 믿습니까?

❶ 잠언을 마음 수양이나 영성을 위한 말로 국한하지 않습니까?
❷ '하나님의 지혜'가 정금보다 유익함을 깨닫고, 구하며, 찾습니까?(2:4, 3:14)

"다윗의 아들 이스라엘 왕 '솔로몬'의 잠언이라"(1:1).
다윗이 왕국의 기틀과 기반을 세운 왕이었다면, 왕국을 본격적으로 치리한 이
는 솔로몬왕이었습니다. 때문에 유대인들은 '존재의 적법성'은 다윗에게서 찾
고, 실제 '삶의 지혜'는 솔로몬에게서 찾았습니다(삼하 7:16).

솔로몬의 지혜는 하나님께로부터 온 것입니다(왕상 3:9, 대하 1:10).
하나님의 지혜는 이스라엘의 부와 귀, 강력한 왕권의 실체였습니다. 공동체는
하나님을 경외하고 율례와 법도를 준수함으로써 조상들이 누렸던 평화와 부
강을 기억했습니다. "그것이 네가 다닐 때에 너를 인도하며 네가 잘 때에 너를
보호하며 네가 깰 때에 너와 더불어 말하리니 대저 명령은 등불이요 법은 빛
이요 훈계의 책망은 곧 생명의 길이라"(6:22-23).

새로운 공동체에게 '하나님의 지혜'는 실제였습니다.
단순한 생존을 넘어 온전한 건강과 평화의 비결이었습니다. 공동체는 새로운
시대, 미래를 위한 삶의 양식으로 '하나님의 지혜'를 선택했습니다.

'하나님의 지혜'가 실제이며   ❶ 부, 귀, 권세, 능력이 주께 있음을 믿습니까?(대상 29:12)
실체임을 믿습니까?   ❷ 삶의 현장에서 하나님의 지혜로 선택하고 결정합니까?

165

잠언
10-12장

지혜, 창조의 순리 찾기

세상살이의 지혜를 왜 하나님께 구해야 할까요?

하나님께서 이 세상을 창조하셨기 때문입니다(2:6, 8:22, 참고 창 1:1). 하나님은 이 세상에 본질적인 질서와 조화, 법칙들을 심으셨습니다. 이는 우리가 사는 세상과 삶 전체에 적용됩니다. 잘 살고 복을 누리는 비결은 무엇일까요? 하나님께서 지으신 순리를 따르는 것입니다. 이 순리는 오직 '하나님의 지혜'로만 깨달을 수 있습니다. 잠언에서 말하는 미련함은 지성과 지능의 모자람이 아닙니다. 순리를 거슬러 파국에 이르는 것을 가리킵니다(아간/나발/사울, 수 7:15, 삼상 25:25, 26:21).

잠언은 순리를 깨닫는 주님의 지혜를 소개합니다.

하나님의 지혜는 '여호와를 경외'하는 것에서 시작되며(1:7), 순리를 깨달은 자는 '의롭게(차띠크*)' 살아가게 됩니다. '의로움'은 단순히 계명을 잘 지키는 것을 넘어 두 인격체 간에 '의로운 관계'가 성립되는 것을 말합니다. 즉 의로운 삶이란 하나님과의 '올바른 관계' 안에서 그분의 질서가 담긴 계명을 지키는 것입니다.

* 차띠크(의) : 겸손, 근면, 정결, 정직, 신실, 분별, 인내, 절제, 관대함, 인자와 진리 등이 모두 포함된 개념

잠언은 다양한 금언들의 연속입니다(10:1, 22:16, saying).

잠언의 금언들은 의도나 맥락 없이 뒤죽박죽 모아 놓은 것처럼 보여도 결국 '여호와 경외'와 '의로운 삶'으로 귀결됩니다. 우리 삶에서 발생하는 일들도 우연의 연속 같아 보이지만, 그 속을 관통하는 하나님의 섭리와 질서가 있습니다.

나는 '순리대로'
살고 있습니까?

❶ '태초에 하나님이 천지를 창조하셨다'는 의미는 무엇입니까?
❷ 나는 하나님의 '순리'대로 '의롭게' 살고 있습니까?

여호와를 경외하라

'여호와 경외'는 구약성경의 핵심 주제입니다.
"여호와를 경외하는 것이 지식의 근본이거늘 미련한 자는 지혜와 훈계를 멸시하느니라"(1:7). 이는 잠언과 지혜문학 전체의 표어이기도 합니다. 세상의 순리와 법칙을 깨닫는 하나님의 지혜는 '여호와를 경외하는 것'에서부터 시작됩니다(9:10, 15:33, 31:30, 욥 28:28, 시 111:10).

여호와를 경외한다는 것은 무엇일까요?
'인격적으로 존중하고 어려워하며 공경하는 마음과 삶의 태도' '여호와(모든 진정한 지식의 통제 원칙이신)께 경건한 마음으로 순종하는 것'을 가리킵니다. 경외한다는 것에는 '존경/헌신'의 마음과 '충성/복종'의 반응이 모두 포함되어 있습니다.

지혜롭기 위해서는 '경건Godly'해야 합니다(데릭 키드너).
다양한 상황과 사건을 다룰 본질적인 지혜는 태초에 그것을 만드신 하나님께로부터 옵니다. 창조주의 의도와 목적을 알고 그분의 눈으로 볼 때, 세상과 사안을 보는 참된 눈이 열립니다. "여호와여 주의 도를 내게 가르치소서 내가 주의 진리에 행하오리니 일심으로 주의 이름을 경외하게 하소서"(시 86:11).

나는 '여호와를
경외'합니까?

❶ 하나님께서 모든 지식, 지혜, 질서의 원천이며 원칙임을 믿습니까?
❷ 하나님에 대한 신뢰와 경외로 말씀에 순복합니까?

감찰하시는 여호와

잠언은 지혜자와 어리석은 자가 맞게 될 '보응의 원리'를 제시합니다.
지혜자는 생명에, 미련한 자는 파멸에 이를 것입니다. 그럼에도 보응의 원리는 '자판기'가 아닙니다. 기계적인 원리가 아니라 하나님이 직접 운영하시는 원리에 의합니다. "사람의 행위가 자기 보기에는 모두 깨끗하여도 여호와는 심령을 감찰하시느니라"(16:2). 지혜자와 어리석은 자가 맞이할 결국은 분명하지만, 보응을 위해 선악과 인과를 분별하는 주권은 하나님께 있습니다.

세상은 때로 불공정하며 인간의 분별력은 유한합니다.
공의로운 하나님이 감찰하고 판단하신다는 사실은 참된 보응을 기대하는 모든 이들에게 복음입니다. 당장의 형세나 판결, 실제 효능감과는 상관없이 하나님의 법은 완전하며 '최종 판결'의 기준입니다.

하나님은 교만을 미워하며(16:5) **정의와 공의를 요청하십니다**(참고 사 5:1-7).
여호와를 경외할 때 악에서 떠날 수 있습니다(16:6, 호 4:1, 미 6:8). 인자와 진리를 행하는 자, 신실하고 충성된 자는 자비하신 하나님께 죄 용서를 받을 것입니다. 스스로의 기준이나 세상의 기준이 아니라 '하나님의 기준'으로 내 삶을 점검하며 본문을 통독해 보십시오.

나는 '하나님 기준'에
합당한 삶을 살고 있습니까?

❶ 내 삶에 하나님이 '미워하시는 교만'이 있습니까?
❷ 내 삶에 하나님이 '요청하시는 정의와 공의'가 있습니까?

오직 여호와의 뜻만이

인간은 다방면에서 다양한 질문을 하며 삽니다.
'정의로운 세상, 과연 가능할까?' '자녀교육과 감정 조절, 어떻게 해야 할까?'
'사회생활과 인간관계의 승리 비결은 무엇일까?' 그런데 '바른 질문'을 하며
'바른 답'을 구하고 있을까요? 가정, 사회, 관계, 정치, 정의에 대한 바른 질문
과 바른 답이 주께 있습니다. 하나님께서 국가, 사회, 가정 등의 제도와 근간
을 만드셨고, 지금도 그분의 순리에 따라 유지하고 계시기 때문입니다.

모든 것의 시작-과정-결과가 하나님 안에 있습니다(16:3, 20:9, 21:2, 롬 11:36).
가정이 세워지는 일, 슬기로운 배우자와 자녀를 얻는 일(19:14), 한 나라에 통
치자가 세워지는 일이 주께 있습니다(20:28, 21:1). 인간이 계획하고 실행하고
운용하는 것 같지만, 모든 주권과 통제권이 하나님께 있는 것입니다(16:1, 9,
19:21, 20:24).

상식과 선의와 근면과 열심의 끝이 늘 해피엔딩인 것은 아닙니다.
모든 선의와 노력이 다 하나님의 뜻은 아닙니다. 세상을 보는 혜안과 시공을
넘나드는 지혜가 하나님께 있습니다. 창조의 순리를 발견하고 따를 때 가장
선한 결과를 볼 수 있습니다. '여호와를 경외하는 것'에 생명과 만족이 있습니
다(19:23). "사람의 마음에는 많은 계획이 있어도 오직 여호와의 뜻만이 완전
히 서리라"(19:21).

나는 바른 질문과 바른 답을 ❶ 가정, 사회, 관계, 정치, 정의에 대해 바른 질문을 하고 있습니까?
구하고 있습니까?   ❷ 이에 대한 답을 어디에서(누구에게) 찾고 있습니까?

169

잠언
22-24장

내 아들아, 들으라!

본문은 다음 세대에게 전하는 7가지(완전수) 핵심 교훈을 다룹니다(《현대성서주석, 잠언》).

① 사회정의 : 하나님의 공의와 정의를 행하라(22:17-23:11).
하나님과 올바른 관계에 서서 법적 정의와 사회적 책임을 이행하라
(옛 지계석, 구속자의 사회적 책임 준수, 가난한 자, 고아에 대한 법).

② 교육하고 훈계할 것 : "여호와 경외"(23:12-18).
하나님은 우주의 의로운 질서를 만드시고 질서대로 다스리신다.
그러므로 죄인의 형통을 부러워 말고 '여호와 경외'를 적극 가르치라.
우리의 미래가 여기에 달려 있다.

③ 먹고 마시는 것, 모든 행동에 절제하라(23:19-21).
지혜로운 삶과 지혜를 내면화하는 데 방해되는 모든 것을 지양하라.
절제는 지혜자들의 공통적인 덕이다(사 56:11-12, 호 7:5).

④ 가정 안에서의 가르침에 순종하라(23:22-25).
부모는 하나님 안에서 자녀를 의로 교육할 책임이 있다.
하나님은 이를 통해 가정을 세우고 보전하신다.

⑤ 이성과 술 취함을 경계하고 지혜로운 전략으로 왕을 도우라(23:26-24:12).

⑥ 악인과 의인의 미래는 확연히 다르다(24:13-20).
폭력과 악행을 금하고 악인의 형통을 부러워 말라.
하나님은 각각 행위대로 갚으시니, 원수가 넘어질 때에도 기뻐하지 말라.

⑦ 하나님을 경외하라, 왕을 경외하라(24:21-22).
하나님께서 이 땅을 질서와 섭리 가운데 다스리신다.
그분의 대리자인 왕을 경외하라. 세상 질서도 주께 속해 있다.

나는 지혜를 실천하며
가르치고 있습니까?

❶ 7가지 교훈을 내 삶과 비교하며 묵상해 보십시오.
❷ '여호와 경외'가 자녀의 미래를 좌우한다는 것을 믿고 가르칩니까?

192

25-29장은 히스기야왕 당시에 수집된 솔로몬의 잠언들입니다. '왕과 신하의
도리' '하나님과 왕의 통치'에 대해 다루며, '하나님'에 대한 7가지 묵상을 전하
고 있습니다(《현대성서주석, 잠언》).

① 하나님은 우주와 역사, 예배 가운데 자신을 계시하신다(25:2).
왕의 역할은 '보이지 않으나 분명히 존재하는 하나님의 질서'를 발견하여 그
순리대로 백성을 다스리는 것이며, 백성이 순리대로 살게 하는 것이다.

② 하나님은 원수를 회개로 이끄는 자에게 상 주신다(25:21-22).
원수일지라도 그의 고난을 모른 체하지 말고 선으로 대하라. 원수 스스로 자
기 언행을 돌아보며 돌이키는 계기가 될 것이다.

③ '하나님의 얼굴'을 찾는 자들은 참 지혜를 얻게 된다(28:5).
하나님의 영광을 경험하고 그분의 음성을 들으려는 자, 하나님을 예배하며 함
께하려 몸부림치는 자는 주님을 알게 될 것이다.

④ 하나님을 의지하는 자가 풍족하게 된다(28:25).
창조의 순리대로 살지 못하는 이유는 음식과 소유에 대한 욕심 때문이다. 욕심
은 사회 파괴와 무질서를 초래한다. 오직 하나님을 따를 때 풍성함을 누린다.

⑤ 하나님은 압제자와 압제당하는 자 모두에게 실제가 되신다(29:13).
하나님은 압제당하는 자를 위로하고 구원하실 뿐만 아니라 압제자를 계몽하
고 상황을 바로잡으신다.

⑥ 사람에 대한 두려움은 모든 일에 올무가 된다(29:25, 18:10).
하나님을 의지하라. 그가 세우고 높여 안전하게 하신다(욥 36:22, 시 139:6).

**⑦ '왕(실세)'과 대면하여 일을 해결하려는 자들이 많으나, 그 일의 실제 주권은
'하나님'께 있다(29:26).**

나에게 하나님은
어떤 분입니까?

❶ 하나님이 내 삶의 모든 영역에서 실제가 되십니까?
❷ 하나님께 온전히 열지 못하는 삶의 영역이 있습니까?

누가 현숙한 여인을 얻는가?

오늘 본문에는 세 명의 화자와 주인공이 등장합니다. 이방인 아굴, 르무엘왕의 어머니, 현숙한 여인입니다. 이들의 고백은 잠언의 주제들을 갈무리하고 있습니다.

① 아굴의 잠언 : 유한한 인간의 지혜(30장)

아굴은 자신의 이기와 본능을 '짐승'에 비유합니다. 인간의 지혜는 유한하며 어리석고 미련합니다(30:4). 하나님을 인식하지 못하고 지혜롭게 행하지도 못합니다. 하나님과 인간 사이에는 차원이 다른 이격이 존재합니다. 세상은 하나님의 질서와 법칙에 따라 움직입니다(30:10-33).

② 르무엘왕 어머니의 잠언 : 왕이 경계할 것(31:1-9)

왕은 여자(이성 문제)와 독주(술 취함)를 조심해야 합니다. 사회적 약자를 살피고 공정한 재판에 힘쓰기 위함입니다. 왕은 하나님의 질서대로 세상을 치리해야 할 대리자로서 그분의 공의와 정의에 따라 통치해야 합니다.

③ 현숙한 아내 : 누가 이를 얻게 될까?(31:10-31)

'지혜'와 '어리석음'이 '여인'으로 의인화됩니다(1:20-33, 8장). 각각에 쓰인 히브리어가 문법상 여성형이기 때문입니다. 그러므로 '여인'에 관한 말씀은 남녀 모두에게 주시는 말씀입니다. '현숙한 아내'는 지혜롭고 순결하며 유능한 존재로서(룻 3:10-11, 4:11), 그를 완성시키는 것은 '여호와 경외'입니다(31:30). 이렇듯 온전한 '여인'을 누가 얻을 수 있을까요? 하나님은 '여호와를 경외하는 자'들에게 '현숙한 아내'를 허락하실 것입니다.

* 지혜 : 히, 호크마, lady wisdom / 어리석음 : 히, 입벨레, 음녀

나는 '현숙한 아내'를
얻을 수 있습니까?

❶ 인간의 유한함을 통감하며 하나님을 경외하고 있습니까?
❷ '현숙한 아내'를 얻으려 헛된 곳에서 열심 내고 있지 않습니까?

"다윗의 아들 예루살렘 왕 전도자의 말씀이라"(1:1).

솔로몬은 지혜의 왕으로 유명합니다(왕상 3:9, 10:1). 그럼에도 자기 이름을 감추고 다윗의 이름만 드러냅니다. 온갖 지혜와 지식과 쾌락을 누리고 연구해 본 결과(1:12-13, 2:25), 하나님만 바라던 다윗이 참 지혜자임을 깨달은 것입니다. 그는 하나님의 말씀을 청종하며 지혜로 다스리던 그 시절, '예루살렘의 왕'으로만 기억되길 원합니다.

인간은 '해 아래에서' 갇힌 생을 살아갑니다(1:2-3).

해를 만드신 하나님이 아니라 해만을 따라가는 삶 즉 시간에 매이고 현상에 매여 하늘을 보지 못하는 인생입니다. 모두를 경쟁자로 여기며 매사를 '나' 중심으로 봅니다(2, 4장). 먹고, 쥐고, 소유하는 데 혈안이 된 인생입니다(1:3, 6장). "헛되고 헛되며 헛되고 헛되니 모든 것이 헛되도다 해 아래에서 수고하는 모든 수고가 사람에게 무엇이 유익한가"(1:2-3).

해 아래 모든 수고는 근심과 번뇌를 가져올 뿐입니다.

'세상'이 붙은 것은 유한하며 인간은 모두 죽게 됩니다. '때'를 모르고 하는 수고와 열심만큼 헛된 것이 없습니다. 그러므로 하나님의 때와 질서를 깨닫고 그를 따름이 복입니다(3:11-15). 해 아래, 눈에 보이는 모든 것의 본질과 실체는 하늘 위, 하나님께 속해 있습니다(1:14, 2:24-26, 3:14-15).

나는 '해 아래' 갇혔습니까?　❶ 시간, 물질, 경쟁, 현안에 급급한 삶, 갇힌 삶을 살고 있습니까?
'하늘 위'를 바라봅니까?　❷ 보이는 것 너머에 있는 본질과 실체를 깨닫고 있습니까?

173

전도서
7-12장

일의 결국을
다 들었으니

유대 공동체는 여러 제국의 지배를 받았습니다.
누가 패권을 쥐느냐에 따라 제국의 이름만 바뀔 뿐, 매번 식민지 신세이기는
마찬가지였습니다. 어느 나라의 지배를 받느냐에 따라 공동체 또한 많은 영
향을 받았습니다. 페르시아의 지배하에서는 그들의 경제정책으로 인해 일확
천금을 꿈꾸는 풍토가 만연했습니다. 헬라의 지배를 받았을 때는 인간의 능
력을 무한 신뢰하는 사조가 유행했습니다. 신분 상승을 위한 '헬라 스펙 쌓기'
열풍도 불었습니다.

전도자는 이러한 세상 지혜와 처세들이 '헛되다'고 말합니다.
헛된 꿈을 꾸며 헛수고하는 이들에게 '삶의 본질'을 일깨웁니다. 잘사는 법
(7장), 일상과 지혜의 가치(8-9장), 소유와 존재(11장), 그럼에도 무시할 수 없는
세상의 실체들에 관해(10장) 이야기를 이어 갑니다. 칭송받고 유행하던 학문
과 기술, 정책, 정치, 인재 등의 결국은 헛되고 실망스러운 것이었습니다
(1-2장). 현실 세계와 인간의 노력을 전면 부정하는 것이 아닙니다. '인간과 그
들이 고안해 낸 것이 과연 선하고 완벽하고 영원한가?', 인간과 세상의 '유한
함'을 말하려는 것입니다(1:12-18, 5:2, 8:7).

"너는 청년의 때에 너의 창조주를 기억하라"(12:1).
청년의 때는 방향을 잡고 기초를 세우는 시기입니다. 수고와 열심보다 중요
한 것이 먼저 '창조의 순리'를 깨닫는 것입니다. 변치 않는 든든한 기초 위에
전 존재를 올려놓을 때, 흔들림 없는 견고한 인생이 세워집니다(마 7:24). "하
나님을 경외하고 그의 명령들을 지킬지어다 이것이 모든 사람의 본분이니라
하나님은 모든 행위와 모든 은밀한 일을 선악 간에 심판하시리라"(12:13-14).

내 삶의 기초는 어디에
서 있습니까?

❶ 유행, 권력, 물질, 인맥 등 변하고 잊힐 것 위에 서 있습니까?
❷ 태초부터 한결같고 불변하며 영원하신 하나님 위에 서 있습니까?

사랑은
죽음같이 강하고

아가서는 두 종류의 친밀함을 다룹니다.

하나님과의 친밀함과 남녀 사이의 친밀함입니다. 인간이 경험할 수 있는 가장 밀착된 관계입니다. 아가서는 '유월절' 절기 때 낭독된 책입니다. 유월절은 출애굽 구원과 해방을 기억하는 절기이지만, 세월이 흐르면서 본래 정신을 잃고 제도화되었습니다. 생생한 기쁨과 감사는 사라지고 형식만 남았습니다 (출 12:24-28, 유진 피터슨).

유대인들은 유월절 식사 후 아가서를 읽었습니다.

아가서는 여인과 사랑하는 이의 '대화'로 이루어져 있습니다. 일방적이거나 수직적 관계가 아닌 '사랑의 대화'입니다. 그들은 아가서를 통해 하나님과의 애틋한 사랑을 회복하고 친밀하면서도 개인적인 관계로 들어갔습니다. 눈을 맞추는 사랑(1:15), 내가 그 안에, 그가 내 안에(2:16, 6:3), 온전한 연합과 결속의 충만한 관계로 들어갑니다(요 15:5, 계 3:20). 사랑 안에서 '옛 나'는 사라지고 새로운 존재로 거듭납니다(1:5). 여인은 무엇과도 비교할 수 없는 단 하나의 존재(6:8-9), 그 무엇을 주어도 아깝지 않은 존귀한 자가 되었습니다(1:11).

하나님은 유월절의 구원으로 확실한 사랑을 보이셨습니다(출 12:13).

예수님은 유월절에 죽음을 불사하는 십자가 사랑으로 우리에 대한 하나님의 사랑을 확증하셨습니다. "사랑은 죽음같이 강하고 질투는 스올같이 잔인하며 불길같이 일어나니 그 기세가 여호와의 불과 같으니라 많은 물도 이 사랑을 끄지 못하겠고 홍수라도 삼키지 못하나니 사람이 그의 온 가산을 다 주고 사랑과 바꾸려 할지라도 오히려 멸시를 받으리라"(8:6-7). "누가 우리를 그리스도의 사랑에서 끊으리요 환난이나 곤고나 박해나 기근이나 적신이나 위험이나 칼이랴"(롬 8:35).

나는 하나님과
어떤 관계입니까?

❶ 예배, 예식, 설교, 책으로 아는 공적이고 먼 관계입니까?
❷ 눈을 마주하고 대화하는 사랑의 관계, 친밀한 관계입니까?

내 마음으로
사랑하는 자야

아가서는 남녀의 친밀함을 다룬 책이기도 합니다.

아가서는 교제와 결혼과 부부에 대한 성경적 가치관이 희미해진 시대에 참 사랑과 성에 대한 순리를 묵상하게 합니다. 세상은 사랑을 음미하며 '대화' 할 시간을 주지 않습니다. 오직 쾌락과 절정에 이르는 데 모든 것을 집중합니다(겔 16:23-29). 상대방의 마음과 감정과 가치에 관심이 없고 '책임' 또한 없습니다. 쾌락과 탐욕과 편리함을 숭배하는 가운데 '생명'들이 죽어 갑니다(겔 16:20). 아가서는 이 시대가 잃어버린 기다림, 애틋함, 풍성한 친밀감과 깊은 곳에서 샘 솟는 기쁨을 다시금 일깨워 줍니다.

사랑은 존중과 존경으로 눈을 마주하는 대화입니다(1:15).

애정과 진심 어린 말 한마디가 상대방을 살아나게 합니다(2:2). 참 사랑에는 '순간'이 아니라 '발전'과 '깊어짐'의 서사가 있습니다(2:3-7, 10-14). 이 사랑이 더 큰 결단의 순간을 맞게 될 때, 두 사람은 존재의 원천인 '어머니의 집'에서 함께, 새로이 태어납니다(3:4). 아가서는 사랑하는 이를 향한 건강한 시선과 서로를 당당히 응시하는 몸의 대화들을 그려 냅니다(4, 7장). 이로써 힐긋거림과 직설적이고 노골적인 이미지들이 난무한 오늘날, 우리가 잃어버린 풍요롭고 아름다운 성적 심상들을 회복하도록 요청합니다.

참 사랑에도 갈등과 위기의 구간들이 있습니다(5장).

나의 전 존재가 흔들림에도 인내하고 조정해야 할 순간입니다. 아가서는 에로스의 사랑이 아가페로 승화되는 전환점을 보여 줍니다. 애틋하고 뜨거운 감정을 넘어 오래 참음과 몸부림으로 지켜 낸 사랑 속에서 두 사람은 더욱 단단하고 견고한 관계로 나아갑니다(6:8-9, 8:6-7).

나는 사랑과 결혼에 대한 성경적 가치관을 깨닫습니까?

❶ 교제, 결혼, 부부에 대한 성경적 가치관을 중시합니까?
❷ 순리 안에 예비된 풍성하고 친밀한 관계의 기쁨을 인정합니까?

오라,
우리가 서로 변론하자!

하나님께서 이스라엘을 고발하셨습니다(1:18).

그들을 소돔과 고모라, 창기라고 부르십니다(1:10, 21). 썩고 악취 나는 포도이며, 완전히 망한 농사라고 탄식하십니다(5:2). 이스라엘은 하나님의 원수이자 대적이 되었습니다(1:24). 당시 백성들은 이사야의 선포에 놀랐을 것입니다. 당시 남왕국은 웃시야의 통치 아래 그 어느 때보다 부강했고(1:1, 대하 26:1-15), 물질적으로 번영했으며, 각종 제사들이 풍성했기 때문입니다(1:11). 백성들은 하나님의 말씀을 다 '이행'했다고 자부했을 것입니다.

그러나 하나님은 그들의 '삶'에 대해 물으셨습니다.

백성들은 온갖 악을 행하면서도(잠 6:16-19) 하나님께는 극진했습니다. 이러한 극진함도 사실 종교적인 자기만족에 가까웠습니다(1:12-14). 기도하며 펼친 손에는 폭력의 피가 가득했습니다(1:15, 23, 3:9, 13-15, 5:8). 한편으로는 사치와 허영이 넘치고, 한편으로는 울부짖는 자들의 신음 소리가 가득했습니다(3:16-26, 5:12). 선악이 전복되고 예언자들의 선포가 무시되었습니다(5:19). 정의(미슈파트) 대신 포학(미스파흐)이 가득했고, 공의(체다카) 대신 부르짖음(체아카)이 가득했습니다(5:7).

정의와 공의 없는 신앙은 우상숭배와 같습니다(1:21, 29).

하나님과의 관계는 일상과 삶에 그대로 드러나게 마련입니다. 이스라엘은 아무 동산에서, 아무 나무를 향해 예배하는 것과 별반 다를 바 없는 제의를 계속하고 있었습니다. 이스라엘이 스스로 가장 부강하며 영적이라고 자부할 때, 하나님은 그들을 향해 심판과 멸망, '사형'을 언도하십니다(1:31, 3-4장).

나의 신앙과 삶은
일치합니까?

❶ 계명 준수를 넘어 성경적인 삶을 살고 있습니까?
❷ 나에 대한 나, 가족(동료, 지인), 하나님의 평가가 일치합니까?

177

이사야
6-12장

듣기는 듣고,
보기는 보아도

이사야는 웃시야왕이 죽던 해에 부름 받았습니다(6:1).

그는 환상을 통해 '하늘 보좌'에 앉으신 주님을 보고, 온 세상을 다스리는 참 왕이 누구신지 똑똑히 깨달았습니다. 강력한 왕의 죽음과 득세하는 이방 왕들로 근심하던 이사야의 눈과 귀가 활짝 열렸습니다. 이로 인해 이사야는 무엇보다 자신의 부정함을 '보게' 되었습니다(6:5). 위로부터 정함을 얻고 영적으로 민감해진 이사야는(6:6-7) 천상회의에서 울려 퍼지는 하나님의 음성을 '듣게' 되었고, 나에게 주시는 말씀으로 받아 응답했습니다(6:8). 보고, 듣고, 깨닫고, 적극적으로 순종한 것입니다.

그러나 백성들의 눈과 귀는 꽉 막혀 있습니다(6:9-10).

그들의 눈과 귀는 기름, 예물, 뇌물, 장신구, 옷, 술, 잔치로 둔감해진 상태였습니다. 그들은 타락과 부패와 불의와 약자들의 신원에 눈멀고 귀먹었습니다(1:11, 23, 29, 3:18-23, 5:8, 11-12, 28:7, 29:9-10). 이스라엘에 대한 심판은 이미 결정되었습니다. 하나님은 그날에 '열방'도 심판하실 것입니다(2:2-3). 모든 불의와 불완전한 질서와 제도들에 '실패!'가 선언될 것입니다. '새로운 다윗'의 통치 아래 새로운 창조가 시작될 것입니다(9:1-7, 11장). 창세 전의 공허로부터 새로운 창조가 시작될 것입니다(1:9, 6:13, 24:1, 3).

그날에야 비로소 백성들의 눈과 귀가 열릴 것입니다.

하나님의 바른 질서와 정의와 공의가 회복될 것입니다. "오실 그이가 당신이 오니이까… 맹인이 보며 못 걷는 사람이 걸으며 나병환자가 깨끗함을 받으며 못 듣는 자가 들으며 죽은 자가 살아나며 가난한 자에게 복음이 전파된다 하라"(마 11:3, 5, 참고 29:18, 32:1-4, 33:15).

나의 눈과 귀와 마음은
하나님께 열려 있습니까?

❶ 보고, 듣고, 깨닫고, 순종하고 있습니까?
❷ 나의 눈, 귀, 마음을 막고 둔감하게 하는 것은 무엇입니까?

여호와께서 경영하신다

이사야는 웃시야, 요담, 아하스, 히스기야왕까지 약 40년에 걸쳐 활동한 선지 자입니다.

아하스왕 때 북이스라엘과 아람이 서로 동맹을 맺고 반앗수르 전선을 형성하면서 유다도 이에 동참하라고 압박했습니다. 아하스가 이를 거부하자 둘은 남유다를 침공했습니다(7:6, 왕하 16:5, 대하 28:5-7). 이사야는 이에 두려워 말고 '하나님만 신뢰하라'고 선포합니다(7:4, 7). 두 나라는 '갓난아이가 자라나 선악을 택할 줄 알기도 전에' 망할 것입니다(7:14-16). 이 일의 성취로 백성들은 '임마누엘' 하나님을 절감할 것입니다.

그러나 아하스는 하나님 대신에 앗수르를 선택했습니다(왕하 16:7-8).

그 뒤를 이은 히스기야는 바벨론과 동맹했습니다(39:1-2, 왕하 20:12-13). 유다는 결국 살고자 택한 열강들에게 배신당해 멸망합니다(8:7-8, 36:1, 39:6-7, 대하 28:20-21, 36:17:20). 이사야의 선포대로 '여호와만 경외'했다면 어땠을까요? 모든 열방과 국제 정세와 현실 정치가 하나님께 속해 있습니다(13-20장). 열강들은 자기 힘으로 세상을 좌지우지한다고 여겼겠지만 하나님의 계획과 뜻 안에서 도구로 사용될 뿐입니다. 그들 역시도 하나님께 심판받게 될 것입니다.

실제적인 생존 전략은 '여호와 경외'뿐입니다.

"만군의 여호와께서 맹세하여 이르시되 내가 생각한 것이 반드시 되며 내가 경영한 것을 반드시 이루리라… 만군의 여호와께서 경영하셨은즉 누가 능히 그것을 폐하며 그의 손을 펴셨은즉 누가 능히 그것을 돌이키랴"(14:24, 27). 모든 것이 '하나님의 주권과 질서' 속에 있습니다.

나는 '여호와의 경영하심'을 신뢰합니까?

❶ 하나님보다 더 의지하던 것에 배신당한 경험이 있습니까?

❷ 나의 인생, 가정, 일터, 사역을 '여호와의 경영'에 맡기고 있습니까?

이사야
21-27장

그날에

이사야 24-27장은 '이사야 묵시록'이라 불립니다.
열방에 대한 심판을 넘어(13-21장) 온 세상, 인류 전체, 우주적 영역에 나타날 하나님의 권능이 선포됩니다. 하나님은 온 세상의 지배자이며 주관자이십니다. '그날에', 현실세계가 끝나고 심판과 종말이 올 것입니다(24:1, 19-23). '그날에', 하나님께서 질서를 바로잡고 흩어진 자들을 모으실 것입니다(25:1-5, 26:5-6, 27:12-13). '그날에', 구원받은 이들을 위해 잔치가 열릴 것입니다(25:6-8). '그날'을 바라는 묵시록은 보통 현실이 암흑과 같을 때, 하나님의 주권과 공의와 심판에 대한 약속과 믿음 없이는 도저히 살 수 없는 극한의 상황에서 쓰입니다.

유다의 화려한 강병부국 이면에는 짙은 어둠이 있었습니다.
국가(도시)가 성장하면서 합법적 착취가 일어났습니다(25:4). 각종 경제정책과 행정, 도시 집중화 등으로 인해 대토지 소유자들이 생겨났습니다. 이로 인한 빈부격차와 갈등들이 발생했고 사회적 약자에 대한 불의가 만연했습니다. 가난한 농민들은 자유민의 지위마저 박탈당할 정도였습니다.

심판은 열방에만 국한된 것이 아닙니다(13-23장).
하나님을 대적한 '모든 이들'이 심판의 대상이므로(25:2-3) 이스라엘 역시 피 흘림에 대한 값을 치르게 될 것입니다(24:16-20). '그날'이 내게 복음일 것이란 안일한 착각에서 벗어나야 합니다. 혹 내가 멸망의 당사자는 아닌지 살펴야 합니다. 이사야 전반부의 방점은 '멸망(죽음)'에 있습니다. 완전한 '죽음' 후에야 비로소 무덤이 열리게 될 것입니다(26:14, 19, 27:6-13, 참고 겔 37장). 이스라엘은 이 모든 과정이 지나도록 믿음으로 기다려야 합니다(26:20-21).

나는 '모든 과정'을 믿음으로 인내하며 지나고 있습니까?   ❶ 부활과 회복만 기대하는 것은 아닙니까?
   ❷ '죽음'의 과정을 겪어 내고 있습니까?

화 있을진저!

오늘 본문은 '화 있을진저' 시리즈입니다.

매 장이 재앙을 선포하는 '화로다'*로 시작합니다. 이사야는 북왕국에 심판을
선포합니다(에브라임, 사마리아). 그들의 번영과 영화와 아름다움은 쇠잔해 가는
꽃과 같습니다(28:1). 에브라임의 교만한 면류관인 '사마리아'는 곧 발에 밟히
고 먹혀 버릴 것입니다(28:3-4).

*히브리어 '호이', 32장에만 회복을 선포하는 히브리어 '헨'이 쓰임

이사야는 남왕국에도 심판을 선포합니다.

유다의 종교적 난맥상이 '술 취함'으로 비유되었습니다(28:7-8). 절기에 취
한 제사장과 사람의 영광에 도취된 자들은 '누가 몰라? 시시콜콜 지적하
긴!(28:10)'* 이사야를 향해 이렇게 비아냥댔습니다(28:9-10). 보지도, 듣지도,
깨닫지도 못하는 어리석은 백성들(29:1-16)과 입으로만 하나님을 공경하고 실
제로는 열강에 줄을 대려 안달인 왕국은 결국 넘어지고 엎드러지며 붙잡히게
될 것입니다(28:13, 29:13, 30:1-7, 31:1-4). 그들이 의지하던 외세와 함께 망할 것
입니다(30:7, 31:3).

* 28:10 : 차블라차브 차블라차브 카블라카브 카블라카브 제에르샴 제에르샴(언어유희)

그럼에도 이사야서는 흑암 중에 한 줄기 빛을 보여 줍니다.

"위에서부터 영을 우리에게 부어 주시리니"(32:15). '장차 한 왕'이 정의와 공
의로 통치하시는 날(32:1, 16, 33:5, 14-16, 20, 22), 하나님의 영이 '많은 사람'에게
임하게 될 것입니다(32:15, 겔 11:19, 36:26). 이제는 특정 인물에게 새 시대의 희
망을 거는 것이 아니라, 공동체 전체가 변화된 존재로서 새로운 삶을 살게 될
것입니다. 하나님 사랑, 이웃 사랑의 삶을 살게 될 것입니다(32:9-20).

나는 무엇에 취해 있습니까? ❶ 번영, 영화, 아름다움과 교만에 취해 있습니까?
(엡 5:18) ❷ 성령 충만으로 하나님 사랑, 이웃 사랑의 삶을 살고 있습니까?

181

평안을 위한 고통으로

이사야
34-39장

이사야 36-39장은 **히스기야 시대를 배경으로 합니다**(참고 대하 29-32장).
두 번의 조롱과 두 번의 기도, 두 번의 구원이 기록되어 있습니다. 동일한 위
기를 경험한 아하스왕(7장)은 말씀에 대하여 경건한 듯했으나 실상은 불순종
으로 반응한 바 있습니다(7:12). 그러나 히스기야는 위기의 때에 순종했습니
다. 개인의 생사와 나라의 존폐가 주께 있음을 인정했습니다. 성경은 두 사람
의 불순종과 순종을 이렇게 표현합니다. "보라 아하스의 해시계에 나아갔던
해그림자를 뒤로 십 도를 물러가게 하리라 하셨다 하라"(38:8).

하나님은 멸망으로 향하던 시계 바늘을 되감으셨습니다.
히스기야의 생명 연장은 유다의 생명 연장이기도 합니다. 그럼에도 시계는
여전히, 계속 움직이고 있습니다. "보옵소서 내게 큰 고통을 더하신 것은 내
게 평안을 주려 하심이라 주께서 내 영혼을 사랑하사 멸망의 구덩이에서 건
지셨고 내 모든 죄를 주의 등 뒤에 던지셨나이다"(38:17). 히스기야는 자신의
고통과 하나님의 구원을 기록합니다(38:10-20). 그의 기도 속에는 이스라엘이
맞을 고통과 포로기의 의미, 하나님의 구원과 회복에 대한 암시가 담겨 있습
니다. 히스기야는 왕국에 임한 심판 예언에 순복합니다(39:8). 심판과 돌이킴
없이는 회복도 없습니다. 남북 왕국은 평안을 위해 주시는 고통의 시기를 지
날 것입니다.

나는 '평안을 위해 주시는
고통'을 깨닫습니까?

❶ 평안과 회복을 위해 겪게 하시는 '고통'을 경험한 바 있습니까?
❷ '고통'을 통해 깨달은 것, 돌이킨 것은 무엇입니까?

노역의 때가 끝났고

이사야 40장부터는 말씀의 분위기가 극적으로 전환됩니다.
바벨론의 포로들에게 '위로의 메시지'가 선포됩니다(40:1-2). 위로의 핵심은
'왕이 입성하여 새롭게 통치하신다!'는 것입니다(40:3). 창조주 하나님께서는
잘못된 것들을 제자리로 돌려놓으실 것입니다. 광야와 사막에 길을 내어 새
로운 출애굽을 이루실 것입니다.

하나님은 이스라엘을 '구속(히, 가알)'하실 것입니다(43:1).
'가알'은 형편이 어려워 종이 되거나 토지를 팔게 된 사람 대신 그 가족이나
친족이 몸과 땅을 되사는 것을 뜻합니다(레 25:23-28, 47-55). 즉 하나님께서는
이스라엘의 '가족'이 되어 주실 것입니다. 종살이에서 자유하게 하시며 고향
땅으로 돌아가게 하실 것입니다.

이스라엘이 포로기 동안 '새 사람'이 되어서일까요?
아닙니다. 그들은 여전히 '버러지' 같은 상태입니다(41:14). 이는 '스올에서 사
람의 시체를 덮고 있는 벌레'를 가리킵니다(14:11, 66:24). 부정하고 비루하여
가까이하고 싶지 않은 존재를 의미합니다. 그럼에도 하나님은 그런 이스라엘
을 '나의 종'이라 부르십니다(41:8-9, 42:19, 43:10). 하나님은 '이스라엘이 얼마나
변했는가?'가 아니라 '하나님을 믿는가?' '하나님께서 새 일을 이루실 것을 믿
는가?'를 물으십니다(43:22-25). 이제 이스라엘에게 엄청난 새 일들이 일어날
것입니다(43:18-19). 새로운 창조, 새로운 출애굽을 보게 될 것입니다(41:17-20,
43:15-20).

나는 '새 일'을 맞을 준비가   ❶ 반복되는 죄와 변하지 않는 모습에 절망하며 포기합니까?
되었습니까?   ❷ 창조주 하나님, 구속자 하나님을 믿으며 구원의 여정에 오릅니까?

나 외에 다른 이가 없다

위로와 새 일에 관한 비전이 선포되었습니다.
그러나 백성들에게는 허황되고 비현실적인 말처럼 느껴졌습니다. 새로운 통치, 새로운 창조, 새로운 출애굽이 시작된다는데 바벨론은 망할 기미가 전혀 없이 견고하기만 했습니다(47:7-8, 10). 선포된 말씀보다 바벨론과 그들의 신이 더 현실적으로 보였습니다. 하나님은 "나는 처음이요 나는 마지막이라 나 외에 다른 신이 없느니라"고 거듭 강조하십니다(44:6, 8, 45:5-6, 18, 21). 출애굽 과정에서 자신이 참 신임을 증명하셨던 하나님은 '새로운 출애굽 : 포로 귀환'을 앞두고도 누가 참 하나님인지를 일깨우십니다(참고 출 6:7, 7:5, 8:22, 10:2, 14:4). 권력과 우상들의 실체가 무엇인지를 보이십니다(44:24, 45:7, 12, 18, 48:13).

드디어 바벨론 패망의 날이 도래했습니다(45:1-5).
고레스의 진군을 바라보며 포로들은 '이건 또 뭔가?' '이제 우리는 어떻게 되는 것인가?' 심히 불안하고 두려웠을 것입니다. "너희는 두려워하지 말며 겁내지 말라 내가 예로부터 너희에게 듣게 하지 아니하였느냐 알리지 아니하였느냐 너희는 나의 증인이라 나 외에 신이 있겠느냐 과연 반석은 없나니 다른 신이 있음을 내가 알지 못하노라"(44:8).

그렇습니다. 이는 하나님께서 이미 말씀하셨던 일입니다(41:21-24, 44:6-7).
말씀대로 이루신 하나님은 앞으로도 예언하신 그대로 성취하실 것입니다 (44:24-28, 45:5-7, 18, 20-25, 48:3, 5, 12-16). 이스라엘은 우상이 아니라 참 하나님을 신뢰하며 바벨론에서 나가야 합니다(48:17-22). "믿음은 바라는 것들의 실상이요 보이지 않는 것들의 증거니"(히 11:1).

'이 눈에 아무 증거 아니 뵈어도' 약속을 믿고 전진합니까?

❶ 내 삶에 성취된 하나님의 말씀과 약속들을 되새겨 보십시오.
❷ 하나님께서 내게 장차 '새 일'을 이루실 것도 믿습니까?

184

여호와의 종

이사야
49-55장

많은 이들이 본문을 대하며 '종의 정체'에 집중합니다.
그러나 정체보다 중요한 것이 그가 감당할 '사역'입니다(49:1-6, 50:4-9, 52:13-
53:12). 종은 주의 영으로 열방에 '정의'를 베풀고자 부름 받았습니다(42:1,
61:1). 이는 개개인의 형편을 돕는 일을 넘어 '근본'을 바꾸는 일, 하나님의 정
의가 구현되는 '하나님 나라'를 건설하는 일입니다. 이로써 '상하고 꺼져 가
는' 연약한 자들이 회복될 것이며(42:3), 갇혔던 자들이 회복될 것입니다(42:7,
61:1-3, 눅 4:16-21).

**'여호와의 종'들이 세상을 변화시킬 때 열방이 하나님을 앙모하며 돌아올 것
입니다.**
그들은 신앙 공동체의 종교적 특징이나 예식에 환호하는 것이 아닙니다. '하
나님'과 세상을 변화시키는 '하나님의 말씀'의 권능을 앙망하는 것입니다(41:5,
42:1, 4, 10, 12, 49:6, 51:5, 60:9, 66:19, 참고 눅 2:32, 행 13:47). 진리와 의는 그 자체로
권세와 능력이 있으므로(42:2, 4) 종은 스스로 요란을 떨거나 혹은 낙담할 이
유가 없습니다.

여호와의 종은 늘 고난과 고통과 모욕과 번민 속에 있습니다(49:4, 50:6).
단순히 구제하는 차원을 넘어 가난과 갇힘과 상처의 근본 원인을 찾아내고
'하나님의 정의'를 세우고자 치열하게 몸부림치기 때문입니다. 그럼에도 종
은 묵묵히 그 길을 견지합니다(50:5-10, 53:10, 12). 종의 사역은 결국 존귀케 되
며 승리할 것입니다(52:13-15, 53:1). '여호와의 종'은 개인인 동시에 이스라엘
전체를 가리킵니다(61:6). 예수님은 참 이스라엘이요, 종으로서 최고의 본을
보이셨습니다(벧전 2:21).

나는 '여호와의 종'으로
살고 있습니까?

❶ 주님의 영으로, 말씀의 권능으로 나의 삶과 주변이 변화되고 있습니까?
❷ 고난과 고통과 모욕과 번민에도 묵묵히 사명을 감당하고 있습니까?

구원의 여정을
완주하라!

185

이사야
56-62장

이사야서 56장부터는 분위기가 다시 한번 전환됩니다.

이제 배경은 '포로 귀환 이후'의 예루살렘입니다. 에스라서와 느헤미야서를 통독하며 살펴보았듯이, 성벽과 성전이 재건되고 예배가 재개되었음에도 귀환 공동체의 신앙과 삶은 결코 이상적이지 않았습니다. 새로운 출애굽은 실현되었으나 새로운 창조는 아직이었습니다. '믿음으로 바벨론에서 나가라!'는 말씀에 순종했지만 돌아온 고국 땅에는 여전히 불의와 폭력이 만연합니다. 약속하신 '새 일'은 왜 실현되지 않는 것일까요?

약속이 더 이상 진척되지 않는 것은 '죄' 때문입니다(57:17).

"여호와의 손이 짧아 구원하지 못하심도 아니요 귀가 둔하여 듣지 못하심도 아니라 오직 너희 죄악이 너희와 너희 하나님 사이를 갈라놓았고 너희 죄가 그의 얼굴을 가리어서 너희에게서 듣지 않으시게 함이니라"(59:1-2). 그들은 '해방'을 끝으로 여기고 하나님의 구원 여정에서 중도 하차하였습니다. '뭐가 더 있겠어?' 하며 말씀에서 떠나 자기 소견대로 살았습니다(56:1-2, 4, 7, 10-12, 57:1-13, 58:1-5, 13, 59:1-15).

해방보다 더 큰 구원의 날이 남아 있습니다(65:17-25, 66:9-13).

"너희 여호와로 기억하시게 하는 자들아 너희는 쉬지 말며 또 여호와께서 예루살렘을 세워 세상에서 찬송을 받게 하시기까지 그로 쉬지 못하시게 하라"(62:6-7). 출애굽 이후 '약속의 땅'으로의 복된 여정이 남아 있었듯, 새로운 공동체도 복된 여정을 지나 참 자유가 선포되고 사람답게 사는 세상을 보게 될 것입니다(58장, 61:1, 희년[데로르], 참고 레 25:10). 열방이 주님께 돌이킬 만큼 온 세상이 주목할 새로운 일, 주의 의가 가득한 '하나님 나라'가 펼쳐질 것입니다(56:6-8, 57:18-19, 58:6-12, 59:20-21, 60-63장).

나는 약속하신 구원의 여정을 '완주'하기로 결단합니까? ❶ 하나님의 일정대로 '끝까지' 순종하기로 결단합니까?
❷ '이 정도면 충분하다' 스스로 판단하여 중도 하차합니까?

주의 길을 준비하라

이사야 통독 마지막 날입니다.
그동안 오경부터 지혜서까지를 통독하며 인간의 유한함과 죄성과 삶의 문제
들을 살펴보았습니다. '여호와 경외'와 회개가 거듭해서 강조되었지만 죄의
역사는 멈추지 않았습니다. 이스라엘의 되풀이되는 실패로 보건대 인간에 대
한 낙관은 불가해 보입니다(64:5-7).

**이에 구약의 마지막에 자리 잡은 '예언서'들은 전혀 새로운 소망과 비전을 제
시합니다.**
그 첫 책 이사야는 '주의 영'이 임한 '여호와의 종'들이 정의를 베풀며 '하나님
나라'를 건설하는 비전을 제시합니다. 마침내 드러날 '새 하늘과 새 땅'의 비전
을 제시합니다. '여호와의 종'은 참 이스라엘인 개인이자 공동체이면서, 동시
에 메시아 그리스도의 출현을 암시합니다(65:17-25). 이사야서는 초대교회가
'제5복음서'라 부를 정도로 시편과 함께 신약에서 많이 인용된 구약 본문입니
다. 이사야서에 기록된 여호와의 종, 그의 사역과 새 일에 관한 내용들은 예
수 그리스도의 삶과 사역을 통해 성취되었습니다.

이러한 맥락에서 예언서는 '구약의 결론'이며 '신약의 예비'입니다.
예수 그리스도는 예언자들이 기대한 회복과 비전의 답이며, 예언서는 예수님
과 그의 사역을 이해하는 열쇠입니다(김근주). 구약의 마지막 부분인 예언서들
을 통독하며 그들이 갈망한 회복과 비전들을 발견해 보십시오. 나의 삶 속에
서 간구해야 할 회복과 비전 또한 발견해 보십시오. 하나님의 약속이 예수님
을 통해 얼마나 구체적으로 성취되었는지, 직접 읽고 확인하며 감격하는 복
된 통독이 되시기 바랍니다.

나는 '새 하늘과 새 땅'의
비전을 품고 기도합니까?

❶ 내 삶에서 회복되어야 할 것은 무엇입니까?
❷ 내 삶에서 성취되어야 할 구체적인 비전은 무엇입니까?

파괴하고,
다시 세우라!

예레미야는 요시야왕 13년에 선지자로 부름 받았습니다(1:2).
그는 남왕국 유다에 심판과 멸망을 선포했습니다. 당시는 바벨론이 뚜렷한
두각을 나타내기 이전이었고, 요시야가 종교개혁을 단행하는 등 영적으로 각
성하던 시기였으므로 유대 사회는 예레미야의 말에 전혀 공감하지 못했습니
다. 오히려 거짓 예언자들의 '평강' 예언이 대세를 이루었습니다(4:9-10, 6:13-
14, 14:13-14, 27-28장).

남왕국은 '다윗 언약'과 하나님 임재의 상징인 '성전'을 맹신했습니다.
이 둘은 영적 각성과 회개에 도리어 걸림돌이 되었습니다. 사람들은 '하나님
백성은 절대 망하지 않아!'라고 자신했습니다(5:12-13, 삼하 7:13, 왕상 6:12-13).
하나님은 자칭 '하나님 백성'이라는 자들의 실체를 폭로하십니다(2-3장). "우상
숭배라뇨?" 백성들은 강력하게 반문하며 무죄를 주장하지만(2:23, 35), 그들의
신앙은 형식과 외양만 갖췄을 뿐입니다(3:4-5, 19-22, 6:20). 실상 생수의 근원이
신 주님을 버리고 헛되고 무익한 것(2:5, 8, 11, 13, 5:19), 열강과 이방 신들을 찾
아다니며 '행음'하였습니다(2:18, 24-25, 36, 3:1, 6-10).

하나님은 '철저히 파괴하고 다시 세우라!' 명령하십니다.
"보라 내가 오늘 너를 여러 나라와 여러 왕국 위에 세워 네가 그것들을 뽑고
파괴하며 파멸하고 넘어뜨리며 건설하고 심게 하였느니라 하시니라"(1:10).
매너리즘에 빠진 삶과 신앙, 종교적 치장과 겉치레, 영적 기복, 우상숭배와
다를 바 없는 하나님 신앙을 완전히 갈아엎고, 처음부터 새롭게 건설하고 심
으라고 명령하십니다(김근주). 하나님은 이 일을 위해 예레미야를 부르셨습니
다(1장).

나는 참 '하나님 백성'
입니까?

❶ 자칭 '하나님 백성'입니까, 참 '하나님 백성'입니까?
❷ 학습된 종교생활과 매너리즘에 빠진 신앙은 아닙니까?

돌아오라!

예레미야
4-6장

예레미야는 아나돗 출신의 제사장이었습니다(1:1).
아나돗은 붕괴된 옛 실로 성소(엘리 가문)와 관련된 곳으로 예루살렘 성전에 비하면 주변부에 속하는 지역이었습니다(왕상 2:26-27, 파면된 제사장 아비아달, 엘리의 후손, 옛 실로 성소).

하나님은 백성들에게 '돌아오라'고 명령하십니다(3:12-14, 22, 4:1).
① 돌아온다는 것은 '하나님께' 돌아오는 것이며(4:1), ② 열강, 세상 권세, 나의 우상으로 인해 흔들리지 않는 것입니다. ③ 그 삶에 '정의와 공의'가 드러나는 것입니다(4:2). 남유다에는 이 세 가지가 모두 결여되어 있었습니다(5:1-9, 20-31, 6:6-7, 13). 그들은 자칭 '하나님 백성'이라면서도 하나님에 대해 무지했습니다(4:22). 예레미야는 그런 백성들을 향해 '왕국'과 '성전'의 멸망을 선포했습니다(4:6, 12, 16, 5:15, 6:1, 22). 그는 옛 실로 성소의 흥망을 누구보다 잘 아는 아나돗 사람입니다(7:12, 14, 26:6, 9). 하나님 없이는 다윗 언약도, 성전도 다 소용없는 것임을 통감하며 예언할 만한 선지자가 예레미야였습니다.

한편, 예레미야는 하나님의 부르심 앞에 근심했습니다.
'아이'란 표현에는 자신 없음과 사역에 대한 두려움이 담겼습니다(1:6). 그러나 주님은 '모태에 짓기 전부터' 그를 성별하셨습니다. 그의 됨됨이나 능력을 보고 선택하신 것이 아닙니다(1:5). 사역의 승패는 인간에 의해 좌우되지 않습니다. 어디든, 무엇이든 말씀대로 순종할 때, 구원은 하나님이 하십니다(1:7-8). 예레미야는 순종했고 견고한 성읍이 되리라 약속받았습니다(1:18). 그러나 불순종한 유다는 황폐한 성읍이 될 것입니다(4:26, 6:8).

나는 참 '사명자'입니까?　　❶ 하나님의 주권을 믿으며 순종에 전념하고 있습니까?
　　　　　　　　　　　　　❷ 한계를 넘어 '일하실' 또한 '일하게 하실' 주님을 신뢰합니까?

내 목소리를 들으라!

예레미야의 선포를 듣고 진심으로 회개하려는 자들은 어떻게 반응했을까요?
아마도 '성전'에 올라가 정성을 다한 '예물'을 드렸을 것입니다. 당시 사람들에게 성전은 주님의 거처요, 주님께 가는 참된 길로 간주되었기 때문입니다. 심판과 멸망의 메시지를 들은 이들은 안정과 구원을 갈망하며 '주의 날개 아래' 거하고자 부지런히 성전을 찾았을 것입니다(삼하 22:31, 왕상 8:11, 29, 시 5:11, 34:8, 36:7, 57:1, 61:4, 91:4, 118:8-9).

그러나 하나님은 성전을 '도둑의 소굴'이라고 부르십니다(7:11).
'귀를 틀어막고' 나오면 무슨 소용이냐며 책망하십니다(7:13, 27). 하나님은 옛적부터 인애와 정의와 의로움을 강조하셨건만(7:23, 7:24-26), 백성들은 옛적부터 목이 곧고 완고했습니다(8:5-6, 9:13-14). 참 신앙과 회개에는 삶의 변화가 동반되게 마련인데, 유다의 신앙은 그저 '정성의 종교'에 머물러 있었습니다(김근주). 그들은 제멋대로 더 정성스러운 예물을 바치더니(6:20, 11:15) 급기야 '우리가 구원을 얻었다'며 셀프 용인했습니다(7:10). 일상에는 여전히 폭압과 우상들이 가득했습니다(7:5-9, 18, 9:5, 8). '너희 길과 행위를 바르게 하고 내 목소리를 들으라!'(7:3, 23)

유다는 국내외 정세의 위기를 열강으로 해결했습니다.
정치와 종교 지도자들은 자신들의 본분을 잊었습니다(8:10, 9:12, 10:21). 헛되고 무익한 것(10:1-9, 14-15)에 기댄 결과 수많은 전쟁에 휘말리고, 고아, 과부, 나그네가 속출하며 수많은 사회문제가 발생했습니다. 남왕국의 신앙은 성전과 제사에 갇혀 있었습니다. '하나님 사랑'과 '이웃 사랑'은 분리되지 않습니다(10:10-16, 23). '여호와 경외'는 종교적 의미에 국한되지 않으며, 국가와 개인의 생존과 안녕에 직결됩니다(7:23, 8:8-9, 9:23-24).

나는 '참 신앙인'입니까?　　❶ 나는 하나님 앞에 '귀를 열고' 나아갑니까?
　　　　　　　　　　　　❷ 나의 신앙은 교회의 담장을 넘어 세상과 일상에서도 동일합니까?

눈물의 선지자
예레미야

예레미야는 참 '여호와의 종'으로 살았습니다(참고 사 52:13-53:12).
그는 '눈물의 선지자'라 불릴 만큼 고단한 생을 살았습니다. 11-20장에는 예
레미야의 고백과 부르짖음이 5차례 등장합니다(11:18-12:4, 15:10-18, 17:14-18,
18:18-23, 20:7-18).

성전에서 선포한 예레미야의 메시지는 강력했습니다(7:2, 26:2).
종교 지도자들이 노골적인 적개심을 드러냈습니다(20:1-2, 26:8). 예루살렘과
민감한 관계에 있던 아나돗 사람들조차 '여호와의 이름으로 예언하지 말라'고
위협할 정도였습니다(11:19, 21). 예레미야는 선포해야 할 예언의 무게(13-14장,
15:1, 3)와 강퍅한 백성, 지도자들의 반응에 힘겨워하며 '도살당하러 끌려가는
어린양 같다' '왜 태어났을까?' 하고 탄식합니다(11:19, 15:10, 20:14-18). 하나님
이 마치 '속이는 시내' '신기루' 같다고 울부짖습니다(2:13, 15:18, Louis Stulman).
왜 나를 이 길로 '꾀었느냐'(권면-히, 파타)며 항의합니다(20:7). 하나님의 약속만
바라기엔 현실이 너무 참혹했습니다(11:22-23, 12:1).

사실 하나님의 약속에는 '고난'이 전제되어 있습니다.
하나님은 고난에서의 구원이 아니라 '고난에도 불구하고' 끝까지 사명을 '완
수'하도록 붙들겠다고 약속하신 것입니다. 위로의 본질은 '고난 없음'이나 '문
제 해결'이 아닙니다. '하나님이 우리와 동행하신다'는 사실 자체입니다(1:18,
15:20, 고후 11:23-27, 김근주). 예레미야의 고난은 이제 시작일 뿐입니다(15:5). 그
가 할 일은 공의의 하나님과 그분의 도우심을 바라는 것뿐입니다(11:20). 상황
에 침잠하거나 사람의 마음을 얻으려는 헛된 것을 버리고 귀한 것을 말하는
'하나님의 입'이 되는 것입니다(15:19). "내가 사람들에게 좋게 하랴 하나님께
좋게 하랴"(갈 1:10).

주님께로부터 온 '모든 것'이 ❶ 고난이 없길 기도합니까, 고난 중에도 승리하길 기도합니까?
선하다고 고백할 수 있습니까? ❷ '하나님의 동행하심' 그 자체가 위로이며 복임을 고백합니까?

귀 기울이기

하나님은 유다의 멸망을 결정하셨습니다(16:6, 13-14, 17:4, 19:11).
그러니 결혼이나 출산, 문상, 축하하는 일들이 모두 헛됩니다(16:2, 5, 8). 백성들은 하나님의 경고에도 전혀 변함이 없었습니다(18:12). '나는 내 계획대로 간다'며 멈추지 않았습니다. 하나님은 뜻을 정하였음에도 여지를 남기십니다(18:8). 하나님께 돌아오면 그 계획을 변경하시겠다는 것입니다. 하나님께서 이미 결정한 것을 번복하신다는 것은 회개의 중요성을 역설하는 대목입니다.

그럼에도 백성들은 '죄'가 아니라 '선지자'를 없애려 했습니다.
이미 우리를 위한 제사장과 지혜자와 선지자들이 충분하니 예레미야 한 사람의 예언쯤은 헐뜯고 무시하면 그만이라고 여깁니다. 선지자를 통해 말씀하시는 하나님은 안중에도 없습니다(18:18, 20:1-2, 26:8). 예레미야는 '분노에 찬 정직한 기도자'로 섭니다. 그의 '저주 기도'는 고난당하는 약자들의 상황과 심경을 대변합니다. 약자들의 고난은 구조적인 악과 공동체의 수수방관으로 심화됩니다. '저주 기도'는 단지 개인의 탄식이나 한풀이가 아니라 세상에서 일어나는 수많은 죄와 악에 일조하며 방관하는 우리 각자의 죄를 돌아보게 합니다(8:18-22, 20:7-18, 김근주).

하나님은 고난당하는 약자들을 '편애'하십니다(시 109:30-31).
하나님께서 친히 그들을 고통에서 '구원(나캄·'복수'하다)'하실 것입니다. 하나님을 두려워하지 않고 하나님의 말씀에 귀 기울이지 않는 자, 약자들의 신원에 귀 닫고 악에 일조하며 방관하는 자, 하나님은 그들의 불의와 악행에 반드시 보응하실 것입니다(20:4).

나는 하나님과 약자들에 귀 기울이고 있습니까?

❶ 임박한 심판과 회개의 메시지를 심각하게 받아들입니까?
❷ 사회적 약자들의 고난에 일조, 방관하고 있지는 않습니까?

192

착각들

예레미야
21-24장

예레미야는 왕과 나라 전체에 회개를 촉구합니다(22:1-9).
불순종한 백성들이 살길은 단 하나입니다. 바벨론에 항복하고 포로가 되는
방법 외엔 없습니다(21:8). 국가들 간의 동맹과 연합으로 재앙을 모면할 수
있다는 생각, 거짓 신탁에 '괜찮을 것'이란 생각 모두 착각입니다(21:1, 2, 4-7,
23:16-17).

하나님이 다윗과 맺은 언약(삼하 7:12-13)**을 폐기하신 것이 아닙니다.**
이는 새 창조, 새 왕조, 새 출애굽을 위한 필연적 과정입니다(23:1-8). 새 일을
위해서는 모든 죄악을 진멸하고 정화해야 합니다(21:11-22장, 23:9-40). 그 후에
야 하나님께서 '새로운 다윗'을 통해 '새로운 왕국'을 세우고 유다 왕조가 실패
한 공평과 정의를 실현하실 것입니다(23:1-8).

하나님은 목자로 인해 흩어진 양들을 회복시키실 것입니다(23:3).
잡혀간 포로들을 '좋은 무화과'가 되게 하실 것입니다(24장). '포로 된 자들은
심판받은 자, 남은 자들은 의로운 자'라는 예루살렘 거주민들의 우월감 역
시 착각입니다(24:8). 그렇다고 포로 된 자들이 낫다는 뜻도 아닙니다. 그들
은 하나님께서 '여호와를 아는 마음'을 주실 때에 전심으로 돌이켜 하나님의
백성이 될 것입니다(24:7, 30:22). 하나님께 죄를 숨길 수 있다는 생각 역시 착
각입니다(23:13-14). 유다의 멸망 원인은 '국력 약화'가 아니라 '죄' 때문입니다
(21:11-14, 22:8-9). 유다의 회복 역시 정치적 역량이나 국제 정세에 달린 것이
아니라 전적으로 하나님의 뜻과 주권에 달려 있습니다(23:20, 25:11).

나는 어떤 착각에
빠져 있습니까?
❶ 고난당하는 이들보다 영적, 도덕적으로 우월하다고 착각하지 않습니까?
❷ 현실(세상) 문제는 현실적(세상적)으로 대해야 한다고 착각하지 않습니까?

누가 참 선지자인가?

하나님은 예레미야에게 조력자를 보내 주셨습니다.

서기관 '바룩'은 예레미야의 사역과 고난에 동참했고(32:12, 45:1), 요시야 개혁의 중추 역할을 하던 '사반 가문'(왕하 22장)은 위기에 빠진 예레미야를 구하고 예언 장소를 제공했습니다. 왕(고관)과 선지자 사이에서 다리 또는 완충 역할을 했습니다(26:24, 36:11-13, 25). 반면, 많은 제사장과 선지자들은 예레미야를 대적했습니다. 특히 거짓 예언자들은 예레미야와 상반된 예언을 했습니다. 재앙과 칼과 기근을 부정하고 살롬과 평강만을 외쳤습니다(6:14, 8:11). 하나님을 등지고 백성들과 영합하며 권력과 부를 좇았습니다(18:18, 5:27-28). 하나님은 이들의 행태를 신랄하게 고발하십니다(23:9-40).

참 선지자와 거짓 선지자의 분별은 쉽지 않았습니다.

둘 다 하나님의 이름으로 예언하며(messenger formula) 상징 행위를 했습니다. 더구나 거짓 선지자 하나냐는 '민족주의적' 성향이 강했고, 참 선지자 예레미야의 예언은 '친바벨론'적이었습니다. 흥미로운 것은 예레미야가 하나냐의 예언에 '아멘'으로 답했다는 것입니다. 이는 하나님의 역사를 단정 짓지 않는 겸손함이며 누구든 사용하실 수 있는 하나님의 주권을 인정한 것입니다. 예레미야는 하나님께서 주신 말씀 외에는 '내가'라는 주어로 신중하게 말합니다(28:7). 반면 하나냐는 자신의 예언만 '하나님의 말씀'이라는 태도를 보입니다(28:2, 11).

말씀을 분별하는 일은 하나님의 시간을 요합니다.

'메시지의 내용'보다도 그 예언이 실제 성취되는지가 중요합니다(29:8-9, 참고 신 18:22). 누가 참 선지자일까요? 이는 하나님과 선지자 자신이 가장 잘 알 것입니다(23:16-22).

나는 겸손과 신중함으로
하나님 말씀을 대합니까?

❶ 겸손과 신중함으로 하나님의 뜻, 일하심, 성취에 집중합니까?
❷ 나의 뜻대로 해석하고 평가하며 섣불리 단정 짓지 않습니까?

194

옛 언약과 새 언약

예레미야
30-32장

예레미야 30-31장은 '위로의 책'으로 불립니다.
멸망 이후의 회복과 '새 언약'에 관한 말씀이 선포됩니다. '옛 언약'은 이스라
엘의 부정으로 파기되었습니다(31:32). 때문에 하나님은 '새로운 언약'을 제시
하실 것입니다(31:27-28, 31). 곪은 부위를 들어내고 깨끗이 소독해야 새살이
돋아나듯, 심판과 멸망은 끝이 아니라 놀라운 회복과 은혜의 시작이 될 것입
니다(30장, 32:36-44). 새 언약은 '해방'을 조건으로 종에게 내미는 '노예계약'이
아닙니다. 구속받고(redemption) 귀환한 '자유민'들을 하나님 나라, 하나님 백
성의 복된 삶으로 초대하시는 것입니다(30:22, 31:1, 33).

새 언약과 옛 언약의 차이는 무엇일까요?
새 언약의 핵심은 '마음'을 바꾸신다는 것입니다(24:7). 하나님은 돌판이 아니
라 '마음'에 그분의 법을 새기실 것입니다(31:33, 참고 출 31:18, 34:1). '새 영'을 그
들 '속'에 두어 '한마음'을 주시고(겔 36:26-27) 여호와를 경외하며 '한길'을 가게
하실 것입니다(32:39-40). 하나님은 사람에게 아무것도 요구하지 않으십니다.
이스라엘의 반복되는 죄와 실패들을 보셨기 때문입니다(32:20-23). 하나님께
서 친히 마음을 변화시켜 '여호와를 알게 하실 것'이며(31:34), '마음과 뜻을 다
해' 이스라엘을 심으실 것입니다(32:41, 참고 신 10:12).

옛 언약은 '땅'을 약속했으나 새 언약의 결론은 '죄 용서'입니다(31:34).
하나님은 왕조나 정치 기구가 아닌 '사람'과 언약하십니다(31:31, 33-34). 확실
히 이루겠다 말씀하신 하나님의 새 언약(31:35-40)은 예수 그리스도를 통해 완
성되고 성취되었습니다(눅 22:20, 고전 11:25, 히 8:8-12, 9:15, 10:15-18).

나는 하나님의 '새 언약'을
누리고 있습니까?

❶ 죄와 상처들을 주님 앞에 내어놓고 깨끗함을 받았습니까?
❷ 나는 성령을 통해 '하나님을 알고' 있습니까?(31:34)

예언자들은 장차 도래할 새 날을 바라보았습니다.

이는 '지금, 여기'의 현실이 그리 정상적이지 않음을 뜻합니다. 여호야김왕은
국가적 위기 앞에서 금식을 선포했지만(36:6-7), 낭독되는 엄중한 말씀에 회개
는커녕 두루마리를 베어 버리고 화롯불에 던지는 등 하나님께 완전히 등을
보이며 돌아서 버립니다(32:33, 36:23). 그들의 경건은 모양일 뿐 여전히 귀를
막고 있는 것입니다.

시드기야왕은 바벨론의 공격에 잠시 정신을 차립니다(34:1-7).

자유를 선포하며 종을 해방하는 등 바른 일을 행합니다(34:8-15). 그러나 하나
님의 은혜로 바벨론 군대가 물러가자 자유선언을 번복하고 종들을 다시 잡아
들였습니다(34:16). 왕들은 하나님 대신 땅과 부와 권력을 추구했습니다. 정
직하게 예언하는 예레미야를 여러 차례 투옥했습니다(32:2, 33:1, 37:21, 38:13,
28, 39:14, 15). 상황이 호전되자마자 옛 모습으로 돌아가는 죄의 관성은 하나
님께서 말씀하신 완전한 진멸과 정화와 새 언약의 비전을 강화시킵니다.

아이러니하게도 예레미야는 바벨론 치하에서 자유를 얻습니다(39:14).

다윗 가문의 통치하에서 땅을 빼앗기고 소외되었던 약자들은 오히려 바벨론
으로부터 경작지를 받게 됩니다(39:10). 이렇듯 유다가 자부해 온 다윗 왕조
는 존재 이유를 잃었습니다. 존재 이유를 잃은 성전과 왕조는 붕괴될 것입니
다(26, 36장). 유다가 다시금 불순종으로 유턴했듯 바벨론군 역시 유턴해 올 것
입니다(34:22). 순종으로 잠시 멀어졌던 죽음과 재앙들도 유턴해 올 것입니다
(34:17).

나는 하나님 앞으로 날마다   ❶ 매 순간 직진합니까, 문제가 생길 때만 직진합니까?
직진하고 있습니까?   ❷ 상황이 호전되면 옛 생활로 유턴하지 않습니까?

믿음인가, 집착인가?

'다윗 언약'에 대한 남유다의 집착은 쉽게 깨지지 않았습니다.

시드기야는 위기 때마다 선지자에게 기도를 요청했습니다(21:2, 37:3). 왕이 극적인 상황 변화와 기적을 바라며 기도를 부탁했을 때, 하나님은 '너희 삶이야말로 극적인 변화가 필요하다'고 응답하셨습니다(21:12). 정의와 공의가 없는 다윗 왕조는 더 이상 존재할 이유가 없습니다. 이에 예레미야는 바벨론에 항복하라고 선포합니다(38:14-16).

왕국이 멸망하고 많은 이들이 죽거나 포로로 잡혀갔습니다(39:1-9).

바벨론은 사반 가문의 그다랴를 유다 총독으로 임명했습니다(40:7). 다윗 왕조 아래 빈민이었던 자들이 경작할 땅을 얻고, 여러 이유로 쫓겨났던 자들이 유다로 모여들었습니다. 공동체에 예상 밖의 풍요와 생기가 찾아왔습니다(40:10). 그러나 그다랴 총독의 통치도 잠시였습니다. '다윗 가문의 왕손'인 이스마엘이 총독과 측근들, 바벨론 군사와 순례자들을 살해하는 일이 벌어집니다(41:3, 5, 10). 그들은 멸망을 목도하고도 여전히 주님의 뜻을 거부하고 있었습니다(41:10). 다윗 언약에 대한 집착은 포로 귀환 후에도 한동안 계속되었습니다(슥 4:6-7, 9-10, 스룹바벨).

성전과 왕조와 하나님 백성의 정체성은 '하나님'으로부터 옵니다.

혈통이나 인종, 종교적 행위들로 정의되거나 유지, 존속되는 것이 아닙니다. 이방인임에도 하나님을 위해 행동했던 구스 사람 에벳멜렉은 '누가 참 하나님 백성인가'를 묵상하게 합니다(38:7-13). 새로운 왕, 메시아는 단지 혈통이나 가문이 아니라 그가 가져올 시대와 변화들로 평가될 것입니다.

나는 약속에 담긴 하나님의 뜻에 집중하고 있습니까?

❶ 약속하신 단어나 문장에 집착합니까, 하나님의 뜻에 집중합니까?
❷ 나의 욕망과 집착이 하나님의 역사를 방해하고 있지 않습니까?

어디가 가장 안전할까?

오랫동안 갇힌 신세였던 예레미야는 자유를 얻었습니다.
바벨론의 호의 속에 거취를 정하게 된 예레미야는(40:4-5) 편한 길보다 빈민
들, 남은 자들과 함께하는 길을 택했습니다(40:6). 그러나 그다랴 총독이 암살
되면서 선지자의 고난도 재개되었습니다. 암살자 무리를 제압한 새로운 지
도자 요하난은 예레미야에게 하나님의 뜻을 알려 달라며 기도를 부탁합니다
(42:5-6).

그들은 이미 이집트행을 결정한 상태였습니다(41:17).
기도는 일종의 형식적 절차에 불과했습니다(42:20). 바벨론이 총독 그다랴의
불미스러운 죽음에 대해 책임을 묻거나 보복할까 두려웠던 무리는(41:18) 안
전하고 풍요로워 보이는 이집트를 선택했습니다. 그러나 그곳은 결코 안전
한 땅이 아닙니다. 그들은 이집트에서 신앙도 생명도 잃게 될 것입니다(42:16,
43:11-13, 44장).

요하난과 공동체는 답을 정해 놓고 기도를 부탁했습니다.
하나님의 뜻에 순종하기보다 부정하는 쪽을 택했습니다(43:2). 그들은 여전
히 거짓 선지자들의 '평강' 예언을 듣고자 했습니다. 예레미야는 다시금 거짓
선지자로 매도되는 고난을 겪으며 바룩과 함께 이집트로 끌려가게 됩니다
(43:6). 피난처요 낙원처럼 보인다고 꼭 그런 것은 아닙니다(창 12:10, 13:10, 삿
19:10, 삼상 21장, 에 3:13). 가장 안전한 곳은 어디일까요? '하나님이 함께하시는
땅'이 참으로 안전한 곳입니다.

내가 안전하다고   ❶ 안정과 안전을 줄 만한 장소, 인물, 특정한 무언가가 있습니까?
여기는 것은 무엇입니까?   ❷ 그것으로 부족함 없는 안정과 안전을 누렸습니까?

나와 같은 자 누구냐?

예레미야
46-48장

예레미야 46-51장에는 '이방 나라들'에 관한 내용이 기록되어 있습니다.
하나님은 이를 통해 무슨 말씀을 하고 싶으셨을까요? 망국-포로기-강대국의
흥망성쇠가 계속될 것입니다(51:46). 혼란한 국제 정세 속에서도 이스라엘은
하나님만 신뢰해야 합니다. 그분은 이 세상을 창조하셨으며 역사를 주관하
시는 분입니다. 이방 나라와 그 지도자들도 하나님께서 주관하십니다. 하나
님은 열강을 도구 삼아 그분의 일을 하실 것입니다(46:10, 25, 48:10, 49:19-20, 34-
35, 37).

이집트와 맞붙어 승자가 된 바벨론은 패권자로 군림합니다.
이미 예언된 바대로 이집트는 더욱 쇠할 것입니다(46:13-26, 참고 44장). 블레
셋, 모압, 암몬, 에돔 등도 정하신 수순을 밟을 것입니다. 지금껏 말씀을 성취
하신 하나님은 앞으로도 말씀 그대로를 신실하게 이루어 가실 것입니다(47:1,
48:8, 25, 40, 49:13). 열방은 힘과 위세와 풍요와 재물을 의지하며 자기가 세상
을 다스리는 하나님인 양 교만했습니다. 참 통치자이신 하나님은 그들의 태
도와 악에 진노하시며, 열방이든 이스라엘이든 행위대로 심판하실 것입니다
(48:14, 17, 26-27, 29, 42, 49:4).

"나와 같은 자 누구며 나와 더불어 다툴 자 누구며"(49:19).
혼란한 시대를 살아가는 이스라엘에게 요청되는 것은 상황을 바로 해석하
는 '믿음'의 눈입니다. 하나님은 만군의 여호와, 한 분 '하나님'이십니다(46:18,
48:15, 49:19). 하나님은 어떤 상황에서도 자기 백성을 구원하실 것입니다
(46:27-28, 50:4).

나는 믿음의 눈으로 상황을   ❶ 알 수 없는 미래와 혼란한 상황들에 길을 잃었습니까?
해석하고 있습니까?   ❷ 하나님이 참 심판자요 구원자 되심을 믿습니까?

하나님의 도구, 바벨론

바벨론에 관한 말씀은 열방 예언의 핵심이자 결론입니다(50-51장).
바벨론은 결국 함락될 것이며 이스라엘은 회복될 것입니다(50:2, 51:64, 50:4-
5). 하나님은 바벨론을 도구로 사용하셨습니다(50:45, 51:20). 바벨론은 사자,
온 세계의 망치, 철퇴, 무기, 멸망의 산입니다(50:17, 23, 51:20, 25). 하나님은 강
력한 심판의 도구로 바벨론을 쓰셨습니다. 바벨론의 영향력과 능력과 지위가
선하고 합해서가 아니라 하나님께서 그의 악과 교만까지 선용하신 것입니다.

그러나 바벨론도 곧 황폐하게 될 것입니다(50:3, 9-10, 51:37, 55, 58).
하나님의 도구로 쓰였다고 심판에서 제외되는 것이 아니며(50:31), 하나님 백
성이라고 심판에서 열외되는 것도 아닙니다. 하나님은 그분의 백성들을 정의
와 공의로 심판하셨듯이, 바벨론도 그 기준 그대로 벌하실 것입니다(50:14-15,
7-18, 29, 51:2, 5-6, 10, 49).

이스라엘이 망했다고 하나님이 패배한 것이 아닙니다(50:33-34).
하나님은 이스라엘의 하나님일 뿐 아니라 만유의 주재이십니다(51:1, 15-19,
53). 기라성 같은 나라들도 창조주 하나님의 피조물일 뿐입니다. 이스라엘은
하나님의 은혜로 회복되고 구원받을 것입니다(50:19, 51:10, 36). 이스라엘을
학대한 바벨론은 죄 값을 치를 것입니다(51:35-37). 하나님은 악도 선용하시지
만, 악을 좌시하지도 않으십니다.

나는 '하나님의 도구'로   ❶ 하나님의 마음에 합하며 기쁘시게 하는 도구로 쓰임 받고 있습니까?
어떻게 쓰임 받고 있습니까? ❷ 나의 능력, 지위, 물질, 영향력이 나와 남을 살리고 있습니까?

200

예레미야
51-52장

죽음의 날, 구원의 날

52장은 남유다와 예루살렘의 최후를 기록하고 있습니다.
열왕기하 24-25장에도 동일한 내용들이 등장하지만, 예레미야서만의 독특
한 특징들을 발견하게 됩니다(김근주).

① 예루살렘의 멸망과 참상들이 강렬하게 기록되어 있습니다.
왕과 신하들과 도성의 마지막이 훨씬 상세하게 소개되며(39:1-4) 특히 시드기
야의 최후는 예레미야서에만 기록되어 있습니다(52:11, 참고 겔 12:13). 예레미
야서는 '불순종한 자의 말로'를 분명히 보여 줍니다. 하나님의 경고가 현실이
된 것입니다(34:21).

② 포로로 잡혀간 이들 중 '가난한 자'가 언급됩니다(52:15).
바벨론은 포도원과 농사를 위해 비천한 자들을 본토에 남겨 두었지만 이는 '성
밖'에 살던 빈민들이었습니다(52:15-16, 왕하 25:11-12). 하나님의 경고와 예언을
들은 '예루살렘성' 사람들은 누구도 예외 없이 죽거나 포로로 잡혀갔습니다.

③ 탈취당한 성전 기물들을 상세히 기록하고 있습니다(52:17-23).
바벨론은 성전 기둥으로부터 장식까지 모두 가져갔습니다(52:17-23, 참고 7장,
26장). 일부가 약탈당했을 때는 거짓 예언에 마음을 빼앗기거나(27:16-22) 회복
을 꿈꾸기도 했으나 이제는 더 이상 소망이 없습니다. 그럼에도 완전한 약탈
과 붕괴는 끝인 동시에 시작입니다. 헛된 기대를 끊고 새로운 역사로 직진할
수 있는 것입니다.

④ 포로로 잡혀간 숫자가 세세히 기록되었습니다(52:28-30).
3차에 걸쳐 총 4,600명의 포로들이 붙잡혀 갔습니다(52:30). 하나님이 말씀하
신 심판과 멸망이 '완결'되었습니다. 이제는 회복과 새 일이 시작될 시간입니
다(52:31-34).

모든 것의 끝에서 시작되는   ❶ 나의 죄와 실패들을 철저히 인정합니까?
하나님의 구원을 바라봅니까?   ❷ 헛된 기대를 완전히 끊고 새로운 역사로 직진합니까?

왜 고난당하는가?

'심판-멸망-새로운 시작'은 도식화되거나 기계적으로 접근할 소지가 있습니다. 예레미야 애가는 심판과 멸망에 담긴 깊은 고통들과 회복을 위한 치열한 과정들을 심도 있게 다룹니다. 예루살렘의 멸망은 충격과 공포 자체였습니다. 다윗 왕조에 대한 견고한 약속이 무너져 내리고, '언약 백성'이라 자부하던 이들이 죽거나 포로로 잡혀갔습니다. 그들이 떠받들어 온 신앙과 삶의 근간이 송두리째 파괴된 것입니다. 상실과 혼돈과 영육의 고통이 개인과 공동체를 엄습했습니다.

이스라엘은 수치와 굴욕 앞에서 부르짖었습니다.
도저히 극복할 수 없을 것 같은 참혹한 현실과 심판의 냉혹함 앞에서 하나님을 향해 절규했습니다(1-2장). 그러나 이 고통은 언약을 파기하고 하나님을 배신한 죄, 언약 백성의 의무를 망각하고 불의를 저지른 죄에 대한 마땅한 보응이었습니다(참고 렘 2-3장, 5:23).

예레미야 애가서는 '이유 있는 고통'을 다룹니다.
이스라엘은 혼돈과 무질서와 절규에 머물러 있을 것이 아니라 고난과 고통의 원인인 '죄'를 직시하고 인정해야 합니다. 하나님께 다시 돌아가 출구를 찾아야 합니다. 유대인들은 아브월 9일에 이 책을 낭독했습니다. 솔로몬 성전과 제2성전이 공교롭게도 모두 이날 무너졌습니다. 그들은 애가서를 통하여 심판과 멸망, 죽음과 흩어짐에 귀 기울이며 하나님과 멀어질 때 벌어지는 재앙들을 깊이 되새깁니다.

지금 내가 겪고 있는
고통은 무엇입니까?

❶ 표면적 원인은 무엇이며, 근본적 원인은 무엇입니까?
❷ 고통으로 인해 느끼는 감정과 감수해야 할 현실은 무엇입니까?

202

예레미야 애가
3-5장

고통의 ABC,
회복의 ABC

예레미야 애가서의 장르는 '시'입니다.
시어를 통해 고통당한 이의 큰 슬픔 그대로를 전하되 감정과 상황에 휩쓸리
지 않도록 세밀한 장치를 고안했습니다. 1, 2, 4장은 각 절 첫 글자를 22개 히
브리어 알파벳 순으로, 3장은 3절마다 첫 글자를 22개 히브리어 알파벳 순으
로, 5장은 히브리어 알파벳 수인 22절로 맞추어 썼습니다. 이는 말씀을 읽는
이로 하여금 고통을 분류하고 객관화하여 '내면의 무질서'를 질서 있게 배열
하도록 합니다.

심판-멸망-회복은 결코 기계적인 수순이 아닙니다.
이는 당사자가 죄를 직시하고 참회하며 하나님과의 관계를 회복하는 동시에,
관계된 이들까지 치유되는 오랜 과정이 포함됩니다. 1-5장까지 알파벳이 순
서대로 여러 차례 반복되었듯이, 고난과 고통도 끝나는 듯 다시 시작되는 반
복의 과정을 거치게 됩니다. 그럼에도 애가서는 죄로 얼룩진 일상에서 정신
을 똑바로 차리고 고통의 ABC를 뚜벅뚜벅 걸어가게 합니다. A-Z까지 사소한
것 하나도 허투로 넘기지 않고 꼼꼼히 살펴 회개하게 합니다.

"우리가 스스로 우리의 행위들을 조사하고 여호와께로 돌아가자"(3:40).
이스라엘은 고통과 회복의 ABC를* 밟아 갑니다(3장). 언약 백성으로서 그 본
분을 잊고 불의를 행한 죄를 인정하며, 다시금 그 언약에 기대어 하나님의 긍
휼과 자비를 간구합니다(4-5장). 언약의 하나님께서 경로를 이탈한 이들에게
길을 보이실 것입니다(참고 시 89편).

* 3장 고통의 ABC ① 1-6절 : 고통의 원인이 무엇인가? ② 7-18절 : 현재 상태는 어떠한가?
③ 19-24절 : 탈출구가 있는가? 있다! ④ 25-42절 : 해야 할 반응들
⑤ 43-54절 : 변함없는 상황 ⑥ 55-63절 : 드디어! 전환점 ⑦ 64-66절 : 공의를 간절히 간구

나는 회복을 위한 ABC를
밟아 가고 있습니까?

❶ 행위를 돌아보고 조사하며 하나님께 돌아가고 있습니까?
❷ 상황에 침잠하며 하나님께로 나아가길 거부합니까?

내가 너를 칠 것이다!

에스겔은 2차 포로들*과 함께 바벨론에 있었습니다.

그곳에서 부르심을 받은 에스겔은 큰 충격에 빠졌습니다(1:1, 2:4, 7, 3:14-15, 왕하 24:8-16). 그는 본래 예루살렘의 제사장 가문 출신이었습니다. 포로로 압송되기 전, 견습 제사장으로 훈련을 받았으나 사역을 시작할 나이가 되었음에도 고국에 돌아가지 못하고 여전히 바벨론에 머물러 있었습니다. 예루살렘과 성전에 대한 에스겔의 그리움은 남달랐을 것입니다(1:1, 3).

* ① 1차 포로, 다니엘 ② 2차 포로, 여호야긴 ③ 3차 포로, 시드기야

하나님은 그런 에스겔을 '선지자'로 부르셨습니다.

예레미야와 성전 지도자들의 날선 관계에서 보았듯(렘 20:1-2, 7), 에스겔은 지금까지 받아 온 훈련과 성전과 동료들을 뒤로하고 '선지자'로서 예루살렘과 성전에 심판을 선포해야 합니다(2:10, 4-5장). 더구나 함께 있던 포로들은 아직 예루살렘이 건재하던 때이므로 여전히 귀환에 대한 소망을 품고 있었습니다. 그런 동료들에게 '당분간 집에 돌아갈 일은 없다'라고 말해야 하니(3:11) 에스겔의 심경이 자못 복잡했을 것입니다.

가장 충격적인 것은 유다를 멸망시킬 적의 정체에 관한 것이었습니다.

유다를 공격할 대적자는 다름 아닌 '하나님'이었습니다(4:2-3, 5:8). 하나님께서 예루살렘을 치고 벌을 내리실 것입니다(5:8-9, 6:3). 하나님과의 언약을 먼저 파기한 것은 이스라엘입니다. 불충과 악행을 저질러 놓고 이제 와서 하나님께 언약을 이행하시라 말할 수 없는 노릇입니다(2:3-5, 5:6, 11). 하나님은 에스겔을 '파수꾼'으로 세워 경고하게 하십니다. 그가 백성들에게 알릴 적은 '하나님'입니다(3:17, 4:2-3, 16, 5장). 하나님께서 곧 그의 백성들을 치실 것입니다.

나와 하나님의 관계를 점검해 보십시오.

❶ 하나님 편에 서서 그분의 보호를 받고 있습니까?
❷ 하나님과 반대편에 서 있지 않습니까?

204

에스겔
6-11장

하나님의 영광,
성전을 떠나다

에스겔서는 크게 두 부분으로 나뉩니다.
① 예루살렘과 성전이 함락되기 이전에 '예루살렘에 임할 심판'에 관해 선포하는 메시지(1-24장)와 ② 함락 이후에 있을 열방 심판과 이스라엘의 회복에 관해 선포하는 메시지(25-48장)입니다. 에스겔은 포로 생활 중인 동료들에게 곧 있을 예루살렘의 심판과 멸망을 예언해야 했습니다. 하나님은 에스겔에게 유다가 멸망당할 수밖에 없는 충격적인 실태들을 보여 주셨습니다(8장).

남왕국은 이방 종교들로 오염되었습니다(6장, 7:22).
하나님께 나아가는 길목에 우상이 서 있을 정도였습니다(8:3-5), 친이집트 성향의 장로들은 이집트식 제의를 행하고(8:9-11), 친바벨론 성향의 무리는 바벨론 신을 예배했습니다(8:14, 16). '하나님은 우리를 보지도 않고, 신경 쓰지도 않으신다!'(8:12) 지도층으로부터 언약에 대한 회의적인 반응이 나왔습니다. 어느새 이방 나라와 이방 신들을 찾기 시작했습니다. 그들은 포로로 잡혀간 이들보다 남아 있는 자기들이 영적으로 우월하다고 여겼습니다(11:3, 7). 그러면서도 정작 잡혀간 자들의 땅과 소유를 탐하며 탈취하려 했습니다(11:15).

하나님은 그들을 심판하기로 결정하셨습니다(11:8-10).
"인자야 네가 그것을 보았느냐"(8:12, 15, 17). 에스겔은 충격에 사로잡혀 감히 중재할 엄두를 내지 못했을 것입니다. 하나님의 영광은 점점 멀어지다 결국 성전을 떠납니다(9:3, 10:4, 18, 11:22-23).

나의 신앙은 하나님 앞에 순전합니까?

❶ 하나님과 '우상'을 겸하여 섬기지 않습니까?
❷ 나와 우리 공동체에 하나님의 영광이 함께하십니까?

특권은 없다!

에스겔은 무언극과 상징 행위로 예언했습니다.
앞으로 전개될 남왕국에 대한 심판과 멸망과 처절한 고통들이 별다른 설명
없이도 매우 생생하게 전달되었습니다(4-5장, 12:1-20). 보는 이들은 그의 예언
을 부정하고 싶었을 것입니다(12:22, 27). 거짓 선지자들의 말을 믿고 싶었을
것입니다(13장). 그러나 그들은 에스겔을 무시할 수 없었습니다. 특히 에스겔
이 성전 내에서 벌어진 일들을 말하는 순간, 예언의 출처가 하나님이란 사실
을 믿었을 것입니다(8:1). 장로들은 이미 고국에서부터 이를 인지했거나 가담
한 바 있지만, 견습 제사장이 알 만한 일은 아니었기 때문입니다.

에스겔은 예루살렘과 성전이 모두 불타게 될 것을 예언합니다(15장).
이스라엘은 포도나무와 같습니다. 안 그래도 열매 외에는 쓸모가 애매한 포
도나무인데 하물며 불탄 나무라니! 나무 자체의 신세도 그러할진대 잘린 가
지들 즉 이미 포로 된 자들에게 무슨 소망이 있을까요? 포로들 중에는 예루살
렘에 남아 있는 자녀들을 걱정했습니다. 의인 몇을 봐서라도 구원해 달라고
간청하고 싶겠지만(9:4, 참고 창 18:23-33) 설사 엄청난 의인이라도 자기 생명만
건지게 될 것입니다(14:14). 그 어떤 특권도 없을 것이며 심판은 공정할 것입
니다.

"내가 하는 말이 다시는 더디지 아니하고 응하리라"(12:25).
예루살렘의 함락과 멸망과 시드기야왕의 운명(4:9-17, 12:12-14, 18) 등 에스겔
을 통해 하신 말씀은 하나도 빠짐없이 성취되었습니다(12:28).

나는 하나님 심판의
공정함을 깨닫습니까?

❶ 부모와 자녀와 그 누구의 의와 덕에 기댈 수 없음을 깨닫습니까?

❷ 특권이나 예외 없이 행위대로 심판받음을 깨닫습니까?

바로 너,
돌이키고 살라!

하나님은 에스겔을 제사장이 아닌 '선지자'로 부르셨습니다.
그럼에도 그동안 훈련받은 '제사장적 소양들'도 사용하셨습니다. 제사장은
죄와 부정함과 정함에 예민한 사람입니다(4:14). 에스겔은 죄의 심각성과 섬
뜩함을 매우 디테일하게 표현합니다. 한편, 외설적이고 성적인 심상들을 선
포해야 할 때면 굉장히 거북하고 피하고 싶었을 것입니다(16, 23장).

하나님은 왜 이토록 자극적인 말씀을 전하게 하셨을까요?
이스라엘 안에 여전한 낙관주의와 오만한 자의식 때문이었습니다. 하나님은
날카로운 말씀들로 그들의 '철통 같은 맹신'을 뚫으십니다. 하나님은 피투성
이인 그들을 살리고 존귀하게 하셨습니다(16장). 그러나 이스라엘은 그분을
무시하고 이방 나라를 기웃거렸습니다. 정치적, 제의적 '음행'을 행하며 하나
님의 이름까지 먹칠했습니다. 그러면서도 소돔과 사마리아를 멸시하며 정죄
했습니다. 하나님은 '너희가 더 악질'이라고 말씀하십니다(16:46-59).

이스라엘은 '간음'에 대한 형벌을 받을 것입니다(16:15, 38-41, 17장).
백성들은 이에 대해 '부당하고 억울하다'며 항변합니다(18:25). 마치 아버지 세
대의 죄 때문에 심판받는 양 억울해합니다. 그러나 그들 세대의 죄목들도 부
모 세대와 별반 다르지 않습니다(18:2, 4-9, 19-20). 하나님은 그 누구의 죄가 아
니라 '당사자'의 죄를 묻고 계십니다(18:13). 하나님은 에스겔을 통해 심판을
선포하시는 그 순간에도 끝까지 최선을 다하십니다(18:21-24, 30-32). 그들이
돌이켜 생명 얻기를 간절히 원하십니다. "죽을 자가 죽는 것도 내가 기뻐하지
아니하노니 너희는 스스로 돌이키고 살지니라"(18:32).

나는 책망과 심판의 말씀에
어떻게 반응합니까?

❶ 가족이나 환경, 상황을 탓하며 책임을 전가하지 않습니까?
❷ 누군가를 대신 떠올리며 정죄하고 있지 않습니까?

나는 '알고' 있는가?

에스겔
19-21장

"(너희는) 내가 여호와인 줄을 알리라."
에스겔서에서 70여 차례나 반복되는 말입니다. '알다(히, 야다)'는 지적인 앎이
아니라 참된 앎, 즉 '하나님을 아는 능력'을 가리키는 단어입니다. 이스라엘은
눈앞의 일상과 현실 정치와 국제 정세에 매몰되어 현상 너머에 계신 하나님
을 알지 못했습니다(21:8-27).

그들의 무지는 하루 이틀 일이 아닙니다(20장).
이스라엘은 창조주 되시며 역사의 주관자 되시는 하나님을 그저 종교적 영역
으로 제한하고 현실에서 배제했습니다. 그들에게는 하나님 인식이나 언약 백
성으로서의 자의식도 없었습니다. 선물로 주신 율례와 안식의 귀함도 알지
못했습니다(20:11, 16). 언약 백성의 특징과 특권 모두를 상실한 것입니다.

하나님의 인내는 참으로 오래되었습니다.
가나안 입성도 전에 주님은 백성들의 실체를 아셨습니다(20:8). 심판과 멸망
은 그때로부터 '일시 정지'된 것일 뿐입니다(20:23). 하나님은 늘상 제멋대로
이고 고집스러운 이스라엘을 그냥 내버려 두셨습니다(20:25-26). '자기 이름'을
위해 오래 참아 오셨습니다(20:9, 14, 22). 이제는 잘못을 바로잡는 '정의의 심
판'을 통해 하나님의 '이름'을 만방에 드러내실 것입니다(20:44, 19장, 21장). 더
이상의 연장은 없습니다(21:7, 32). 출애굽 이후 모두가 약속의 땅에 들어가지
못했듯, 포로기 이후의 회복도 모두에게 주어지지는 않을 것입니다(20:36-38).

나는 하나님을 잘 '알고'
있습니까?

❶ 하나님께서 오래 참고 계심을 알고 있습니까?
❷ 하나님의 율례를 준행하면 '삶을 얻게' 됨을 알고 있습니까?(20:13, 21)

에스겔
22-24장

이스라엘은 '죽음'을 언도받았습니다(21:32).
하나님은 이스라엘에 대한 판결문을 낭독하십니다(22장). 그들은 열방보다도
더 악했습니다(5:5-7, 16:46-52). 이스라엘의 부패와 타락이 얼마나 심한지, 불
순물을 정제하려 용광로에 넣으니 남는 게 없을 정도입니다(22:17-22). 선지자
와 제사장과 고위 관리들은 제 본분을 잊었고(22:23-28), 제 권력을 유지하기
에 급급했습니다(23:6, 12, 참고 9:6).

에스겔은 예루살렘의 추악함을 고발합니다(23장).
오홀라와 오홀리바의 이름은 '성소(히, 오헬)'로부터 왔습니다. 특히 오홀리바
는 '그 안에 성소가 있다'라는 뜻으로 예루살렘의 굉장한 자부심을 빗대어 표
현한 이름입니다. 그러나 그의 실상은 음탕하며 가증했습니다. "네가 나를 잊
었고 또 나를 네 등 뒤에 버렸은즉 너는 네 음란과 네 음행의 죄를 담당할지
니라"(23:35). 그들이 당하고 있는 수치는 자업자득입니다(22:16, 29-31, 24:7-8).
하나님은 형체가 없어질 때까지 고기를 푹 삶듯(24:3-5) 예루살렘의 폭력과 부
정을 완전히 제거하실 것입니다. 불을 보내어 더러움을 소멸하실 것입니다
(24:6-14).

드디어 바벨론이 움직이기 시작했습니다(24:2, 14).
그러나 아내의 죽음에도 무반응인 에스겔의 상징 행위처럼(24:16-17), 예루살
렘의 죽음에도 백성들은 그저 탄식할 뿐 변하지 않을 것입니다. 끝내 관행과
타성에서 벗어나지 않을 것입니다(24:23).

나는 성도의 삶을
살고 있습니까?

❶ 내가 하나님의 성전임을 깨닫습니까?(고전 3:16-17)
❷ 내 안에 성령님이 계심을 매 순간 떠올립니까?

이웃의 불행에 대하여

209

에스겔
25-28장

에스겔 25-28장은 열방에 대한 심판 예언입니다.
이들은 이웃 나라 유다의 멸망을 기뻐하고 조소했으며 국익을 취할 기회로 여겼습니다. 암몬은 동맹관계였음에도 유다를 돕지 않았습니다. 바벨론이 유다를 진멸하고 포로들을 압송해 갈 때 손뼉을 치고 추임새를 넣으며 좋아했습니다(21:18-27, 25:3, 6). 모압은 '하나님 백성이라더니 별것 없네'라고 조롱하며 하나님과 언약 백성 간의 특별함을 부정했습니다(25:8).

에돔은 유다의 멸망을 돕기까지 했습니다(25:12, 35:5, 참고 시 137:7, 옵 1장).
바벨론의 편에 서서 약탈하며 자기 복수의 기회로 삼았습니다. 예부터 유다에게 좋지 않은 감정을 품었던 블레셋도 멸시의 태도로 원수 갚기에 동참했습니다(25:15). 약삭빠른 두로도 유다의 멸망을 기뻐하며 무역으로 얻게 될 이익을 재빨리 셈했습니다(26:2, 28:21 시돈). 두로는 자기 지혜와 능력으로 번영한 줄 알지만(27:3, 28:2-5) 그러한 착각과 오만도 곧 깨어질 것입니다(26장, 27:26-36, 28:7-10).

지금은 진멸과 정화의 때지만 곧 회복이 올 것입니다(28:25-26).
하나님은 이웃의 불행을 대하는 각 나라의 태도에 보응하십니다. 하나님과 그분의 일에 함부로 입을 열어 조롱하는 자, 신의를 버리고 기회를 잡아 이익을 챙기려는 자, 스스로 불의의 도구가 된 자들을 벌하실 것입니다(25:4-5, 7, 10, 13-14, 16-17, 26장, 28:15-19, 20-24).

나는 이웃의 불행에 어떤 태도로 반응합니까?

❶ 함부로 입을 열어 평가하며 단정 짓지 않습니까?
❷ 나의 이익을 셈하며 신의를 저버리고 있지 않습니까?

Chapter

9

이집트는 오랜 시간 '강대국'의 대명사였습니다.

이집트와 이스라엘은 뗄 수 없는 긴밀한 관계에 있었습니다(20:7, 출 1:7, 3:7, 6:5, 16:3, 참고 사 19-20장, 계 11:8). 그러나 이집트는 다시금 전성기를 맞지 못할 것입니다(29:11-16). 하나님께서 맡기신 '강대국'의 직무를 유기했기 때문입니다. 이집트는 스스로 교만하고 이기적이며 난폭하게 굴었습니다. 도움을 청하는 나라들에게 신의를 지키지 못했으며, 동맹국을 배신하여 치명적인 상처를 입혔습니다(29:3, 6-7, 9, 32:2).

이집트는 역사의 뒤안길로 사라질 것입니다.

교만하며 제멋대로 권력을 휘두르던 이집트는(32:2) 치명적인 칼, 바벨론에 멸망당할 것입니다(30:4, 5, 6, 11, 17). 이집트의 경제, 정치, 종교, 제도 등도 전멸할 것입니다. 그들의 교만을 고취시키는 데 일조한 자들과 동맹국들 또한 이집트와 함께 망할 것입니다(30:4-9, 13-19, 32:3-14).

열방과 강대국의 흥망성쇠가 하나님의 주권 아래 있습니다.

이집트를 능가하던 앗수르도 교만으로 망했습니다(31:2-3, 10, 14, 32:22-23). 군사력으로 강성하던 엘람, 메섹과 두발의 병기 가진 자들(32:24-28), 강성했던 에돔과 시돈도(32:29-30) 모두 역사 속으로 사라졌습니다. 아무리 강한 자도 결국엔 무덤에 들어가게 됩니다(32:17-32). 세상에는 영원한 나라도 영원한 권력도 없습니다(29:19, 30:10, 24-25, 31:11, 32:11-12).

나는 '세상'의 유한함을
깨닫습니까?

❶ 내게 주신 힘, 지위, 물질에 기한이 있음을 깨닫습니까?
❷ 불의한 권력, 악인에 동조한 대가가 있을 것을 깨닫습니까?

211

에스겔
33-36장

새 영을 너희 속에 두고

에스겔의 예언대로 예루살렘이 함락되었습니다(33:21-22).
그 와중에도 인간의 탐욕과 이기는 그칠 줄 몰랐습니다. 유다에 남게 된 자들
은 본인들이 그 땅을 기업으로 받을 거라 잔뜩 기대했습니다(33:24). 포로로
잡혀간 자들도 하나님의 뜻에 관심이 없기는 매한가지였습니다. 그저 앞으
로의 일들이 궁금하여 에스겔을 찾았습니다(33:30-33). 그들이 바라는 것 또한
'이익(베짜*)'뿐이었습니다(33:31). 하나님은 언약 백성답지 않은 그들의 생각
과 삶을 책망하십니다(33:25-26). 언약을 파기한 자가 받을 것은 저주뿐입니다
(33:27-29, 레 26장).

* 베짜 : 부당함과 폭력으로 얻는 이익

함락되기 이전에도, 함락된 이후에도 그들이 할 일은 '회개'입니다.
심판과 멸망에 대해 절망하거나 항변할 것이 아니라(33:10, 17), 이제라도 돌
이키고 정의와 공의를 행해야 합니다(33:14). 하나님은 악인의 회개를 기뻐하
시며(33:11, 16), 악인이라도 생명의 율례를 준행하면 살아날 것입니다(33:15).
"또 새 영을 너희 속에 두고 새 마음을 너희에게 주되 너희 육신에서 굳은 마
음을 제거하고 부드러운 마음을 줄 것이며 또 내 영을 너희 속에 두어 너희로
내 율례를 행하게 하리니"(36:26-27).

하나님은 '새 일'을 준비하십니다(36장).
하나님은 참 목자가 되어 백성들을 먹이고 건지실 것입니다(34:11-16, 31). '내
종 다윗'을 그들의 목자로 세우실 것이며(34:15, 23-24), 화평의 언약으로 '평안
(베타흐, 안전, 34:25, 27, 28)'하게 하실 것입니다(34:25-31). 이로써 하나님의 크신
이름이 거룩하게 될 것입니다(36:23, 36, 38).

나는 생명의 길, 하나님 백성의
길에 서 있습니까?

❶ 악에서 돌이켜 언약 백성다운 생각과 삶을 견지합니까?
❷ 성령으로 부드러운 심령이 되었습니까?

하나님은 '회복'에 관한 강력한 의지를 보이십니다.

① 하나님과 하나님의 영(생기)이 강조됩니다(37:1-14).

이스라엘은 심판과 멸망과 포로기를 통해 절망했습니다. 매우 마른 뼈처럼 소생의 가능성이 전혀 없어 보였습니다(37:2-3). 그러나 '하나님'께서 '생기'를 불어넣어 회복시키실 것입니다(37:6). 무덤을 열고 나와 살아나게 하실 것입니다(37:12-14).

② 남북이 '하나'되는 완전한 회복을 보게 될 것입니다(37:15-28).

남왕국과 북왕국이 '한 막대기'가 될 것입니다(37:19). 정치적이며 영적인 연합과 화평의 영원한 언약으로 하나되고(37:15-28), 한 나라로서 한 임금(목자)의 통치를 받게 될 것입니다(37:18-24).

③ 화평의 언약으로 '영원한 언약'이 되게 하실 것입니다(37:26).

하나님은 '화평의 언약(평강, 안전)'을 약속하셨습니다(34:23, 25). 이를 '영원한 언약'으로 삼으신다는 것은 '성소'와 관계됩니다(37:26). 영원한 언약은 보통 제사나 제사장 규례와 관련되기 때문입니다(참고 창 17:13-14, 출 31:16, 레 24:3, 8-9, 2:13, 민 25:13). 하나님과 백성들의 관계가 회복되고 땅이 회복될 때(37:23, 25, 28), 그곳에 성소가 서고 예배의 자리들이 회복될 것입니다(40-48장).

④ 하나님께서 최후의 전쟁을 승리로 이끄실 것입니다(38-39장).

하나님은 그분을 대적하는 무리를 발본색원하실 것입니다(38:18-23, 39:1-7). 무기를 무력화시키고 '온전한 평화'를 창출하실 것입니다(39:9-10).

이로써 이스라엘과 열방이 하나님을 알게 될 것입니다(37:28, 38:23, 39:22, 28). 하나님의 얼굴을 구하는 자가 살아날 것입니다(39:24, 29).

나는 하나님의 얼굴을
구하고 있습니까?

❶ 하나님께 구원을 구합니까, 등 돌려 세상을 바라보고 있습니까?
❷ 하나님의 영이 임할 때 내 삶과 신앙 또한 온전히 회복될 것을 믿습니까?

에스겔
40-42장

에스겔은 세 종류의 회복을 보게 됩니다(40-48장).

새로운 성전, 새로운 예배, 새로운 나라의 회복입니다. 예루살렘 함락 14년째 해, 하나님은 환상을 보이시며 '보라, 들으라, 두라, 말하라'고 명령하십니다 (40:1, 4). '너희가 살아나리라'는 회복의 약속이 어디서부터 시작될지를 더욱 구체적이고 명확하게 보여 주신 것입니다. 이는 하나님의 긍휼과 자비를 드러냅니다. 타향살이와 오랜 기다림에 지치고 낙심한 백성들을 위해, 동시에 바벨론에 적응하여 안착하려는 백성들을 향해, 회복의 약속을 더욱 강화시키신 것입니다(렘 29:10).

회복은 '새로운 성전'으로부터 시작될 것입니다(40-42장).

하나님의 영광이 성소로 돌아올 것이며(43:2, 참고 11:22-25), 하나님께서 백성들 가운데 거하실 것입니다(37:26-28, 44:4). 성전에 관한 묘사가 '담'에서 시작해 '담'으로 마치는 것은(40:5, 42:15-20) 새로운 공동체에 '거룩과 구별'이 요청되고 있음을 뜻합니다(42:20). 에스겔은 점점 더 거룩한 공간 속으로 들어갑니다(40:5-41장). 제사장을 꿈꾸던 에스겔에게 참으로 감격스런 순간이었을 것입니다. 뜰, 문, 방, 지성소, 부엌에 이르기까지 완벽한 청사진이었습니다(46:19-24). 성전과 제사, 제사장 제도가 온전히 회복될 것입니다.

새로운 성전은 완전한 대칭 구조로 되어 있습니다.

제멋대로이고 고집스럽던 백성들과 혼돈의 포로 생활이 하나님의 임재와 예배를 통해 질서정연하게 정돈될 것입니다. 땅이 균등하게 분배되고 12지파가 한 공동체를 이룰 것입니다. 하나님의 새로운 창조를 통해 '샬롬'이 임하게 될 것입니다(37:26, 참고 창 1-2장).

내 삶의 '회복'은 어디로부터
시작됩니까?

❶ 하나님과의 깊은 교제와 예배의 자리가 회복되었습니까?
❷ 이를 통해 질서와 조화와 평강을 누리고 있습니까?

하나님은 이제 '새로운 예배'에 관해 말씀하십니다(43-46장).
관련하여 새 성전, 새 사람, 새 시대, 새 생활에 관한 구체적인 말씀이 선포됩니다. 하나님께서 동문으로 돌아오십니다(43:2, 4, 참고 1:24). 하나님의 임재와 영광이 다시금 성전에 들어찹니다(43:2, 5, 7, 44:4, 참고 출 40:34-35, 왕상 8:10-11, 시 24:7-10). 하나님은 새로운 이스라엘에게 새로운 모습을 기대하십니다. '하나님의 거룩한 이름을 더럽히는 일에서 떠나라' 명하시며 그들 가운데 영원히 거할 것을 약속하십니다(43:7-9, 44:2).

성전에 관한 말씀에서 가장 먼저 언급되는 것이 '제단'입니다(43:13-27).
이는 새 공동체의 최우선순위가 '예배'임을 뜻합니다. 새로운 이스라엘은 '예배하는 공동체'가 되어야 합니다. 성소에서 일하는 자들은 더욱 구별되어야 합니다(44:6-31). 하나님은 '땅(기업)'을 분배하실 것입니다(45:1, 8). 이는 모두에게 인간다운 삶의 기본을 확보해 주시는 동시에, 경계를 정하여 남의 것을 넘보려는 탐욕을 제한하신 것입니다. 땅 분배에서도 우선으로 설정할 곳은 '거룩한 구역'입니다(45:1-2). 새 이스라엘의 중심은 '왕궁'이 아니라 '성소'입니다(45:7-8, 참고 48:21).

하나님은 절기와 통치자에 대해 말씀하십니다(45:9-46장).
모든 시간과 힘과 제도의 바른 운용이 하나님께 있습니다(45:9-10). 왕, 제사장, 백성의 모든 권리와 책임과 의무와 행동 원칙이 하나님의 법 아래 있습니다(45:16-17, 19, 46:2-3, 16-18). 개인과 공동체를 살리는 원리와 원칙, 참된 생명력은 하나님의 임재와 예배로부터 시작됩니다.

내 삶의 '원리와 원칙'은
어디로부터 시작됩니까?

❶ 하나님의 법과 임재, 예배로부터 시작됩니까?
❷ 내 삶의 생기와 활력의 원천은 무엇입니까?

새로운 나라

에스겔
46-48장

에스겔이 선포한 새 시대의 중심은 '성전'입니다.
성전으로부터 생기와 활력의 원천이 흘러나옵니다(47:12). 에스겔은 성전으로부터 흘러나오는 물을 봅니다. 그 물은 성전 문지방 밑에서 솟아 나와 동쪽으로, 성전 오른쪽 밑으로, 제단 남쪽으로 흐릅니다(47:1). 에스겔이 성전에서 나와 동문(바깥문)에 섰을 때(47:2), 오른쪽으로부터 그 물이 스며 나오는 것을 보았습니다. 에스겔이 따라간 물줄기는 발목, 무릎, 허리에 오르더니 결국 건널 수 없는 큰 강을 이루었습니다(47:3-5).

성소로부터 나온 물은 바다로 흘러 들어갔습니다(47:8-10).
이는 죽은 물을 살리고 생물들을 치료할 것입니다(47:8-10). 강의 좌우 땅에 심긴 온갖 종류의 과실 나무들이 철을 따라 열매와 약재들을 낼 것입니다(47:12). 이러한 생명은 새로운 공동체 안에도 흘러갑니다. 남북은 12지파, 하나의 이스라엘을 이룰 것이며(47:13), '타국인'*을 포함한 모두가 '공평하게' 땅을 받을 것입니다. 모든 사회 구성원들이 평등하게 분복을 누릴 것입니다(47:14-23).

* 출 22:21, 23:9, 신 1:16, 24:14, 16:11, 14, 26:11, 레 17:8-13, 타국인에게는 땅을 제외한 법적인 보호나 할례, 절기, 제의만 허용되어 왔음.

각자 분배 받은 몫에는 '예물로 드릴 땅'이 있습니다(45:1-8, 48:8).
이 땅은 거룩한 구역뿐 아니라 '속된 곳'까지를 포함합니다(48:10, 15). 보통의 일상과 삶의 현장도 우리가 드릴 '거룩한 산 제물'입니다(참고 롬 12:1). 이렇듯 예루살렘은 온전히 회복된 새 성읍이 될 것입니다(48:30-35). 그곳은 여호와께서 계시는 성읍, '여호와 삼마'라 불릴 것입니다.

나는 하나님으로부터 올 '생명'을 소망합니까?

❶ 하나님의 방법이 병든 땅/바다/생물/사회/사람들을 살릴 것을 믿습니까?
❷ 하나님의 방법으로 사는 '새 창조'의 동역자가 되겠습니까?

다니엘서는 암흑기를 지나는 수많은 '다니엘'들에게 읽혀 온 책입니다.
이 책에는 이방 땅 '바벨론'에서 살아가는 삶의 방식과 참 지혜들이 담겨 있습니다. 다니엘서는 여호야김 시대로부터 출발합니다(1:1). 이집트 정복에 실패한 바벨론은 귀국하던 길에 이집트의 입김이 미치던 주변 약소국들을 정복했습니다(왕하 24:7). 그들은 각 나라의 귀족과 전문가들을 포로로 압송해 갔습니다. 그 대열에 다니엘과 세 친구들이 있었습니다(1:3-4, 1차 포로).

바벨론은 포로들을 '바벨론화'했습니다(1:3-5).
방대한 제국을 다스릴 관료들을 양성하는 동시에 친바벨론 인사들로 각 민족을 통제하기 위해서였습니다. 다니엘과 친구들은 바벨론에서 최고의 교육을 받았으며, 새로운 정체성을 상징하는 바벨론식 이름도 받았습니다(1:7). 제국은 그들을 관대하게 대우했지만, 결정적인 순간에는 포로 출신이란 꼬리표를 붙였습니다(2:25, 5:13, 6:13). 또한 먹거리 같은 기본에서부터 사회생활, 공직생활 전반에 바벨론의 종교적 요소들이 포진해 있었습니다(1:8, 3:1-7). 바벨론에서 하나님 백성으로서 살아간다는 것이 결코 녹록지 않았습니다.

하나님의 법과 바벨론의 법이 충돌할 때, 어떤 선택을 해야 할까요?
다니엘은 하나님의 이름을 부르며 지혜와 구원을 간구했습니다(2:17-18, 23). 그는 좋은 직위에서 배제될 위험과 동료들의 압력과 모함(1:5, 3:12, 6:4), 생명의 위협 속에서도 하나님 신앙을 견지했습니다(3:16-18). 노골적인 항변도, 잠행도, 타협도 없이 일하고 예배했습니다(6:10). 하나님은 그런 다니엘을 시대와 정권에 상관없이 존귀한 자로 세워 주셨습니다(1:19-20, 2:48-49, 3:30, 4:8-9, 18, 5:13, 29, 6:3).

'바벨론'에서 내가 겪고 있는
갈등은 무엇입니까?

❶ 어떤 문제를 만나고 있습니까?
❷ 어떤 선택과 반응을 하고 있습니까?

217

누구의 패배인가?

다니엘
4-6장

당시는 지역 신, 국가 신 개념이 강했습니다.
그래서 국가 간의 전쟁을 '신들의 전쟁'이라 여겼습니다. 바벨론의 승리는 마르둑 신의 승리요, 하나님의 패배라 보았습니다. 정복 국가는 패전국의 신전 기물들을 약탈해 가져갔고(1:2, 5:2-4), 자기들의 신전에 두어 신들 사이의 위계를 정리했습니다. 바벨론은 포로들과 이스라엘의 하나님을 조롱했습니다 (참고 시 137편). 특히 벨사살은 종교적 축제에 성전 기물들을 사용하여 하나님을 바벨론 신의 시종으로 세우려 했습니다(5:1-3). 이스라엘의 울분과 절망은 이루 헤아릴 수 없었습니다. '하나님은 정말 패배하셨는가? 무능하신 분인가?'

그러나 하나님은 바벨론 땅과 그곳 정치 권력의 중심부에 계셨습니다.
주도권을 쥐고 모든 일을 친히 결정하셨으며(1:2, 9, 5:18-31), 아무도 알 수 없고 왕들도 할 수 없는 일들을 하고 계십니다. 이방 왕들조차 하나님을 온 세상의 주로 찬양합니다(2:10-11, 20-23, 28, 47, 3:15, 28-29, 4:1-3, 19-33, 36-37, 6:14, 16, 23, 26-27). 권력은 쇠락하지만 하나님은 영원하십니다(2:31-45).

이스라엘의 패배가 하나님의 패배는 아닙니다.
유다가 망하여 바벨론의 속국이 된 것은 자기 죄 때문입니다. 하나님은 여전히 건재하시며, 영원한 주권자가 되시며, 가장 높으신 분입니다(2:47, 4:2, 17, 24, 25, 32, 34).

나의 실패를 하나님의
실패라고 착각하지 않습니까?

❶ 실패의 원인과 하나님의 뜻을 깨닫습니까?
❷ 하나님은 실패(실수)하지 않으심을 믿습니까?

주여! 주여! 주여!

다니엘서는 전반부와 후반부로 나뉩니다.
꿈과 해몽에 관한 내용(① 1-6장)과 미래에 관한 비전(② 7-12장)입니다. 두 부분 모두 하나님의 주권과 시간표에 이목을 집중합니다. 눈앞의 혼란스러운 일들과 불확실한 미래에 염려하지 말고 하나님을 신뢰하며 현재에 충실하라는 권면이 담겼습니다(8:17, 19, 26).

하나님은 앞으로 일어날 일들을 보이셨습니다(7-8장).
짐승과 뿔 즉 패권을 쥘 제국과 왕들의 흥망성쇠로 온 세상이 여러 차례 큰 혼란을 겪게 될 것입니다. 권력과 인간성은 날로 포악하고 타락할 것이며 적그리스도로 인해 큰 핍박이 있을 것입니다. 그러나 근심하고 염려할 필요가 없습니다. 하나님은 모든 것 위에 좌정하여 다스리고 계십니다(7:2, 9). 그분의 백성을 도우실 것이며 반드시 악인을 심판하실 것입니다(7:10, 22, 26). 인자 같은 이가 구름 타고 오셔서 그 앞에 설 때, 모든 민족이 그분을 경배할 것입니다(참고 막 14:61-62). 하나님의 나라는 영원할 것입니다(7:27).

약속하신 회복의 날이 임박해 오자, 다니엘은 금식하며 기도했습니다(9:2-4).
왜 포로기를 지나야 했는지 기억하고 회개합니다(9:5-16). "주여 들으소서 주여 용서하소서 주여 귀를 기울이시고 행하소서 지체하지 마옵소서!"(9:19) 다니엘은 약속하신 회복이라 하여 당연한 것으로 여기지 않고, 하나님의 강한 손과 구원을 간절히 구합니다(9:17-19).

나는 '주님의 이름'을 부르며 기도하고 있습니까?(9:19)
❶ 하나님께 전심으로 울부짖고 있습니까?
❷ 회개로 나아가며 주님의 역사를 간청하고 있습니까?

243

다니엘
10-12장

다니엘은 지혜자로서 사명에 최선을 다했습니다.
고령의 나이에도 불구하고 음식을 절제하며 기도하고(10:2-3), 민감한 영성으로 하나님 앞에 앉기를 게을리하지 않았습니다. 환상을 보는 일은 때로 매우 고통스럽지만(10:8, 16), 하나님께서 감당하게 하셨습니다(10:9-10, 19).

다니엘이 겸비함으로 기도하던 날, 하나님은 즉시 응답하셨습니다.
그러나 하나님께서 보내신 천사는 영적 전쟁으로 인해 한참 후에야 도착했습니다(10:13). 바벨론 함락과 고레스 칙령 등이 있기까지 보이지 않는 전쟁들이 벌어지고 있는 것입니다. 하나님은 그 모든 역사를 승리로 끌어가고 계십니다(10:13, 20-21, 11:1, 엡 6:12). 앞날에 대한 구체적인 말씀을 들었음에도, 다니엘은 다 이해하지 못합니다(10:21-11장, 12:8). 하나님이 그 일을 알리시는 것은 '대비'하란 뜻이 아닙니다. '이미 내가 알고 있으니 염려 마라, 내가 할 것이다' 말씀하시는 것입니다.

하나님은 다니엘을 현실로 돌려보내십니다(12:9).
다니엘과 이스라엘이 할 일은 '오늘'을 사는 것입니다. 하나님을 신뢰하며 각자의 사명을 듣고 순종하는 것입니다. 호들갑 떨거나 절망감, 무력감, 패배감에 빠질 필요가 없습니다. 끝날, 하나님께서 모든 것을 공정하게 다루실 것입니다(12:1-3). "너는 가서 마지막을 기다리라 이는 네가 평안히 쉬다가 끝날에는 네 몫을 누릴 것임이라"(12:13).

나는 '오늘'을 충실히 살아가고 있습니까?

❶ 불안한 미래를 염려하느라 '오늘'을 허비하고 있지 않습니까?
❷ 매일 '오늘'의 사명을 듣고 순종하는 데 힘쓰고 있습니까?

하나님의 눈물

호세아는 북왕국 유일의 문서 예언자입니다. *

그는 북왕국 출신으로 여로보암 2세 번영기에서부터 북왕국의 멸망까지를 모두 지켜본 선지자였습니다(1:1). 호세아는 외세의 힘을 빌리며 우상을 숭배하고, 하나님 신앙과 이방 신앙을 혼합하는 모습들에 대해 '음행' 혹은 성적 심상을 처음 사용한 선지자입니다. 그는 빈익빈 부익부의 극대화와 종교, 사회 지도층의 타락, 군사적 반란과 잦은 왕위 찬탈에 대해 비판했습니다(4:1-5, 5:1-5, 8:4, 12:8-9, 참고 왕하 14-17장).

* 아모스도 북왕국에서 선포했으나 남유다 출신이며 사역 후 귀환함

호세아와 그의 아내 고멜 이야기는 하나님과 이스라엘의 관계를 비춰 보는 은유입니다(metaphor).

이스라엘은 온갖 이방신들과 '행음'했습니다. 하나님이 주신 땅과 열매들과 귀한 복들이 바알과 이방신들에게서 온 것으로 둔갑했습니다. 하나님은 이스라엘에게 버림받으셨습니다. 점점 가중되는 호세아의 슬픔과 고통을 통하여 용서와 사랑을 반복하고 계시는 하나님의 마음, 그 기막힌 비통함과 눈물을 엿보게 됩니다(2:4-5, 8, 4:11-5장, 7:11, 8장, 9:1, 10:13-14, 13:1).

호세아는 자기 동족을 변호하지 않습니다.

하나님의 인내와 눈물, 아픔을 깊이 통감하며(5:7) 부정한 이스라엘을 향해 심판을 선포합니다(9-10, 13장). 하나님의 맹렬한 분노는 맹렬한 사랑에 기인합니다(1:10-2:1, 14-23, 3:1, 7:1, 9:10, 15, 11장). 하나님은 사랑하기 때문에 경고하고 계십니다(11:8).

나는 '하나님의 눈물'을 보았습니까?

❶ 죄-회개-용서-사랑을 마치 공식처럼 여기지 않습니까?
❷ 하나님도 아파하신다는 사실을 깨닫습니까?

221

호세아
8-14장

하나님을 아는 지식

이스라엘은 하나님을 예배하고 절기를 지켜 왔습니다.

그러나 언약 백성의 기본인 '하나님을 아는 지식, 진실, 인애' 중 어느 것 하나 갖추지 못했습니다(2:11, 13, 4:1, 6, 5:4, 6, 6:6). 그들은 하나님이 원하시는 사랑이 아니라 자신들이 좋게 여기는 방법으로 관계를 유지했습니다. 이방 우상과 제의들을 혼합하여 하나님을 섬기고, 하나님과의 언약과 율법도 무시해 버렸습니다. 그들은 하나님과의 언약을 깨뜨렸습니다. 언약의 파기와 함께 복된 삶도 파기될 것입니다(4:10-11, 참고 '언약적 저주' 신 28:17-18, 32:24-28).

이스라엘은 '하나님을 알아야'합니다(6:3, 6).

하나님을 아는 지식(knowledge of God, 다앗 엘로힘)은 하나님에 관해 아는 지식(knowledge about God)과 다릅니다. '안다(야다, 다앗)'는 것은 서로가 온전히 결합하고 공감하는 것입니다. 하나님께 온전히 예속되는 것입니다(아브라함 J. 헤셀). 하나님을 온전히 '사랑(헤세드)'하는 것입니다. "내가 반기는 것은 제물이 아니라 사랑이다. 제물을 바치기 전에 이 하느님의 마음을 먼저 알아 다오"(6:6, 공동번역성서).

하나님은 제물보다 내적 일체를 원하십니다.

일방적인 관계가 아닌 서로의 인격, 의지, 행동, 진의 등을 진심으로 헤아리면서 서로가 관심하는 바를 예민하게 느끼기 원하십니다. 이스라엘의 반복된 배신에도 불구하고 하나님은 재결합을 원하십니다. 신랑 되신 하나님은 신부에게 줄 예물로서 공의, 정의, 은총, 긍휼을 약속하십니다. 신부인 이스라엘은 음행했고 신랑과의 관계를 먼저 저버렸습니다. 이 복된 관계를 유지할 수 있는 소망은 오직 주께 달렸습니다(2:19-20, 10:12, 12:6, 13:4, 14:2, 4-9).

내게는 '하나님을 아는 지식'이 있습니까?

❶ 하나님과 사랑으로 결합하며 '공감'하고 있습니까?
❷ 하나님은 그저 아는 분입니까, 그분께 온전히 예속되어 있습니까?

요엘은 '여호와의 날'에 집중한 선지자입니다.

요엘 시대에 메뚜기 떼로 인한 큰 재해가 있었습니다. 수년 내에 복구가 불가
능할 정도로 전 국토가 황폐해졌습니다(1장). 곡식과 포도주와 열매와 기름이
끊기고 이로 인해 소제나 전제까지 끊길 정도였습니다. 요엘은 이를 하나님
의 '공습경보'라고 여겼습니다(2:1, 15-16). 그는 하나님이 경고하신 '언약적 저
주'를 떠올렸습니다(신 4:32-34, 28:38, 호 2:8-13).

다가올 '여호와의 날'은 메뚜기 재해보다 더할 것입니다(1:15, 2:11).

파괴와 살육과 궁핍이 극에 달할 것이며, 성전에도 기쁨이 없을 것입니다(1:6,
15-20). 하나님의 군대가 마병처럼 진군해 올 것입니다(2:4-5, 11). 하나님을 대
적한 이들은 도저히 피할 수 없는 심판을 맞아 어둠 속에서 공포와 두려움에
떨 것입니다(2:1-2, 6, 3:4-13).

그러나 주의 백성에게는 위로와 보상의 날이 될 것입니다.

하나님은 자기 백성을 위해 싸우시며 큰일을 행하실 것입니다. 땅을 치유하
고 번영케 하실 것입니다(2:18-27, 3:9-11, 16, 18-21). 남녀노소든 종이든 자유인
이든 차별 없이 영을 부어 주셔서 '하나님을 아는 지식'을 완전하게 하실 것
입니다(3:17-21, 참고 렘 31:31-34, 갈 3:28). 누군가에겐 '여호와의 날'이 기쁨과 환
희의 날이겠지만(3:16), 누군가에겐 어둠과 공포, 두려움의 날이 될 것입니다
(3:14-15). 이스라엘은 참회하고 방향을 돌이켜야 합니다(2:1, 12-17). 옷이 아니
라 마음을 찢으며 나아가야 합니다(2:13).

나는 '여호와의 날'을 맞을   ❶ 재해와 재난 앞에서 세상적 손익과 피상적인 대책만 떠올립니까?
준비가 되었습니까?   ❷ '여호와의 날'을 떠올리며 삶과 신앙을 재정비합니까?

하나님 만날 준비가
되었는가?

아모스는 남유다의 부유한 사업가 출신입니다(1:1, 7:14).*
선지자도 아닌 아모스가 갑자기 북왕국에 파견된 것은 상황이 그만큼 절박했기 때문일 것입니다. 또한 경제적으로 왕실에 예속된 직업 선지자들과 달리 아모스는 말씀을 소신껏 전할 수 있었을 것입니다(7:10-17).

* 목자(노케드, 보케르)는 크고 작은 짐승의 큰 떼를 소유한 자 / 뽕나무: 돌무화과나무, 짐승의 사료로 사용
(사료 농장 소유주로 추정)

당시 북왕국은 여로보암 2세의 통치 아래 있었습니다.
당시 북왕국은 40년 동안의 평화시를 맞았습니다. 이는 앗수르와 이집트가 쇠퇴하고 시리아의 세력 또한 약화되었기 때문입니다. 북왕국은 '왕의 대로'가 지나는 요단 건너편을 점령하면서 상인들에게 통행세를 거둬들여 많은 재정을 확보할 수 있습니다. 북왕국의 평화는 주변국의 상황에 기대어 얻은 부와 평안이었습니다(6:4-6).

그럼에도 왕권은 곧 종교적 정당성을 부여받았습니다.
부유함이나 평안이 곧 의로움이라는 '번영의 복음'이 나라를 지배했습니다. 여로보암을 메시아 혹은 성소의 주인으로 여기기도 했습니다(7:13). 상류층들은 사회적 악을 행하면서도(2:6, 3:9-10, 4:1-3, 8:5-6) 자신만만했고 영적으로도 교만했습니다(6:1). 이방 제의를 행하면서도 하나님의 이름을 부르고(5:26), 하나님의 법을 말하면서도 윤리적 책임은 버렸습니다(2:6-8). 예배와 성소는 도리어 죄의 온상이 되어 버렸습니다(4:4-5, 5:5). 벧엘(하나님의 집)이 벧아웬(죄의 집)이 된 것입니다(참고 호 4:15, 10:5). 이스라엘은 하나님 만날 준비를 해야 합니다(4:12). 오직 정의와 공의를 쉼 없이 흘려보내야 합니다(5:24).

나는 거짓 자신감에
빠지지 않았습니까?(2:6-8)

❶ 정기적인 예배와 헌신과 매사의 형통으로 '잘 살고 있다' 확신하지 않습니까?
❷ 나의 마음과 생각과 삶의 태도로도 '잘 살고 있다' 확신할 수 있습니까?

아모스는 문서를 남긴 선지자 중 첫 사역자입니다(1:1).

그는 하나님의 정의와 이스라엘의 윤리적 삶에 대해 강력히 선포했습니다. 아모스가 처음 사용한 '여호와의 날'이라는 용어는 이후 선지자들에게* 그대로 이어졌습니다.

* 호세아, 미가, 이사야, 스가랴, 스바냐, 예레미야, 에스겔

아모스는 시내산 언약과 율법의 참 의미를 일깨웠습니다.

본래 '선민' 이스라엘은 '하나님과의 관계'와 '하나님을 닮아 간다'는 점에서 정체성과 생활 방식의 차별성을 갖습니다. '하나님의 통치를 받는 선별된 백성'으로서(3:2) 하나님의 성품과 방식대로 살도록 부름 받은 것입니다. 하나님과의 관계는 '종교와 삶' 둘 다를 아우릅니다. 이 세상에서 일어나는 일과 존재하는 모든 것 중에 하나님의 순리와 섭리 밖에 있는 것은 아무것도 없습니다. 종교와 삶, 사회정의, 온 나라와 온 인류의 역사가 하나님께 속했으며 하나님의 관심 안에 있습니다(1-2장, 4:13, 8:1-7, 9장).

심판 때에 하나님은 종교와 삶 모두를 살피실 것입니다.

"화 있을진저 여호와의 날을 사모하는 자여 너희가 어찌하여 여호와의 날을 사모하느냐 그날은 어둠이요 빛이 아니라"(5:18). 하나님은 열방뿐 아니라 하나님의 백성도 심판하실 것입니다(1-2장). 온 세상의 주님이신 하나님은 모두를 공정히 대하시며 하나님의 법에 따라 '행위대로' 심판하십니다(7:8, 8:2, 7). 선민 이스라엘도 예외가 아닙니다(3:2-8, 14-15, 6:8-10). 하나님은 '타이틀'이 아니라 '삶'을 보십니다.

나는 하나님의
부르심대로
살고 있습니까?

❶ 하나님의 다스림을 인정하고 그것을 지향하는 구별된 자로 살고 있습니까?
❷ 하나님의 성품과 방법대로 살아가고 있습니까?

하나님이 보고 계신다

오바댜
1장

오바댜는 에돔을 향해 심판을 선포합니다.
에돔은 야곱의 쌍둥이 형제 에서에게서 비롯된 족속으로 염해 남쪽, 천연 요새에 자리 잡은 작은 나라였습니다. 에서는 이삭에게서 장자의 축복을 받지 못했지만(창 27장), 하나님은 약속대로 그 후손들을 신실하게 살피셨습니다. 이스라엘에게도 그들을 형제 국가로 대하라고 명령하셨습니다(신 2:2-6, 12, 21-22, 23:7).

그러나 에돔은 유다의 위기를 기회로 삼았습니다.
이집트 시삭의 침략, 블레셋-아람 연합군의 침략, 북왕국의 침략, 바벨론 느부갓네살의 두 차례 침략 등 유다에 불행이 닥칠 때마다 에돔은 이를 방관하며 즐거워했습니다(11-12절). 기회를 틈타 약탈하고 사람들을 노예로 팔았습니다(13-14절). 아하스 때는 직접 침략하기도 했습니다(대하 28:17). 에돔은 동맹국으로서 신의를 지키지 않았고 형제 국가로서도 도리를 다하지 못했습니다(7, 10절).

하나님은 형제에 대한 에돔의 불의와 포학을 심판하실 것입니다.
똑같이 배신당하고 수탈당하게 하실 것입니다(5-7절). 난공불락이라는 명성이 무색하게 모두가 멸절될 것이며 가장 비천하고 멸시당하는 존재가 될 것입니다(2-4, 8-9절, 참고 말 1:3). 만국에 임할 여호와의 날이 임박했습니다(15절). 하나님은 모두 알고 계시며, 모두 보고 계시기에 열방 역시 에돔처럼 심은 대로 거두게 될 것입니다. 악한 자들은 쉼 없이 분노의 잔을 마시게 될 것이며(15-16절), 주의 이름을 부르는 자들에게는 회복이 있을 것입니다(17-21절).

나는 하나님과 형제들에게 '신실한' 사람입니까?

❶ 영과 육의 형제, 자매들에게 신의 있는 사람입니까?
❷ 하나님의 심판에는 난공불락의 요새도 소용없음을 깨닫습니까?

어찌
아끼지 아니하겠느냐

'요나'는 선민 이스라엘을 대변하는 인물입니다.

이스라엘은 하나님과 그 은혜를 독점 계약한 듯 행동하면서도 정작 그들의 삶과 성품과 영성은 언약 백성의 것과 매우 동떨어져 있습니다(1:3, 5, 9-10, 3:4, 4장). 한편, 이방인을 대변하는 선원과 니느웨 백성들은 위기 앞에 최선을 다하는 성실한 자들로 그려집니다. 생명과 신에 대한 경외로 신중함과 경건함을 유지합니다. 니느웨는 선포된 말씀에 금식하며 회개로 반응합니다. 이방인들도 변화의 가능성을 지닌 존재인 것입니다(1:5-6, 8, 10, 13-14, 16, 3:5-9).

하나님은 누군가가 독점할 수 있는 분이 아닙니다(4:2).

이스라엘뿐 아니라 이방인들도 하나님이 지으셨습니다. 친밀감과 스스럼없는 무례함은 전혀 다른 것입니다. 하나님은 거듭 '성내는 것이 옳으냐'고 물으시지만(4:4, 9) 요나는 의도를 헤아리지 못한 채 끝까지 대듭니다(4:9). 하나님은 창조주이며, 강력한 주권자이십니다. 바다, 태풍, 물고기, 박넝쿨, 벌레, 동풍까지도 그분의 일을 위해 자유자재로 사용하실 수 있는 분입니다(1:4, 9, 17, 2:10, 4:6-8). 하나님은 '요나가 아니어도' 일하실 수 있으며(마 3:9), '엉망인 요나로도' 일하실 수 있습니다(3장).

요나서를 꿰뚫는 중요한 질문이 있습니다.

'회개하면 누구든 용서받을 수 있는가? 무엇이든 용서받을 수 있는가?' 요나서는 이에 대한 하나님의 명확한 답변으로 끝납니다. "내가 어찌 아끼지 아니하겠느냐"(4:11, 참고 3:10). 요나(이스라엘)도 실상 그 은혜의 수혜자입니다.

하나님의 은혜와
사랑을 바르게
깨닫습니까?

❶ 하나님과 그분의 은혜를 독점하려 하지 않습니까?
❷ 나도 은혜와 사랑으로 용서받은 죄인임을 깨닫습니까?

미가
1-7장

미가는 이사야와 동시대에 활동한 선지자입니다.

그는 여호와의 영에 충만한 메시지를 선포했습니다(3:8). 당시의 유다는 정치, 경제적으로 큰 부흥기를 누리고 있었지만 정의와 공의에 대한 갈증이 극에 달해 있었습니다(6:6-7:6). 이사야와 달리 미가는 시골 출신으로, 시장과 도심에서 서민들 편에 서서 탐욕과 물질에 혈안이 된 권세자들을 책망했습니다(2:1, 8, 3:1, 5, 9, 4:6-7, 참고 사 1:23, 3:12, 15, 5:8, 10:1).

선지자, 제사장들도 별반 다름이 없었습니다(3:5, 9, 11).

죄악이 관영한 유다의 상황은 재앙에 가까웠습니다(2:10, 7:1). 하나님은 이들의 엄청난 악에 대해 소송을 제기하며 형을 선고하십니다(1:2-7, 2:6-11, 3장, 6:1-16). 문란한 사마리아와 그에 못지않은 예루살렘이 모두 망할 것이며, 이방 군대에 점령되고 자녀들은 포로 신세가 될 것입니다(1:4-7, 15-16, 2:3, 3:4, 7, 12, 5:10-15). 이는 회복을 위해 반드시 거쳐야 할 '산통'입니다(4:10).

미가는 회개를 요청하지 않습니다.

지도자와 백성들에게는 이제 아무것도 기대할 수 없습니다. 오직 하나님을 주어로 하는 심판과 회복만이 제시됩니다. 하나님의 성품과 약속 외에는 바랄 것이 없으며(7:18, 20), 구원자 하나님과 메시아 외에는 소망이 없습니다(5:3, 7:7). 왕이 앞서가며, 여호와께서 앞장서 길을 여실 것입니다(2:12-13). 메시아가 오셔서 정의로 다스리며 목자로서 돌보실 것입니다(5:4-5). 말씀을 사모하는 열방이 시온으로 몰려와 주의 도를 깨닫고, 칼을 쳐서 보습을, 창을 쳐서 낫을 만들 것입니다(사 2:4, 참고 욜 3:10). 참 정의와 평화의 나라가 도래할 것입니다(4:1-3).

나에게는 소망이 있습니까?   ❶ 내가 서 있는 현실과 상황은 어떠합니까?
                                ❷ '나, 너, 우리'를 주어로 하여 절망합니까, '주님'을 주어로 하여
                                   소망합니까?

하나님은
어떤 분이신가

나훔은 앗수르에 심판을 선포한 선지자입니다(1:1, 2장).
심판과 정죄 메시지로 인해 널리 사랑받는 책은 아니지만, 오랫동안 출구 없
는 절망 속에서 몸부림치던 이들을 향한 위로와 응답이 '나훔(위로하다, 위로자)'
서 안에 담겨 있습니다(1:7-8, 12-13, 15, 2:2).

앗수르는 백여 년간 유다의 종주국이었습니다.
유다는 정치적 안정을 위해 많은 조공을 바쳐야 했고, 앗수르는 유다의 정치,
경제, 사회 전반을 통제했습니다(참고 왕하 15:19-20, 16장, 18-19장). 앗수르의 폭
압과 반인륜적 행위들은 매우 악명 높아서 그들의 멸망을 바라는 자들이 많
았습니다(3:1-4, 19). 고된 상황이 오래되자 백성들은 깊은 불신과 의심에 빠졌
습니다. '저들 말대로 앗수르 신이 하나님보다 강한가?'(참고 왕하 18:33) '하나님
은 심판할 의지나 구원의 능력이 없으신가?' 아하스왕은 앗수르처럼 강해지
고자(왕하 16:10-16) 그들의 종교와 제의 방식을 도입하기까지 했습니다.

나훔은 하나님이 어떤 분이신지 선포합니다.
하나님은 심판하실 능력과 의지를 갖고 계십니다. 선하신 분이지만 동시에
시기하고 복수하시는 분이며 자기 백성들의 원수를 끝까지 갚으시는 분입니
다(1:2-3, 2:13). 하나님은 전능하고 자비하며 신실하십니다(1:3-4, 7, 9, 12). 보편
성과 정의와 위엄을 지니신 분이며(1:2-3, 5, 12-14, 2:14, 3:5), 우주, 만물, 열방에
대한 통치권과 주권을 지니신 분입니다. 하나님께서 앗수르를 멸망시키실 날
이 멀지 않았습니다(1:3-10, 12, 15, 2:1, 3-7, 13, 3:5-7). 마음껏 주님을 섬기며 예
배할 날이 곧 올 것입니다(1:15).

나에게 하나님은
어떤 분이십니까?

❶ 하나님은 선하시며, 환난 날에 산성이심을 믿습니까?(1:7)
❷ 하나님은 멍에와 결박을 끊는 분이심을 믿습니까?(1:13)

229

더딜지라도 기다리라

하박국
1-3장

하박국은 지금까지의 선지자들과 조금 다른 방식을 보입니다.
백성들을 향해 말씀을 대언한 것이 아니라, 백성들의 입장에서 하나님을 향해 질문을 던지고 있습니다. 하박국은 지도층의 난폭함과 무정함과 바벨론의 부상에 대해 답답함을 토로합니다. 하나님의 섭리를 질문합니다(1:2-4, 12-17, 참고 왕하 24:4, 렘 22:13-19). 그럼에도 하박국은 확고한 믿음에 서 있습니다. 하나님의 존재와 능력과 주권에 대한 불신이 아니라 왜 하나님께서 강포와 패역, 겁탈, 변론, 분쟁, 악인들에 대해 침묵하시는가, 왜 악한 자들을 사용하시는가를 물은 것입니다(1장).

하나님은 하박국에게 대답하셨습니다(1:5, 2:2).
지금은 선포와 성취의 '중간기(in the meantime)'입니다. '아직' 온전히 드러나지 않았으나 '되어 가는' 시간입니다. 바른 신앙을 가졌음에도 고난과 궁핍과 역경에 처하는 것은 '아직' 하나님의 뜻이 성취되지 않았기 때문입니다. "더딜지라도 기다리라 지체되지 않고 반드시 응하리라"(2:3). 하나님은 바벨론을 도구로 삼아 불의한 유다를 심판하실 것입니다(1:5-11). 그러나 바벨론도 자기 악으로 인해 심판당할 것입니다(2장). 하나님의 정의가 어떻게 실현될지는 끝까지 두고 보아야 합니다(2:4, 20).

결국 의인은 믿음으로 말미암아 살 것입니다(2:4).
하나님과 그분의 계획, 의지를 확인한 하박국은 더 이상 질문하거나 답을 얻는 일에 집착하지 않습니다. 다만 신뢰와 인내로 '중간기'를 살아가리라 기도합니다(3장). 비록 무화과나무가 무성치 못하고 열매와 소출이 없고, 양과 소가 없을지라도 힘이신 여호와, 구원의 하나님으로 기뻐할 것입니다(3:17-18).

나는 믿음으로 '중간기'를
살아가고 있습니까?

❶ 더딜지라도 되어 가고 있으며, 반드시 응할 것을 믿습니까?
❷ 악인의 형통을 부러워하며 노선을 변경하고 있습니까?

스바냐는 '여호와의 날'에 임할 심판과 위로를 강렬하게 묘사합니다.

① 여호와의 날, 강력한 심판이 임할 것입니다.

사람뿐 아니라 새, 짐승, 물고기까지 진멸될 것입니다(1:2-3). 물고기까지 포함된 것은 노아 때보다 더한 심판이란 뜻입니다. 종교적 타락의 본산이 된 예루살렘과 성전이 파괴되고(1:4-6), 사회적 부정부패도 모두 심판받을 것입니다(1:7-13). 하나님이 등불을 들고 악인을 찾아다니실 때(1:12), 숨거나 도망칠 수 있는 자는 아무도 없을 것입니다. 죄의 원천이 된 재산과 집과 사업체가 몰수될 것입니다(1:13). 용사들조차 넋을 잃고 절규할 것입니다(1:14). 동서남북, 모든 열방이 심판을 받을 것입니다(2장). 각별한 애정을 받았음에도 배은망덕한 '예루살렘'은 여호와의 날, 더욱 단단히 각오해야 할 것입니다(3:1-14). 하나님을 찾고 공의를 행하며 겸손한 자만이(2:3, 3:7) 여호와의 분노로부터 숨김을 받을 것입니다.

② 여호와의 날, 기쁨의 노래를 부를 것입니다.

교만한 자들이 심판과 정화의 과정을 통해 모두 제거되고 온순하고 겸손하며 하나님을 경외하는 자들만이 남을 것입니다. 인종과 언어와 피부색을 초월한 자들이 새 백성을 이루고 하나님이 함께하심으로 인해 기뻐할 것입니다(3:9-16). 스바냐 3장 17절은 '구약의 요한복음 3장 16절'로 불립니다(파머 로버트슨). 이 구절에는 끝까지 믿음을 지킨 자들에 대한 하나님의 격한 기쁨과 그들을 있는 그대로 받으시는 하나님의 큰 사랑이 담겼습니다. 하나님은 그들에게 위로와 약속을 건네십니다(3:18-20).

오늘 나에게 주시는 하나님의 말씀은 무엇입니까? ❶ 12가지 책망의 말씀들에 나, 우리의 삶을 비춰 보십시오(3:1-5). ❷ 하나님의 기쁨과 사랑, 위로와 약속을 묵상해 보십시오(3:17-20).

231

회복의 우선순위

학개
1-2장

꿈에 그리던 포로 귀환이 시작되었습니다(대하 36:22-23).

그러나 유대인들은 현실과 신앙적 이상 사이에서 갈등했습니다. '어렵게 마련한 경제적, 사회적 기반들과 함께 남을 것인가, 모든 것을 뒤로하고 본국으로 귀환할 것인가?' 회복을 기대하며 믿음으로 귀향한 이들은(스 2:64, 느 7:66) 곧 참담한 현실과 마주해야 했습니다. 조상들의 가옥과 토지는 이미 남의 것이 되었습니다. 고국에 남아 있던 자들이나 이방인들과 갈등하기도 했습니다. 흉작과 사회문제들로 인해 20년 가까이 피폐한 삶이 계속되었습니다.

성전 건축을 시작했지만 이 또한 곧 중단되었습니다(참고 스 4:1-6).

경제적 궁핍과 여러 현안들에 밀려 건축 현장은 16년 동안이나 방치되었습니다(1:2). 학개는 우선순위를 분명히 하라고 책망합니다(1:4, 7, 2:18-19). 황폐함의 근본 원인이 무엇인지 먼저 살피라고 명합니다(1:4-11, 2:15-17). '성전 건축'은 단지 '건물'을 완공하는 것이 아닙니다. 하나님의 임재와 임마누엘의 상징인 성전을 재건하는 일은 하나님과의 언약과 그 정신을 계승하는 것입니다. 황폐한 개인과 공동체의 영, 혼, 몸을 재건하고 인생을 하나님 중심으로 재편하는 것입니다.

약속하신 회복은 '하나님의 임재'로부터 시작됩니다.

하나님이 공동체와 함께하시는 것이 복의 근원입니다(2:4-5). 하나님은 성전의 규모와 화려함을 보지 않으십니다(2:3). 그에 담긴 의미와 결단을 귀하게 보십니다(1:12-13). 하나님은 경외함으로 말씀에 순종한 백성들에게 이전보다 더 큰 영광을 약속하십니다(2:4-9, 21-23).

나는 회복의 우선순위를 깨닫고 있습니까?

❶ 하나님과의 관계를 '형편이 나아진 이후'로 미루는 것은 아닙니까?
❷ 하나님과의 관계로부터 모든 회복이 시작됨을 깨닫습니까?

절망스러운 평안

유대인들은 포로 생활을 끝내고 귀향하며 '심판 끝, 회복 시작'이란 기대에 부풀었습니다.

그러나 예루살렘과 성읍들의 회복은 더뎠습니다. 약속하신 열방에 대한 심판도 전혀 기미가 보이지 않았습니다. 너무 평안한 것이 도리어 절망스러웠습니다(1:11). 백성들은 절규했습니다. '언제까지입니까?'(1:12)

조용해 보여도 하나님은 이미 새 일을 시작하셨습니다.

하나님께서 보내신 순찰병들이 세상을 두루 살펴보고 있습니다(1:10). 아무리 강한 뿔이라도 대장장이의 망치질을 견디지 못하듯(1:18-21), 견고한 제국들도 결국 파괴되고 무너질 것입니다. 성전과 성벽과 예배도 모두 재건될 것입니다(2장). 하나님 없는 견고한 도성이나 성벽은 아무 소용이 없습니다. 하나님은 불 성벽이 되어 그들을 보호하실 것이며(2:5), 남루한 귀향민들에게 '새 옷'을 입혀 주실 것입니다(3:4). 힘과 능이 아니라 주의 영으로 하게 하실 것입니다(4:6).

조용하다고 하여 아무 일 없는 것이 아닙니다.

하나님께서 예루살렘 곧 시온으로 '돌아오시면' 그곳의 죄와 악행이 '떠나게' 될 것입니다(5장). 열방을 심판할 주의 군대가 출정하고 있습니다(6장). 하나님은 '싹' 즉 여호와의 종을 준비하고 계십니다(3:8, 6:12). "모두들 조용히 하여라! 쉿! 하나님 앞에서 침묵하여라. 그분의 거룩한 집에서 무슨 일이 일어나고 있다. 그분이 움직이고 계신다!"(2:13, 메시지성경)

나는 '절망스러운 평안'을 경험한 적이 있습니까?   ❶ 기도(약속)에도 불구하고 '아무 일 없을 때'의 심경은 어떠합니까?
❷ 하나님께서 어떻게 일하며 움직이고 계셨습니까?

불행을 반복하지 말라

스가랴
7-11장

새로운 공동체가 주의해야 할 점은 무엇일까요?

멸망을 불러온 과거의 행위들을 반복하지 않는 것입니다. 유대인들은 성전이 파괴되던 날을 기억하며 금식해 왔습니다. 새 성전이 건축되고 있는 상황에서도 금식을 계속해야 할지 묻자 하나님은 뜻밖의 질문과 책망으로 대답하셨습니다(7:3-5). "그 금식이 나를 위하여, 나를 위하여 한 것이냐?" 그들은 여전히 형식적인 종교 생활을 하고 있었습니다.

백성들은 변함없이 성전에 나와 귀를 막고 제 말만 했습니다.

하나님 역시 그들의 말을 듣지 않고 귀를 막으셨습니다. '부르짖고-응답하는' 언약의 관계가 파기되었을 때(7:11-13), 풍요를 찾아 엉뚱한 목자와 우상들을 좇았을 때(10:2-3), 하나님은 그들을 멸망시키고 흩으셨습니다(7:14). 새로운 공동체는 새로운 삶의 방식을 택해야 합니다. 진실하고 화평한 재판을 행하고 인애와 긍휼을 베풀어야 합니다. 압제나 해하는 일이나 거짓 맹세를 근절해야 합니다(7:9-10, 8:16-17).

하나님이 돌아오시면 진리, 거룩, 기쁨, 화평이 충만할 것입니다(8:3-13, 18-23).

하나님께서는 그의 소유인 열방을 심판하실 것입니다(9장). 다윗(유다) 자손으로부터 메시아가 오셔서(9:9-12, 참고 창 49:10-11) 남과 북을 하나로 만들며, 억류된 자녀들을 구원하실 것입니다. 무능한 목자를 제하고 친히 백성을 돌보실 것입니다(10:3). 주님으로 인해 백성들의 존재와 신분과 가치가 변할 것입니다(9:16). 그럼에도 환난은 아직 끝이 아닙니다(11장).

나는 거듭난 삶, 새로운
방식의 삶을 살고 있습니까?

❶ '부르짖고-응답하는' 언약 관계를 누리고 있습니까?

❷ 여전히 남아 있는 옛 방식의 삶과 신앙 양태는 무엇입니까?

새 하늘과 새 땅

스가랴서는 '신약이 사랑한 구약성서'라는 별칭이 있습니다.
복음서와 요한계시록에 70여 차례나 인용되었으며 예수 그리스도의 출현에
성큼 다가가고 있는 책입니다. 특히 스가랴 9-14장은 예수의 수난 이야기와
깊이 관련됩니다(9:11, 참고 출 24:8, 눅 22:20, 고전 11:25).

스가랴 11장은 어둠과 불확실한 미래로 끝맺은 바 있습니다.
이와 달리 12장은 하나님의 놀랍고 눈부신 구원을 그려 냅니다. 악한 지도자
들이 이방 나라에 백성들을 팔아넘기고(11:5), 열방이 예루살렘을 공격하겠
지만 성공하지 못할 것입니다(12:2-3). 하나님이 구원하시고 예루살렘을 바위
되게 하시며(12:3, 7) 진영들을 교란시켜 멸하실 것이기 때문입니다(12:4-5, 9).
이러한 승리와 구원 이면에는 큰 슬픔이 있을 것입니다(12:9-13:1). 그들이 찌
른 이*로 인해 독자를** 잃은 듯 통곡할 것이며(12:10), 그 죽음에 대하여 온 세
상이 애통할 것이지만(12:11-14), 이 죄를 씻을 샘이 열릴 것입니다(13:1, 참고 겔
36:25-29). 거짓 선지자와 악한 목자들이 제거될 것입니다(13장).

* 히브리어로는 '나(하나님)의 찔림'으로 읽힘, 메시아와 연결(요 19:37, 계 1:7)
** 메시아적 의미로 사용(요 1:18, 눅 2:7, 롬 8:29)

여호와의 날, 하나님이 전쟁을 치르실 것입니다(14:1-3).
새 하늘과 새 땅, 새 예루살렘이 이루어져(14:6-11, 계 21:1-22:1-5) 모든 악이 사
라지고 하나님께서 왕으로 오실 것입니다(14:9). 저주와 멸망과 진멸이 없이
안전하고 평안할 것입니다(겔 34:25-31). 모든 것이 거룩하고 성결하게 구별될
것입니다(14:20-21).

나는 '새 하늘과 새 땅'
하나님의 온전한
다스림을 사모합니까?

❶ 하나님이 함께 계셔서 모든 눈물을 닦아 주실 날을 사모합니까?(계 21:3-4)
❷ 내게 속한 작은 '말 방울'까지 주님께 성별되기를 사모합니까?(14:20)

235

하나님은 사랑하신다

말라기
1-4장

새 성전이 완공된 후에도 상황은 크게 달라지지 않았습니다.
백성들은 하나님께 깊은 배신감을 느꼈습니다(3:14-15). '하나님이 정녕 변하셨나? 더는 우리를 사랑하지 않으시나?' 하나님을 믿고 명령대로 사는 것이 헛일처럼 보였습니다.

하나님의 사랑과 관심은 변함이 없으십니다(1:2).
회복이 더딘 것은 백성들의 죄악 때문입니다(사 59:1-2). 그들은 하나님을 무시하고 언약을 등한시했습니다. '삶을 얻게 할' 율법도 준수하지 않았습니다. 변한 것은 하나님이 아니라 이스라엘입니다(1:6-14, 2:8-9, 10-17, 3:8-9, 참고 겔 20:13, 21). 없는 살림에 흠 있는 제물도 나름의 최선이고, 십일조는 아직 무리인 게 사실입니다(1:8, 3:7-8). 그럼에도 하나님은 호전된 이후를 기약할 것이 아니라, 언약의 의무를 이행하여 복을 누리라 말씀하십니다(3:10-11). '궁핍-불이행-심판-궁핍'의 악순환을 끊으라는 것입니다.

'여호와의 날' 역시 변함없이 다가오고 있습니다.
참 언약 백성들은 기념책에 이름이 기록될 것이며, 특별한 소유로서 하나님의 사랑을 받을 것입니다(3:16-17). 그러나 악인들은 의인들과 분별될 것입니다(3:18, 4장). 하나님과의 '이혼 위기(호세아)'로 시작된 소예언서는 '처음 언약과 사랑을 회복하라(말라기)'는 요청으로 끝을 맺습니다. '언약-언약 백성의 삶(율법)-축복과 저주(오경)'로 시작된 구약은 '언약적 삶과 율법을 이행하라(말라기)'는 말씀으로 끝을 맺고 있습니다(4:4).

나는 '하나님의 사랑'을
확신하고 있습니까?

❶ 자기 사랑을 확증하시려는 하나님의 방법을 깨닫습니까?(롬 5:8)
❷ 율법을 완성하시며, 믿음과 삶을 하나 되게 하실 주님을 기대합니까?

마침내!
드러난 하나님 나라

"아브라함과 다윗의 자손 예수 그리스도의 계보라"(1:1).
멸망과 포로기, 귀환, 혼돈의 시기들을 지나며 어느덧 조상도 왕손의 개념도
희미해져 가던 그때, 아브라함과 다윗을 명시한 족보가 낭독되기 시작합니다
(1장). 유서 깊은 구원사와 예언을 품은 이름들 끝에 이 족보의 목표이자 절정
인 분이 소개됩니다. '왕이신 메시아, 예수 그리스도!'

족보는 14대씩 3그룹을 이루고 있습니다(1:17).
① **아브라함-다윗**(상승기) 위대한 약속, 영원한 언약
② **다윗-바벨론 포로기**(하강기) 이스라엘의 죄, 심판, 멸망
③ **바벨론-예수 그리스도**(상승기) 귀환, 약속, 메시아

족보의 나열은 그 자체로 '정치적 선언'과 같습니다(톰 라이트).
하나님의 언약, 심판과 멸망 이후 약속하신 회복이 이제 예수 그리스도를 통
해 성취될 시간입니다(1:16, 23, 2:6, 15, 18, 3:3, 4:15-16). 예수님은 하나님 임재의
상징인 '성전'을 넘어 그 자체로 '임마누엘'이신 분입니다(1:23, 12:6), 유월절(장
자)/홍해/율법으로 이어진 출애굽의 구원을 넘어(출 4:22, 12:12-13, 14:22, 24장),
세례(물)/성령/'아들'로서의 새로운 삶을 열어 보이신 분입니다(3:13-17, 롬 8:14-
15). 선악과를 넘어서서 '하나님 말씀'대로 사는 삶의 본을 보이신 분(4:1-7), 율
법의 한계를 넘어 '율법을 완성'하신 분(5:17, 시 19:7), 율법으로 불가능한 구원
을 이루실 분이 예수님입니다(1:21).

예언대로 열방이 '시온'을 향해 경배하러 옵니다(2:1-12, 동방박사).*
예수님의 존재와 말씀과 삶을 통해 마침내 주님이 통치하시는 '하나님 나라'
가 드러났습니다(Kingdom of GOD, 天國, 4:17). * 참고 사 49:6, 단 7:14, 미 4:2, 습 3:9

나는 예수님의 탄생에 담긴 ❶ 백성들의 오래고 깊은 염원, 예언서들의 비전을 기억합니까?
깊은 의미를 깨닫습니까? ❷ 예수님의 이름, 삶, 말씀에 담긴 풍성한 의미를 깨닫습니까?

237

반석 위에 지은 집

마태복음
5-7장

세례 요한은 주의 길을 예비한 선지자입니다(3:3, 사 40:3).
왕이 오셨음에도 백성들은 준비되어 있지 않았습니다(암 4:12). 그들은 '아브
라함의 자손'이란 타이틀 뒤에 숨으려 했습니다. 요한은 '돌이키고 회개에 합
당한 열매를 맺으라'는 강렬한 메시지를 선포합니다(3:2, 7-10, 참고 렘 4:1-2, 암
3:2). 가나안 정복을 위해 믿음으로 요단을 건넜듯(수 3장), 새로운 시대를 위해
거쳐야 할 요단(세례)이 있습니다(3:6). 가나안에 건설해야 할 하나님 나라를
위해 법전을 주셨듯이(신 12-26장), 새로운 시대에는 새로운 삶의 양식이 있습
니다(5-7, 10, 13, 18, 23-25장). 하나님과 언약을 갱신하며 순종을 결단했듯이(신
26-31장), 새로운 시대에도 동일한 순종과 결단이 요청됩니다(5:1-20, 7:13-23).

하나님과 하나님 나라의 방식은 한결같습니다(5:17).
'하나님의 주권, 하나님의 방법, 하나님의 뜻을 인정하고, 오직 하나님만 신뢰
하며 전심으로 순종할 것인가?' 예수님은 익숙한 계명과 말씀들에 새롭고 온
전한 선율을 입히십니다("너희가 들었으나", 5:21, 27, 33, 38, 43). 이집트로부터 '아
들'을 구출하신 하나님은 오늘도 우리를 악과 문제들과 필요로부터 구원하
시는 '우리 아버지'(6:9)이십니다(5:16, 45, 48, 6:1, 4, 6, 8-9, 13-15, 18, 26, 32, 7:11,
21, 참고 출 4:22). 하나님은 그분의 뜻과 계획과 세계를 함께 공유하시며(5장),
그 뜻이 이루어지도록 기도하게 하십니다(6:10). 또한 그렇게 살게 하십니다
(6:11-15). 종교와 삶, 겉과 속, 율법과 행위가 하나 되게 하십니다(참고 말 4:4-5).

이스라엘은 불순종으로 인해 망한 바 있습니다(렘 1:10, 52장, 대하 36:19).
다윗 언약과 성전을 맹신하며 하나님의 뜻대로 행하지 않았기 때문입니다.
하나님과 상관없는 '집'이라면 결국 또다시 무너질 것입니다(7:15-23, 24-27, 참
고 사 1장, 렘 7장, 암 4:1-5, 5:4-5, 고전 3:16).

나는 반석 위에 집을
짓는 자입니까?

❶ God First! 하나님 먼저, 하나님 중심의 삶을 살고 있습니까?
❷ 하나님의 뜻이 내 삶, 가정, 사역, 일터에서 이루어지고 있습니까?

예수님은 누구신가?

무리는 예수님의 가르침에 놀랐습니다(7:28-29).

그러나 그것은 시작에 불과합니다. 예수님은 권위 있는 선생이자 치료자이시며(8:1-17), 바람과 바다, 악과 죄를 다루는 참 주님(master)이십니다. 지식, 질병, 자연, 귀신, 죽음에 대해 권위와 권한을 가진(8:23-9:8) 하나님의 아들, 메시아이신 것입니다(8:27, 29). 오래도록 염원하던 '새 일'이 시작됩니다(사 40:3-5, 겔 37:5). 중풍 병자가 침상에서, 세리가 욕망과 탐욕의 자리에서, 소녀가 죽음 가운데서 '일어납니다'(9:6, 9, 25, 겔 37:10). 참된 생명이 '마르고 죽은 것들'로 옮아갑니다(9:22, 25, 요일 5:11, 20). 목자 없이 기진한 양들이 참 목자를 만납니다(9:36, 미 5:4, 슥 9:16, 10:2).

무리는 천국을 열망하면서도 실상은 그에 대해 무지했습니다.

예수님은 하나님 나라의 복음을 '선포'하고 '가르치셨습니다'. 주님의 나라가 임할 때 일어날 '치유와 회복'을 보여 주셨습니다. 예수님은 모두가 천국의 원복 누리기를 원하셨습니다(9:35). '새 일을 이루실 권위와 권한이 예수님께 있음을 믿는가?'(8:2, 8, 26, 9:2, 21, 28, 10장) 하나님의 나라는 오직 '믿음'으로 누리며 맛볼 수 있습니다. 예수님이 인간의 몸을 입고 오신 하나님이심을 깨닫고 신뢰하는 일에서부터 그리스도인의 탄생과 소명과 능력이 시작됩니다(8:16, 9:12, 17, 35-38, 10장, 참고 사 43:10).

그럼에도 예수님에 대해 모두가 한마음은 아니었습니다.

예수님으로 인해 살아나는 자들이 있는가 하면, 어둠의 세력들은 새로운 질서와 빛을 반기지 않았습니다. 하나님 나라를 반대하며 세상 나라를 유지하려는 이들은 온 힘을 다해 예수님과 제자들을 막으려 할 것입니다(8:34, 9:3, 14, 34, 10:14-15, 17-19, 22-23, 28, 34, 욜 3:14-21).

나는 예수님의 정체와 권위와 권한을 바로 깨닫습니까?

❶ 하나님이신 예수님께 하늘과 땅의 모든 권세가 있음을 믿습니까?
❷ 예수님으로 인한 새로운 질서와 빛을 반기고 있습니까?

당황스러운 메시아

마태복음
11-13장

고대하던 메시아가 오셨지만, 무리는 예수님이 불편했습니다(11:3).

각자의 신념이나 이상과 너무 다른 '당황스러운 메시아'였기 때문입니다. 세
례 요한은 '심판자' 메시아를 기대했습니다(3:7, 11:2). 불의한 세력들을 정죄
하고 정의를 속히 구현할 메시아, 갇힌 자를 해방시킬 강력한 구세주를 기다
린 것입니다(슥 9:12). 백성들 역시 신속한 혁명과 정치적 변혁을 원했습니다
(21:9, 27:21). 바리새인(토라), 에세네파(규율), 헤롯(성전) 등 모두가 자기 식대로
새로운 시대를 준비하고 있었습니다.

예수님은 '오래된 새 길'을 보이셨습니다(11:13-14, 13:52).

참 율법으로 '율법적인' 억압과 위협들을 걷어 내고, 예수님만 아시는 '아버
지'의 진심과 진실을 보이며 새로운 관계로 초대하셨습니다(11:28-30, 12:50,
13:35). 그러나 예수님의 말씀과 정체가 드러날수록 갈등은 더욱 커졌습니다.
왕조와 성전에 대한 예수님의 견해, 율법에 대한 깊은 해석(12:3, 6, 13:54), '아
버지'와 교제하는 예수님의 생경한 방식들(11:25-27)은 자기 신념으로 무장한
자들에게 철저히 배척당했습니다(11:6, 19-24, 12:8, 14, 16, 23-24, 38, 13:15, 57).

알곡처럼 보이지만 가라지일 수 있습니다(12:36-37, 13:29).

좋은 밭 같아 보여도 좀 더 기다려 봐야 압니다(12:33, 13:1-23). 하나님은 심
기고 자라고 어떤 열매가 맺히는지 살피시며 기다리고 계십니다. 신속한 심
판 대신 속도를 조절하고 계시는 것입니다(11:29). 조용하고 부드러우나 근본
적인 혁명 끝에(11:5-6, 12:17-21), 실수 없으신 하나님의 심판이 있을 것입니다
(13:30, 40, 49-50). 주님은 결코 겉모양에 속지 않으십니다.

나를 위해 속도를 조절하시는 ❶ 나의 신념과 이상과 기대와 방식을 신앙이라 착각하지 않습니까?
하나님의 은혜를 깨닫습니까? ❷ 나의 마음 밭에는 씨앗이 심기고 자라며 열매 맺고 있습니까?

너희는
그의 말을 들으라

예수님과 함께 도래한 '하나님 나라'로 인해 '큰 풍랑'이 일었습니다(14:24).
새로운 나라, 새로운 왕, 새로운 통치에 대하여 세상 왕과 기득권들의 반발이
거셌습니다(14:10, 15:12, 16:21, 17:22-25). 적대자들은 율법과 전통의 수호자처
럼 굴었지만 실상은 말씀을 가면처럼 쓰고 벗는 위선자들이었습니다. 그들은
하나님과 신앙과 율법에 대해 무지하고 모순된 삶을 살고 있었습니다(15:2,
11, 18). 오히려 겸손하게 예수님께 구원을 간청한 이방 여인이 하나님의 비전
과 예언의 흐름 안에 있었습니다(15:25, 사 49:6).

'옛 것인가, 새 것인가'의 문제가 아닙니다(15:6, 16:3).
'하나님의 본의와 본심대로인가'의 문제입니다(15:3, 8-9, 13). 예수님은 그들이
그토록 중시하는 율법과 예언을 완성하고 성취하실 메시아입니다(14:27, 30,
33, 15:29-31, 참고 사 35장, 미 4:1, 6:1). 예수님은 그분의 정체를 깨달은 자들에게
본격적으로 복음의 핵심을 선포하십니다(16:16, 21, 17:22-23). 아직 십자가와
부활을 다 이해하며 헤아리지 못할지라도 바른 신앙의 고백으로부터, 주님과
의 바른 관계 설정으로부터 반석 위에 세운 집, 교회가 시작됩니다(7:24, 16:18,
23-28).

이제는 '모세와 엘리야(율법, 예언)'가 아닌 예수님을 보아야 합니다(17:3, 5).
"너와 같은 선지자 하나를 그들을 위하여 일으키고… 내가 그에게 명령하는
것을 그가 무리에게 다 말하리라 누구든지 내 이름으로 전하는 내 말을 듣지
아니하는 자는 내게 벌을 받을 것이요"(신 18:18-19).

나는 예수님의 말씀을
듣고 있습니까?

❶ 모세와 엘리야(전통, 전례, 규범, 제도)에 집중합니까?
❷ 예수님의 말씀(하나님의 본의와 본심)을 듣고 있습니까?

241

마태복음
18-20장

새로운 시대, 하나님 나라의 인재상은 무엇일까요?

예수님은 '어린아이'를 꼽으셨습니다(18:3, 19:14). 부자 청년은 든든한 자산과 그동안의 훈련으로 자신만만했습니다(19:20, 22). 제자들은 예수님에 대한 헌신과 친밀함으로 승부를 보려 했습니다(19:27). 각자가 스스로를 새 시대의 미래 권력이라 여겼습니다(19:16, 20:21). 그들은 예수님이 말씀하시는 '새 일'과 '하나님 나라'를 오해했습니다(20:22).

하나님의 나라와 통치가 임하면 '속마음'에서부터 새로워집니다.

용서, 이혼 등의 문제나 해결 방안보다 중요한 것은 질문하는 사람의 상황과 의도와 속마음입니다(18:15-19:12). 인간사의 모든 문제는 하나님께 반항하며 소견대로 행하려는 인간의 완악함과 이기적인 마음으로부터 시작됩니다. 근원이 바뀌지 않으니 문제도 계속되는 것입니다. 주님은 문제의 이면을 살피게 하십니다(18:21, 33, 19:7-8). 하나님과의 관계 안에서 모든 사안을 바라보게 하십니다(18:18-20, 35, 19:5-6, 12, 20:14-16, 22-23, 32-33). 더 나아가 애초에 문제가 생기지 않도록 시종을 맡아 가장 온전하고 선한 상태로 빚어 가십니다 (complete, 19:21, 26).

'어린아이'는 연약하고 취약하며 미숙합니다.

그러나 순수함과 개방성, 유연성, 진솔함, 진실함을 지녔습니다. 어린아이는 무엇보다 '아버지'를 신뢰하며 사랑합니다. 완벽한 분별력이나 수행 능력, 현실성과 효용성, 효율성은 '어린아이'에게 기대할 바가 아닙니다(18:4, 6, 8-9, 19, 33, 19:13, 21, 26, 29, 20:7, 26-27, 31).

나는 어린아이 같은
사람입니까?

❶ 말씀을 분석하고 분별하며 현실성, 효용성, 효율성을 먼저 떠올립니까?
❷ 하나님의 통치와 치유에 내 모든 영역을 완전히 개방합니까?

왕이 되려는 종들

예수님께서 예루살렘에 입성하셨습니다(21:10).

십자가와 부활을 향한 걸음이 뚜렷해질수록 적대자들의 반감과 저항도 본격화되었습니다. 무리는 새로운 왕, 메시아를 환영했습니다(21:9). 정치적 혁명을 암시하는 '다윗의 자손'을 연호하며 제국으로부터의 독립과 해방과 구원을 요청했습니다. 그러나 예수님은 하나님의 뜻과 순서와 방법에 따라 하나님의 구원을 이루어 가십니다(21:12, 22:21, 37-40, 23장).

사두개인들은 성전에서 '왕 노릇' 하고 있었습니다.

성전은 제의, 경제, 행정 업무를 전담하고 있어 인력과 재정과 권력이 집중될 수밖에 없었습니다. 성전의 핵심 권력이던 사두개인들은 하나님의 명령과 본업을 뒤로한 채(21:13) 권위와 권한을 갖는 일에 총력을 기울였습니다. 바리새인들은 율법을 자신들의 전유물로 여겼습니다(23장). 말씀을 통해 백성들을 하나님께로 인도하기는커녕, 율법적인 잣대로 영혼들을 정죄하고 위협하며 이로써 사람들에게 영향력을 행사했습니다.

그들은 왕을 제대로 알아보지 못했습니다(21:23).

성전과 율법을 통해 권력을 맛본 종교 지도자들은 '어린아이'가 아니라 '왕'이 되기를 선택했습니다(21:15-16, 22:15, 29, 35, 23:10-12). 왕이 되려는 종들의 왕국은 무너질 것입니다(21:38, 24:1-2). 오직 하나님의 통치와 주권만이 드러날 것입니다(24:3).

나는 어떤 일에 총력을
기울이고 있습니까?

❶ 하나님 사랑, 이웃 사랑에 총력을 기울입니까?
❷ 권위와 권한 갖는 일에 집중하고 있습니까?

종이 되신 왕

마태복음
24-26장

예수님은 새 시대가 탄생하기 위해 겪어야 할 산통에 대해 말씀하십니다.
즉 박해와 재난과 기근과 사회, 정치적 격변 등이 있을 것이나 종교적, 정치적, 폭력적 선동에 휘말리지 말고 깨어 있는 삶, 지혜로운 삶을 살라고 명령하십니다(24-25장).

지혜의 근원은 하나님을 경외하는 것입니다(잠 1:7).
하나님을 신뢰하며 말씀을 따라 행하는 것입니다. 예수님은 하나님의 '뜻'과 '시간표'대로 움직이셨고(26:12, 45), 하나님이 택하신 '방법'에까지 순종하셨습니다(고전 1:18). 고통스럽고 외로웠지만 묵묵히 그 길을 가셨습니다(26:25, 38-39, 56, 69-75). 왕이신 예수님은 보좌 대신에 십자가에 오르셨고(27:37), 권위와 권한을 벗은 채 면류관 대신 가시관을 쓰셨습니다. 철저히 어린아이가 되어 하나님께 순종하심으로(18:3, 19:14) 성경의 예언과 하나님의 뜻을 이루셨습니다(사 52:13-53:12). 낮추시고 죽기까지 복종하신 것입니다(26:39, 42, 45, 54, 27:29, 35, 빌 2:6-8).

예수님은 십자가에서 내려올 능력이 있으셨습니다.
그럼에도 하나님과의 '단절'과 '죽음'에까지 순종하셨습니다(27:40, 46). 예수님과 천국의 방식은 무력해 보였지만(26:47, 57, 67), 권력자들이 예수님을 '잡아 죽이고'(26:4) 싶을 만큼 위협적이고 강력한 것이었습니다(26:59-60, 27:18, 23-24). 세상은 참 왕과 그의 나라를 못 박아 끝내려 하겠지만 결코 하나님 나라를 막지 못할 것입니다.

나는 예수님과 복음의
능력을 믿습니까?

❶ 복음, 신앙, 기독교에 대한 세상의 평가와 정의는 어떠합니까?
❷ 예수님이 보이신 천국과 복음의 능력은 어떠합니까?

죽음에서 생명으로

마태복음
27-28장

여러 무리가 예수님을 십자가에 못 박는 것에 공조했습니다.
성전과 율법과 종교적 기득권을 유지하려는 종교 지도자들, 민심과 제국의
신임을 얻어 생명을 연장하려는 정치인, 이익과 시류에 따라 움직이는 무리
가 힘을 모았습니다(27:1, 21, 24). 그러나 그들은 목적을 이루지 못했습니다.
하나님과 상관없는 성전은 결국 무너졌고(주후 70년), 빌라도의 정치적 생명력
도 그리 길지 못했습니다. 로마제국의 문을 연 것은 정치적 메시아가 아닌 하
나님 나라 복음이었습니다(주후 313년, 기독교 공인).

예수님은 십자가를 통해 '다 이루셨습니다'(요 19:30).
예수님으로 인해 극악무도한 '바나바'가 대신 '구원'을 받은 것처럼 예수님으
로 인해 '죄인'인 우리가 속량을 받았습니다(엡 1:7). 광야에 길을, 사막에 강
을 내시겠다는 약속 그대로 죽음에서 생명에 이르는 새 길이 열렸습니다(사
43:19, 출 14:29, 요 5:24, 고전 15:20). 결국 십자가는 세상과 권력자들의 승리가 아
니라 구원을 위해 십자가를 택하신 하나님의 승리였습니다.

제자들은 이제 예수님의 발자취를 따라갑니다(28:19-20).
세례를 통해 예수님의 죽음과 부활에 동참하며(롬 6:3-4), 성부, 성자, 성령의
이름으로 얻은 새로운 정체성으로, 새로운 삶의 양식을 통해 새로운 소명을
이루어 갑니다. 임마누엘의 복과 권세가 제자들과 늘 함께할 것입니다.

나는 예수님의 발자취를   ❶ 우리 앞에서 길을 예비하고 인도하시는 은혜를 깨닫습니까?(출 13:21-22)
따라가고 있습니까?   ❷ 죽음에서 생명으로 나아가고 있습니까?(요 5:24)

예수님은 누구신가

구원의 여정에는 늘 부활과 생명과 승리만 있는 것이 아니었습니다.
예수님의 발자취를 따라가는 길에는 핍박과 박해와 십자가 고난이 동반되었습니다. 그리스도인들은 대형 화재의 범인이라는 누명을 쓰거나(주후 64년) 제국 밖으로 추방당하기도 했습니다(행 18:2). 고문, 참수, 화형으로 많은 이가 순교했습니다. 성도들은 죽음 가까이에서 치열하게 고민했습니다. '예수님은 누구신가? 과연 신뢰할 만한 분인가?' '복음이 내 전부를 걸 만큼 가치 있는 것인가?' 그들은 고난 속에서 예수님을 다시 만났습니다.

"하나님의 아들 예수 그리스도의 복음의 시작이라"(1:1).
마가는 예수님의 정체성을 한 문장에 담아냈습니다. 곧이어 예수 그리스도, 하나님 나라의 복음을 간결하고 명확하게 빠른 호흡으로 써 내려갑니다. 군중과 적대자들과 제자들의 질문들*을 통해 예수님의 정체와 사명과 목적이 드러납니다(1-7장). 예수님의 수난은 이미 예고된 것이었으며(8-10장), 그것은 사명의 성취와 승리를 위한 과정이었습니다(11-16장). 십자가 고난이 지나면 부활이 올 것입니다. 온 세상에 하나님의 통치가 임할 것입니다(13장).

* 예수님은 누구신가? : 질문과 암시들

질문❶ 군중들(1:27) 이것이 무엇인가? 권세 있는 새 가르침인가?

질문❷ 서기관들(2:7) 이 사람이 어찌 이렇게 말하는가?

질문❸ 서기관들(2:7) 하나님 외에 누가 능히 죄를 사하겠는가?

질문❹ 서기관들(2:16) 어찌하여 그는 죄인들과 함께 먹는가?

질문❺ 바리새인들(2:24) 저희가 어찌 불법적인 일을 하는가?

질문❻ 제자들(4:41) 저가 뉘기에 바람과 바다가 순종하는가?

질문❼ 고향 사람들(6:2) 이 사람이 어디서 이런 지혜를 얻었는가?

질문❽ 바리새인들(7:5) 당신의 제자들은 왜 유전대로 살지 않는가?

답변 : 주는 그리스도시니이다(베드로의 답변, 8:29)   《두란노 HOW 주석》

나에게 예수님은
어떤 분이니까?

❶ 예수님은 누구이며 어떤 분입니까?

❷ 예수님은 어떤 일을 하셨으며, 왜 그 일을 하셨습니까?

부활보다
십자가가 먼저다

"자기의 일을 아무에게도 말하지 말라 경고하시고."
마가복음에는 이런 독특한 표현이 여러 번 등장합니다(8:30, 1:34, 43-44, 3:12, 5:43, 7:36, 9:9). 예수님의 정체와 능력에 대해 발설을 금하는 명령들로 '메시아 비밀'이라 불립니다(Messianic Secret). 예수님은 왜 말하지 말라고 하셨을까요? 그들이 예수님에 대해 보고 듣고 경험한 것은 지극히 일부분이며 완전하지 않기 때문입니다.

제자들조차 예수님의 정체와 사명을 오해했습니다(4:13, 40, 6:52, 8:16, 9:10, 32). 예수님은 본인의 진가를 다 드러내지 않으셨고, 진짜 사명도 아직 보이지 않으셨습니다. 섣부른 결론은 금물입니다. 십자가와 부활 아래에서 모든 것이 재해석될 때 예수님께서 하신 말씀들이 퍼즐처럼 맞춰지며 그림 전체를 볼 수 있을 것입니다(8:27-31).

박해받는 성도들이 발견하고 싶은 메시아는 어떤 모습이었을까요?
오늘 우리가 바라는 예수님의 모습은 무엇일까요? 성경 속 무리들이 기대하던 바와 다르지 않을 것입니다. 예수님은 수난이 사명의 일부임을 일깨우십니다(13:13). 부활보다 십자가가 먼저입니다(8:31, 9:31, 10:33-34, 13장). "내가 마시는 잔을 너희가 마실 수 있으며 내가 받는 세례를 너희가 받을 수 있느냐"(10:38).

나는 예수님의 말씀을
온전히 이해합니까?

❶ 십자가와 부활 아래에서 말씀들을 묵상합니까?
❷ 수난도 사명의 일부임을 깨닫습니까?

247

제자에게 필요한 것

**마가복음
9-10장**

마가는 예수님의 제자들을 있는 그대로 솔직하게 보여 줍니다.
평범한 사람들이 예수를 만나 성장하는 과정, 그 과정에서 드러나는 실수와
실패와 약점들까지 정직하게 기록합니다. 미화하거나 두둔하지 않음으로써
독자인 우리가 같은 죄를 반복하지 않도록 하고 있습니다. 제자들은 예수님
이 누구신지 잘 몰랐고(9:6), 예수님의 말씀도 이해하지 못했으며(9:10, 32), 정
체성, 사명, 사역에 대한 이해도 부족했습니다(9:18, 28, 34. 10:38).

'제자' 자체가 능력이나 특권이 아닙니다.
제자에겐 깊은 기도와 영적 집중력과 용기가 필요합니다(9:29, 32, 10:32). 죄로
향하는 것을 알아차리고 잘라 내는 단호함이 필요합니다(9:43-47). 세상의 권
력, 영광, 가족, 소속, 우선순위를 전복하는 하나님 나라 질서로의 전환이 필
요합니다(9:35, 40-41, 10:24-25, 29, 31, 43-45). 예수님은 문제 몇 가지를 해결하
기 위해 오신 분이 아닙니다(10:1-12). 문제의 근원 자체를 다루기 위해 오셨습
니다(10:5-9). 예수님은 하나님의 뜻과 계획과 최선을 깨닫고 이를 따르는 '회
복된 인간성'을 제시하실 것입니다(10:27, 톰 라이트).

"네게 무엇을 하여 주기를 원하느냐"(10:51).
자리와 영광을 요청한 제자들과 달리(10:36-37), 맹인 거지 바디매오는 '보기'
를 원했습니다(10:51). '보게' 된 이후에는 예수님을 따랐습니다(10:52). '제자'
들에게는 보상과 영광과 특권이 아니라 참으로 볼 수 있는 '눈'과 믿음이 필요
합니다(10:38, 52).

나는 어떤 제자입니까?　　❶ 능력, 지위, 보상, 합격, 성공, 영광을 바랍니까?
　　　　　　　　　　　　　❷ 깊은 기도와 회개와 영적 집중력과 안목과 용기로 주님을 따릅니까?

메시아 비밀은 지켜지지 않았습니다(1:45, 5:20, 7:36).
예수님은 결코 숨겨질 분이 아니었습니다(2:2, 3:8, 20, 6:14, 33). 그러나 우려대로 사람들은 예수님을 오해했습니다.

① **예수님께 무지했던 사람들** 예수님은 '호산나' 환호 속에 입성하십니다 (11:9-11). 유대인들은 절기 때마다 관례처럼 이를 외쳤고, 벳바게나 베다니 주민들은 유월절 순례객들을 맞아 환영 인사처럼 '호산나'를 건넸습니다. 호산나를 외치고 건네는 사람들 중에는 예수님을 그저 순례객 중 하나로 알았을 것입니다. 예수님이 정말 그 말을 받아 구원을 행하실 메시아이며 구세주 되심을 알지 못한 것입니다(시 118:25-26).

② **예수님의 제자들** 제자들은 예수님이 나귀 새끼를 타고 입성하실 때, 승리와 영광의 메시아를 떠올리며 기뻐했습니다(11:7, 슥 9:9). 다윗의 자손 예수님이 하나님 나라 왕위에 오르실 때, 내 자리는 어디쯤일지 상상하며 들떠 있었습니다(10:37, 삼하 7:10-17).

③ **정치적 메시아를 기대한 사람들** 예수님이 예루살렘에 입성하시기 약 190년 전, 호산나 환호를 받으며 입성한 개선장군이 있었습니다. 헬라의 폭압으로부터 독립을 이룬 유다 마카비였습니다. 백성들은 그때처럼 로마로부터 해방될 수만 있다면 누구에게든 종려나무를 흔들 준비가 되어 있었습니다. 예수든 바라바든 상관없었습니다(15:11). 예수님은 분명 구원자요, 메시아이십니다(8:29). 그 진정한 의미는 모든 것이 완결된 후에야 밝히 드러날 것입니다.

나는 어떤 이유로 예수님을
환영하고 있습니까?

❶ 나는 어떤 이유로 예수님을 바라보고 있습니까?
❷ 예수님의 정체와 사역을 내가 결정한 것은 아닙니까?

249

복음을 전파하라

마가복음
14-16장

모두가 예수님을 오해한 것은 아니었습니다.
예수님께 향유 옥합을 드린 여인과 백부장의 고백에는(14:8, 15:39) 예수님의
참 정체성과 사역이 드러나 있습니다. 예수님의 사명은 이미 예수님의 사역
일성(一聲)에 담겨 있었습니다(1:15). "하나님의 나라가 가까이 왔으니 회개하
고 복음을 믿으라!" 하나님이신 예수님의 오심으로 천국이 시작되었고 치유
와 축귀의 역사들이 일어났습니다(1:34, 고전 15:55).

예수님은 십자가에서 구원을 이루셨습니다.
하나님은 사랑으로 죄인들을 받아들이시는 동시에 십자가에서 죄 사함을 이
루심으로 공의를 실현하셨습니다. 죄 없으신 예수님께서 우리 죄를 속량하
였고 하나님과 화목을 이루게 하셨습니다(10:45, 롬 3:25-26, 엡 1:7, 히 4:15, 벧전
2:24). 어린양의 피로 죽음을 면했던 유월의 구원(출 12:13)이 예수님의 살과 피
를 통해 우리에게도 임했습니다(14:22). 십자가를 의지하여 믿음으로 주께 돌
이키는 자들은 위대한 용서와 천국을 누리게 됩니다(롬 3:21-24). 새 언약의 백
성으로 살게 됩니다(14:24).

예수님은 부활하셨습니다(16:6, Jesus is alive!).
사탄의 권세와 죽음을 깨뜨리신 예수님은(고전 15:55, 히 2:14-15, 요일 3:8) 지금
도 살아 계셔서 자기 백성을 살피십니다. 어떠한 위협과 공격, 핍박과 박해,
고난에도 날마다 구원으로 인도하실 것입니다(16:15-20, 롬 8:35).

나는 날마다 하나님의   ❶ 나의 삶, 가정, 사역, 일터, 영, 혼, 몸이 하나님의 통치 아래 있습니까?
구원을 경험하고 있습니까?   ❷ 보호하시고 인도하시며 피할 길을 내시는 성령님을 경험합니까?

더 확실하게
하려 함이라

누가는 이방인이요, 그리스도인이며 의사였습니다(골 4:14).
그는 바울의 전도 여행에 동행했고(행 16:10-17, 20:6-21, 28:1-16), 끝까지 바울의
곁을 지킨 신실한 동역자였습니다(딤후 4:11). 누가가 쓴 복음서의 수신인은
'데오빌로'입니다. 그는 로마 고위관리로서 예수를 믿고 개종했지만, 이전부
터 교제해 오던 세속 이방인들과의 관계, 탄탄한 신앙 기반을 가진 유대인들
과의 관계 속에서 불편과 혼란을 겪고 있었습니다.

많은 이방인 신자들도 동일한 상황에 처해 있었습니다.
이방인 그리스도인으로서 세상 속에 구별된 성도로 살아가는 한편, 낯선 신
앙 공동체에 견고히 안착하기 위해서는 확실한 믿음의 모멘텀이 필요했습니
다. 누구보다 그 상황을 잘 알고 있던 누가는 예수님을 경험한 1세대 목격자
들을 취재하여 신뢰할 만한 자료들을 수집하고 정리하기 시작했습니다. 누가
는 이방인들이 그 자료를 살피고 치열하게 연구하는 가운데 예수님을 만나고
신앙으로 견고히 서길 바랐습니다(1:3-4). 그렇게 쓰인 책이 누가복음과 사도
행전입니다.

"이는 각하가 알고 있는 바를 더 확실하게 함이로라"(1:4).
이방인들과 얕은 믿음으로 흔들리던 초신자들은 이 기록들을 읽으며 예수님
이 어떤 분이신지 알아 갔습니다. 자신의 정체성과 소속을 확실히 깨닫고 결
단했습니다.

나는 믿음으로 견고히 선
그리스도인입니까?

❶ 예수님을 나의 주로 고백하고 있습니까?
❷ 성도, 교회로서 명확한 정체성과 소속감을 가졌습니까?

251

온 세상의 구원자 예수

예수님의 발자취를 따르는 이들에게는 차별이 없습니다.

인종, 국적, 성별, 지위, 소유로 판단이나 평가받지 않고 죄인들까지도 하나님의 구원에서 소외되지 않습니다. 참으로 믿고 돌이켜 회개하면 구원이 임합니다(5:8, 32). 예수님은 오랜 기도의 응답이시며(2:22-38), 온 세상을 위한 구원자이십니다(2:10, 14, 3:6). 모든 이들을 위로하고 구속하실 분으로서(2:25, 38), 가난한 자, 고단한 노동자들, 이방인들, 귀신 들린 자, 병든 자, 소외된 자, 죄인들을 위해 오셨습니다(2:8, 4:26-27, 36, 40, 5:20, 32, 6:20-21, 7:22, 48).

예수님을 만나면 해방과 자유를 누리게 됩니다(4:18).

자기 속의 죄를 발견하고 주님께 내어놓게 되며(5:8) 악령, 몸과 마음의 병, 죄, 정죄로부터 벗어납니다(2:10, 14, 4:35, 20, 40, 7:21-22, 8:2). 이로써 모두에게 기쁨과 평화가 임합니다. 예수님은 아브라함의 자손만이 아니라(3:8), 하나님께 속한 '온 인류'를 위해 오셨습니다(3:38). 예수님은 '온 세상'의 불의와 모순들을 제하시고 참된 정의를 이루실 것입니다(3:5-6, 사 40:4-5).

* 참고 사 56:6-8, 57:18-19, 58:6-12, 59:20-21, 합 2:14

일부분만 갖다 붙인다고 새것이 되지 않습니다(5:36).

새로운 일, 새로운 방식으로 완전히 전환해야 합니다(5:38). 옛 것에 길들여진 자들이 새것을 거부하듯(5:39), 모두가 천국의 방식을 받아들이지는 않을 것입니다. 하나님 나라와 구원은 믿음과 순종으로 열립니다(참고 1:20, 1:38).

믿음과 순종만이 답인 것을
믿고 행합니까?

❶ 삶, 행동, 사고방식 일부만 고치거나 개선하려 하지 않습니까?

❷ 믿음으로 보고, 듣고, 깨닫게 하시는 모든 것에 순종합니까?

눌린 자를 자유롭게 하고

누가복음은 '가난한 자들을 위한 복음'으로 불립니다(W. E. 필그림).

예수님은 가난하고 연약한 자들을 부르셨습니다(6:6, 17-19, 20-25, 7:2, 13, 22, 39, 8:27, 43, 52). 예수님은 늘 가난 가까이에 계셨습니다. 예수님이 태어나 누이신 곳이 구유였고(2:7), 밤중에, 밖에서 양을 치며 고단한 삶을 연명해 가던 목자들이 구유에 누인 예수님을 찾아왔습니다(2:15). 예수님의 부모는 정결 예물로 '비둘기'를 드렸습니다(2:24, 참고 레 12:8). 가난한 자들에 대한 예수님의 사랑과 관심은 공생애 첫 설교, 파송 설교, 팔복에도 드러납니다.

예수님은 가난하고 연약한 자들을 긍휼히 여기실 뿐 아니라 먹이셨습니다
(4:18, 6:20, 7:22, 9:11, 13, 17).

예수님은 잠시 배부를 떡만 주신 것이 아닙니다(4:3). 자신의 몸을 생명의 떡으로 내어주셨습니다(22:19). 이를 먹는 자는 새로운 영과 새로운 비전으로 배부를 것입니다. 떡으로만 사는 삶이 아니라 하나님의 말씀으로 사는 삶(4:4), 하나님 나라의 참 풍요를 누리게 될 것입니다.

예수님은 열두 제자뿐 아니라 여성들도 제자로 부르셨습니다.

당시 여성은 어린아이, 노예와 더불어 무가치한 존재로 취급되었고 랍비의 가르침을 받는 자리에도 배제되었습니다. 그러나 예수님은 시대와 사회적 통념을 넘어 여인들을 부르셨고 동역하셨습니다(8:1-3). 여인들은 자신의 소유와 물질과 지위를 다해 복음에 헌신했고(8:1-3) 수난의 현장을 지키며 부활의 증인이 되었습니다(23:27, 49, 55, 24:10).

나는 예수님이 귀히 여기신 ❶ 세상에서 소외된 이들을 동료, 동역자로 인정하며 받아들입니까?
존재들을 귀하게 여깁니까? ❷ 육신의 떡(구제)뿐 아니라 생명의 양식을 전하고 있습니까?

예수님은 모든 일에 앞서 기도하셨습니다.

기도로 사명을 확인하였고, 기도로 사명을 이루셨습니다(《두란노 HOW 주석》).

① 예수님은 세례받으며 기도하셨습니다(3:21).

앞으로 베푸실 참 세례 즉 십자가와 부활의 사명과 사역을 품고 기도하셨습니다. 기도하는 예수님께 성령이 강림했습니다(3:22).

② 예수님은 반복하여 꾸준히 기도하셨습니다(5:15-16).

무리의 환호와 명성과 곧 있을 시련에 흔들리지 않고 끊임없이 기도하셨습니다. 이로써 하나님의 뜻과 목적을 견지하셨습니다.

③ 예수님은 제자들을 위해 기도하셨습니다.

적대자들의 공격이 고조되고 죽음이 다가오는 때(6:11) 기도하며 열두 사도를 택했고(6:12-16), 그들의 사역과 믿음을 위해 중보하셨습니다(22:31-32).

④ 예수님은 십자가와 부활을 위해 기도하셨습니다.

기도로 십자가를 준비하시고, 수난 직전에도 기도하셨으며, 십자가 위에서도 기도하셨습니다(9:18, 28-29, 22:39-46, 23:46).

'날마다' 제 십자가를 지고 주님을 따르는 자들은(9:23) '날마다' 기도로써 준비하고 감당해야 합니다. 예수님은 친히 기도의 모범이 되셨으며 어떻게 기도해야 하는지(manner, 11:5-13, 18:1-14), 무엇을 기도해야 하는지(content, 주기도문 11:2-4), 왜 기도해야 하는지(reason, 21:36)를 가르쳐 주셨습니다. "구하는 이마다 받을 것이요 찾는 이는 찾아낼 것이요 두드리는 이에게는 열릴 것이니라… 너희 하늘 아버지께서 구하는 자에게 성령을 주시지 않겠느냐"(11:10, 13).

나는 예수님처럼
기도하는 사람입니까?

❶ '날마다' 기도로써 제 십자가를 지고 주를 따릅니까?
❷ 하나님 아버지께 '좋은 것', 성령을 구하고 있습니까?

예수님은 기도로 열두 명의 사도를 택하셨습니다(6:13).

그리고 그들을 집중적으로 훈련시키셨습니다(9:21-27, 12:1, 22, 41-42). 앞으로 예수님과 제자들에게 닥칠 일들은 혈과 육과 정치적 싸움을 넘어선 영적 전쟁입니다(12:4-5). 하나님은 성령을 통해 세심하게 도우실 것입니다(12:6, 11-12). 의심하고 불신하여 불순종하면 구원은 없습니다(12:8-10). 지혜롭게 처신하며 성령을 신뢰해야 합니다(12:2-3, 12).

세상 나라와 하나님 나라는 함께할 수 없습니다.

세상적 관점/관심/가치관/사고방식에 붙들려 있으면 염려/근심/욕망과 함께 세상 나라에 머물게 됩니다(12:14-15, 16-29, 22, 29). 인간의 유한함을 깨닫고 하나님을 신뢰할 때(12:6, 20, 23-24, 25-28, 30), 하나님 나라의 질서에 편입되어 원복을 누릴 것입니다(12:31-34). 현상이나 죄인을 감별하는 것보다 시급한 것이 있습니다(12:54-55, 13:1-2). 임박한 심판과 내 처지를 깨닫고 회개하는 것입니다(12:35-48). 내 판단과 신념보다 중요한 것은 예수님의 말씀입니다(12:49-53, 13:27-28). 속히 회개하고 곧 닫힐 좁은 문으로 들어가야 합니다(13:3-9, 23-24).

제자로서 져야 할 십자가가 있습니다.

"누구든지 자기 십자가를 지고 나를 따르지 않는 자도 능히 내 제자가 되지 못하리라"(14:27). 제자는 마땅히 치러야 할 값이 있으며(14:28-30), 적을 분별하고 싸움의 전략을 세워야 합니다(14:31-32). 짠맛 없는 소금이 없듯, 성령 없이는 제자도 없습니다(14:34). 성령께서 때마다 그들을 가르치실 것입니다(12:12).

나는 예수님의 제자로
살아가고 있습니까?

❶ 내가 지고 가야 할 십자가는 무엇입니까?
❷ 매 순간, 모든 사안에 성령의 가르침을 받고 있습니까?

255

누가복음
15-18장

예수님은 '죄인'이라 불리던 자들에게 다가가셨습니다.

잘못된 행실이나 범죄, 직업, 민족적 편견으로 인해 공동체에서 배제된 자들
이었습니다(5:27-32, 7:36-50, 10:29-37, 17:11-19, 18:9-14, 19:1-10). 예수님은 잃은
양을 포기하지 않고 찾아 나서셨습니다(15:4). 예수님은 죽는 순간까지 죄인들
을 위해 기도하셨고 그들을 사랑하셨으며 구원하셨습니다(23:34, 43).

바리새인들은 그들을 정죄하고 배척했습니다(15:2, 18:14).

그러나 예수님은 식탁에 마주 앉으시고 구원의 여정으로 초대하셨습니다
(5:30-32). 투명인간 취급받던 여인에게 말을 건네셨고(7:39), 그의 과거와 죄,
나와 남의 정죄로부터 구원하셨습니다(7:48, 50). 죄인들은 예수님을 만나 죄
를 깨달았습니다(5:8, 15:18, 요일 1:9). 죄를 자백하며 '아버지 집'으로 돌아갈 때
(悔改, 15:20), 그들은 '자녀'로서, 새로운 피조물로서 새로운 삶을 살게 됩니다
(롬 8:15, 고후 5:17).

죄인들의 구원은 곧 공동체의 구원으로 연결됩니다.

죄에 대한 통회와 자복, 진심 어린 사과와 반복되는 죄가 그칠 때 죄인의 삶
에도, 공동체의 삶에도 참된 평화와 안식이 찾아옵니다. 참된 사랑과 참된 회
개가 만날 때 비로소 용서가 완결됩니다(17:3-4). 삭개오가 구원받아 새로운
삶을 살게 되었을 때(19:1-10) 가렴주구(苛斂誅求)로 피폐하던 공동체에도 구원
이 찾아왔습니다. 니느웨가 회개할 때 폭압에 억눌리던 나라들에 평화가 찾
아왔습니다(욘 1:2). 탕자가 돌아올 때 온전한 가정으로의 첫걸음이 시작됩니
다(15:32).

나는 주님의 사랑으로
사랑합니까?

❶ 나를 사랑하신 주님이 그도 사랑하심을 깨닫습니까?
❷ 나를 구원하신 주님이 그도 구원하실 것을 믿습니까?

내 말은 없어지지 아니하리라

선지자들은 '여호와의 날'에 대해 선포한 바 있습니다.

메시아가 오시는 '그날에' 위로와 심판이 임하리라는 예언이었습니다. 선지자들의 예언대로 나귀 타고 입성한 왕이신 예수님은(19:35, 슥 9:9) 성전에 대하여 '건축물 안전점검'을 실시하십니다(19:46). 검사 결과, 그것은 '곧 무너질 것'이라는 통지를 받게 됩니다(21:5-6, 사 56:7, 렘 7:11, 마 7:24-27, 반석/모래 위에 세운 집).

성전 지도자들은 이에 반발하며 물었습니다.

'당신이 무슨 권위로 이런 일을 하느냐?'(20:2). 예수님은 구약의 선지자들이 예언한 메시아이십니다. 세례 요한이 길을 예비한 하나님의 아들이며(3:4, 22, 사 40:3), 성전보다 크신 분입니다(마 12:6, 학 2:9, 말 3:1). 종교 지도자들은 옛 체제(율법, 선지자)를 고수하면서도 구약에 기반한 예수님의 권위를 부정했습니다. 그들은 자신이 성전의 권력을 잠시 맡은 '종'인 것을 잊고(20:9), 주인에게 맞서며 결국 그 아들까지 죽입니다(19:47, 20:14).

예수님은 그들의 이중성을 폭로하셨습니다(20:24).*

난리 끝에 예수님께서 옳았음을 알 것입니다(21:5-33). 참 하나님이며 참 인간이신 예수님만이 '시작'하실 수 있고(20:17), '완성'하실 수 있음을 알게 될 것입니다(cornerstone, keystone). 틀에 맞지 않는다고 버림받았던 예수가 인정되며(20:17), 그분의 통치가 온 땅에 임할 날이 오게 될 것입니다(20:42-43).

* 데나리온은 황제의 형상, 신격화 문장이 새겨져 부정한 것으로 간주되었다. 그들은 하나님을 모독하는 황제의 화폐를 몸에 지니고 있었던 것이다.

나는 예수님의 말씀이
성취될 것을 믿습니까?

❶ '난리와 소요의 소문' 중에도 흔들리지 않고 기도합니까?(21:9, 36)
❷ 선한 일을 시작하신 주님께서 마침내 완성하실 것을 믿습니까?

말씀을 깨닫게 하시고

누가복음
22-24장

헤롯과 빌라도는 정치판에서 잔뼈가 굵은 자들입니다.

그들은 예수님이 '무죄'란 사실을 알았습니다(23:15). 성전 권력의 권모술수임을 간파한 빌라도는(22:2, 23:2, 10) 예수님의 무죄를 3번이나 확인시킵니다(23:4, 14, 22). 그럼에도 두 사람은 아무 조치도 취하지 않았습니다. 현직 '유대인의 왕'과 '제국'의 대표자인 헤롯과 빌라도는 세속의 방식대로 '하나님 나라의 왕' 예수님을 내어줍니다. 폭력을 금하신 평화와 사랑의 왕 예수님은(6:27-38, 22:51) 폭력을 행사한 살인자를 대신하여 죽으셨습니다(23:19). 의인이신 분이 죄인들을 대신하여 죽으셨습니다(23:47).

그러나 예수님은 말씀하신 대로 살아나셨습니다(9:22, 24:6, 44).

부활은 한 번도 경험해 보지 못한 완전한 새 일이었습니다. 예상하거나 이해하거나 헤아리지 못한 새 일이었습니다. 십자가와 부활, 그 말씀의 의미를 깨닫기 위해서는 예수님께서 친히 조명해 주셔야 가능합니다(24:27, 32, 45). 예수님은 말씀대로 약속과 구원을 성취하셨습니다(24:44). 성령이 임하면 제자들은 예수 그리스도의 십자가와 부활, 천국의 복음을 깨닫고 온 세상에 증거하게 될 것입니다(24:48-49).

선악과는 우리의 눈을 밝혀 수치를 보게 했습니다(창 3:7).

그러나 주님의 떡은 우리의 눈을 밝혀 예수님을 알게 합니다(24:30). 예수님은 친히 베푸신 식탁에서(24:30-31, 41-48, 요 21:9-14, 행 2:42) 주님으로부터 떡과 잔을 받는 모든 사람들에게 십자가와 부활을 경험하게 하실 것입니다(톰 라이트).

나는 성경의 의미, 십자가와   ❶ 통독에 앞서 눈을 밝히고 마음을 여실 주님께 기도합니까?
부활의 의미를 깨닫습니까?   ❷ 주님의 식탁(성찬)에서 십자가와 부활의 은혜를 깊이 누리고 있습니까?

하나님의 아들 예수

공관복음서(마태/마가/누가)는 **예수님과 사역의 의의를 조명했습니다.**
한편, 요한복음은 '예수님이 누구신가'에 집중합니다. 예수님은 육신이 되신
'말씀'이십니다(1:14). 예수님은 우리 가운데 거하시며 천지를 창조하신 하나
님의 말씀의 능력으로(1:1-3) 이 땅과 우리 삶을 새롭게 창조하실 것입니다.

인간은 죄와 타락으로 인해 어둠에 거했습니다.
인간은 생명을 잃고 물로 심판받아 멸망받은 바 있습니다(창 7:21-23). 빛이요
생명이신 예수님은 어둠을 밝히시며(1:4-5, 3:19, 참고 창 1:3) 배에서 생수의 강
이 흘러나오게 하실 것입니다(7:38). 피(물)로써 구원과 생명을 주실 것입니다
(3:15-16, 19:34). 예수님의 사명은 하나님의 일을 완성하는 것, 곧 새로운 창조
로 구속을 완성하는 것입니다(3:35, 4:34). 창조 때의 빛과 물과 생명이 예수님
으로 완성될 것입니다.

예수님은 물이 포도주가 되게 하셨습니다(2:9, 표적 ①).
이로써 새 시대와 새로운 변화의 시작을 알리셨습니다. 하나님이 약속하신
정결과 새 영의 역사(겔 36:25-27), 물과 성령으로 거듭나는 새 일이 시작되었
습니다(3:3, 5). 새 포도주가 이전 포도주보다 더 좋았듯(2:10), 예수님께서 율
법과 예언을 완성하실 것입니다(1:16-17, 45, 5:39, 46). 하늘과 땅의 모든 것을
아시는 '하나님의 아들'께서* '선생'들이 알지 못하고 답하지 못했던 일들을 완
전하게 보이실 것입니다(2:24-25, 3:10-13, 31-36, 7:16).

* 1:14, 18, 34, 41, 49, 2:16, 3:12-13, 18, 31-36, 5:18, 25, 10:36, 11:4, 27, 19:7, 20:31

나는 예수님께서 행하실
새로운 창조를 소망합니까?
❶ 내 삶에 드리운 어둠과 죽음과 절망의 그림자는 무엇입니까?
❷ 하늘과 땅의 모든 지혜가 필요한 문제는 무엇입니까?

• 하나님의 아들: 표적과 이름

요한복음은 예수님이 '하나님의 아들'임을 선포하며 8가지 '표적들(semeia)'을 증언합니다. 또한 '나는 ~이다'라는 표현을 사용하고 있습니다. 공관복음서는 치유와 축귀에 '이적(dunamis)'이란 표현을 사용했습니다. 그러나 요한은 이적 대신 '표적'이란 말을 사용하는데 이는 영어의 사인(sign)에 해당합니다. 표적은 치유, 축귀, 기적 자체에 놀라고 감탄하기보다 그것이 가리키는 바 즉 예수님이 이적을 보이신 '이유'와 '의미'와 '메시지'에 집중합니다.

• 유대인들은 하나님의 이름을 귀히 여겨 함부로 부르지 않았습니다.

그 대신 '나는 그이다'라는 '숨겨진 이름'을 썼습니다(신 32:39, 사 42:8, 52:6). '나는 ~이다'라는 예수님의 소개 자체가 하나님이심을 선포한 것입니다. 8가지 표적들과 '나는 ~이다'라는 표현은 앞뒤 구절에서 서로 연결됩니다. 표적을 보이신 예수님은 그것이 의미하는 바를 앞 혹은 뒤에서 '나는 ~이다'라는 표현을 통해 부연하여 설명하십니다(《두란노 HOW 주석》).

•8가지 표적들

❶ 물로 포도주를 만드심(2:1-11)

❷ 신하의 아들 치유(4:46-54)

❸ 베데스다 병자의 치유(5:1-18)

❹ 오병이어의 기적(6:1-15)

❺ 물 위로 걸으심(6:16-21)

❻ 맹인의 눈을 뜨게 하심(9:1-41)

❼ 나사로의 부활(11:1-57)

❽ 예수님의 부활(20장)

•〈'나는-이다(이름)'〉 문구

❶ 네게 말하는 내가 그라(4:26, 18:5)

❷ 내가 곧 생명의 떡이니(6:35, 41, 48, 51)

❸ 나는 세상의 빛이니(8:12)

❹ 나는 양의 문이라(10:7, 9)

❺ 나는 선한 목자라(10:11, 14)

❻ 나는 부활이요 생명이니(11:25)

❼ 내가 곧 길이요 진리요 생명이니(14:6)

❽ 나는 참 포도나무요(15:1, 5)

❾ 내가 왕이니라(18:37)

예수님은 생명을 주시는 분입니다.
예수님은 '지금' 생명을 주시며, '영원한' 생명을 주십니다. 예수님은 목마르고
갈급한 인생들에게 속에서 영생토록 솟는 샘물을 주십니다(4:10, 14). 예수님
안에는 하나님의 생명이 있습니다(5:21, 26). 믿음으로 예수님 안에 거하면 구
원을 얻으며 가망 없는 자까지도 살아나게 됩니다(4:47, 50, 53, 5:5, 24, 표적②③).

예수님은 생명의 떡이십니다(6:35, 41, 48, 51, 이름②).
예수님은 '육신의 떡'으로도 배부르게 하실 것이며(6:11-13), '참된 양식'으로 영
원한 풍요를 주실 것입니다(6:32-35). 출애굽과 홍해와 만나에 임한 하나님의
구원이(6:4, 49, 유월절) 바다를 걸으며 먹이시는 예수님께 있습니다(6:11, 19, 표
적④⑤). 참된 떡과 참된 음료를 먹는 자는 영생할 것이며 마지막 날, 살리심을
얻게 될 것입니다(6:35, 48-58).

주님의 다스림 안에 거하는 것이 '천국'입니다.
주님을 알고 믿는 인격적인 관계로 들어가면 영생을 얻고 사망에서 생명으로
옮겨집니다(5:24). 바로 지금, '생명의 영역'에 있는 것입니다(현재, 완료시제). 그
럼에도 구원은 계속되는 믿음의 여정입니다. 예수님 안에 거하되 끝까지 거
해야 합니다(5:14, 6:66-69).

바로 지금, 참된   ❶ 내 인생의 목마름은 무엇이며 그 이유는 무엇입니까?
'생명의 영역'에 있습니까?   ❷ 예수님으로 인해 목마름이 해갈되는 이유는 무엇입니까?

세상의 빛이신 예수

초막절은 출애굽 하나님의 구원을 기억하는 절기입니다(7:2).
특별히 광야에서 '물'을 주셨던 하나님을 기억하면서 농사를 위한 비를 내려 주시길 기원하는 절기였습니다. 첫날부터 여섯째 날까지 제사장을 필두로 행렬을 지어 실로암 물을 떠서 제단에 붓는 예식을 행했습니다(레 23:34-36). "누구든지 목마르거든 내게로 와서 마시라 나를 믿는 자는 성경에 이름과 같이 그 배에서 생수의 강이 흘러나오리라"(7:37-38, 사 12:3, 44:3). 하나님께 물을 간구하는 절기에 '오라!' 하신 것은 예수님이 생명을 주실 바로 그 주님임을 나타내신 것입니다(7:39, 성령).

초막절에는 '빛의 예식'들도 거행되었습니다.
광야에서 불기둥으로 인도하신 하나님을 기억하며 여인의 뜰에 불을 밝히고 횃불을 들어 춤을 추었습니다. 예수님은 여인의 뜰, 연보 궤 앞에 서셨습니다(8:20). "나는 세상의 빛이니(이름③) 나를 따르는 자는 어둠에 다니지 아니하고 생명의 빛을 얻으리라"(8:12). 어둠 속, 빛을 갈망하는 자들에게 '나를 따르라!' 선포하셨습니다. 불기둥에 임한 주의 영광이 예수님께 임했습니다.

생명수 되신 예수님은 해갈의 기쁨을 주십니다(4:10, 14).
빛이 되셔서 영과 육의 눈을 뜨게 하십니다(9:7, 17, 33, 38, 표적⑥). 바리새인들은 눈은 떴으나 마치 눈먼 자들처럼(8:19, 47, 55, 9:16) 하나님도 율법도 제대로 알지 못했습니다(사 6:9-10). 오직 예수 안에서만 진리를 깨달을 수 있습니다(8:40, 44-45). 참 자유와 영생을 누릴 수 있습니다(8:32, 36, 51).

나는 예수님의 빛으로
눈뜬 자입니까?

❶ 예수님 안에서 진리를 깨닫고 자유하게 되었습니까?
❷ 주님의 빛이 나의 길을 보여 주고 계십니까?

선한 목자이신 예수

예수님은 수전절에 자신을 '목자'라고 선포하셨습니다(10:22).
"나는 양의 문이라··· 나는 선한 목자라"(10:7, 11, 이름④⑤). "내가 온 것은 양으로 생명을 얻게 하고···"(10:10) "선한 목자는 양들을 위하여 목숨을 버리거니와···"(10:11) "내 양은 내 음성을 들으며 나는 그들을 알며 그들은 나를 따르느니라"(10:27). 수전절은 헬라로부터의 독립을 기념하는 절기입니다. 유대인들은 이날 마카비 형제가 헬라 제국과의 전쟁에서 승리한 후 성전을 수리하고 성별하여 봉헌한 것을 기념했습니다.

유대인들은 수전절에 에스겔 34장을 봉독했습니다.
참 목자가 양 떼를 찾고 건져 낸다는 말씀입니다(겔 34:10). 삯꾼 목자*는 양을 방치하고 위기의 때에 버리지만, 참 목자는 양 떼를 끝까지 돌보고 건져 냅니다. 자기 양을 치는 목자는 고용된 이들과 다릅니다. 한 마리 한 마리의 상황과 형편과 출입을 각별히 살핍니다. 당시 양 우리의 문에는 문짝이 없고 담 한쪽이 트인 형태로 되어 있었습니다(10:3). 그래서 밤이면 목자들이 자기 몸으로 트인 곳을 막아 양들을 지켰습니다. 양의 문이신 주님은 우리의 상황과 출입을 지키며 영원한 생명의 문으로 들여보내실 것입니다(10:9-10).

* 삯꾼 목자는 유대 지도자들을 의미한다. 참고 8:44, 9:39, 10:10-13, 슥 10:2-3, 11장

유대인들은 제2의 마카비를 기대했습니다.
그러나 그 승리는 잠시였고 곧 로마가 들어섰습니다. 예수님은 시대와 상황에 제한된 개선장군이 아니십니다. 예수님은 온 인류의 구원자이며 선한 목자이십니다. 참 목자이신 예수님은 자기 양 떼를 돌보며 참 생명을 주실 것입니다(10:11, 미 5:4-5, 슥 9:16).

예수님은 나의 목자, 나는
그분의 양입니까?

❶ 나는 주님의 음성을 듣고 주님을 따르고 있습니까?
❷ 나의 상황과 출입을 주님께 의탁하고 있습니까?

길, 진리, 생명이신 예수

'율법' 하면 딱딱하고 엄격한 느낌이 듭니다.

그러나 율법은 본래 오경(토라) 즉 '하나님의 말씀'을 가리킵니다. 법 조항이라기보다 이야기 혹은 가르침에 더 가깝지만, 에스라/느헤미야 시대에 율법 준수를 워낙 강조하다 보니 마치 법조문처럼 간주된 측면이 있습니다. 율법은 하나님 백성의 정체성과 삶을 보여 주는 것입니다. 히브리어로는 할라카 즉 '걷는다'는 의미로 율법을 지킨다는 것은 '하나님과 함께 걷는 것'이며, '하나님의 뜻에 따라 걷는 것'을 의미합니다(왕대일). 다시 말해 율법은 하나님께로 가는 '길'과 같습니다(시 119:103-105).

그러나 인간은 하나님의 본의와 본심에 무지했습니다.

율법을 제대로 알지 못했고, 지키지도 못했습니다(7:19, 8:19). 하나님의 아들이신 예수님 외에는 하나님과 그분의 뜻을 온전히 알 수 없습니다(1:18, 5:37, 7:16, 28-29, 14:7, 31). 예수님만이 진리와 뜻을 보일 수 있는 분입니다(8:31-32, 44, 14:31, 15:15, 18:37). "내가 곧 길이요 진리요 생명이니(이름⑦) 나로 말미암지 않고는 아버지께로 올 자가 없느니라"(14:6).

하나님은 진리의 영, 보혜사 성령님을 보내실 것입니다.

성령님은 우리 속에 거하셔서 예수님을 알게 하며 주의 법을 깨닫고 지킬 수 있게 하실 것입니다(14:17-21, 15:26, 16장, 겔 36:25-27).

나는 예수의 길을
걷고 있습니까?

❶ 주님이 보이신 길, 진리, 생명을 따라가고 있습니까?
❷ 내가 내비게이션 삼고 있는 것들은 무엇입니까?

263

요한복음
16-18장

참 포도나무이신 예수

예수님은 참 포도나무요, 참 이스라엘이십니다(사 5:2).
"나는 포도나무요 너희는 가지라 그가 내 안에, 내가 그 안에 거하면 사람이
열매를 많이 맺나니 나를 떠나서는 너희가 아무것도 할 수 없음이라"(15:5, 이
름⑧). 욕망과 야망과 불필요한 것들을 깨끗이 가지치기해야 합니다(15:2). 예
수님 안에 거할 때 하나님 안에 거하게 되며, 생명, 기쁨, 사랑, 평안을 누리게
됩니다(10:30, 15:8-9, 11, 16:32-33, 17:13, 21).

예수님은 우리를 '친구'라 부르십니다(15:13, 15).
'죄인들의 친구'이신 예수님은 우리 죄 대신 죽으심으로 큰 사랑과 생명을 주
셨습니다. 우리는 예수님 안에서 하나님께 직접 나아갈 수 있으며, 모든 것을
구하고 받을 수 있습니다(15:16, 16:23-24, 히 4:16). 또한 예수님이 하나님 아버
지께 드린 기도를 통해 그 깊은 친밀감 속으로 들어갈 수 있습니다(17장).

새로운 일에는 새로운 고난도 있습니다.
새로운 시대가 탄생하는 산고의 고통입니다. 하나님은 보혜사 성령님을 우리
에게 보내어 위로하시고 변호하시며 중보하실 것입니다(14:16, 15:18-27, 16:6-
11, 20-22). 하나님은 부활을 통해 세상의 죄를 드러내고 예수님의 무죄와 정
당성을 입증하실 것입니다. 어둠의 권세에 유죄가 선고될 것입니다(16:8, 16,
참고 행 2:22-36).

나는 예수님 안에
거하고 있습니까?

❶ 하나님 안에 있는 생명, 기쁨, 사랑, 평안이 내 안에 있습니까?
❷ 은혜의 보좌로 담대히 나아가 친밀함을 누립니까?

'십자가'는 모두가 피하고 싶은 죽음이었습니다.

최장 시간, 최고의 고통을 주려고 고안된 기구였기에 십자가형에는 극심한 육체적, 정신적 고통이 동반되었습니다. 참 인간이신 예수님은 이 모든 고통을 겪으시고 십자가 죽음으로 아버지의 뜻을 완수하셨습니다. 하나님 아버지의 마음을 세상에 드러내셨으며, 성경의 말씀과 구속을 '다 이루셨습니다'(19:30, 참고 4:34, 12:27-28, 17:23, 18:11, 19:24, 28, 36-37).

때로 세상과 사탄의 권세가 승리한 듯 보입니다.

그러나 질병, 죽음, 절망, 어둠이 절정에 달한 때에도 예수님은 모든 주도권과 통제권을 가지고 계십니다(11:4, 15, 40-42, 51-52, 19:11, 롬 5:17). 소망이 다 끊기고 죽음을 인정해야만 하는 때(11:17, 39), 예수님은 나사로를 살리셨습니다(11:43, 표적⑦).

"나는 부활이요 생명이니"(11:25-26, 이름⑥).

예수님은 모든 권한을 지닌 '참 왕'이십니다(18:37, 이름⑨). 십자가 대관식과 왕의 장례를 치르신 예수님은(12:7, 17:1, 18:33-37, 19:3, 5, 15, 19-22) 죽음의 권세를 이기고 부활하셨습니다(13:1, 3, 16:5, 17, 28, 20장). 예수님은 '다 끝났다'고 여기는 제자들에게 숨을 내쉬며 '성령을 받으라' 말씀하십니다(20:22, 참고 창 2:7). 새로운 소명을 주며 회복시켜 주십니다(21:17-18). 하나님의 아들, 그리스도 예수를 믿는 자는 그 이름을 힘입어 생명을 얻게 될 것입니다(20:31).

나는 예수님으로
새롭게 일어섭니까?

❶ 죽음에 생기를 불어넣으시는 주님의 살리심을 경험합니까?
❷ 새로운 소명으로 초청하시는 음성을 듣고 있습니까?

사도행전의 모든 지면은 성령의 역사들로 가득합니다(4:20).
예수님은 십자가 대속과 부활 이후 승천하셨습니다(1:1-11). 그리고 예수님을 부활하게 하신 하나님의 거룩한 영(롬 8:11, 고전 12:3, 요일 4:2), 예수님의 거룩한 영인 '성령'이 임했습니다(16:7). 주님께서 약속하신 성령이 제자들에게 임한 것입니다(1:4, 8, 2:1-13, 요 14:16, 26).

성령이 임하자 죄를 깨닫고 회개하는 역사가 일어났습니다.
세례받은 이들은 성령으로 살아가는 새로운 삶으로 들어가게 되었습니다. 소유와 관계에 대한 기준이 성령에 의해 조정되고, 새로운 삶의 방식을 행하며 기쁨을 누리는 전혀 새로운 존재와 공동체가 탄생했습니다(Newness, 2:37-47, 3:8-9, 4:32-37, 요 8:31-32).

"누구든지 주의 이름을 부르는 자는 구원을 받으리라"(2:21, 참고 4:12).
그들은 예수님과 십자가와 부활을 밝히 알게 되었습니다. 율법과 선지자로부터 선포되고 예언된 말씀들이 어떻게 예수님으로 성취되었는지 그 실마리가 풀렸습니다(2:1-4, 14-36, 3:16, 18-26, 4:13, 23-31, 렘 31:33-34). 성령은 서로를 구분하고 속박하던 언어, 소유, 민족, 인종, 신분의 모든 경계를 넘어 일하셨습니다(2:4-11, 8:26-40, 10-11장). 예수님께서 이루신 구원을 믿는 자들은 모두가 한 성령으로 한 형제자매가 되었습니다.

| 나(우리)는 성령의 역사를 경험합니까? | ❶ 성령으로 나(우리)에게 일어난 변화는 무엇입니까? |
| | ❷ 새로운 삶, 새로운 존재, 새로운 공동체가 되었습니까? |

성령 충만한 예수 공동체는 나날이 왕성해져 갔습니다.

믿는 자들은 복음 선포와 전도에 여념이 없었습니다(5:42, 6:6). 곧 '성전' 권력
자들이 이들을 주목했습니다(5:17). 유대인들에게 '성전'은 하나님의 임재인
'임마누엘'을 상징했습니다(출 25:8, 레 9:22-24, 16:2, 민 9:15-23, 왕상 8:30). 이는 하
늘과 땅이 만나는 곳이며 하나님의 뜻이 땅에서 이루어지는 곳이었습니다(출
40:34-38). 그러나 하나님은 이스라엘의 계속된 불순종으로 인해 성전을 떠나
셨고(겔 10:18, 11:8-13) 이와 더불어 유대인의 역사 또한 포로기라는 깊은 암흑
으로 들어갔습니다. 유대인들은 '출애굽 구원'이 재현되길 갈망했습니다. 이
를 위해 율법(말씀)을 준수하기로 엄중히 결단합니다(신 30장).

이제 임마누엘 하나님이 인간의 몸을 입고 이 땅에 오셨습니다.

참 하나님, 참 인간이신 예수님의 오심으로(요 1:10-11, 18) 하늘과 땅이 하나
되었습니다. 하나님의 뜻이 땅에서도 이루어졌습니다. 예수님은 백성을 구
원하실 분이며(마 1:21, 새로운 출애굽), '말씀'의 능력으로 우리를 새롭게 창조하
실 분입니다(마 5:17, 요 1:14, 고후 5:17). 그러나 유대인들은 '하나님이 돌아오셨
다'는 사실이나 예수님으로 맺게 된 '새 언약'을 부정했습니다(눅 22:20). 하나
님을 '성전'에 가두고 옛 언약을 고수하며(7:48, 대하 6:18) 조상들처럼 불순종과
반역의 죄를 반복했습니다(7:51-53, 막 3:29, 요 8:38-41).

스데반은 예수 그리스도를 담대히 전했습니다(7:1-53).

유대인들에게 건물과 전통과 제도 너머에서 일하시는 하나님을 보라고 선포
합니다. 스데반은 성전보다 크신 예수님이 새 출애굽과 새 창조를 위해 이 땅
에 오신 임마누엘 하나님이심을 믿었습니다. 스데반은 예수님의 참된 증인으
로서 결국 순교자(martyr, 증인)가 되었습니다(7:59).

나는 예수 그리스도,
복음의 증인입니까?

❶ 예수님이 어떤 분이신지 알고 있습니까? 믿고 있습니까?
❷ 예수님이 어떤 분이신지 전하고 있습니까?

267

성령의 확장

사도행전
9-12장

큰 박해로 인해 성도들은 여러 곳으로 흩어졌습니다(8:1).
성도들을 향한 핍박의 중심에는 '사울'이 있었습니다(8:3). 사울을 위시한 유
대인들은 자신들이 여전히 '포로기'를 살고 있다고 느꼈습니다. 왕 없이 각 제
국의 지배를 받은 것이 오래입니다. 회복을 염원하던 경건한 유대인들은 율
법 준수에 집중했고(신 30장), 이방인과 상종하거나 신앙에 타협하며(10:28, 신
7:1-11) 순전한 신앙을 저해하는 것에 강력히 대응했습니다.

사울은 이런 하나님 사랑과 충성이 남다른 자였습니다(갈 1:14).
한 분 하나님을 버리고 '예수'를 믿는다는 것은 그로서는 '배교'에 해당하는 일
이었습니다. 스데반 같은 자들은 죽어 마땅하다고 여기며(8:1), 공동체의 순
전한 신앙을 유지하기 위해 그리스도인들을 잡으러 떠났습니다(9:1-2). 사울
은 그 길에서 부활하신 예수를 만났습니다. 참 하나님이며 참 인간이신 분,
부활하신 그리스도! 사울은 예수님의 존재와 말씀과 약속들이 모두 진실이
었음을 깨달았습니다. 구약의 모든 말씀이 예수님을 중심으로 재해석되고 조
명되었습니다(고후 1:20). 하나님을 부인하고 하나님의 새 일을 막아선 죄인
중의 괴수가 바로 자신이었음을 고백하게 되었습니다(9:18, 롬 1:3-4, 2:17-20, 딤
전 1:15).

사울은 하나님과의 독대로 들어갑니다(갈 1:17-18, 2:1, 고후 10:5, 행 9:15, 30).
13여 년의 긴 시간 동안 성령의 조명 아래 '예수님이 어떤 분이신지' '율법과
예언들이 어떻게 예수님으로 연결되고 성취되었는지' 말씀을 이해하고 깨닫
는 시간을 갖습니다. 그리고 하나님의 때가 되었을 때, 사울은 유대인과 이방
인 모두를 아우르는 사역의 적임자로 발탁됩니다(11:25).

나는 부활하신 예수님을 ❶ 살아 계셔서 오늘도 역사하시는 주님을 믿습니까?
믿습니까?   ❷ 예수님을 만난 우리에게 나타난 인생의 변화는 무엇입니까?

복음이 열방 가운데 점차 뻗어 나갑니다(11:19-20, 12:24, 15:15-18).
유대인과 이방인 모두를 아우를 '사울'이 훈련되고, 성령의 역사 안에서 고넬료와 베드로가 만납니다. 안디옥이 선교의 전초 기지로 준비되는 등(9-11장) 모든 일이 합력하여 선을 향하고 있습니다(롬 8:28). 그러나 성령의 강력한 역사에 한마음으로 매진하기 위해서는 반드시 정리하고 가야 할 문제들이 있었습니다. 예수 공동체의 '자기 정체성'과 '유대교'와의 관계였습니다.

유대인 기독교인들은 본래 유대교인으로서 회당에 속해 있었습니다.
그러다 예수님을 영접하면서 자연스럽게 '하나님을 경외하는 사람들' 즉 유대교인들에게 예수님의 십자가와 부활을 전하기 시작했습니다. 이로써 회당에 속한 많은 이들이 기독교로 개종했습니다. 기독교인들은 '이방인'까지도 '하나님 백성'으로 받아들였습니다(13:16, 43-44, 48, 14:1, 27, 17:1, 4, 10, 12, 17, 18:4, 8). 유대교(유대인)는 이에 즉각 반발했습니다. 유대교 내에서 성전, 율법, 할례, 이방인에 대한 '다른 관점'은 절대 용납될 수 없었습니다(13:16-41, 46). 유대교는 회당 내에 있던 '기독교인'들을 개별 집단으로 구분하고(14:4, 참고 11:26) 핍박하기 시작했습니다(13:45, 50, 14:2, 4-5, 19).

기독교 내에서조차 여러 목소리가 있었습니다(15:1-2, 5, 24).
이방인 선교와 할례와 율법에 대한 다양한 견해와 타협안들이 나왔습니다. 교회는 '예루살렘 회의'를 통해 이 일을 논의하고 공식적으로 입장을 정리하여 발표했습니다(15장). 베드로, 바나바, 바울, 야고보는 각자 목도한 '성령'의 강력한 역사들을 증언했고(15:4, 7, 12, 13), 사도와 장로와 온 교회가 '성령'으로 이 일들을 들었습니다. 그들은 복음의 핵심을 재차 확인했고 이방인 선교를 인정하며 사역자를 파송하기에 이릅니다(15:9, 11, 22, 25, 27-29).

나(우리)는 성령의 음성에   ❶ 한 성령의 음성에 귀 기울일 준비가 되었습니까?
귀 기울입니까?   ❷ 한 성령의 음성에 따라 조정하고 결정하고 따릅니까?

온 세상의 왕, 예수

바울은 '온 세상의 왕'으로 오신 예수님을 널리 전파했습니다(17:4, 19:10, 21).
왕의 통치 아래 온 세상이 구원을 누리게 될 것입니다(13:47, 참고 사 49:6, 시 2,
72, 89편). 이는 기쁜 소식이 분명하지만 매우 위험한 발언이기도 했습니다(요
15:18-19). 황제에게 쓰이는 칭호(퀴리오스, 주님)를 예수님께 사용했기 때문입니
다(16:21-22, 17:7, 19:23, 참고 요 15:18-19).

로마제국은 안정적인 통치를 위해 당근과 채찍을 사용했습니다.
사회 통합을 위해 실시하던 로마 종교 행사는 모든 이의 사회적 의무였으나
종교에 민감한 유대인들에게는 공식적인 '열외 특권'이 주어졌습니다. 워낙
배타적이고 타민족과 교류가 없는 민족이니 서로에게 좋은 조치였습니다. 그
러나 기독교는 대다수가 유대인이지만 분명 유대교와 다른 개별 공동체였습
니다. 그럼에도 종교 행사에 불참했습니다. 더구나 기독교인들은 선교를 위
해 이방인과도 밀접하게 접촉했습니다. 로마제국은 열외 특권을 요청하는 이
들이 늘어날 경우 혼란이 생길 것을 우려했습니다.

유대교는 기독교로 인해 자신들마저 불이익을 당할까 전전긍긍했습니다.
그들은 로마제국이 유대인이란 이유로 기독교인과 자신들을 동일 집단으로
여길까 두려웠습니다. 이로 인해 바울은 가는 곳마다 유대인들의 미움을 샀
으며(17:5, 13, 18:6, 12), 결국 그들의 고소로 로마 법정에 서게 됩니다(18:12-17).
그러나 바울은 끌려간 법정에서 선교의 정당성을 인정받게 됩니다. 로마 총
독이 '너희 법'대로 문제를 처리하라고 판결한 것입니다(18:15). 바울을 '유대
공동체'의 일부로 인정한 제국의 공식 발언이었습니다. 이후 바울은 열외 특
권을 누리며 선교를 계속하게 됩니다.

나는 '온 세상의 주님'을
경험합니까?

❶ 모든 상황과 사람이 주님의 주권 아래 있음을 깨닫습니까?

❷ 예수님을 '온 세상의 왕, 나의 구주'로 선포할 때 겪게 되는 갈등과
고통은 무엇입니까?

복음의 사도, 바울

바울은 복음을 선포하고 선교하며 크고 작은 어려움에 직면했습니다.
특권과 수익과 기득권을 지키려는 세상 권세들이 반발했기 때문입니다. 바울
은 폭동, 심한 매(돌) 맞음, 도피, 소송, 가난과 궁핍 등 늘 예수의 흔적을 몸에
지니고 다녔습니다(갈 6:17, 골 1:24).

바울은 유대와 로마제국 양쪽에 골치 아픈 존재였습니다.
그를 죽이고자 사생결단한 유대인들까지 있었습니다(23:12-14). 대제사장, 장
로, 종교 지도자들도 암묵적인 동조자였습니다. 점술과 마술과 이방신들로
이익을 보려는 자들 또한 바울을 미워했고, 심지어 그리스도인들조차 그를
오해하고 음해했습니다(16:19, 19:24-25, 27, 20:3, 21:20-21). 로마 총독들은 뇌물
과 정치적 유불리에 따라 움직였지만(24:25, 27, 25:9, 20), 바울은 범사에 양심
에 따라 하나님을 섬겼습니다(23:1).

바울은 복음에 온전히 헌신된 사람이었습니다(20:19-24).
복음과 사명을 위해서는 생명조차 아낌이 없었습니다(21:11-13). 영혼을 위해
시민권을 감추고 투옥과 매 맞기를 마다하지 않았고, 선교를 위해 시민권을
활용하기도 했습니다(16:22-23, 22:25-29). 바울에게는 늘 복음과 선교가 최우
선이었습니다. 하나님은 그런 바울을 여러 모양으로 보호하셨습니다(21:31-
32, 23:10, 23). 이제 바울은 로마로 떠납니다(25:11). "네가 예루살렘에서 나의
일을 증언한 것같이 로마에서도 증언하여야 하리라"(23:11).

내 삶의 최우선은
무엇입니까?

❶ 내 생각과 결정을 좌우하는 기준과 최우선은 무엇입니까?
❷ 나의 특권, 소유, 권리가 향하는 방향은 어디입니까?

믿음의 항해,
구원의 항해

바울은 황제에게 상소한 후 로마로 향했습니다(25:11-12).
이는 다름 아닌 오직 '복음 전파'를 위한 결정이었습니다(23:11, 25:25, 26:31-32).
그러나 로마행은 출발부터 심상치가 않았습니다. 당시 유대와 로마의 관계는
악화일로였습니다. 로마에서 파견된 총독들의 자질 부족과 부패로 인하여 유
대 사회에서 일촉즉발의 여론이 형성되어 있었습니다. 유대를 어떻게 손봐야
하나 고민 중인 황제에게(24-25장) 유대의 부당함을 알리는 '로마 시민'의 제보
는 좋은 빌미가 될 수 있었습니다. 바울은 어느새 민족을 고발한 자가 되어
있었습니다(28:19).

로마를 향해 떠난 항해 역시 순탄치 않았습니다(27-28장).
이집트로부터 곡물을 수급해야 했던 로마제국은 난항기일 경우 선장과 선주
들에게 위험수당을 지급했습니다. 선장은 이미 위험을 알았으나 이익 때문
에 항해를 강행합니다. 그러나 결국 죽음 앞에서는 모두 헛된 것이었습니다
(27:9-11, 18-20, 30, 38). 난파된 배에서 겨우 구조된 섬에서도 바울은 독사에 물
리고 살인자라는 정죄를 받습니다(28:1-4). 드디어 로마에 도착했으나 상황은
마찬가지였습니다. 쉼 없이 복음을 전했지만 생각보다 드라마틱한 성과가 없
었습니다(28:24-25). 바울은 선지자 이사야를 떠올렸습니다(28:26-27). "주여 어
느 때까지니이까?"(사 6:11)

그럼에도 바울의 믿음은 흔들림이 없었습니다(27:23-25, 34).
하나님은 위기를 복으로 전환시켜 주셨습니다(28:6-10). 크고 작은 어려움에
도 믿음(구원)의 항해는 계속되었습니다. 그 무엇도 바울과 '복음'을 가둘 수
없었습니다(28:23, 31).

나는 믿음의 항해,
구원의 항해를
계속하고 있습니까?

❶ 나를 멈추게 만드는 '크고 작은 파도들'은 무엇입니까?
❷ 믿음의 항해를 위해 버려야 할 짐과 기구들은 무엇입니까?

로마서는 바울이 로마교회 성도들에게 쓴 편지입니다.

로마는 당시 법과 문명의 중심지요, 시인, 웅변가, 예술가들의 성지로 불렸습니다. 바울뿐 아니라 많은 이들이 로마를 방문하고 싶어 했습니다. 그러나 바울의 관심은 오직 '복음' 뿐이었습니다. 그는 주님으로부터 수탁받고도 아직 전달하지 못한 '복음'을 로마교회 안팎에 전하길 원했습니다(1:14).

그렇다면 바울이 전한 '복음'은 무엇일까요?

하나님의 아들이신 예수님께서 선지자들로 약속하신 모든 것을 십자가와 부활로 다 성취하셨다는 것이었습니다(1:2-4). 죄로 인해 하나님과 단절된 인간은(3장) 하나님의 통치 아래 누리던 생명과 창조의 순리로부터 벗어났습니다. 스스로 왕 노릇 하며 소견대로 행한 결과(1:18-25), 하나님, 인간, 피조 세계와의 모든 관계가 파괴되었습니다. 이스라엘이 서 있어야 할 자리와 사명 또한 잃게 되었습니다(1:26-32). 율법(깨달음, 의지, 노력)으로는 도저히 회복할 수 없어 모두가 죄와 심판 아래 놓이게 되었습니다(2:1-3:20).

그러나 "이제는" 율법 외에 "하나님의 한 의"가 나타났습니다(3:21).

하나님의 의란 ① 하나님은 '의'로우시며 ② 그렇기에 자기 백성을 '구원'하신다는 것입니다. 독생자 예수님을 이 땅에 보내시고(1:3-4) ③ 십자가와 부활을 믿는 자를 '의롭다 여기시는 것'입니다(3:24-26). '복음'에는 하나님의 의가 나타나 믿음으로 믿음에 이르게 합니다(1:17). 믿음으로 구원을 얻은(3:27, 4:3, 13, 16, 18) 성도는 믿음 외에 자랑할 것이 없습니다(4:2). 하나님을 믿는 자들은 어떤 상황에서도 소망할 수 있으며(4:6-8, 18-21, 24) 하나님의 원대한 계획 안에 속하게 됩니다(4:12-17).

나는 성도의 복을
누리고 있습니까?

❶ 하나님의 사랑하심을 받고 예수님께 속해 있습니까?
❷ 바랄 수 없는 중에도 믿음으로 소망합니까?

273

로마서
5-8장

성부 하나님은 죄인들을 '사랑'하셨습니다(5:8, 8:32, 37).

성자 예수님은 '은혜'로 십자가에서 모든 죄를 대속하셨습니다(5:6-8). 보혜사 성령님은 믿고 영접하는 이에게 내주하셔서서 존재와 삶에 감화, 감동, 역사하실 것입니다(8장). 예수님은 하나님과 우리 사이에 있던 막힌 담을 허시고 아버지의 사랑과 은혜 가운데로 '들어가게'(헬, 프로사고게, 가까이 가져가다, 소개하다, 고위급과의 친분을 이르는 단어) 하셨습니다. 예수님으로 인하여 우리의 과거, 현재, 미래 모두가 '천국 왕실'에 거하게 된 것입니다(5:1-2, 10-11, 8:37).

성도들은 '세례'를 통해 예수님과 연합합니다(6:3-5).

우리의 옛 사람이 십자가에서 함께 죽고, 예수님의 부활에 연합하여 새로운 생명과 삶으로 나아가는 것입니다. 우리는 더 이상 법 아래 놓인 죄의 종이 아니라 의의 종입니다. 하나님의 종으로서 거룩의 열매를 맺으며 영생에 이르게 될 것입니다(6:11-23, 8:2).

성도의 가장 큰 표지는 '성령'입니다(8장).

믿음으로 주를 영접한 자들 안에는 성령께서 내주하십니다. 성령은 인간의 깨달음과 의지만으로 불가능한 일들을 하게 하십니다(7장). 하나님의 뜻대로 성도들을 위해 중보하시며 참 사람의 본이신 예수님의 형상대로 빚어 가십니다(8:26-27, 29-30). 그리스도인은 예수님의 사람으로서 육신을 따르지 않고 성령을 따라 행합니다. 영의 일을 생각하여 생명과 평안에 이르게 됩니다(8:5-6). 바랄 수 없는 중에도 부활을 기억하고 소망하며(8:11, 24, 25), 어떤 환난도 성령으로 넉넉히 이기게 됩니다(5:3-4, 8:31-39).

나는 성령의 사람입니까?　❶ 날마다 주님의 형상대로 빚어지고 있습니까?
　　　　　　　　　　　　　❷ 환난과 시험을 넉넉히 이기고 있습니까?

성도,
그리스도인(Christian)

로마교회는 유대인과 이방인 성도로 구성되어 있었습니다.
초기에는 유대인들이 모여 예배드리다가 이후 이방인들이 전도되었을 것입니다. 그런데 로마제국이 유대인들을 로마 밖으로 추방하면서(행 18:1-2) 이방인 성도만 남게 되었고, 시간이 흘러 유대인들이 다시 돌아왔을 때는 이미 이방인 성도들이 교회 전반의 중대사를 맡고 있었습니다. 이로써 유대인 성도와 이방인 성도 간에 미묘한 긴장 관계가 형성되었습니다.

유대인들은 '선민의 지위와 표지, 율법, 신앙의 경륜'을 앞세웠습니다(9:4-5).
그들은 어렸을 적부터 들어 온 신앙적 언어와 개념들에 익숙했습니다(9:4-5). 할례받은 자로서 응당 언약 안에 있다고 여겼습니다(9:6-7). 바울은 신앙적 배경이 아니라 '언약 안에 있는가'를 점검하라고 말합니다(9:8). 그들이 중시하는 옛 언약은 '예수'로 성취되었습니다(10:4, 눅 22:20). 새 언약이신 예수를 믿는 믿음으로만 구원을 받습니다(9:30-33, 10:8-13). 이에 맞서 '율법에서 자유로운 복음'을 강조한 이방인들에게(11:20) 바울은 '믿음으로 얻은 구원에 겸손히 감사하라'고 말합니다(11:12, 17-20). 이방인들은 이스라엘을 반면교사 삼아 늘 자신의 믿음을 점검해야 합니다(11:21-24). 누구든 하나님의 인자하심에 머물러 있지 않으면 '꺾일 수' 있습니다. 구원에 관한 모든 주권은 하나님께 있습니다(9:16, 20).

이방인도 유대인도 이제는 모두 '그리스도인'입니다.
예수 없는 의와 자랑은 육의 생각이며 배설물과 같습니다(8:5, 10:2-3, 빌 3:8). 이제 내 편, 네 편은 없고 오직 예수님만 남습니다(10:12). 예수로 보고, 듣고, 행하는 자가 그리스도인입니다(Christian).

나는 그리스도인, ❶ 나의 판단, 평가, 행동에 있어 가장 우선되는 가치는 무엇입니까?
예수님의 사람입니까? ❷ '예수님'의 사람으로서 예수로 보고, 듣고, 선택하며, 결정합니까?

275

그리스도인의 삶

로마서
12-16장

그리스도인이 되면 정말 삶이 변할까요?
바울은 변화된 삶을 살아갈 수 있는 근본적인 비결을 전제로 이야기를 시작합니다. "**그러므로** 형제들아 내가 하나님의 모든 자비하심으로 너희를 권하노니 너희 몸을 하나님이 기뻐하시는 거룩한 산 제물로 드리라 이는 너희가 드릴 영적 예배니라"(12:1). '그러므로'는 로마서 1-11장에 선포된 복음을 기반으로 합니다. 즉 성도는 복음과 하나님의 자비에 근거해서만 새로운 삶을 살 수 있습니다(12-16장).

'산 제물'은 내 전 존재를 하나님께 드린다는 의미입니다.
'마음을 새롭게 함'은 마음의 지배 주체가 바뀌었다는 것입니다. '변화를 받아(헬, 모르페)'는 속사람이 '아주' 변했다는 뜻입니다. 결국 세례를 통해 예수님의 죽음과 부활에 연합한 자(6:3-5), 나는 죽고 예수로 사는 자만이 변할 수 있습니다(갈 2:20). 참 사람의 본이신 예수님을 닮아가는 것은 의지와 결심과 노력으로 되는 것이 아닙니다. 의롭다 여김을 받고 거듭난 '내'가 하는 것도 아닙니다. '내'가 아니라 '예수(성령)'로 살아야 변할 수 있습니다. 내가 아니라 예수로 사는 것이 진정 '거듭난' 것입니다.

그리스도인은 우리 안에 계신 성령으로 살아가는 사람입니다.
성령으로 살면 날마다 우리의 모범이신 예수님을 닮아 가게 됩니다(8:29-30). 성령께서 주시는 생각과 일들을 믿음으로 행할 때(12:3), 공동체, 국가, 이웃, 일상, 관계들이 조정되어 갑니다(12-16장). 성령께서 한마음으로 하늘의 뜻을 좇게 하시며(15:5-6) 합력하여 선을 이루게 하실 것입니다(8:28).

나는 새로운 삶,
변화된 삶을 소망할까?

❶ 스스로 새로운 사람, 변화된 사람이 되려 노력합니까?
❷ 날마다 빚어 가시는 성령님을 신뢰하며 따르고 있습니까?

누가 영적인 사람인가?

고린도교회 안에는 많은 문제가 있었습니다.

그들은 그리스도인의 삶이나 영적인 것에 관심이 많았지만, 정작 성령이 아
니라 자신의 지혜와 배경에 따라 살았습니다. 고린도는 지중해의 동서를 연
결하는 항구도시로서 상업적인 요충지였고 물질적으로 매우 번영했습니다.
상인, 무역상, 퇴역군인, 해방 노예 등 다양한 사람들과 여러 계층, 문화, 사상
들이 뒤섞인 도시였습니다. 또한 고린도에는 각종 신전들이 있어 그에 따른
종교의식들이 만연했습니다.

고린도교회에도 다양한 성도들이 모여 있었습니다.

안타깝게도 그들은 신분과 소유와 학벌에 따라 당을 짓고, 이방의 문화, 사
상, 종교들로 복음을 해석했습니다(1:5, 10-12, 17, 19-31, 2:1, 4-8, 3:4, 18-21). 잘
못된 복음 이해는 곧 일상의 타락과 방종으로 이어졌습니다. 신앙 공동체 내
에 성적 스캔들과 고소, 고발 사건 등이 발생했습니다(5-8장). 고린도교회 성
도들은 영적인 것에 집착했고 스스로 '영적인 자'라는 자만에 빠져 있었습니
다(4:6-7, 18). 그러나 실상은 하나님의 지혜나 지식, 십자가, 성령에 대해 무지
했고 육신의 일들을 도모하는 지극히 육적인 사람들이었습니다(3:3, NIV, mere
humans). 영적으로 '어린아이'에 불과했습니다(3:1-4, 4:19-20).

바울은 참으로 신령한 자가 누구인지 설명합니다.

세상 지혜가 아닌 하나님의 지혜를 찾는 자, 세상의 영이 아닌 하나님으로부
터 온 영을 받는 자, 육이 아니라 영에 속한 자들입니다(1:20-21, 2:10-13). 영적
인 사람은 성령으로 사는 사람입니다(2:13). 오직 성령으로만 하나님의 깊은
것을 통달할 수 있으며, 성령의 전으로서 거룩한 삶을 살 수 있습니다(2:10,
3:17).

나는 영적인 사람입니까?   ❶ 성령에 이끌린 삶입니까, 육에 이끌린 삶입니까?
                      ❷ 나에게 십자가는 미련한 것입니까, 능력입니까?

277

누가 자유한 사람인가?

고린도전서
5-7장

고린도교회에는 유력자들이 다수 있었습니다.

이들은 자산가이며 식자층으로서, 사람들 앞에 내세울 만하며 영향력을 미칠 만한 사람들이었습니다. 그들은 스스로 지적이며 사상적으로 고양된 자라 여겼습니다. '영성이 깊은 사람'이라는 자만에 빠져 있었습니다. 자신들은 무엇에도 얽매지 않고 자유한 사람이므로 어떤 경계도 넘나들 수 있는 것처럼 우쭐댔습니다(5:2).

그들은 복음으로 누리는 '자유'를 단단히 오해했습니다.

세상조차 꺼리는 음행을 버젓이 행했으며(5:1), 성도 간의 고소와 고발로 세상 법정을 찾았습니다(6:1, 6). 그들은 성령으로 사는 삶과 거리가 멀었고(6:17-20), 하나님의 통치를 만방에 부정하는 삶을 살았습니다. 유월절 어린양, 예수님과 함께하는 구원의 여정에는 누룩(옛 생활, 이전 방식, 불의)을 완전히 제거해야 합니다. 자유라는 미명 아래 도덕적 문제들을 외면하거나, 용서, 사랑, 관용의 이름 아래 죄를 간과하지 않도록 성령으로 결연히 대처해야 합니다(5:6-8, 9-13, 6:9-10).

율법으로부터의 자유는 방종이 아닙니다.

그리스도인의 삶은 율법적 굴레를 벗어나 율법의 근원이신 주께 속하는 삶입니다. 제한된 율법이 아니라 온전한 하나님의 법에 속하는 삶입니다. 선택할 것은 최선의 선택이 되도록 성령의 인도하심을 따르며, 영적인 깊이 또한 성령으로 이루어갑니다. 지식, 문화, 사상이나 사람들의 이목, 압력, 관례에 따라 움직이기보다 모든 지혜와 선의 근원이신 하나님께 나아가 묻고, 듣고, 순종해야 합니다. 성령께서 가장 적합한 것을 적법하게 얻도록 적재, 적소, 적시로 우리를 인도하실 것입니다.

나는 하나님 안에서
자유한 자입니까?

❶ 자유, 용서, 사랑이라는 이름 아래 외면하고 간과하는 죄가 있습니까?
❷ 아직 제거하지 못한 누룩은 무엇입니까?

누가 하나님을
아는 사람인가?

고린도교회는 스스로 '하나님에 대한 지식'에 뛰어나다고 생각했습니다(8:1).
그들은 옛 생활을 유지하고 지속하기 위해 복음을 취향대로 해석하며 왜곡했
습니다. 고린도 교인들은 '하나님은 한 분이시며 우상들은 허상이므로 신전
에 바쳐진 고기들도 그저 음식에 지나지 않는다'고 말했습니다. '모든 것이 주
께로부터 온 것'이라면서 제물이던 고기를 먹는 데 스스럼이 없었습니다. 신
전의 종교 행사 뒤에 이어지는 만찬과 사교 모임에까지 동참하며 옛 지인들
과의 관계를 이어 갔습니다(8:4, 10-12, 9:19-21, 10:7-8).

바울은 이것이 비단 '고기'의 문제가 아니라고 말합니다.
신전에 바쳐진 음식을 매개로 '이방 종교'에 속했을 때의 일들이 상기되고 방
탕과 쾌락의 감각들, 욕망들이 되살아날 수 있습니다. 또한 나의 행동이 지체
들에게 잘못된 사인을 주어 옛 생활로 돌아가는 단초를 제공할 수도 있습니
다(8:7-10, 10장). 신앙 공동체의 모임과 세상의 모임은 구별되어야 합니다. 주
님의 식탁과 세상의 식탁은 구별되어야 합니다. 하나님을 아는 지식(복음)은
방종이 아니라 성령으로 행하는 자발적 절제와 훈련으로 이어집니다. 인간은
'딱 거기까지만'이 되지 않는 존재입니다(9:24-27, 10:32-33, 11:17-34).

참으로 하나님(복음)을 '안다'는 것은 무엇일까요?
하나님과 내적 결합을 통해 견고하게 연합하는 것입니다(호 6:6). 하나님의 마
음과 뜻과 관심과 의도를 헤아리면서 하나님의 뜻과 방식대로 살아가는 것입
니다(9장). 즉 복음의 핵심은 세례와 성찬을 통해 예수와 연합하고, 성령과 연
합하며, 형제들과 연합하는 것입니다(8:3, 11, 9:23, 10:1-4, 17, 11:27).

나는 하나님(복음)을 아는 　❶ 주님과의 연합, 형제들과의 연합을 이루고 있습니까?
지식을 가졌습니까? 　　　　❷ 성령께서 이끄시는 자발적 절제와 훈련 속에 있습니까?

성령으로 사는가?

고린도교회는 '영적 세계'에 자신만만했습니다.
개종 전에 몸담았던 이교 집단에서 나름의 황홀경과 종교적 체험들을 경험한 바 있기 때문입니다(12:2). 그들은 기독교로 개종한 후에도 여전히 그런 영성을 원했습니다(14:1). 바울은 그들이 '참으로 신령한 것'을 알기 원했습니다(12:1). 성령님과 영의 일, 영의 방식을 바로 알기 원했습니다. 영이 중요하다고 해서 육은 아무렇게나 살아도 되는 게 아닙니다. 성도들은 영과 혼과 몸, 전 존재로 주님과 연합해야 합니다. 한 성령을 모신 지체들과 한 몸을 이뤄야 합니다(12:3, 13-14, 27, 14장).

한 몸에는 여러 지체들이 있습니다(12:12-16).
교회의 머리 되신 예수님(엡 1:22, 5:23)과 연결된 성도들은 자연스레 교회 즉 몸에 속하게 됩니다. 신앙 공동체에 속하는 일은 선택이나 옵션이 아닙니다. 또한 특정 지체의 우열과 중요도를 논할 수 없듯 성도(은사) 각자가 다 중요합니다(12:17-23). 다양한 성도들, 다양한 은사들이 있습니다. 서로서로 필요하며, 서로서로 돕습니다(12:24-31). 영의 일은 공동체를 유익하게 하고 덕스러우며 예수님의 성품인 '사랑'으로 드러납니다(12:7, 14:1, 31, 33, 13-14장).

성도의 삶, 은사, 사역은 성령에 기인합니다.
인간의 노력이나 인격, 성숙도로 얻는 것이 아니라 하나님이 주권적으로 주시는 선물입니다(12:11, 18, 24, 28). 성도들이 세례받은 자로서 성령 충만을 사모할 때, 성령께서 덕과 품위와 질서로 이끄실 것입니다(14:40).

나는 성도(성령)의 삶을
살아가고 있습니까?

❶ 성령이 나의 안팎을 꽉 채우고 계십니까?
❷ 내 삶이 공동체의 유익과 사랑으로 연결되고 있습니까?

참으로 부활을 믿는가?

부활은 기독교 신앙의 핵심입니다.

여전히 세상의 영향 아래 있던 고린도교회는 부활에 대해서 부정하거나 간과 혹은 침묵했습니다(15:12). 부활 없는 복음은 세상 교훈이나 격언과 다를 바 없습니다.

예수님은 죽음과 사탄의 권세를 이기고 부활하셨습니다.

부활을 통해 예수님의 참 메시아 되심이 드러났습니다. 십자가 대속이 이루어졌고 약속하신 성령이 제자들에게 임했습니다(15:1-19, 롬 1:3-4, 행 2장). 만일 예수님이 부활하지 않으셨다면 예수님을 메시아, 주님으로 고백하는 것이 헛됩니다. 여전히 죄에 머물게 되며 성령의 내주하심도 없고, 거듭남 또한 없습니다. 기독교 신앙의 근간이 무너지는 것입니다.

예수님은 십자가와 부활을 통해 모든 것을 '다 이루셨습니다'.

부활 후 승천하신 예수님은 보좌 우편에 앉아 만물을 다스리고 계십니다. 예수님은 모든 것을 바로잡기 위해 재림하실 것이며 그날에 하나님의 나라가 완성될 것입니다(15:20-28). 연약하고 유한한 현재의 몸과는 달리 새로운 세상에 맞는, 주님께 영원한 생명을 공급받는 '신령한 몸'을 입게 될 것입니다. 죄와 죽음으로 파괴되었던(unmaking) 창조가 온전히 회복되고 재창조(remaking)되는 것, 그것이 부활입니다(톰 라이트).

나는 부활을 믿습니까?   ❶ 예수님께서 부활하셨고 지금도 살아 계심을 믿습니까?
❷ 우리 안에 성령으로 내주하고 계심을 믿습니까?

고린도후서
1-5장

사도 바울에게는 늘 고난이 많았습니다.

주님의 뜻대로 행한 일인데 성도들의 오해를 사기도 하고, 사도직을 의심받
거나 비교 혹은 무시를 당하기도 했습니다. 심각한 육체적, 심리적 고난과 중
압감(헬, 카드 휘페르볼렌, 배가 짐 무게에 못 이겨 가라앉음)으로 인하여 사형선고를 받
은 듯 힘겨운 시간들을 보냈습니다(1:8-9).

바울은 사도이기에 앞서 참 그리스도인이었습니다.

복음을 선포하는 자인 동시에 복음을 누리는 수혜자였습니다. 그는 깊은 슬
픔과 고통과 처참한 상황들 가운데도 십자가와 부활을 묵상하며 큰 '위로'를
받았습니다. 영적 재무장을 통해 다시금 사역을 이어 갔습니다(2:10-11, 14,
3:5-6, 4장, 5:17-21). '위로(헬, 파라클레시스)'라는 단어에는 깊은 의미가 담겨 있습
니다. 어려움에 처한 사람을 직접 찾아가 함께하고, 그의 감정, 상황, 형편을
살피는 것입니다. 또한 때에 맞는 말로써 다음 단계로 나아갈 수 있도록 이끌
어 주며, 새로운 희망과 안목과 방향을 제시하는 것입니다(톰 라이트).

하나님은 우리의 '위로자'가 되십니다(1:3).

십자가에 달리신 주님은 모든 고통을 겪으셨고, 사탄과 죽음의 권세를 이기
고 부활하셨습니다. 우리는 그 주님 안에서 부활의 능력을 경험하며 위로와
새로운 생명을 얻고 회복됩니다(1:4-7, 4:10-18, 5장). 부활하신 주님은 우리 가
운데 살아 계셔서 역사하십니다. 모든 일을 아시며 잘못된 것을 바로잡으십
니다. 우리를 건지셨던 주님은 다시금 건지실 것이며(1:10), 어떤 상황에서도
찬양하게 하실 것입니다(1:3).

나는 고난의 상황에서 십자가와 　❶ 내주하신 성령으로부터 참 '위로'를 받고 있습니까?
부활을 묵상합니까? 　❷ 십자가, 부활을 묵상하며 회복과 사명으로 나아갑니까?

바울은 어떤 순간에도 복음을 우선으로 했습니다.

말씀을 선포하고 성도들을 책망하는 데 거리낌이 없도록 고린도교회로부터 재정적인 후원을 받지 않았습니다. 매사에 성령으로 행하며 타협하지 않는 성격으로 인해 바울은 고난과 역경과 궁핍에 처할 때가 많았습니다(6:4-5, 11:7-9, 23-30). 성도들은 바울의 유별남을 마뜩잖게 여겼습니다. 거짓 교사들이 이를 교묘히 파고들어 바울과 성도들 사이를 이간질했으며, 고린도교회는 곧 바울의 가르침과 사랑에서 등을 돌렸습니다(1:17, 4:2, 16, 6:8, 7:2, 10:1, 10, 11:6-21, 12:1, 11-12). 그들은 그리스도인의 삶에서 벗어나 세상으로 후퇴했습니다. 함께해 오던 사역들도 동력을 잃게 되었습니다.

바울은 관계 회복을 위해 '거짓 위안'을 건네지 않습니다.

언제나 그러했듯 진리로써 상황을 타개해 나갑니다. 구별된 삶과 청결한 삶으로 돌아오라는 말씀과 함께 진심으로 관계 회복을 원하는 자신의 마음과 사랑을 전했습니다(6:1-7:4). 다행히도 둘의 상황은 호전되었습니다(7:5-16). 관계가 회복되자마자 바울은 훈련을 재개합니다(11:2). 그는 고린도교회를 향해 '예수님의 십자가 사랑과 헌신을 본받아 복음 사역과 지체들을 위한 모금을 재개하라'고 권합니다(8장). 바울의 삶과 사역과 관계는 이렇듯 늘 복음으로 귀결되었습니다.

하나님은 돈보다 은혜를 선택하며 복을 나누는 자에게 은혜를 베푸십니다.

온 마음과 기쁜 마음으로 주의 일에 동참하는 자들에게 풍성한 은혜를 부어 주십니다(9:7-8, 잠 22:1, 시 112:9, 사 55:10). 바울은 고린도 교인들이 복음으로 참 그리스도인이 되어 하나님의 은혜를 충만히 경험하고 누리길 소망했습니다.

나는 복음을 우선으로
하는 사람입니까?

❶ 복음을 우선으로 두고 선택하며 행동합니까?
❷ 문제와 상황을 어떤 방식과 기준으로 풀어 갑니까?

283

참된 사도, 바울

고린도후서
10-13장

바울은 성도들에게만 엄격했던 것이 아닙니다.
스스로 복음에 철저했고 온전히 복종했던 사람입니다. 그는 출신, 학벌, 지식, 실력, 영적 체험이 출중했지만 복음을 '드러내고자' 스스로를 '가렸습니다'(6:2-3, 10장, 11:6, 22, 12:7, 11, 빌 3:4-8). 바울은 복음과 그리스도를 위해 비난과 공격, 투옥, 매 맞음, 죽음, 배고픔, 추위, 헐벗음을 견뎠고, 사도로서 요구할 수 있는 모든 권리를 포기했습니다. 대상과 상황에 자신을 맞추며 자존심도 내려놓았습니다(6:4-5, 11:7-9, 23-30, 고전 9:22, 10:23-24).

반면, 거짓 사도들은 스스로 자랑하고 칭찬했습니다(5:12, 10:12).
성도들 위에 군림하며 자기의 지식과 영성을 뽐냈습니다. 지식과 자랑과 영성에 집착하던 교인들은 그들을 환영했고, 스스로를 낮춘 바울을 멸시하며 얕보았습니다(1:24, 10:12, 11:4, 7-9, 19-20, 고전 4:15).

바울은 매 순간 그리스도인으로서 반응했습니다(2:11, 7:3, 10:1).
수많은 공격이 비단 자신뿐 아니라 공동체와 복음을 향하고 있음을 알아차렸습니다. 바울은 스스로를 증명하는 데 몰두하지 않고 주님의 뜻을 구하며 '예' 할 것은 '예' 하고, '아니오' 할 것은 '아니오'로 답했습니다(1:17-24, 10:5). 바울은 육체가 아닌 그리스도께 속함을 자랑했습니다(10:7, 11:18). 스펙을 주목하는 자들에게 주님께서 주신 권세를 자랑했습니다(10:8). 강함을 자랑하는 자들에게 약함과 그리스도의 능력을 드러냈습니다(12:9). 바울의 삶은 이미 그가 참된 사도임을 증명하고 있었습니다. "옳다 인정함을 받는 자는 자기를 칭찬하는 자가 아니요 오직 주께서 칭찬하시는 자니라"(10:18).

나는 무엇을 자랑하고
있습니까?

❶ 스스로 칭찬합니까, 주께서 칭찬하십니까?
❷ 나의 '육체'를 자랑합니까, 주님을 자랑합니까?

오직 예수를 믿음으로

초기 교회는 유대 공동체 안에서 시작되었습니다.

예수님과 열두 제자들도 유대인으로서 회당에 출입했으며, 바울과 유대인 성도들도 과거에는 유대교인이었습니다. 이방인 성도들 중에도 유대교(회당)를 통해 하나님을 알고 이후 예수를 믿어 기독교로 개종한 이들이 있었습니다 (행 2:10, 6:5, 13:16, 43).

그리스도인들은 유대교와의 연속성과 차별성을 설명해야 했습니다.

정체성과 신학에 있어 무엇이 다른지 명확히 인지해야 했습니다. 그 와중에 교회에 조용히 들어온 거짓 형제와 거짓 사도들은 유대인의 표지와 절기에 대해 잘못된 가르침을 전하며 성도들을 혼란스럽게 만들었습니다. 급기야 일부 그리스도인들마저 '선민인 유대인들만 구원받을 수 있다'면서 이방인들에게 '유대인이 되는 절차'를 강요했습니다(1:6-9, 3:1-3, 4:17-18, 5:7-10). 바울은 '성령'에서 시작하여 '육체'로 마친 이들을 책망합니다(3:3).

이는 열방을 구원하시려는 하나님의 뜻에 위배되는 것입니다.

유대인들은 '율법을 받은 민족'이란 자부심과 '우리와 이방인은 다르다'는 선민의식, 배타성, 교만함에 빠져 있었습니다(3:23-4:7, 5:1-4). 율법과 언약적 의무를 강조하는 것은(2:16, 3:2, 5, 10) 하나님과 우리를 화평케 하시려 십자가를 지고 부활하신 예수님께 도전하는 것입니다. 내주하셔서 천국을 누리게 하시는 성령님께 도전하는 것입니다. 바울은 이를 '배교'로 여겼습니다(1:6, 3:6-14, 28-29, 4:8-9, 5:4). 바울은 아브라함-모세와 맺으신 하나님의 신실한 언약이 예수님의 십자가 '새 언약'으로 연결되었음을 선포합니다. 오직 예수 그리스도를 믿음으로 의롭게 됩니다(2:16-21, 고후 3:6-18, 4:10-15, 5장, 13:4-9).

나는 복음의 핵심을
깨닫습니까?

❶ 하나님의 백성이 되는 조건은 무엇입니까?
❷ 예수님이 이 땅에 오신 목적은 무엇입니까?

285

육이 아니라 성령으로

갈라디아서
4-6장

하나님은 유월절 어린양이신 예수님의 피로 성도들을 구원하셨습니다.
예수님을 영접하면 예수님의 거룩한 영인 성령께서 그들 안에 거하시고, 하나님을 '아버지'라 부르는 '자녀'의 권세를 누리게 됩니다(4:6-7). 다시 율법과 할례를 택하는 것은 '종'으로 돌아가는 일입니다. 참 아브라함의 자손, 이삭의 자녀는 누구입니까?(4:21-31) 혈통이 아니라 '하나님의 약속'을 기준으로 해야 합니다. 하나님은 예수님으로 '새 언약'을 주셨습니다(고후 3:6, 히 9:15). 이제 옛 언약과 율법을 붙드는 것은 육을 따르는 것이며, 예수를 통한 새 언약을 믿는 자가 약속의 자녀입니다.

율법을 지키기 원한다면 예수님의 율법을 지키십시오.
곧 하나님을 사랑하고 이웃을 사랑하는 것입니다(5:2-15). 성령으로 살아갈 때에만 이 계명들을 지킬 수 있습니다. 몸에 흔적 갖기를 원한다면 예수의 흔적을 지니십시오(6:17). 예수님의 십자가 죽음과 헌신에 동참하십시오(6:11-14). 바울은 다시 종의 멍에를 매지 말라고 명령합니다(5:1). 육의 종이 아니라 성령으로 살며 성령으로 행해야 합니다(5:25). 우리의 진정한 정체성과 언행의 동기, 삶을 지배하는 힘은 영에서 비롯되며, 이로써 자연히 영의 열매를 맺게 됩니다.

육은 썩어지나 영은 영생을 거두게 됩니다(5:16-26, 6:8-10).
"우리 주 예수 그리스도의 십자가 외에 결코 자랑할 것이 없으니 그리스도로 말미암아 세상이 나를 대하여 십자가에 못 박히고 내가 또한 세상을 대하여 그러하니라 할례나 무할례가 아무것도 아니로되 오직 새로 지으심을 받는 것만이 중요하니라"(6:14-15).

나는 육의 사람입니까, 　❶ 종의 영으로 살아갑니까, 하나님의 자녀로 살아갑니까?
영의 사람입니까? 　❷ 육체의 소욕에 따릅니까, 성령의 인도하심을 받습니까?

314

그리스도 안에 역사하신 능력

에베소는 각종 '능력'과 '권세'가 집중된 도시였습니다.

정치, 사법, 행정, 종교 권력들이 곳곳에 포진되어 있었습니다. 그러나 바울은 모든 능력 위에 가장 뛰어나신 하나님의 능력, 예수 그리스도와 그분의 부활을 선포합니다(1:20). 하나님은 '예수님 안에서' 큰일을 행하셨습니다. 왕이신 '예수님 안에서' 우리에게 복을 주셨으며(1:3), '예수님 안에서' 우리를 그분의 자녀로 택하셨습니다(1:4-6, 창 12:2). '예수님의 십자가'를 통해 우리를 구속하셨으며(1:7-10, 출 12:13), '예수님 안에서' 상속받게 하셨고, '성령님을 통하여'(출 3:8, 13:22) 우리가 맛볼 미래를 보증해 주셨습니다(1:11-14).

하나님은 '최고의 능력'인 부활을 드러내셨습니다.

그럼에도 사람들은 부활의 능력을 알지 못하고 사용하지도 못합니다. 긴급할 때만 구조대원을 부르듯 주님의 도움을 구합니다. 바울은 일상에서도 부활의 능력을 누리라고 강권하며(1:15-23), 이를 위해 간절히 기도합니다(3:14-21).

하나님은 예수님을 통해 새 일을 시작하셨습니다(2장).

경로를 이탈하고도 바른길이라 착각하는 인간들에게 성육하셔서 참된 길을 보이셨습니다. 또한 삶의 모범을 보이셨습니다. 부활하여 죽음에서 생명으로의 새 길을 닦아 놓으셨습니다. 우리는 주의 놀랍고 풍성한 자비와 사랑과 은혜와 구원에 힘입어 새로운 존재로서, 새로운 성전으로서 그 길을 걸어가면 됩니다. 하나님의 통치가 모든 인간과 권세와 피조 세계에 임합니다(1, 3장). 온 세상을 한 가족 되게 하시려는 주의 비전이 시작되었습니다. 하나님의 천국 청사진에는 유대인과 이방인의 차별이 없습니다. 모두가 주님의 처소로서 '예수 안에서' 함께 지어져 갑니다(2:22).

하나님께서 예수님을 통해 하신 큰일을 깨닫습니까? ❶ 부활의 주님, 그분의 능력이 내 안에 있음을 깨닫습니까? ❷ 내가 선 곳에 천국을 건설하시려는 주의 비전을 깨닫습니까?

287

에베소서
4-6장

그리스도인으로
살아가기

에베소서는 교리(① 1-3장)와 윤리(② 4-6장), 두 부분으로 구성되어 있습니다.
무엇을 '믿어야' 하는지와 무엇을 '행해야' 하는지를 균형 있게 다룹니다. 모세가 출애굽 이후 산에 올라가 '율법'을 가지고 내려왔듯, 예수님은 승천하신 후 '성령'으로 돌아오셨습니다(4:8).

우리는 이제 율법이 아니라 성령으로 살아갑니다.
성령이 내주하신다는 것은 주께 속했다는 표지입니다. 성령님은 능력과 은사를 주시고 '충만'으로 채워 주시며 마음과 생각과 삶의 양식 등 근본적인 부분들을 변화시키십니다. 이로써 성도들은 옛 사람을 벗어버리고 새 사람을 입습니다(4:25-5:2, 4:17-24). 성도들은 성령님의 인도에 따라 하나님의 형상을 회복해 갑니다. 성령으로 인해 '참된 사람됨'을 경험하며 '진정한 인간 경험'들을 누리게 됩니다. 부도덕한 세상, 어두운 세상 가운데서 분별하고 거절하는 방법들을 배웁니다. 오직 성령으로 참된 연합과 참된 친밀함과 참된 평화를 누리게 됩니다(5:3-6:9).

바울은 '그리스도의 장성한 분량을 이루라'고 권합니다(4:13).
각자에게 주신 은사들은 서로를 돌보고 섬겨 건강한 지체들로 성장하고 성숙하라고 주신 것입니다. 교회는 '같은 주님'과 '같은 믿음'과 '같은 세례'로써 '같은 하나님'을 섬겨야 합니다. 한 성령으로 '하나 됨'을 힘써 이뤄 가야 합니다(4:1-16). 그리스도인은 늘 영적 전쟁 가운데 있습니다. 예수님의 부활과 새 일들에 긴장한 악한 영들이 천국의 확장을 막고 성도들을 넘어뜨리려 안달입니다. 성령으로써 진리와 의와 평화, 믿음, 구원, 복음으로 무장하고 항상 깨어 기도와 간구에 힘써야 합니다(6장, 벧전 5:8).

나는 그리스도인으로서
살아가고 있습니까?

❶ 성령의 인도하심으로 참된 사람됨을 경험하고 있습니까?
❷ 은사로써 하나님과 지체들을 섬기며 주님에게까지 자라고 있습니까?

하나님 나라 시민권자

빌립보는 '로마 시민'으로서의 특권을 누리던 지역이었습니다.
빌립보 시민들은 소유권, 세금, 행정, 법, 지위 등에 있어 본토와 동일한 대우를 받았습니다. 빌립보에는 로마의 종교 활동과 황제 숭배가 성행하고 있었는데, 이는 지역의 안정을 꾀하고 민원과 구호를 로마 당국에 요청하는 통로 역할을 했습니다. 공동체 전체를 위한 이 활동에 동참하지 않는 자는 시민으로서 의무와 책무를 저버린 자로 간주되었습니다. 그리스도인들은 로마의 종교 활동에 불참하여 주변으로부터 많은 비난을 받았습니다. 이에 바울은 성도들에게 '천국 시민'에 관한 말씀을 전하면서(헬, 폴리튜마, 3:20), '시민으로서' 복음에 합당하게 살라고 권면합니다(헬, 폴리튜에스데, "너희는… 생활하라", 1:27).

고대 사람들은 '세계 시민의 덕'으로 네 가지를 꼽았습니다.
① 공동의 관심 ② 같은 의견과 행동 ③ 공동의 결정 ④ 한마음(civic unity). 천국 시민의 덕목과 세상 시민의 덕목은 별개가 아닙니다(1:27). 예수님과 그리스도인들은 이미 그런 삶을 살았습니다(2:1-11, 14-16, 19-30, 3:2-21, 4:2-4).

하나님 나라 시민의 덕은 세상에도 덕스러운 것입니다(3:8).
"모든 일을 원망과 시비가 없이 하라 이는 너희가 흠이 없고 순전하여 어그러지고 거스르는 세대 가운데서 하나님의 흠 없는 자녀로 세상에서 그들 가운데 빛들로 나타내며"(2:14-15). 성도가 하나 되지 못하는 것은 세상에도 덕스럽지 못한 것입니다(2:3, 4:2). 세상 속에서 하나님의 뜻에 따라 천국 시민권자로 살아가는 것은 이 땅과 하나님 나라 모두를 위한 영광스러운 일입니다.

나는 하나님 나라의 시민권자로서
살고 있습니까?

❶ 참 성도로 세상에도 덕을 끼치며 살고 있습니까?
❷ 한마음, 겸손한 마음으로 나와 남을 돌보고 있습니까?

예수로 충분하다

골로새서
1-4장

골로새는 규모가 크지는 않지만 주요 무역로에 위치한 도시였습니다.
유동 인구가 많아 다양한 문화와 종교와 철학들이 유입되었습니다. 각종 신
과 종교들이 뒤섞이면서 혼합주의가 성행했고, 종교마다의 의식이나 훈련 과
정, 영적 개념이 혼용되었습니다. 물질주의, 회의주의, 숙명론이 대세를 이루
었으며, 사람들은 점성술과 신비 종교와 영지주의를 좇았습니다. 성도들도
이러한 사조와 혼합주의에 자주 노출되다 보니 복음의 순수성을 잃을 위험에
처해 있었습니다(2:8, 16, 18, 20-21, 23).

특히 당시 사람들은 운명을 지배하는 영적 권세에 관심이 많았습니다.
인간의 운명을 조종하는 '별(헬, 스토이케이아)'들이 있다고 믿은 것입니다. 사람
들은 이러한 영적 세력을 달래기 위해 금욕과 제사와 제의들을 행했습니다.
바울은 이러한 '초등학문(스토이케이아)'을 주의하라고 권하며(2:8) 복음에 정통
하여 이단을 분별하라고 전합니다(2:2-4).

예수 그리스도는 만물 가운데서 '먼저 나신 자'입니다(1:15-16).
만물이 예수 안에서 창조되었고, 그를 위해 창조되었습니다. 예수는 '근본'이
시며, 만물을 다스리고 주관하시는 분입니다(1:18, beginning). 사람의 전통과
철학과 학문은 인간의 고안물일 뿐입니다(2:8). 성도들은 '영적 세력'을 두려
워할 이유가 없습니다(1:13-14). 그리스도께서 모든 통치와 권세의 머리이시
기 때문입니다(2:10). 만물을 보존하며 유지하시는 주님은 '죽음'까지도 정복
하셨습니다(1:17-18). 우리는 다른 완전이나 지혜나 지식을 추구할 필요가 없
습니다. 모든 충만이 예수 그리스도 안에 있습니다(헬, 플레로마, 1:19).

나는 예수님 안에 있는 　❶ 모든 지식과 지혜가 예수 안에 있음을 깨닫습니까?
충만을 깨닫습니까? 　❷ 오직 예수님께 구원과 생명이 있음을 믿습니까?

믿음으로 소망하며 사랑하라

데살로니가전서
1-5장

이방인들에게 '복음'은 진입 장벽이 높은 편에 속했습니다.
'유대적'인 메시지와 '부활'에 대한 생소함 때문이었습니다. 그럼에도 성령께
서 데살로니가 안에서 역사하셨고, 사람들은 믿음으로 복음을 받아들였습니
다(1장). 그들의 삶은 놀랍게 변화되기 시작했습니다(1:7-10). 그들의 변화를
통해 주변에 복음이 전파되었지만 동시에 핍박도 시작되었습니다. 이는 그곳
성도들이 참으로 복음을 받아들였다는 증거이기도 했습니다(1:5-6). 바울은
데살로니가교회 안에서 성령께서 계신 표지들 즉 믿음, 소망, 사랑을 보았습
니다(1:3-4).

바울은 성도들에게 신앙과 삶의 본을 보였습니다.
아버지의 마음으로 성도들을 사랑하며 돌보았습니다. 그러나 얼마 안 되어
그곳을 떠나야만 했습니다. 아직 믿음이 연약한 데살로니가 성도들을 두고
떠나는 발걸음이 무거웠지만, 다행히 성도들은 주님께 신실했으며 충성스러
웠습니다(2-3장). 바울은 디모데를 통해 소식을 듣고 크게 기뻐했습니다.

지금은 비록 핍박받으나 슬픔이 기쁨으로 바뀌는 날이 올 것입니다.
의가 드러나고 하나님께 인정받을(vindication) 날이 올 것입니다. 그러므로 예
수님이 재림하여 하늘과 땅을 새롭게 만드실 그날, 새 몸을 입고 새 세상에
서 하나님과 함께 살 날을 바라며 이 땅에서도 하늘에 속한 자로 살아가야 합
니다(4장, 5:10). 성도들은 비록 '한밤중'인 세상에서 살고 있지만, 부활과 성령
을 통해 '한낮'을 살게 된 사람들입니다(5:4-8). 새로운 세상에 속한 자로서, 빛
의 자녀로서 늘 깨어 있어야 하며, 특히 성, 돈, 죽음에 대하여 주의 명령과 임
재와 능력으로 반응해야 합니다(4:3-12). 믿음과 소망과 사랑으로 성도의 삶을
살아가야 합니다(5장).

나는 믿음, 소망, 사랑으로
살아가는 성도입니까?

❶ 하나님에 대한 믿음으로 모든 상황에서 소망하고 있습니까?
❷ 한밤중인 세상에서 성령으로, 빛의 자녀로 살아가고 있습니까?

291

데살로니가후서
1-3장

선을 행하되
낙심하지 말고

데살로니가교회는 믿음이 약한 신생 교회였습니다.

그러나 인내와 믿음으로 예수님의 고난에 동참했습니다. 예수님을 영접하고 성령으로 살아갈 때 나타나는 표지, 즉 '믿음의 성장'을 이루며 '사랑의 공동체'를 세워 가는 일이 데살로니가교회 안에서 풍성히 이루어졌습니다(1:1-5).

바울은 박해당하는 성도들을 위로하며 격려합니다.

환난을 갚고 의를 드러내실 '그날'에 대해 선포합니다. 하나님의 질서를 거스르며 막는 자와 막는 일들은 잠깐일 것입니다. 땅의 권세들은 하나님의 통치와 심판 아래 놓이게 될 것입니다(1:7-12, 2:1-12, 불법의 사람, 사 11:1-10). 성도들은 주의 날 곧 예수님의 재림과 심판을 기다리되, '지금, 여기에서' 부르심과 가르침에 합당한 삶을 살아야 합니다. 복음에 견고히 서서 마음과 생각을 오직 주께 맞추는 자들이 마침내 주 예수 그리스도의 영광을 얻게 될 것입니다(2:13-17, 3:5, 13).

사랑의 공동체를 이루는 데는 적잖은 몸살이 있을 것입니다.

성도들의 우정과 친절에 의존하고 이를 악용하려는 게으른 자들, 참견만 하고 구성원으로서 노력할 마음이 전혀 없는 자들은 뒤로 물러나 새로운 삶의 양식을 훈련해야 합니다(3:6-13). "누구든지 일하기 싫어하거든 먹지도 말게 하라"(3:10). 바울은 선을 행하다가 낙심하지 말라고 격려합니다(3:13). 성도는 공동체 안팎에서 어려움을 겪겠지만, 평강의 주님께서 모든 상황 가운데 함께하실 것입니다. 그리스도의 은혜가 함께하실 것입니다(3:16, 18).

나는 선을 행하다
낙심하지 않습니까?

❶ 주의 날을 소망하며 지금, 말씀대로 살고 있습니까?
❷ 하나님의 은혜와 평강이 늘 함께하실 것을 믿습니까?

바른 교훈, 바른 믿음,
바른 생활

바울에게 있어 디모데는 매우 각별한 존재였습니다.

디모데는 바울로부터 '신실한 아들, 참 아들, 사랑하는 아들'이라 불렸으며 (1:2, 딤후 1:2, 고전 4:17), 선교의 동역자요, 삶의 동반자로서 바울과 오랜 시간을 함께했습니다(살전 1:1, 3:6, 행 17-20, 28장 이후, 빌 1:1). 바울은 그를 '형제'라 부르기도 했습니다(살전 3:2, 골 1:1).

바울은 에베소를 떠난 후 남아 있던 디모데에게 편지했습니다(1:3).

편지는 목회적 조언과 공동체를 위한 당부가 담겼는데, 다른 복음과 거짓 교훈에 대한 경계(1:3-20), 교회 예배와 성직제도, 안수, 훌륭한 목회자상(2-4장), 여러 계층에 대한 지혜로운 태도와 목회자로서의 처신(5-6장) 등을 세심하게 조언하며 권면하고 있습니다. 바울이 사랑을 담아 디모데에게 쓴 목회서신은 기독교의 진리와 전통, 생활과 태도, 직분을 다루고 있으며, 이는 시대를 넘어 우리에게도 유의미한 교훈을 줍니다.

바울은 세상과 타협하지 말되 최상의 본을 보이라고 권합니다.

성도는 삶에서 복음이 드러나고 덕을 끼치는 삶을 살아야 합니다. 불신자들은 성도들이 아무런 해악을 끼치지 않았음에도 질서를 해치는 자라며 적대시하고 핍박합니다(5:14, 6:1). 성도들은 언제 어디서나 단정하고 덕스러워야 하며(2:9-15, 3:7, 5:14, 6:1-2), 교회 지도자들은 신앙의 모범을 갖춘 자들이어야 합니다(3:2-12, 5:1-16). 교회는 가장 은혜로운 방식으로 섬기고 구제해야 하며 서로를 가족처럼 대하고 다툼을 피해야 합니다.

나는 성도로서 본이 되는 삶을 살고 있습니까?

❶ 언제 어디서나 단정하고 온유하며 덕스럽습니까?
❷ 타협하지 않되 최상의 본을 보이고 있습니까?

나의 달려갈 길을
마치고

바울은 죽음을 앞두고 디모데에게 편지했습니다.

현장에서 물러나 삶과 사역을 갈무리하던 바울은 디모데에게 예수 그리스도에 관한 진리와 전통을 지킬 것과 복음을 가르치고 전파할 것을 부탁합니다(1:6-14).

교회는 예수 그리스도의 터 위에 굳건히 서야 합니다(2장).

믿음은 일회적인 것이 아니라 지속적인 것입니다. 복음을 사수하고 불필요한 분쟁을 피하며(2:8, 15, 23), 믿음과 사랑과 화평에 따라 온전한 경건에 이르며 진리를 가르치고 훈계해야 합니다(2:22, 24-25). 바울은 말세에 나타나는 현상들을 열거합니다(3장). 물질주의와 잘못된 성품, 감정, 욕망, 자만, 쾌락 그리고 경건의 모양만 있을 뿐 능력이 없음을 한탄합니다(3:5). 그는 거짓 교사들과 미혹하는 자들에 대해 언급하면서 성경으로써 교훈과 책망과 바르게 함과 의로 교육하고 신앙과 삶을 가르치라고 강권합니다(3:16).

바울은 이제 생의 마지막을 준비해야 합니다.

외롭고, 평탄치 않은 죽음이 예상되는 상황에서도(4:6, 9-10) 바울에게는 직무를 다한 자의 후련함과 결연함이 엿보입니다(4:7-8). 평생을 복음으로 살았고, 복음을 위해 산 바울은 마지막까지 복음을 부탁하며 끝을 맺습니다(4장). "나는 선한 싸움을 싸우고 나의 달려갈 길을 마치고 믿음을 지켰으니 이제 후로는 나를 위하여 의의 면류관이 예비되었으므로 주 곧 의로우신 재판장이 그 날에 내게 주실 것이며 내게만 아니라 주의 나타나심을 사모하는 모든 자에게도니라"(4:7-8).

나의 마지막은
어떤 모습일까요?

❶ 나는 무엇을 위해 살아왔습니까?
❷ 어떤 모습으로, 어떤 말을 남기길 원합니까?

선한 일의 본을 보이며

디도는 바울에게 매우 신뢰받던 인물이었습니다.

바울이 고린도교회와 미묘하고 불편한 상황에 있었을 때, 자신의 진심과 편지를 전할 이로 택한 것이 디도였습니다. 바울은 헌금과 관련된 일도 디도에게 맡겼습니다(고후 8:6, 16-17, 23, 12:18). 디도는 예루살렘 여행 중에, 또한 고린도와 관련하여 언급되며(갈 2:1-3, 고후 2:12-13, 7:5-7), 바울이 그레데 지역을 떠났을 때 그곳에 남아 성도들을 돕고 권면하는 역할을 했습니다(1:5).

디도서는 디모데전서와 내용 면에서 유사합니다.

하나님의 약속인 '영생'에 관한 말씀을 시작으로(1:1-4), 감독과 장로들이 지녀야 할 덕목과 태도들(1:5-9), 거짓 선생의 정체와 경계, 책망에 대한 권고(1:10-16), 성도의 모범적인 신앙과 삶을 다루고 있습니다(2-3장).

성도들은 '그날'을 소망하며 '오늘'을 살아갑니다.

예수님의 부활을 통해 이미 생명을 맛보게 된 우리는 마침내 드러날 영원한 생명을 믿고 소망하며 살아갑니다(1:2). 천국의 덕은 이 땅의 윤리나 덕스러움과 별개가 아닙니다. 그리스도인은 의로운 삶과 경건한 삶을 훈련하며 신앙 공동체와 세상 모두에 덕을 끼쳐야 합니다(1:6-8, 2:1-6, 9-10, 12, 3:1-7).

나는 덕스러운 성도와
시민으로 살아갑니까?

❶ 의로운 삶, 경건한 삶을 훈련하고 있습니까?
❷ 직분에 걸맞은 신앙의 본을 보이고 있습니까?

빌레몬서
1장

로마에는 수많은 노예들이 있었습니다.

태생적으로 혹은 빚, 범죄, 전쟁 등으로 노예가 된 이들은 '살아 있는 도구' '말하는 짐승' 취급을 받았습니다. 폭력과 폭압, 혹은 벗어날 수 없는 신분의 한계를 비관하며 주인으로부터 도망치는 노예도 있었습니다. 도망친 노예는 지하세계로 숨어들거나, 신전으로 피해 다른 주인에게 팔리길 기다렸습니다. 혹은 주인의 친구에게 피하여 자기 입장을 대변해 달라고 요청하기도 했습니다. 이런 경우는 도주가 아니라 '주인의 집'에 있는 것으로 간주되었습니다.

오네시모는 주인 빌레몬에게서 도망친 노예였습니다.

그는 '주인의 친구'인 바울을 만나 그로부터 복음을 들었습니다(골 4:9). 예수를 영접하여 성도가 되고 바울을 '영적 아버지'로 삼았지만(1:10), 그에게는 여전히 주인 빌레몬과 풀어야 할 문제가 남아 있었습니다. 바울은 빌레몬에게 오네시모를 '형제'로 받아 달라고 요청합니다. 그는 이 일에 대해 진심이었고 복음적 명분을 가지고 있었습니다(1:10-13, 18-19).

빌레몬은 바울에게 복음으로 빚진 자였습니다(1:19).

때문에 바울이 영적 권위로 명령할 수 있었을 것입니다(1:8). 그럼에도 자신이 먼저 빌레몬을 '형제'로 대하며 정중히 요청하고 기다립니다(1:14). 빌레몬도 이처럼 오네시모를 '형제'로 대하길 권하며, 오네시모가 하나님의 도구로서 자유롭게 쓰임 받게 해달라고 간곡히 청합니다(1:13-14). 빌레몬은 제국의 상식이 아니라 복음 안에서 결단해야 하는 기로에 놓였습니다. 그의 선택이 믿음에 대한 진정성을 드러낼 것입니다.

내가 빌레몬이라면
어떤 선택을 하겠습니까?

❶ 복음대로 행할 때 당하게 될 불이익은 무엇입니까?
❷ 복음대로 행하지 않을 때 발생할 문제는 무엇입니까?

믿는 도리를
굳게 잡으라

성도들은 안팎의 일들로 심히 낙심한 상태였습니다.

혹독한 박해와 신앙으로 인해 조롱을 받았고(10:32-34), 세상의 회의적인 시선과 압박에 지쳐 갔습니다. 몸과 마음이 신앙으로부터 점점 물러났습니다. "그러므로 우리는 들은 것에 더욱 유념함으로 우리가 흘러 떠내려가지 않도록 함이 마땅하니라"(2:1). 히브리서 기자는 그저 감정과 정서를 다독이기보다 시험을 이겨 낼 내적인 힘을 기르라고 권면합니다.

이는 예수에 관해 바로 아는 것에서부터 시작됩니다(3:1, 12-14, 4:1-2).

히브리서는 매력적이고 각색된 예수가 아니라 '성경이 말하는 예수' 그대로를 전합니다. 예수님은 선지자이며 제사장이자 왕이십니다. 성육하신 말씀이시고, 천사나 모세보다 뛰어나신 분입니다. 구원의 창시자이며 사도이자 대제사장이신 예수님은 하나님의 집을 맡으신 하나님의 아들입니다(1-4장).

히브리서는 3가지 사실을 명료하게 전합니다.

① 하나님께서 이미 행하신 일 ② 하나님께서 하고 계신 일 ③ 하나님께서 하실 일. 그리고 그 모든 것의 중심에 그리스도께서 계십니다. "믿음의 주요 또 온전하게 하시는 이인 예수를 바라보자"(12:2).

나는 예수님을
정확히 알고 있습니까?

❶ 성경이 말씀하는 예수님은 어떤 분입니까?
❷ 시험을 넉넉히 이겨 낼 영적인 근육을 가졌습니까?

어린아이에서
장성한 자로

성도들은 어린아이에서 장성한 자로 성장해야 합니다.

성장한다는 것은 하나님의 의의 말씀에 능숙하고, 지, 정, 의를 하나님의 방식대로 사용하는 훈련을 받으며, 선악을 분별할 수 있게 되는 것을 말합니다 (5:13-14). 히브리서는 기독교의 기초적인 가르침으로서 '회개, 믿음, 세례, 부활, 영원한 심판'을 언급합니다(6:1-2).

또한 '거듭남'에 대해서도 설명합니다(6:4-5).

이는 진리를 깨닫고, 하늘의 은사를 맛보며, 성령에 참여하는 것입니다. 하나님의 선한 말씀과 오는 시대를 맛보는 것입니다. 그리스도인으로서 '거듭나는 것'은 중요한 일입니다. 그러나 더 나아가 하나님께서 약속하시고 예수님께서 완성하신 사역들이 우리의 삶과 이 세상 가운데 온전히 성취될 때까지 믿음과 인내의 삶을 살아가야 합니다(6:9-12).

예수님은 우리를 위해 최고의 제사장이 되셨습니다.

하나님과 우리 사이를 잇는 완전한 중재자로서 감사와 속죄와 공감의 역할을 완벽하게 감당하셨습니다. 유한했던 옛 제사와 인간 제사장들을 폐하시고 더 나은 세상을 여셨습니다(4:14-5:3, 7:11-28). 예수님은 부활하고 승천하신 후 하늘 보좌로 올라가셨습니다. 주님께 연결된 우리 영혼의 닻도 하늘에 내려졌습니다. 이제 우리의 영혼은 예수님 안에서 든든하고 안전합니다. 예수님을 힘입어 은혜의 보좌로 즉시, 담대히 나아갈 수 있습니다(6:13-20, 4:16).

나는 날마다 믿음의 진보를 이루고 있습니까?

❶ 말씀과 성령으로 살아가는 방법을 훈련받고 있습니까?
❷ 믿음과 인내로 시험과 유혹에 맞서고 있습니까?

더 좋은 약속, 새 언약

예수님은 구약과 '연속선상'에 있는 분입니다.

예수님은 인간의 몸을 입고 오신 하나님으로서 그분이 주신 옛 언약과 율법을 부정하실 수 없습니다. 그럼에도 제사장과 제사제도를 폐하신 것은 나빠서가 아닙니다. '더 나은 것, 더 나은 일'을 위함입니다(8:1-6). 율법과 옛 언약은 자기 소임을 다하였습니다(8:7-13). 새 시대에는 새 시대에 맞는 방식이 있습니다. 하나님은 예수님 안에서 새로운 일을 행하고 계시며, 새 언약을 통해 옛 언약을 완성하실 것입니다.

그렇다면 '더 나은 일, 더 나은 것'이란 무엇입니까?(8:6)

하나님은 예수님 안에서 우리와 '새 언약'을 맺으셨습니다. 이로써 약속하신 '죄 사함'을 이루고자 하셨습니다(8:12, 렘 31장). 예수님은 이를 위해 완벽한 희생 제물이 되셨으며, 완벽한 희생 제사를 드리셨습니다(9:11-22). 죄 없는 주님이 피 흘려 죽으신 십자가 대속은 인류 전체의 모든 죄를 대속하기에 충분했습니다. 더 이상의 제사나 피 흘림은 필요하지 않습니다. 사명을 완수하신 예수님은 하늘 보좌에 앉아 만물을 다스리며 우리를 위해 중보하십니다(2:8, 8:13, 9:23-10:18, 시 8:6, 110:1).

예수님께서 이 모든 것을 '다 이루셨습니다'.

이제 성도는 참된 마음과 온전한 믿음으로 새로운 살길을 통해 하나님께 나아갑니다(10:19-22, 렘 31:33).

나는 십자가 대속의
은혜를 믿습니까?

❶ 주님의 보혈로 내 죄가 모두 사함 받았음을 믿습니까?
❷ 은혜의 보좌 앞에 담대히 나아갈 수 있음을 믿습니까?

299

히브리서
11-13장

믿음으로 말미암아
살리라

예수님은 우리에게 어떤 삶을 주셨습니까?

새 언약을 이루심으로 우리의 심령을 새롭게 하셨고 즉각적인 도움과 때를 따라 돕는 은혜를 누리게 하셨습니다. 사죄의 확신을 주시고, '지금, 이곳'에서 구원을 경험하며, '영원한 구원'을 소망하고 확신하도록 하셨습니다(1:3, 2:15, 18, 4:15-16, 5:9, 6:18-19, 9:14, 26, 10:19-22).

히브리서 11장에 기록된 구약의 인물들에게는 공통점이 있습니다.

그들은 '세상이 감당치 못할' 믿음을 지녔습니다(11:33-38). 하지만 그들은 옛 언약의 한계 가운데 있었습니다(11:39). 예수님으로 주신 새 언약을 누리지 못했습니다. 우리는 예수님의 십자가와 부활의 은혜를 받았습니다. 옛 언약 가운데서도 그토록 담대한 열매들이 맺혔는데, 예수님의 놀라운 구원과 능력을 입은 우리에게 더 큰 은혜가 임하지 않겠습니까?(11:40) "주는 나를 돕는 이시니 내가 무서워하지 아니하겠노라 사람이 내게 어찌하리요"(13:6).

상황은 여전하고 '중도 하차'의 유혹들도 계속될 것입니다.

믿음의 주요, 온전하게 하시는 예수를 바라봐야 합니다(12:2). 우리는 흔들리지 않는 나라를 받은 사람들입니다(12:28). 하박국처럼 믿음으로 '중간기'를 견뎌 내십시오(10:23, 37). 의인은 '믿음'으로 말미암아 살 것입니다(10:38).

나는 믿음으로
살아가는 사람입니까?

❶ 나에게 찾아오는 시험과 유혹은 무엇입니까?
❷ 새 언약으로 얻게 된 은혜와 능력을 믿습니까?

그리스도인이라고 완벽한 사람이 아닙니다.

예수님을 영접한 이후에도 여전한 성품과 삶의 문제들이 우리를 혼란스럽게 합니다(1:13-19). 세례받았다고 단번에 성화의 삶을 살 수 있는 것이 아닙니다. '거듭났다'는 것은 우리가 갓 태어난 아기와 다름없음을 뜻합니다(1:18, 벧전 2:2). 이제 단계별로 성장하며 성숙해 가는 과정이 필요합니다.

'그리스도인'의 정체성은 그리스도 즉 '예수님'에게서 비롯됩니다(2:1).

그분의 거룩한 영인 성령께서 우리 안에 계시기 때문에 하나님의 뜻을 깨달을 수 있으며, 그 뜻에 순종할 수 있습니다. 이로써 우리의 삶과 성품이 변해 가는 것입니다(1:19-25). 믿음은 행함으로 드러나게 되어 있습니다(2:1, 17). 주님을 믿고 참으로 영접한 자들에게는 3가지 변화와 발전들이 나타납니다. ① 혀의 통제 ② 구제 ③ 개인적인 삶의 정결입니다(1:26-27). 성도들은 하나님의 방식대로 사는 법을 훈련해야 합니다. 인내와 기도로 끝까지 훈련을 마쳐야 합니다(5:7-20).

성도들은 성령과 함께 새로운 삶을 시작합니다.

성도는 그분과의 친밀한 관계 안에서 사랑으로 자라 갑니다. 젖 먹는 단계로부터 단단한 음식을 먹는 단계로 나아가기 위해 말씀으로 훈련받고 성장해야 합니다(히 5:13-14). "시험을 참는 자는 복이 있나니 이는 시련을 견디어 낸 자가 주께서 자기를 사랑하는 자들에게 약속하신 생명의 면류관을 얻을 것이기 때문이라"(1:12).

나는 그리스도인으로서
성장하고 있습니까?

❶ 그리스도인과 비그리스도인의 차별성은 무엇입니까?
❷ 나의 믿음은 행함으로 드러나고 있습니까?

그리스도의 고난에
참여하라

베드로는 예수님을 곁에서 친밀히 수행하던 제자입니다.

그는 실수가 많았고 예수님의 말씀을 잘 이해하지 못했으며, 무엇보다 주
님을 세 번이나 부인한 전력이 있습니다. 그럼에도 예수님은 배신한 베드
로를 친히 찾아가셨습니다. 두 눈을 마주하고 사명을 회복시켜 주셨습니다
(요 21:15-17).

베드로는 이후 맡겨 주신 양들을 진심으로 사랑했습니다.

제국의 핍박과 박해가 심상치 않자, 예수님을 직접 보고 경험한 사도로서 성
도들을 위한 영적 지침들을 내립니다(1:8-9). 그리스도인은 나그네 같은 존재
입니다(2:11). 세상에 살고 있으나 하나님 나라에 속한 주의 백성입니다. 우리
는 주께 속한 사람들이기 때문에 비방을 당합니다(4:13). 예수님께서 이미 이
고난과 고통을 당하신 바 있습니다(참고 요 15:18).

예수님을 묵상하며 신앙의 이유를 깊이 상고하십시오.

세상의 비방들이 혹 우리 삶에 실제 나타나지 않도록 선한 양심으로 언행을
단정히 하십시오(3:15-16). 두려움, 억울함, 분노, 복수, 논쟁에 휩싸이지 말고
그리스도의 고난과 영광에 동참하십시오(2:6, 18-25, 3:8-22). 반전의 날, 명예와
영광과 존귀의 날이 올 것입니다. 몸소 본을 보이신 예수님의 자취를 따르십
시오(1:7, 2:6-7, 19-21, 3:9, 4:1, 17-19, 12-13).

나는 주님의 고난과 영광에 ❶ 주님으로 인해 고난당하며 핍박받고 있습니까?
동참하는 자입니까? ❷ 예수님이 보이신 삶과 성품대로 살아갑니까?

교회의 난관은 비단 핍박과 박해와 순교뿐이 아니었습니다.
거짓 교사와 그들의 가르침으로 인해 공동체가 큰 혼란을 겪었습니다. 그들은 예수님의 주 되심과 대속과 재림을 부인했습니다(1:16, 19, 2:1, 3:4). 거짓 가르침을 따르면 그릇된 길로 가게 됩니다(2장). 그들은 거만하고 고집이 세며, 권위와 질서를 거부합니다. 불의, 연회, 쾌락, 욕망, 정욕에 지배당하는 자들입니다. 그러한 삶은 물 없는 샘 같고 안개 같고 흑암 같습니다(2:10, 13, 17).

예수님의 초림으로 메시아 대망이 성취되었습니다(1:1-4).
하나님은 예수님을 통해 새로운 삶을 위한 세팅을 완비하셨습니다. 성령과 그분의 신적 성품과 생명이 우리 안에 있습니다. 이제 우리는 하나님의 은혜 안에서, 그분의 약속에 의해, 그 능력을 의지하여 충만한 삶을 살면 됩니다(1:5-10). 이로써 영원한 나라에 넉넉히 들어갈 것입니다(1:11).

지금은 구원을 위해 잠시 유보된 시간입니다(3:9, 15).
재림의 날, 주의 날이 도둑같이 올 것입니다(3:4, 10). 새 하늘과 새 땅과 정의가 드러날 그날을 기다리십시오(3:13). 거짓 교훈에 휩쓸리지 말고 약속하신 말씀에 굳게 서서 끝까지, 거룩한 삶을 살아야 합니다(1:5-11, 3:17-18). "날이 새어 샛별이 너희 마음에 떠오르기까지 너희가 이것을 주의하는 것이 옳으니라"(1:19, 참고 민 24:17).

나는 예수님의 초림과
재림에 담긴 약속을 믿습니까?

❶ 십자가와 부활로 주어진 값진 구원을 누리고 있습니까?
❷ '주의 날'을 인식하며 거룩한 삶을 살고 있습니까?

303

요한일서
1-5장

진리와 사랑 안에
거하라

요한은 예루살렘 교회에 기둥 같은 인물이었습니다(갈 2:9).
그는 영적인 타락과 부도덕과 쾌락에 둘러싸인 성도들에게 '잘못된 신념과
불법에서 떠나 주께 속하라'고 권합니다. 성도들은 육신의 정욕, 안목의 정욕,
이생의 자랑이 아니라, 하나님의 뜻을 구하며 진리 안에 굳게 서야 합니다
(1:6, 2:3-6, 15-17, 3:3-6).

요한서신 하면 '사랑'을 떠올리게 됩니다(3:11, 18, 4장).
이렇듯 사랑을 강조하게 된 데는 사정이 있었습니다. 잘못된 믿음으로 인해
공동체가 사분오열 된 것입니다. 유대적 관점에 치우친 이들은 예수님의 신
성을 도외시했으며, 헬라적 관점에 치우친 이들은 예수님의 인성을 도외시했
습니다. 극단에 치우쳐 공동체를 나간 자들도 있었습니다(2:19). 그들은 '지식'
을 높이 사면서 자신을 영적 엘리트라 여겼습니다. 물질과 세계와 육체를 악
하고 열등한 것으로 보아, 하나님의 창조와 예수님의 성육신도 부인했습니다
(2:22-24, 4:2, 14-15, 5:1, 5-6). 이는 신앙의 근본을 뿌리째 흔드는 것이었습니다.

요한 역시 예수님을 곁에서 직접 보고 섬긴 사도였습니다(1:1-3).
그는 예수님이 참 하나님이요, 참 인간이심을 확실하게 증언합니다. 적그리
스도의 잘못된 가르침을 진리로써 반박합니다. 주님으로 참된 것을 분별하여
하나님 안에 속하고 사랑하며 계명을 지키는 데 힘쓰라고 당부합니다(2:18,
24-27, 3:23-24, 4:1-3, 6, 10, 15, 5:3, 5, 8, 10, 20).

나는 하나님께
속한 자입니까?

❶ 끊어내지 못한 육신의 정욕, 안목의 정욕, 이생의 자랑이 있습니까?
❷ 지체들을 사랑하고 계명을 지키는 일에 힘쓰고 있습니까?

진리이신 아들
예수 그리스도

'살아 있는 그리스도인'은 어떤 사람일까요?

요한은 '예수로 거듭난 그리스도인'으로서 실제 삶에 '영적, 도덕적 호흡과 맥박'이 있는지 살피게 합니다. 진리와 사랑 안에 있는지 점검하도록 합니다(톰 라이트).

그렇다면 '진리'란 무엇일까요?(1:1-3).

하나님께서 세상에 자신을 온전히 계시하신 '예수 그리스도', 육신을 입고 이 땅에 오신 '메시아 예수'이십니다. 예수님은 우리를 모든 영역으로 이끌어 가십니다. 마음과 생각과 실제 삶의 모든 부분에 이르기까지 인간의 모든 것이 그분과 관련되어 있습니다. 예수로 거듭난 이들은 성령으로 새로워집니다. 온 세상을 새롭게 창조하시는 하나님의 뜻에 따라 말하고, 생각하고, 행동할 때, 그 진리가 드러납니다. 진리를 따르고, 진리 안에서 걷는 것입니다.

하나님의 강력한 사랑이 모든 것의 원동력입니다.

하나님의 성육신, 인간의 거듭남, 새로운 삶 모두가 사랑으로 인해 시작되었고 사랑을 향해 나아갑니다(1:5-6). 사랑은 마치 건강한 유기체 속에 순환하는 혈액처럼 성도와 공동체를 순환하며 생명을 공급합니다. 하나님은 예수 안에 모든 것을 드러내셨습니다. 인간의 몸을 입고 그대로 살아내신 예수님을 통해 '무엇을 어떻게 해야 하는지' 몸소 본을 보이셨습니다. 참 인간이신 예수님을 부인하고 거부하는 것은 하나님과 진리를 거부하는 것입니다(1:7-10).

나는 주님을 본받아
살아갑니까?

❶ 하나님의 사랑이 내 삶의 동력이며 목적입니까?
❷ 예수님이 보이신 삶대로 살아갑니까?

진리 안에서 행할 것

요한삼서는 성경에서 가장 짧은 책입니다(219개 단어).
예수님에 대한 직접적인 언급은 없지만, 편지의 수신인인 '가이오'는 복음을
이해할 뿐 아니라 깊이 체화된 신앙과 삶으로 살아가고 있었습니다(1:1-4).

당시 순회 선교사와 여행 중인 그리스도인들에게는 위험이 많았습니다.
'예수'의 이름으로 인해 이방인의 공격 대상이 되거나 각종 사건에 노출될 수
있었습니다. 그래서 그들은 각 지역의 교회와 성도들에게 도움을 받았습니
다. 교회는 전도 사역자들이나 그리스도인들을 한마음 한뜻으로 환대하며 보
호하고 섬겼습니다. 통상 사도들은 2일, 일반 그리스도인들은 최대 3일 정도
교회와 성도들에게 숙식을 제공받을 수 있었습니다. 서로의 사역과 섬김이
아름답게 지속될 수 있도록 공동체가 함께 정한 규칙이었습니다(디다케 : 초대
교회 때 널리 읽힌 초기 기독교 문헌-편집자 주).

가이오는 규칙보다 좀 더 '너그럽게' 그들을 섬겼습니다.
예수 안에 한 형제자매 된 자들에 대한 관심과 진심 어린 사랑에서 나온 행동
이었습니다(1:5-8). "자녀들아 우리가 말과 혀로만 사랑하지 말고 행함과 진실
함으로 하자"(요일 3:18). 요한은 그가 진리 안에서 행한 '사랑'을 기뻐하면서 더
불어 진리 안에서 '단호할 것'을 권합니다. 사랑이라는 명분 안에 잘못이 방치
되지 않도록 죄와 악을 단번에 끊을 것을 당부합니다(1:9-11).

복음이 나의 온몸에 　❶ 이해할 뿐 아니라 행동으로 실천하고 있습니까?
체화되었습니까? 　❷ 진리 안에서 사랑할 것과 단호해야 할 것을 분별합니까?

믿음의 도를 위해
싸우라!

유다서는 회람 서신으로 짧지만 영향력 있는 책이었습니다.

많은 성도가 유다서를 읽으며 '나는 참 그리스도인인가?' 스스로를 돌아보고 점검하는 시간을 가졌습니다. 당시 교회에는 '밖으로부터 가만히 들어온' 자들이 있었습니다. 그들은 한 분 예수 그리스도를 부인했고(1:4), 부도덕한 행실로 육체를 더럽히며 권위를 업신여겼습니다(1:7-8). 애찬을 방탕한 주연처럼 여기며 함부로 행동했습니다(1:12). 그들은 육에 속한 자들로서 마치 '이성 없는 짐승' 같았습니다(1:10, 19).

유다서는 '참 그리스도인의 표지'를 제시하고 있습니다(1:3).

우리가 '일반으로 받은 구원'은 그리스도로부터 온 것입니다. 그리스도인은 성령을 통해 새로운 존재로서 거룩한 삶을 지향합니다. 믿음의 도에 무언가를 '덧붙이는' 이들을 경계해야 합니다. "단번에 주신 믿음의 도를 위하여 힘써 싸우라!"(1:3)

참 그리스도인은 예수로부터 시작된 구원을 기억합니다(1:1).

참 그리스인은 예수를 주로 시인하고 성부, 성자, 성령을 인식하며 삽니다. 성령으로 기도하며, 하나님의 사랑 안에서 자신을 지키고, 영생에 이르도록 예수 그리스도의 긍휼을 기다립니다(1:20-21, 25). 말씀의 전통에 서서 거짓 가르침을 분별하며(1:17-18), 거룩한 믿음 위에 자신을 세웁니다(1:20).

나는 영에 속한 자입니까,
육에 속한 자입니까?

❶ 나의 실제 삶은 어떤 모습에 더 가깝습니까?
❷ 늘 성부, 성자, 성령 하나님을 인식하며 삽니까?

307

요한계시록
1-3장

귀 있는 자는
들을지어다!

요한계시록은 성경 66권의 마지막 책입니다.

위치에 걸맞게 '창조주 하나님의 궁극적인 목적'과 '예수 그리스도' '그분의 복음'이 어떤 의미인지를 다룹니다. 특히 하나님 나라를 반대하는 세상 나라와 권세 가운데 성도들이 가져야 할 선명한 비전들을 제시합니다.

당시 성도들은 로마제국과 유대교 양쪽으로부터 핍박받았습니다.

거대한 황제 체제와 막강한 종교 권력에 비해 미약했던 교회들은 지역적 특색에 따라 세속적이고 영적인 유혹들에 노출되었습니다. 요한은 하나님께서 천사를 통해 주신 예수 그리스도의 계시를 일곱 교회(7은 완전수, 즉 모든 교회를 위한 말씀)에 편지로 적어 보냅니다(1:1-4). 이 편지들은 각각 동일한 패턴을 보입니다(2-3장). ① 예수님이 어떤 분이신지 그 속성과 특징을 묘사하고(각 교회가 처한 지역적, 영적 이슈들 반영) ② 교회가 잘해 온 것들에 대해 칭찬하고 격려하며 ③ 잘못들에 대해서는 책망하고 경고한 후에 ④ 준엄한 지침과 약속으로 글을 맺습니다.

교회의 정체성은 '예수 그리스도'에서 비롯됩니다.

예수님은 초림을 통해 하나님의 뜻을 성취하셨으며, 재림으로 하나님의 궁극적인 목적을 완수하실 것입니다(1:5-7). 세상 권력과 박해에 대해 두려워할 필요가 없습니다(1:17). 하나님은 알파와 오메가요, 전능하신 분입니다(1:8). 사망과 음부의 열쇠도 예수님께 있습니다(1:18). 주님은 양날의 검, 다윗의 열쇠, 모든 주권을 가지신 분입니다(2:1, 8, 12, 18, 3:1, 7, 14). 성도들은 주 안에서 안전하고 견고하며 승리할 것입니다(2:7, 11, 17, 26, 28, 3:5, 12, 20-21).

나는 어떤 시험과 유혹에
노출되어 있습니까?

❶ 세속적으로 회유되고 타협하는 부분은 무엇입니까?
❷ 영적으로 오는 유혹과 시험은 무엇입니까?

요한은 이 세상의 현실과 잇닿아 있는 하늘의 영역으로 초대됩니다.
앗수르가 위세를 떨치던 때 이사야가 하늘 보좌를 보았듯이(사 6:1), 요한도 로마제국의 권세가 막강하던 때, 참 왕이신 하나님의 알현실(throne room)에서 하늘 보좌를 봅니다. 이 땅의 나라와 권세들은 영원하지 않습니다. 그저 하늘 보좌의 모조품에 불과할 뿐입니다(4장).

모든 권세와 능력이 참 왕이신 하나님께 있습니다.
창조주이며 주권자이신 하나님께서 세상을 다스리고 계시며, 일곱 두루마리(6-8장), 일곱 나팔(8-11장), 일곱 대접(16-18장) 등 세상을 위한 큰 프로젝트들을 계획하십니다. 오직 주님만이 예배와 경배받기에 합당하십니다(4:6-5:14). 통치자 하나님의 손에 일곱 두루마리가 들렸습니다. 봉인이 열리면 심판과 구원의 대서사시가 펼쳐질 것입니다. 이 봉인을 열 자격을 갖춘 분은 예수님 한 분밖에 없습니다(5:2, 5).

봉인이 열릴 때마다 상황은 더 악화됩니다(6장).
정복과 폭력과 경제적 재난과 죽음, 밑바닥에 가라앉았던 악까지 낱낱이 드러나고 죄악이 무르익어 때가 차면 심판이 임할 것입니다(6:10-11, 참고 창 15:16). 그날에는 죄로 인해 오염된 땅과 바다와 나무까지 정화될 것입니다(7:3). 연단을 통해 모든 것이 정화되고 정제되는 고난의 때에도 주님은 백성들과 함께하시며 그들을 지키고 감추실 것입니다(7:15-17). 보혈을 의지하여 순결을 지킨 14만 4천 명*은 흰옷을 입고 구원과 승리의 함성을 부를 것입니다(7:9-10).

* 12X12X1000, 대표성을 띠는 12지파, 12사도에 쓰인 숫자로서 헤아릴 수 없이 많은 수의 온전한 주의 백성을 의미한다.

나는 고난 중에도
주님을 의지합니까?

❶ 사람과 상황을 주관하시는 주님의 주권을 믿습니까?
❷ 하나님의 임재가 늘 함께하심을 믿습니까?

309

세상 나라가
그리스도의 나라가 되어

봉인이 풀리고 나팔을 불수록 상황은 더욱더 심각해집니다.
거대한 악과 파괴자들과 재앙들이 뒤엉킵니다(8:6-9:21, 아바돈·아볼루온[9:11] :
파괴의 장소, 파괴자). 하나님은 성도들의 기도를 받고 응답하시지만, 상황은 속
전속결되지 않습니다(8:1-5). 반 창조와 반 생명이 온 세상을 장악한 듯 보이
고, 세상은 모세의 때처럼 악하고 강퍅합니다(9:20, 참고 15:3). 그러나 출애굽
당시 열 가지 재앙을 기억해 보십시오(6장, 참고 출 7:16-17). 모든 상황에 대한
이유와 주권이 하나님께 있습니다. 하나님을 신뢰하며 그분의 뜻을 헤아리십
시오.

파괴의 시간은 하나님의 신비가 완성되는 과정에 있습니다.
괴물이나 거대 권력의 시간도 한때일 뿐입니다(11:2-3). 하나님은 온 세상을
반 창조와 반 생명의 세력들로부터 '그분의 것'으로 되찾아 '제자리'로 돌려보
내실 것입니다. 본색을 드러낸 악들을 박멸하실 것입니다(10:6). 하나님의 궁
극적인 목적은 '하나님 나라'입니다. "세상 나라가 우리 주와 그의 그리스도의
나라가 되어 그가 세세토록 왕 노릇 하시리로다"(11:15).

하나님은 혼돈 속에서도 구원을 위해 일하십니다.
신실한 복음의 증인들을 불러 세우십니다(10:8-11, 11:3). 세상은 하나님의 사
람 곧 '두 증인'을 죽일 것이나(11:7), 순교자들의 정당성은 곧 입증될 것입니다
(11:11-12). 그들의 죽음과 회복으로 세상이 주께 돌아올 것입니다(11:13, 15).

하나님의 궁극적인 뜻과   ❶ 고난과 재난, 재앙에 담긴 주님의 뜻은 무엇입니까?
목적을 깨닫습니까?   ❷ 혼돈 가운데 성도들이 할 일은 무엇입니까?

심판의 시간이
이르렀음이니

310

요한계시록
12-14장

당시 성도들은 큰 박해와 환난 가운데 있었습니다.

사탄과 로마제국과 각 속주의 권세들이 하나로 뭉쳐 종교, 경제, 사회의
전 방위적으로 성도들을 압박했습니다(용[12:3], 첫 번째 짐승[13:1], 두 번째 짐승
[13:11]). 그러나 예수님이(미가엘과 성도들) 승리하셨기 때문에 사탄은 하늘에 설
자리가 없습니다(12:7-9, 11).

사탄은 여자와 그 자손을 쫓는 데 힘쓸 것입니다.

'여자와 그 자손'이란 세상을 위해 하나님의 목적을 수행하는 자들, 주님의 명
령과 증언을 지키는 자들을 가리킵니다(이스라엘과 제사장 나라, 거룩한 민족과 하와
와 교회). 더 많은 박해와 공격과 거짓 고발들이 있을 것이지만, 창조주께서 그
들을 돌보실 것입니다(12:13-17). 사탄, 권세, 비진리, 거짓의 영에 맞서 어린양
의 인도에 순복하는 '정예군'들이 있습니다(12:10-11, 14:1-4). 세상에 낙인찍혔
으나 주께 인침 받은 자들로서(마 10:32) 많은 수의 성도들이 이에 동참하고 있
습니다(14:1, 4, 14만 4천).

마지막 때가 얼마 남지 않았습니다(12:12).

'바벨론'이 망할 것이란 예언이 선포될 때에도 제국이 어찌나 견고했던지 쉽
게 믿기지 않았습니다(사 47:7-8, 10). 그러나 예언은 성취되었고 포로들은 귀
향했습니다. 지금의 '제국'도 결국은 무너지게 될 것입니다(14:6-13, 사 47:7-8,
10). 주님의 심판은 공정하고 철저하고 완전할 것입니다. 구원의 추수가 곧
시작될 것입니다(14:9-20).

나는 하나님의 약속과
승리를 신뢰합니까?

❶ 눈에 아무 증거 보이지 않아도 믿음으로 신뢰합니까?
❷ 어떤 상황에도 순종하는 정예군으로 살아갑니까?

무너졌도다
큰 성 바벨론이여!

위대한 심판의 시간이 다가왔습니다.

사탄과 제국과 하수인들에 의해 행해진 죄들이 위대한 심판 앞에 바로잡힐 것입니다. 빌라도가 예수께 내린 판결을 '부활'로 뒤집으신 주님은 순결한 성도들의 정당성 역시 입증하실 것입니다. 이제 '파괴자'들이 '파괴'될 시간입니다(15장).

하나님의 심판은 전 방위적으로 진행될 것입니다.

땅, 바다, 강, 해를 통한 재앙이 올 것입니다(16:1-9). 인간의 탐욕이 피조 세계에 범한 죄의 대가입니다. 하나님께서 보좌를 직접 치시고, 대적들을 끌어들이실 것이며, 제도 전체를 무너뜨리실 것입니다(16:10-21). 먼저 파괴와 부패를 도운 이들을 심판하시며(16장), 불의의 구조를 세운 황제 체제를 심판하실 것입니다(17-18장). 체제 배후에 놓인 어둠의 세력을 제거하시며(19-20장), 죽음과 음부 자체를 끝장내실 것입니다. 괴물 같은 제도와 폭력에 기반하던 '바벨론'(17장)은 내부의 혼란과 동종의 악에 의해 파괴될 것입니다. 도시가 자초한 악 즉 오만과 억압과 음탕과 사치들로 스스로 멸망하게 될 것입니다(18장).

하나님의 백성은 이 모든 과정에서 깨어 있어야 합니다.

"내 백성아, 거기서 나와 그의 죄에 참여하지 말고 그가 받을 재앙들을 받지 말라"(18:4, 참고 사 52:11). '제국'의 죄에 휘말려 악에 동참하지 않도록 떠나야 합니다. 주님은 회개하고 생명에 동참할 자들을 기다리십니다(16:15, 출 12:38).

나는 마지막 때에 깨어   ❶ '거기서 나오라'는 명령을 되새기며 살아갑니까?
준비하는 성도입니까?   ❷ 주님께서 모든 것을 바로잡으실 것을 믿습니까?

새 하늘, 새 땅,
새 예루살렘

거대한 제국 '바벨론'이 결국 무너졌습니다(17-18장).

사탄을 내버려 두시는 것은 아직 그들이 해야 할 역할이 있기 때문입니다. 쓰임이 끝나면 사탄 또한 불로 멸망당할 것입니다. 마침내 죽음(20:7-15)과 음부까지 완전히 멸절될 것입니다. 하나님의 궁극적인 목적과 승리는 무엇일까요? 세상의 멸망과 파괴가 끝이라면 주님의 패배일 것입니다. 하나님께서 천지와 만물을 창조하신 분이기 때문입니다. '최종 승리'는 창조 세계가 영광스럽게 '재승인'되는 것입니다. 새 하늘과 새 땅으로 만물 전체가 '갱신'되는 것입니다(톰 라이트).

그날이 되면 성전과 해와 달이 필요 없을 것입니다(21:1-5).

하나님의 임재가 땅에 충만히 임할 것이기 때문입니다. 하늘과 땅이 해체되고 새 하늘과 새 땅이 임할 것입니다. 하늘과 땅이 완전하고 영원히 하나 되는 것입니다. '반 창조'와 '반 생명'과 '죽음'의 자리는 전혀 없고, '하나님'과 그분의 '통치'와 '생명'만이 남게 될 것입니다. '바벨론'은 사라지고 순결한 신부만 남게 될 것입니다. 새롭게 창조되는 세계의 중심부인 새 예루살렘으로부터 생명이 흘러 치유와 회복이 일어날 것입니다(21:6-22:5, 참고 창 2장, 겔 48장).

주님은 "내가 속히 오리라!"고 말씀하십니다(22:8-21).

주의 백성은 하늘의 크고 비밀한 것을 본 자들로서 이미 하늘 도성에 속한 자들로 살아가야 합니다. 순결한 신부와 청지기와 증인과 새 창조의 동역자로서 말씀을 되새기며 성령으로 살아가야 합니다.

나는 새 하늘과 새 땅을
바라며 살아갑니까?

❶ 이 땅의 삶이 끝인 것처럼 살고 있지 않습니까?
❷ 재림과 부활과 영원한 생명을 소망하며 살아갑니까?

313

어제의 말씀?
오늘의 말씀!

성경 66권, 통독의 여정을 완주하신 분들을 축하하고 축복합니다.
시편 119편을 시작으로 한 '렉시오 디비나 콘티누아' 성경 통독이 드디어 마지막 시간을 맞게 되었습니다. 개인적으로 또 공동체 전체가 성경을 함께 읽고, 묵상하며, 주님의 마음을 헤아리는 뜻깊은 시간이었습니다. 주신 깨달음과 은혜가 많으시지요? 그 충만한 기쁨이 자연스레 또 다른 통독의 여정으로 이어지길 소망합니다.

어제는 '어제의 말씀'으로 살았다면, 오늘은 '오늘의 말씀'으로 살아야 합니다.
매일 말씀을 통해 나의 영, 혼, 몸을 '하나님의 숨결'로 채우십시오. 세상에서 가빠진 호흡을 '하나님의 숨결'로 가다듬고 말씀을 읽어 나갈 때, '지금, 여기'에서 들어야 할 '오늘'의 말씀을 주실 것입니다. 말씀을 읽는 심령 가운데 날마다 '신선한 기름 부으심'이 임할 것입니다.

통독의 긴 여정을 맺으며 읽을 말씀은 시편 119편입니다.
통독을 시작하며 만난 시편 119편과 오늘 읽는 119편은 분명 차이가 있을 것입니다. 창세기부터 요한계시록까지 성령을 통해 맛본 하나님의 선하심과 말씀의 깊은 풍미가 우리의 전 존재에 풍성히 깃들어 있기 때문입니다. 이 시간 '하나님 말씀'에 대한 시편 기자의 진심과 열망에 전적으로 동의하며 읽어 가길 원합니다. '아멘'으로 화답하는 모든 분들의 인생에 매순간 '하나님의 음성'이 함께하기를 축복합니다.

실천하는 그리스도인은 무엇보다 그 영혼이 마음의 성
소로 끊임없이 돌아가는 사람이 되어야 한다. 뿐만 아니
라 온갖 소란과 변덕으로 죽 끓듯 하는 세상 속에 그 빛
을 가져와 그것을 재창조하는 사람이 되어야 한다.

_토마스 켈리

소그룹 나눔

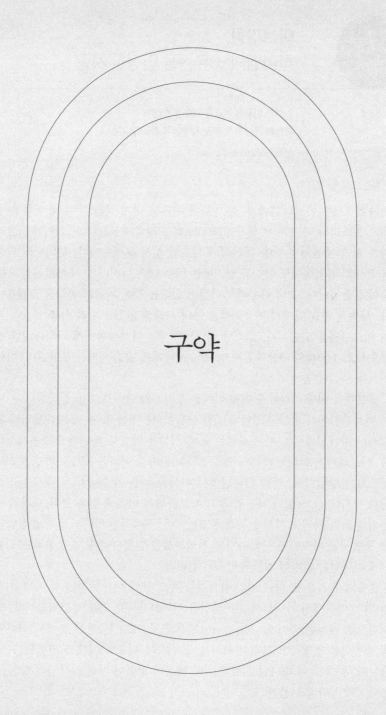

구약

아브라함,
하나님의 소유권을 인정한 사람

- 환영   간단한 인사와 안부를 서로 묻습니다.
                   오늘의 만남과 모임을 위해 짧게 기도합니다.
- 본문   창세기 22:1-3, 11-24

- 말씀으로 들어가기

하나님께서는 아브라함에게 "큰 민족을 이루고 네게 복을 주어 네 이름을 창대하게 하리니 너는 복이 될지라"(창 12:2)라고 말씀하셨습니다. 그러나 아브라함은 큰 민족은커녕 당장 자신의 후사조차 잇지 못했습니다. 하나님의 말씀을 분명히 들었음에도 아이를 낳기에는 너무 늦은 나이다 보니 아브라함의 믿음이 흔들립니다. 고대 근동에서 아들이 없다는 것은 가문의 몰락을 뜻했습니다. 사회적 관습 앞에서 아브라함은 아내 사라의 의견을 따라 몸종 하갈을 통해 이스마엘을 얻습니다. 그러나 하나님께서는 아브라함에게 나타나 언약을 세우셨고, 100세의 아브라함과 90세의 사라에게 '웃음'이라는 뜻을 가진 아들 이삭을 주십니다.

성경에서 '사랑'이라는 단어는 이삭을 수식하는 단어로 처음 등장합니다. 이는 아브라함에게 이삭이 얼마나 귀한 아들이었는지를 알 수 있는 대목입니다. 그러나 하나님께서는 이 사랑하는 독자 이삭을 제물로 바치라고 말씀하십니다. 아브라함은 하나님의 말씀에 순종하여 곧바로 이삭을 제물로 바칠 모리아 산으로 출발합니다. 이는 하나님께서 이삭을 죽은 자 가운데서 다시 살리실 줄로 생각(히 11:19)했기 때문입니다. 아브라함의 마음속 깊은 곳에 새겨진 믿음의 흔적과 기억이 시험을 통해 증명됩니다. 구체적인 하나님의 방법을 알지는 못했지만 아브라함은 하나님의 신실하심을 믿었습니다. 순종한 아브라함에게 하나님은 준비된 제물 숫양을 주십니다.

믿음의 흔적을 또 하나 새긴 아브라함은 그 땅의 이름을 '여호와 이레'라 칭합니다. 이곳에서 하나님의 준비하심을 기억하겠다는 믿음의 고백입니다. 자의적으로 지목한 곳이 아니라 하나님께서 인도하고 지목하신 곳에서, 하나님의 소유권을 인정하고 자신의 의지를 포기할 때 '여호와 이레'를 경험할 수 있습니다. 눈을 들어 하나님을 바라볼 때 세상의 방법이 아닌 하나님의 방법을, 하나님의 일하심을 볼 수 있습니다.

아브라함이 그 땅 이름을 여호와 이레라 하였으므로 오늘날까지
사람들이 이르기를 여호와의 산에서 준비되리라 하더라(창 22:14)

● 우리 삶으로 들어가기

때로 시험은 사탄에게서 올 뿐만 아니라 하나님에게서도 옵니다. 사탄에게서
오는 시험은 물리쳐야 하지만, 하나님께로부터 오는 시험은 통과해야 합니다.
하나님의 시험은 우리의 신앙을 점검하게 만듭니다. 하나님의 속성을 이해하
는 사람은 그 시간을 통해 하나님의 축복이 오고 있음을 깨닫게 됩니다. 하나
님이 우리에게 뭔가를 말씀하실 때, 그 의도를 아는 것이 성숙한 신앙입니다.

하나님과의 언약을 지키는 것은 쉽지 않습니다. 때로 인생의 고난처럼 느껴
지기도 합니다. 그러나 하나님이 우리를 시험하시는 모든 고난 속에는 기회가
들어 있습니다. 하나님의 제안을 받아들이고, 하나님의 시험을 통과하면 선물
을 받습니다. 중요한 것은 고난을 이겨 내 선물을 받는 것이 아니라, 우리에게
너무나도 선물을 주고 싶어 인생의 고난을 핑계 삼으시는 하나님의 마음을 아
는 것입니다. 시험을 믿음으로 받아들일 때, 우리의 믿음은 성숙해지고 담대
해질 수 있습니다.

'내 것이 아니라고 생각하면' 포기가 가능합니다. 보다 온전한 사용이 가능
해지는 것입니다. 내가 파서 얻은 우물도, 일군 재산도, 낳은 자식도 결국은 내
소유가 아닙니다. 하나님의 소유권을 인정할 때, 하나님께서도 우리를 인정해
주십니다. 하나님이 원하신다면 기꺼이 드리고 그런 다음에 주시는 것을 받아
야 합니다. 끝까지 하나님을 의지하는 자만이 '여호와 이레'의 축복을 경험할
수 있습니다.

● 함께 나누기   - 오늘의 말씀을 묵상하며 가장 마음에 와 닿은 부분을 나눠 보세요.
              - 내가 하나님의 소유권을 인정하고 기꺼이 드려야 하는 것은 무엇입니까?
              - 내 마음속에 새겨진 믿음의 흔적과 기억을 나눠 보세요.

● 묵상노트   묵상한 내용을 가지고 기도 제목을 나누고 함께 중보하며 기도합니다.

야곱,
벧엘로 올라간 사람

2
week

- 환영 　　　간단한 인사와 안부를 서로 묻습니다.
　　　　　　오늘의 만남과 모임을 위해 짧게 기도합니다.

- 본문 　　　창세기 35:1-15

- 말씀으로 들어가기

이삭과 리브가 사이에서 태어난 쌍둥이 중 둘째, 야곱의 이름은 '발뒤꿈치를 잡은 자'라는 뜻입니다. 이는 형 에서의 발뒤꿈치를 잡고 나왔기 때문에 지어진 이름입니다. 야곱은 하나님의 축복을 받기에는 조금 부적절한 인물로 여겨집니다. 팥죽 한 그릇으로 장자의 명분을 사고, 형으로 가장하여 장자의 축복을 가로챈 사건은 계명에 위배되는 행위입니다. 야곱이 수많은 단점과 약점에도 불구하고 하나님의 축복을 받은 이유는 '벧엘' 때문입니다.

벧엘은 야곱의 인생 고비마다 등장합니다. 장자의 축복을 빼앗고 하란으로 도망갈 때, 하나님께서는 외로운 광야에서 야곱을 만나 주셨습니다. 약속은 원대했지만 현실은 초라했습니다. 그러나 야곱은 루스라 불리던 곳에 돌로 기둥을 세운 뒤 기름을 부어 그 장소를 벧엘이라 명명합니다. 그리고 어쩌면 치열하게 인생을 살다 하나님을 잊었을 즈음, 외삼촌 라반이 재산을 빼앗으려 할때 두 번째 벧엘이 등장합니다. 하나님께서는 야곱에게 에서가 있는 고향으로 돌아가라 말씀하셨고, 야곱은 고향으로 향하던 길에 어떤 사람과 날이 새도록 씨름을 하게 됩니다. 축복을 주지 않으면 절대 보내지 않겠다며 야곱은 끈질긴 시험을 했고 마침내 축복을 재확인하게 됩니다.

야곱에게 벧엘은 하나님을 만난 곳이었습니다. 평범한 돌무더기였던 루스는 하나님을 만나자 하나님의 집인 벧엘이 되었습니다. 그리고 야곱이 벧엘에서 끈질기게 하나님을 붙잡자 축복을 받았습니다. 그럼에도 야곱은 벧엘이 아닌 세겜에 머물다 목숨의 위협을 받게 됩니다. 딸 디나가 치욕을 당했고 아들 시므온과 레위가 이를 복수함으로써 세겜의 공격을 받을 위기에 처한 것입니다. 이때 하나님은 다시 야곱에게 벧엘로 올라오라 말씀하십니다. 야곱은 환난 날에 응답하셨던 하나님을 기억합니다. 삶의 위기 앞에서 야곱은 다시 벧엘로 올라갈 준비를 합니다.

우리가 일어나 벧엘로 올라가자 내 환난 날에 내게 응답하시며 내가 가는 길에서
나와 함께하신 하나님께 내가 거기서 제단을 쌓으려 하노라 하매(창 35:3)

● 우리 삶으로 들어가기

하나님의 축복은 거저 오지 않습니다. 약속받은 자로서 온전한 신앙을 회복해야 합니다. 야곱에게는 이 회복의 장소가 바로 벧엘이었습니다. 성경은 벧엘로 올라가기 위해 "너희 중에 있는 이방 신상들을 버리고 자신을 정결하게 하고 너희들의 의복을 바꾸어 입으라"(창 35:2)고 말합니다.

우리는 먼저 이방 신상을 버려야 합니다. 하나님보다 앞에 두었던 것들, 하나님을 겸하여 섬기던 것들을 버려야 벧엘에 올라갈 수 있습니다. 우상들을 부숴 버리지 않으면 미련이 남을 수밖에 없습니다. 하나님 외에 나도 모르게 의지하던 것이 있다면, 그것 때문에 얽매이게 될 것입니다. 우리는 하나님을 의지해야 합니다. 하나님의 백성에게 가장 무서운 것은 타협입니다.

다음으로는 자신을 정결케 해야 합니다. 정결함은 온전함이 아닙니다. 하나님 앞에서 정결함이란, 우리의 더러운 죄와 과장된 삶을 내려놓는 것입니다. 나를 치장하고 있던 것들, 과장되게 포장했던 것들, 모든 삶의 가식들을 벗어 버리는 것이 정결입니다. 우리 중 누구도 하나님 앞에 정결한 자가 없으며, 동시에 우리 중 누구도 하나님 앞에 정결치 못할 자가 없습니다. 야곱은 자신을 치장하고 있던 것들을 세겜 근처 상수리나무 아래 묻고 떠납니다. 다시는 들출 수 없는 곳에 더러운 과거를 묻고 가는 것입니다.

마지막으로 의복을 바꾸어야 합니다. 의복을 바꾸는 것은 신분을 바꾼다는 의미이며, 하늘나라에 속한 백성임을 드러내는 것입니다. 피상적인 내용만 바꾸는 것이 아니라 새 옷으로 갈아입고 내적 삶을 변화시켜야 합니다. 하나님을 향해 가며 온전히 새 신분으로 변화해야 진실된 예배자가 될 수 있습니다.

● 함께 나누기   - 오늘의 말씀을 묵상하며 가장 마음에 와 닿은 부분을 나눠 보세요.
                - 하나님의 뜻을 알기 위해 끈질긴 씨름을 해본 적이 있다면 나눠 보세요.
                - 벧엘에 올라가기 위해 내가 내려놓아야 할 것은 무엇입니까?

● 묵상노트   묵상한 내용을 가지고 기도 제목을 나누고 함께 중보하며 기도합니다.

_____

_____

요셉,
진정으로 형통한 사람

- 환영　　　간단한 인사와 안부를 서로 묻습니다.
　　　　　　오늘의 만남과 모임을 위해 짧게 기도합니다.

- 본문　　　창세기 50:20

- 말씀으로 들어가기

요셉은 부당한 고난을 당한 사람입니다. 그가 겪은 고난은 그의 불의와 상관없었습니다. 아버지 야곱의 편애를 받던 요셉은 형들에 의해 구덩이에 던져집니다. 요셉이 형들에 의해 갇힌 이 '구덩이'는 우기 때 빗물을 모았다가 건기 때 사용하는 물 저장 탱크로 물이 없을 때는 감옥으로 사용되기도 했습니다. 이 구덩이가 있던 곳은 이스라엘에서 가장 비옥한 이스르엘 평야 최남단에 위치한 도단이었습니다. 요셉을 극진히 사랑한 야곱이 사랑하는 아들을 홀로 보낼 정도이니 목숨의 위협을 받을 만큼 위험한 곳은 아니었을 것입니다. 즉 요셉이 만난 광야는 지리적 광야가 아닌 인생의 광야였습니다.

　요셉은 아버지의 사랑으로 자랐으나 그 때문에 오히려 애굽의 노예가 됩니다. 다른 형제들은 요셉을 죽이려 했지만 다행히 맏형 르우벤의 만류로 노예로 팔려 가게 됩니다. 노예는 스스로의 힘으로는 절대 자유로워질 수 없는 존재입니다. 요셉은 자신의 의지와는 무관하게 제대로 구덩이에 들어가게 됩니다. 애굽에서도 성실했던 요셉은 보디발의 집에서 주인에게 인정을 받습니다. 그러나 이번에도 자신의 의지와 상관없이 주인의 아내를 겁탈하려 했다는 누명을 쓰고 감옥에 갇힙니다. 요셉은 이 감옥에서 바로의 꿈을 풀어내고 끝내 애굽의 총리 자리에 오릅니다.

　그러나 요셉의 이야기는 개인의 '성공 스토리'가 아닙니다. 총리가 된 일은 서론에 불과할 뿐, 진정한 이야기는 이제부터 시작됩니다. 하나님은 요셉을 통해 이스라엘을 가뭄에서 구원하십니다. 요셉은 자신의 노력으로 총리가 된 것이 아닙니다. 그에게 일어난 모든 일은 하나님의 계획이었습니다. 요셉의 이야기를 보며 '우리 꿈의 성취'가 아니라 '하나님 언약의 성취'를 볼 수 있어야 성경을 제대로 이해하는 것입니다. 요셉은 모든 것을 선으로 바꾸시는 하나님을 고백합니다(창 50:20). 이것이 요셉 이야기의 결론입니다. 평탄치 않던 인생일지라도 모든 것이 하나님의 섭리와 은혜였습니다.

당신들은 나를 해하려 하였으나 하나님은 그것을 선으로 바꾸사
오늘과 같이 많은 백성의 생명을 구원하게 하시려 하셨나니(창 50:20)

● 우리 삶으로 들어가기

성경은 요셉을 '형통한 사람'이라고 말합니다. 하지만 요셉이 형통했던 곳은 세상의 기대와 달리 노예로 팔려 간 곳이었고, 감옥 속이었습니다. 형통의 히브리어 '찰라흐'는 '밟고 건너가다'라는 뜻입니다. 세상은 산도, 강도, 어려움도 없을 때 형통하다 말하지만 요셉의 형통은 구덩이를 넘고, 유혹을 이기고, 감옥을 살아 내는 것이었습니다. 세상의 형통은 '내가 원하는 것'이 이루어지는 것이나, 신앙인의 형통은 '하나님의 뜻'이 '나를 통해' 이루어지는 것입니다.

인생을 살다 보면 우리의 의사와 관계없이 광야 구덩이에 던져질 때가 있습니다. 삶에서 만나는 광야 구덩이는 선과 악의 문제로 재단할 수 없는 경우가 더 많습니다. 그러나 고난의 결말을 알면 더 이상 두렵지 않습니다. 우리가 빠진 광야 구덩이에서 하나님의 구원의 역사가 이루어지고 있기 때문입니다. 어떤 상황에서도 기도하고 견딜 수 있는 힘을 주시는 것이 하나님의 은혜입니다. 광야에서도 하나님과 동행하는 것이 '광야 구덩이'에서 잘되는 축복입니다.

'믿음 장'으로 불리는 히브리서 11장은 요셉이 믿음으로 총리가 되었다고 말하지 않습니다. 다른 믿음의 영웅들을 이야기할 때도 믿음으로 잘되고, 축복받고, 성공했다고 말하지 않습니다. 믿음의 선진은 하나님과 동행하며 하나님의 은혜로 고난을 건넌 사람들입니다. 세상의 풍요가 아닌 하늘나라 본향을 바라보며 산 이들을 성경은 '믿음 장'에 기록하고 있습니다. 우리 인생에 찾아오는 환난, 곤고, 박해, 기근, 적신, 위험, 칼 등 어떤 것도 우리를 하나님의 사랑에서 끊을 수 없습니다(롬 8:35). 고난 중에도 우리를 붙잡아 주시는 하나님의 손을 마주 잡는다면 모든 것을 선으로 바꾸시는 하나님을 보게 될 것입니다.

● 함께 나누기
- 오늘의 말씀을 묵상하며 가장 마음에 와 닿은 부분을 나눠 보세요.
- 당시에는 깨닫지 못했지만 돌아보니 하나님의 은혜였던 경험이 있습니까?
- 하나님과 동행하며 광야 구덩이를 넘어갈 용기가 내게 있습니까?

● 묵상노트
묵상한 내용을 가지고 기도 제목을 나누고 함께 중보하며 기도합니다.

_____

_____

모세,
잊히지 않은 사람

● 환영　　　　　간단한 인사와 안부를 서로 묻습니다.
　　　　　　　　오늘의 만남과 모임을 위해 짧게 기도합니다.

● 본문　　　　　출애굽기 3:1-14

● 말씀으로 들어가기

온 땅에 임한 심한 기근의 때에, 하나님은 요셉을 통해 야곱 가문을 애굽에 정착시켜 언약 백성을 보존하셨습니다. 이스라엘은 순조롭게 애굽에 정착하여 400여 년간 수적으로 매우 번성하였습니다. 오랜 세월이 지나며 백성들은 애굽에서의 삶에 익숙해졌고, 하나님의 약속은 기억 속에서 희미해져 갔습니다.

　하나님은 이스라엘 민족을 향한 언약을 잊지 않으셨습니다. 하나님은 백성을 구원하기 위해 모세를 지도자로 선택하셨고, 그의 출생 때부터 그의 삶을 이끄셨습니다. 그러나 사람들 눈에 비친 모세의 삶은 버림받고, 도주하고, 잊힌 삶이었습니다. 모세가 태어난 때는 애굽 왕 바로가 이스라엘의 번성을 경계하여 태어나는 모든 남아를 죽이라고 명령을 내린 때였습니다. 전승에 따르면 모세는 미숙아로 석 달 먼저 세상에 태어나 목숨을 건질 수 있었으나, 원래의 출산 예정일이 가까워지자 더 이상 숨겨 기를 수가 없게 되었습니다. 모세의 어머니 요게벳은 아기를 갈대 상자에 넣어 나일강에 떠내려 보냅니다. 모세는 애굽 공주의 양자로 입양되어 왕자로서 자라났지만, 이스라엘인을 괴롭히는 애굽 사람을 죽이고 미디안 광야로 도망하여 양을 치며 40년간 잊힌 사람이 되었습니다. 태어나면서 강에 버려진 아이였고, 동족에게 버림받았으며, 40세에 애굽을 떠나 미디안 광야에서 40년을 보내는 동안 누구도 기억하지 않는 사람이 된 것입니다.

　때가 되어 하나님이 모세를 부르셨습니다. 모세의 나이가 80세가 되던 해였습니다. 하나님은 이스라엘을 향한 언약 그리고 모세를 사용하시겠다는 계획을 잊으신 것이 아니었습니다. 모세를 왕궁에서 자라게 함으로써 지도자로서 교육받게 하셨고, 광야에서 살게 하심으로 이스라엘 민족을 광야에서 이끌 인도자로 다듬어 가셨습니다. 모세의 생명을 노리던 자가 죽기까지 때를 기다리셨습니다(출 4:19). 모세의 삶은 출생부터 빠짐없이 하나님의 인도하심 속에 있었습니다.

여호와께서 미디안에서 모세에게 이르시되 애굽으로 돌아가라
네 목숨을 노리던 자가 다 죽었느니라(출 4:19)

● 우리 삶으로 들어가기

아무도 기억하지 않는 곳, 모든 것이 포기된 곳에서 하나님은 가장 긴밀하게 우리 삶을 파고드십니다. 하나님은 장엄하기보다 차라리 초라한 상황과 장면으로 나타나셨습니다. 한때 왕자였던 모세는 이제, 자신의 양 떼도 아닌 장인 이드로의 양을 치고 있었습니다. 하나님은 아무리 커도 1미터가 채 되지 않는 크기의, 덤불이라는 말이 더 잘 어울리는 떨기나무에 불꽃으로 임하셨습니다.

기독교 역사의 위대한 회심으로 일컬어지는 사건들을 살펴봅니다. 사도 바울은 예수 믿는 사람들을 핍박하러 가는 길에 부활하신 주님을 만났습니다. 유명한 성 어거스틴은 정원을 거닐다가 '성경을 읽으라'는 음성을 듣고 서재에 들어가 성경을 읽다가 말씀 앞에 고꾸라지는 체험을 합니다. 감리교의 창시자 존 웨슬리는 길을 걷다가 작은 모임에서 들려오는 '루터의 로마서 서문'을 읽는 소리를 듣다가 하나님을 인격적으로 만나게 됩니다. 1904년, 웨일스에서 시작되어 수개월 만에 10만 명이 넘는 사람들이 하나님께 돌아온 영적 부흥운동은 어느 수요일 저녁에 단 17명이 함께한 집회에서부터 시작되었습니다.

애굽을 떠나 광야를 지나 가나안으로 들어가기 위해서는 광야를 잘 아는 사람이 필요합니다. 초라한 환경에서도, 잊힌 것 같은 시간에도 하나님은 여전히 모세와 이스라엘을 향한 언약을 멈추지 않으셨습니다. 우리의 오늘이 초라해 보여도, 이제는 늦은 것 같아도, 하나님은 약속하신 당신의 백성을 위해 지금도 일하고 계십니다.

● 함께 나누기   - 오늘의 말씀을 묵상하며 가장 마음에 와 닿은 부분을 나눠 보세요.
               - 나를 향한 하나님의 계획과 인도하심을 어떤 때, 어떤 방식으로 경험합니까?
               - 나에게 '광야'가 있(었)다면 어떤 것인지 나눠 보세요.

● 묵상노트   묵상한 내용을 가지고 기도 제목을 나누고 함께 중보하며 기도합니다.

_____

_____

5 week

아론,
앞서지 않은 사람

● 환영　　　　　간단한 인사와 안부를 서로 묻습니다.
　　　　　　　　오늘의 만남과 모임을 위해 짧게 기도합니다.

● 본문　　　　　출애굽기 7:2

● 말씀으로 들어가기

아론의 이름이 성경에 처음 등장한 것은 호렙산의 떨기나무에 임하신 하나님과 모세의 대화 장면에서입니다. 하나님의 부르심을 받은 모세는 자신의 부족을 이유로 사명을 감당하지 못하겠다고 말합니다. 그때 하나님은 이렇게 말씀하십니다. "레위 사람 네 형 아론이 있지 아니하냐 그가 말 잘하는 것을 내가 아노라"(출 4:14).

　아론은 모세가 태어나기 3년 전, 레위 지파의 아므람과 요게벳의 첫째 아들로 태어났습니다. 고대 중근동 사회에서 가문의 맏아들이라는 것은 중요한 의미를 지닙니다. 형인 에서를 속이고 맏아들의 권리를 얻은 야곱의 이야기가 보여 주듯이(창 25:29-34), 성서에서 장자는 단순히 유산을 많이 받는 사람이 아닌 언약을 이어가는 사람입니다. 레위 지파의 조상으로 소개되는 아론은 이스라엘의 첫 번째 대제사장 역할을 하였으며, 이후로도 그의 가문에서 거룩한 제사장의 계보가 이어집니다(출 6:14-25).

　아론은 뛰어난 사람이었습니다. 그는 언변에 능통하고 하는 말에 설득력이 대단하였으며, 백성들과 바로 앞에서 놀라운 하나님의 이적을 행한 사람입니다. 눈에 보이는 것을 믿는 백성들은 어쩌면 모세보다, 하나님보다 아론을 더 의지할 만한 지도자로 여겼을지도 모릅니다.

　그러나 아론은 자신의 자리를 명확히 지켰습니다. 하나님께서는 바로에게 하나님 역할을 할 사람으로 모세를 보내셨습니다. 그리고 아론을 모세의 대언자, 즉 모세의 말대로 행하는 역할로 세우셨습니다(출 7:1). 아론은 이러한 하나님의 뜻을 이해했습니다. 40년 만에 만나는 동생에게 '내 주'라고 지칭하며(출 32:22) 모세를 앞서지 않았습니다. 하나님께서 모세를 통하여 일하고 계심을 믿고, 주신 말씀에 순종한 것입니다.

여호와께서 아론에게 이르시되 광야에 가서 모세를 맞으라 하시매 그가 가서 하나님의 산에서 모세를 만나 그에게 입맞추니(출 4:27)

● 우리 삶으로 들어가기

하나님의 뜻이 항상 나의 뜻과 동일하지는 않습니다. 아론 역시 하나님께서 세워주신 동생 모세를 온전히 따르기란 쉽지 않았을 것입니다. 아론은 장자였고 모세와 함께 성장하지도 않았습니다. 하지만 장자 아론은 살인을 저지른 뒤 자취를 감추었다 80세가 되어 돌아온 동생을 따르라는 명령에 순종합니다. 아말렉과의 전투 중 모세가 힘이 들어 팔을 들기 어려워하자 해가 지도록 그의 손을 받쳐 대신 들어 주며(출 17:12) 모세의 권위를 존중하고 힘을 보탰습니다. 아론은 장자의 권위를 내려놓고 하나님의 뜻이 무엇인지 헤아렸습니다.

아론은 능력의 사람이었습니다. 열 가지 재앙을 생각할 때 우리는 흔히 모세의 지팡이만을 생각하지만, 뱀이 된 모세의 지팡이를 던진 사람은 바로 아론이었습니다(출 7:10). 출애굽 과정에서 아론은 많은 기적을 모세 대신 행했을 것입니다. 그러나 아론은 출애굽기의 절정인 홍해 사건에 등장하지 않습니다. 하나님이 사용하시는 사람과 세우시는 사람이 다를 수 있습니다. 이 사실을 깨닫고 나를 보내신 분의 뜻을 헤아릴 때 사명자의 길을 걷게 됩니다.

자신의 자리와 사명을 명확히 알았던 아론은 하나님의 뜻을 앞서지 않았습니다. 이처럼 사명자가 된다는 것은 우리를 보내신 분의 명령을 따르는 것입니다. 사명에 걸맞은 능력을 주시고, 나를 적재적소에 사용하실 하나님을 의지하며 주어진 자리에 최선을 다해야 합니다. 때로 나의 선함과 의로운 행실을 드러내고 싶은 욕구가 찾아올 수 있습니다. 자신의 의를 드러내려는 마음을 내려놓고 오로지 하나님께 영광을 올려드릴 때 진정한 사명자로 바로 설 수 있습니다.

● 함께 나누기　　- 오늘의 말씀을 묵상하며 가장 마음에 와 닿은 부분을 나눠 보세요.
　　　　　　　　 - 하나님이 나에게 지키라고 하신 계명(또는 내가 하기 원하시는 역할)은 무엇입니까?
　　　　　　　　 - 하나님의 말씀을 지키기 어려웠던 경험과 그 이유를 나눠 보세요.

● 묵상노트　　　 묵상한 내용을 가지고 기도 제목을 나누고 함께 중보하며 기도합니다.

_____

_____

갈렙,
다른 마음으로 다른 사랑을 받은 사람

● 환영   간단한 인사와 안부를 서로 묻습니다.
                오늘의 만남과 모임을 위해 짧게 기도합니다.

● 본문   민수기 14:1-10, 24

● 말씀으로 들어가기

갈렙은 하나님의 특별한 사랑을 받았습니다. 성경은 갈렙이 받은 특별한 사랑의 이유를 '마음이 달라서'라고 기록하고 있습니다. 원어 성경은 이 '마음'을 '영'이라고 번역합니다. 즉 갈렙은 다른 영을 가지고 있는 사람이었습니다. 온전히 순종하고 복종하는 마음이 갈렙에게 있었습니다. 다른 마음이 있었기에 갈렙은 하나님의 계획과 비전을 볼 수 있었습니다.

하나님은 하나님의 약속을 확인하고 고백하라는 의미로 열두 명의 정탐꾼들을 가나안 땅에 보내셨습니다. 열 명의 정탐꾼은 하나님의 약속보다 현실을 더 크게 본 나머지 가나안에 대해 부정적 견해를 표출합니다. 오직 갈렙과 여호수아만이 하나님의 마음을 헤아립니다. 다른 영을 가지고 있던 갈렙과 여호수아는 문제의 크기를 사람의 눈으로 재지 않았습니다. 열 명의 정탐꾼이 전한 가나안 이야기를 들은 백성들은 두려움과 원망으로 통곡하며 요동칩니다. 하지만 갈렙과 여호수아는 이들과 대조적으로 흔들리지 않는 믿음을 보여 줍니다. 갈렙은 회중 앞에서 가나안은 심히 아름다운 하나님이 약속하신 땅이라고 외칩니다. 다른 마음이 보여 준 순종을 기뻐 받으신 하나님은 갈렙과 여호수아에게 가나안에 들어가는 유일한 출애굽 1세대라는 축복을 허락하십니다. 다른 마음이 남다른 사랑을 경험합니다.

갈렙의 순종은 일회적인 순종이 아니었습니다. 성경은 갈렙이 하나님을 '온전히' 따랐다고 말합니다. 이는 '충만하다' '만족시키다'라는 뜻으로, 갈렙의 순종이 지속적으로 하나님을 기쁘게 했다는 뜻입니다. 갈렙에게 허락하신 가나안 땅은 '미래 완료형'의 축복이었습니다(민 14:24). 갈렙은 여전히 문제 가운데 있습니다. 광야 한복판에 있습니다. 하지만 갈렙은 그 땅으로 자신을 인도하시겠다는 하나님의 약속을 신뢰하며 순종의 인생을 살아갑니다. 그리고 끝내 남다른 믿음으로 가나안 땅에 입성할뿐더러 헤브론 땅을 기업으로 받는 축복을 받습니다.

> 그러나 내 종 갈렙은 그 마음이 그들과 달라서 나를 온전히 따랐은즉 그가 갔던 땅으로 내가 그를 인도하여 들이리니 그의 자손이 그 땅을 차지하리라(민 14:24)

● 우리 삶으로 들어가기

하나님의 사람으로 부름 받는 순간 우리는 온전히 하나님을 좇는 '다른 사람'이 되어야 합니다. 순종은 나의 삶에서 하나님의 역사가 일어나기를 기대하는 것입니다. 온전한 순종을 위해 우리는 지속적으로 하나님의 마음을 품어야 합니다. 하나님의 마음에서 벗어나면 시험에 빠지기 쉽습니다. 우리의 영이 하나님을 바라보지 못하고, 하나님의 음성을 듣지 못합니다. 내 삶에서 하나님의 간섭하심을 거부하는 모든 행위는 교만이라는 불순종으로 나타납니다. 내 관점이 무너지고 하나님의 마음이 그 자리를 차지할 때 찾아오는 기쁨과 감사가 진정한 믿음입니다.

우리는 흔히 눈앞의 문제가 커 보일 때 하나님을 잊고 인간적인 도움을 구하게 됩니다. 그러나 이때는 잠시 멈춰 문제의 크기가 아닌 하나님을 바라보아야 할 때입니다. 문제가 아닌 하나님이 마음속 가장 큰 영역을 차지하실 수 있도록 내어드릴 때 순종의 삶은 시작됩니다. 가장 긴박한 순간에 잠시 멈춰 하나님이 하실 일을 기대하십시오. 가만히 있어 하나님이 하나님 되심을 알 때 그분이 일하십니다(출 14:13-14).

우리는 시험의 순간에도 관심을 오로지 하나님께 두어야 합니다. 시험에 들었을 때 시험을 자꾸 떠올린다면 오히려 얽매이게 됩니다. 성경은 마귀에 대적하라고 할 뿐, 시험에 맞서거나 대적하라 말하지 않습니다(약 4:7). 순종의 삶은 시험을 이기려 노력하는 것이 아니라 하나님을 생각하는 것입니다. 시선을 오로지 하나님께 둘 때, 삶의 위기와 문제 가운데서도 하나님의 마음을 가질 수 있습니다.

● 함께 나누기　　- 오늘의 말씀을 묵상하며 가장 마음에 와 닿은 부분을 나눠 보세요.
　　　　　　　　- 나의 삶에서 하나님의 역사가 시작되기를 기대하고 있습니까?
　　　　　　　　- 일회적인 순종이 아닌 지속적인 순종을 보이고 있습니까?

● 묵상노트　　　묵상한 내용을 가지고 기도 제목을 나누고 함께 중보하며 기도합니다.

_____

_____

여호수아,
생존이 아닌 순종을 선택한 사람

- 환영　　　　간단한 인사와 안부를 서로 묻습니다.
　　　　　　오늘의 만남과 모임을 위해 짧게 기도합니다.

- 본문　　　　여호수아 1장

- 말씀으로 들어가기

이스라엘을 애굽으로부터 이끌어 낸 위대한 지도자 모세가 가나안에 들어가지 못한 채 광야에서 죽음을 맞이합니다. 하지만 하나님의 약속은 끝나지 않았습니다. 하나님은 모세의 수종 여호수아를 선택해 새로운 지도자로 세우십니다. 모세에 비하면 여호수아의 배경은 유별난 게 없습니다. 그렇기에 여호수아는 오로지 하나님만을 의지했습니다. 하나님은 순종하며 의지하는 여호수아를 통해 축복의 땅을 소유하게 하셨습니다.

여호수아는 하나님 앞에 온전한 믿음을 가진 사람이었습니다. 40년 동안이나 모세의 지휘 아래에 있던 여호수아는 하나님의 사람 모세에게 온전한 신뢰와 순종을 배웠습니다. 가나안 땅의 열두 정탐꾼 중 한 명으로 뽑혔을 때도, '안 될 이유'를 찾은 나머지 열 명과 달리 여호수아와 갈렙은 '약속된 땅의 풍성함'을 보았습니다. 그에게는 다수의 백성들이 직면한 두려움도, 자신이 당할 불이익도 문제가 되지 않았습니다. 여호수아는 하나님의 약속에 섰고, 하나님의 종 모세의 편에 섰습니다. 두려움에 질린 백성들이 가나안 땅을 옹호하는 여호수아를 돌로 치려 했지만 그는 개의치 않았습니다. 여호수아에게는 생존보다 하나님의 약속에 순종하는 것이 더 중요했습니다.

하나님께서는 순종을 택한 여호수아를 살리셨습니다. 뿐만 아니라 모세가 하나님께 누구를 후계자로 삼을지 묻자 하나님은 주저함 없이 여호수아를 선택하셨습니다(민 27:18-20). 하나님께 필요한 사람은 순종하는 사람이기 때문입니다. 모세가 죽은 뒤 소망이 사라졌다고 생각하는 백성들도 있었을 것입니다. 하지만 하나님은 결코 죽지 않으십니다. 하나님의 일은 사람에 의해 좌우되는 것이 아니라 하나님이 준비하신 사람에 의해 이루어집니다. 모세의 죽음으로 의지할 사람이 없어진 여호수아를 하나님께서는 일으켜 세우시고, 용기를 주십니다. 어디로 가든지 함께하실 하나님이 계시니 오직 강하고 담대하라고 북돋아 주십니다(수 1:9).

내가 네게 명령한 것이 아니냐 강하고 담대하라 두려워하지 말며 놀라지 말라
네가 어디로 가든지 네 하나님 여호와가 너와 함께하느니라 하시니라(수 1:9)

● 우리 삶으로 들어가기

신앙은 우리에게 삶의 생존에 매달릴 것인가, 하나님의 약속에 순종하는 사람이 될 것인가 양자택일을 요구합니다. 생존에 매달리는 사람은 실패의 이유를 대기 위해 변명을 댑니다. 하지만 하나님의 목표를 향해 가는 사람에게는 변명이 필요 없습니다. 다른 사람은 실패라 생각하는 일이 하나님의 사람에게는 하나님의 약속이 성취되는 과정이기 때문입니다. 여호수아가 가나안을 정탐한 뒤 '이들은 우리의 먹이라'고 말했지만 그 꿈이 이루어지기까지는 38년의 시간이 필요했습니다. 하지만 여호수아는 변명하지 않습니다. 여호수아에게는 광야의 시간도 하나님의 약속을 향해 가는 시간이었습니다.

생존과 순종의 양자택일 사이에서 드는 두려움은 '나 중심적인 생각'에서 비롯됩니다. 내가 의지하고 편리대로 생각한 것들은 사라질 수 있습니다. 그러나 하나님의 능력은 사라지지 않습니다. 하나님께서는 '강하고 담대하라' '오직 강하고 극히 담대하라'라고 말씀하시며 믿음을 세워 주십니다. 이제 우리에게 필요한 것은 확신입니다.

남북전쟁이 한창 막바지로 치달을 무렵, 한 참모는 에이브러햄 링컨에게 이렇게 말했습니다. "각하, 염려하지 마십시오. 하나님이 우리 편에 계십니다." 그러자 링컨이 말했습니다. "적군도 그렇게 생각할 거야. 중요한 것은 과연 우리가 하나님 편에 서 있느냐 하는 것이지." 하나님은 우리에게 틀림없이 우리의 편이 되어 주실 것이라고 말씀하십니다. 중요한 것은 우리가 하나님 편에 설 수 있느냐 하는 것입니다. 순종이 곧 하나님의 편에 서는 것입니다.

● 함께 나누기   - 오늘의 말씀을 묵상하며 가장 마음에 와 닿은 부분을 나눠 보세요.
            - 생존과 순종 사이에서 나는 무엇을 선택하고 있습니까?
            - 어떠한 상황에도 사라지지 않는 하나님의 능력을 깨닫고 있습니까?

● 묵상노트   묵상한 내용을 가지고 기도 제목을 나누고 함께 중보하며 기도합니다.

여호수아,
하나님의 약속을 지켜 낸 사람

● 환영　　　간단한 인사와 안부를 서로 묻습니다.
　　　　　　오늘의 만남과 모임을 위해 짧게 기도합니다.

● 본문　　　여호수아 7장

● 말씀으로 들어가기

이스라엘 백성들은 하나님의 말씀에 순종함으로 견고한 성읍 여리고를 무너 뜨리는 영광의 승리를 얻었습니다. 이들이 치른 전투는 혈과 육의 싸움이 아 닌 영적인 전투였습니다. 하나님께서는 이스라엘이 전쟁의 과정을 통해 약속 을 성취해 가시는 하나님을 신뢰하기를 원하셨습니다. 그러나 승리를 거둔 백 성들은 하나님이 아닌 자신의 능력을 의지하는 실수를 범하고 말았습니다.

　하나님은 여리고 성에서 얻은 전리품이 하나님께 온전히 드려지기를 바라 셨습니다. 하지만 갈미의 아들 아간은 하나님의 것을 가로채는 죄를 저지릅니 다. 이스라엘에 주어진 새 땅에서는 어떤 죄도 넘어갈 수 없었습니다. 죄는 누 룩과 같아 번져 나가기 때문입니다(고전 5:6). 하나님께서는 죄에 대한 심판으 로 아이 성 전투에서 패하게 하셨습니다. 뿐만 아니라 온전히 바친 물건을 멸 하지 아니하면 다시는 함께하지 않겠다고 경고하셨습니다(수 7:12). 여호수아 는 하나님의 것을 가로챈 자를 찾기 위해 제비를 뽑습니다. 그러나 수백만의 사람에서 한 사람으로 좁혀질 때까지 아간은 침묵했고, 그는 결국 죄의 심판을 받아 비참한 최후를 맞았습니다.

　아이 성 전투의 패배 원인은 아간뿐만이 아닌 여호수아에게도 있었습니다. 여리고 성을 무너뜨린 후 여호수아는 아이 성에 정탐꾼을 보냅니다. 전력이 아닌 일부의 병력만으로 아이 성을 점령할 수 있을 것이란 정탐꾼들의 보고 에 여호수아는 하나님께 방법을 묻지 않습니다. 그렇게 해서 3천 명의 군사 중 36명이 죽고 전투에서 패합니다. 여호수아는 장로들과 함께 옷을 찢고 궤 앞 에 엎드립니다. 그까짓 작은 성을 무너뜨리는 일도 자신의 힘으로 할 수 없는 것에 대한 항의였습니다. 그 뒤, 저녁 무렵 하나님 앞에 진심으로 엎드려 하나 님의 방법을 구합니다. 신실하신 하나님은 회개하는 여호수아를 버려두지 않 으셨습니다. 여호수아는 다시 하나님의 약속을 향해 올라가게 됩니다.

여호와께서 여호수아에게 이르시되 두려워하지 말라 놀라지 말라 군사를 다 거느리고 일어나 아이로 올라가라 보라 내가 아이 왕과 그의 백성과 그의 성읍과 그의 땅을 다 네 손에 넘겨주었으니(수 8:1)

● 우리 삶으로 들어가기

이스라엘과 하나님은 분명한 '언약 공동체'입니다. 언약은 하나님의 말씀에 순종하면 축복을 주신다는 약속입니다. 언약 공동체를 유지하기 위해서는 죄를 멀리해야 합니다. 죄는 하나님의 말씀을 소홀히 하는 것입니다. 말씀을 소홀히 할 때 하나님을 하나님으로 인정하지 않고 경외하지 않게 됩니다.

사람의 눈을 속일 수 있어도 하나님의 눈은 속일 수 없습니다. 하나님은 책임을 묻는 분입니다. 아간은 끝내 죄를 지은 자로 지목되자 죄를 인정합니다. 하지만 자신의 죄를 자발적으로 회개하지는 않습니다. 진정한 회개는 죄에 대한 인정, 그 이상의 것입니다. 언약으로 주어진 축복의 약속을 지키기 위해서는 죄의 문제를 해결해야 합니다. 완전한 사람은 없습니다. 물질이 유혹이 되거나 못난 자아로 하나님의 말씀을 거역하기도 합니다. 하지만 하나님은 용서하기를 즐겨 하시는 분입니다(시 32:5). 하나님의 말씀에 순종하며 죄를 자발적으로 회개할 때 용서하시는 하나님의 은총을 경험할 수 있습니다.

하나님의 말씀에 순종하기 위해서는 교만의 문제 또한 다루어야 합니다. 교만은 하나님보다 자신을 신뢰할 때 생깁니다. 자기중심적인 우상숭배가 바로 교만입니다. 아이 성 전투는 하나님의 훈련이었습니다. 광야에서 내려 주시는 만나를 통해 매일 하나님의 은혜를 떠올리기를 원하신 것처럼, 작은 성 아이와의 전투에서도 하나님의 도우심을 구하기를 원하셨습니다. 하나님의 은혜를 잊어버리면 어느 순간 하나님과 멀어지게 됩니다. 하지만 하나님의 약속은 끝나지 않습니다. 겸손하며 회개하고 순종의 다짐을 세울 때 우리는 다시 하나님의 약속을 향해 올라갈 수 있습니다.

● 함께 나누기   - 오늘의 말씀을 묵상하며 가장 마음에 와 닿은 부분을 나눠 보세요.
                - 용서하기를 즐겨하시는 하나님을 만난 적이 있다면 나눠 보세요.
                - 내가 하나님 앞에 세울 순종의 다짐은 무엇입니까?

● 묵상노트   묵상한 내용을 가지고 기도 제목을 나누고 함께 중보하며 기도합니다.

9 week

라합,
하나님을 자신의 운명으로 붙잡은 사람

- **환영** 간단한 인사와 안부를 서로 묻습니다.
오늘의 만남과 모임을 위해 짧게 기도합니다.

- **본문** 여호수아 6:22-25

- **말씀으로 들어가기**

여호수아가 보낸 두 정탐꾼은 라합이라는 기생의 집에 숨어 들어갑니다. 당시 기생의 집은 여행자들의 숙소 역할도 했기에, 의심받지 않고 숨어 들어가 여리고에 대한 정보를 얻기에 적합한 곳이었습니다. 그러나 이스라엘 민족이 요단 강 동편에서부터 아모리 왕들을 이기고 가나안으로 진격해 오고 있다는 소문이 온 가나안 성읍에 파다했기에, 가나안의 관문에 위치한 여리고는 더욱 경계를 높이고 있었습니다. 여리고 왕은 라합의 집에 정탐꾼들이 들어갔음을 알아차리고, 그들을 내어놓기를 요구했습니다(수 2:3).

자칫하면 멸문을 당할 수도 있는 위기의 상황이 닥쳤지만, 라합은 기지를 발휘하여 두 정탐꾼을 숨겨 주고, 그들이 안전하게 피신할 수 있도록 줄을 내려 돕기까지 했습니다. 라합은 어떻게 그런 선택을 할 수 있었을까요?

이는 라합이 여호와 하나님을 알고 있었기 때문입니다. 라합은 여호와가 하늘과 땅의 하나님이 되심을 믿음으로 고백했습니다(수 2:11). 하나님의 권세 아래 여리고 성의 그 누구도 살아남지 못할 것임을 의심하지 않았습니다. 라합은 유한한 여리고 왕이 아닌 온 땅의 왕 여호와 하나님의 능력을 두려워했습니다.

라합은 이방인이었고 천대받는 기생이었습니다. 혈통으로나 직업으로나 이스라엘 편에 서기에 망설여지는 상황입니다. 그러나 라합은 하나님 앞으로 나아갔고, 신분과 혈통을 뛰어넘어 이스라엘 백성의 일원이 되었습니다. 하나님 편에 선 라합은 자신과 자신의 집에 거하는 모든 이들의 목숨을 보장받았습니다. 뿐만 아니라 하나님을 붙잡음으로써 라합은 훗날 그리스도의 족보에 오르는 영광을 누리게 되었습니다.

말하되 여호와께서 이 땅을 너희에게 주신 줄을 내가 아노라… 너희의 하나님 여호와는 위로는 하늘에서도 아래로는 땅에서도 하나님이시니라(수 2:9, 11)

● 우리 삶으로 들어가기

우리는 하나님의 택하심을 받은 사람들입니다. 그럼에도 불구하고 하나님을 우리의 운명으로 붙들기 어려운 이유는, 어쩌면 생길지도 모르는 실패에 대한 두려움 때문일 것입니다. 실패는 어떠한 일이 그르친 상태로 끝이 나는 것을 의미하기에, 돌이킬 수 없는 결과를 떠안게 되는 것에 대해 공포를 느끼고 몸을 사리게 되는 것은 당연한 일인지도 모릅니다.

그러나 하나님과 함께하면 실패하지 않습니다. 하나님은 우리 인생의 '실패'를, 삶의 과정에서 겪을 수 있는 '실수' 중 하나로 바꾸어 주시기 때문입니다. 실수는 실패를 의미하지 않습니다. 하나님과 함께할 때, 실수를 바로잡을 수 있는 기회가 우리에게 열려 있습니다.

라합은 구원의 관점에서 볼 때, 누구보다 구원받지 못할, 실패한 역사를 가진 사람이었을지도 모릅니다. 그러나 하나님을 붙들었을 때 그녀의 역사가 새롭게 쓰였습니다. 출신이나 과거의 삶은 문제 되지 않았습니다. 가나안의 모든 것을 멸하시겠다는 하나님의 계획이 수정되었습니다. 라합은 자신의 생명뿐만 아니라 가족과 그들에게 속한 모든 이들의 목숨을 구했습니다.

하나님의 역사가 일어날 수 있는 가능성의 문을 여십시오. 우리도 실수할 수 있습니다. 때로 죄를 지을 수도 있습니다. 그러나 하나님 앞에 나아가면 인생은 실패로 끝나지 않습니다. 하나님께 용서를 구하고, 죄사함 받고, 죄를 반복하지 않도록 하십시오. 삶의 가능성을 보고, 하나님께 삶을 맡기십시오.

● 함께 나누기   - 오늘의 말씀을 묵상하며 가장 마음에 와 닿은 부분을 나눠 보세요.
                  - 큰 용기를 내어 하나님의 것을 선택한 경험이 있습니까?
                  - 실패로 끝난 줄 알았는데 기회를 주신 하나님을 경험한 적이 있습니까?

● 묵상노트   묵상한 내용을 가지고 기도 제목을 나누고 함께 중보하며 기도합니다.

_____

_____

기드온,
하나님을 만나 평강을 얻은 사람

- 환영　　　간단한 인사와 안부를 서로 묻습니다.
　　　　　　오늘의 만남과 모임을 위해 짧게 기도합니다.

- 본문　　　사사기 6:22-24, 36-40

● 말씀으로 들어가기

가나안에 입성한 이스라엘 민족은 하나님을 잊어 갔습니다. 종교·문화적으로
점차 가나안의 풍습에 물들어 우상을 섬기고 하나님 앞에 죄를 짓게 된 것입니
다. 여호수아 이후의 세대는 하나님도, 하나님이 행하신 일도 잘 알지 못했습니
다. 하나님은 이러한 이스라엘을 이방 민족을 통하여 꾸짖고, 사사를 일으
켜 구원하셨습니다. 여호수아가 죽은 이후로부터 사울왕이 세워지기 전까지
약 340년간, 이스라엘은 사사들을 통하여 하나님의 인도하심을 받게 됩니다.
　기드온은 이 시기에 부름 받아 활동하던 사사 중의 하나입니다. 하나님이
미디안을 통해 이스라엘을 징벌하셨고, 백성들은 고통 중에 하나님께 울부짖
었습니다. 고통을 들으신 하나님은 기드온을 세워 이방 민족의 손에서 이스라
엘을 구원하셨습니다. 그러나 기드온이 처음부터 용사였던 것은 아닙니다. 기
드온의 아버지 집에는 바알의 신당과 아세라상이 있을 정도로 우상숭배에 중
요한 역할을 하던 집안이었습니다. 성격은 어떠하였을까요? 두려움과 의심이
많았습니다. 미디안을 두려워하여 포도주 틀에 숨어 밀을 타작했습니다. 여호
와의 사자에게 표징들을 구하였고, 진실로 하나님의 사자를 대면한 것을 알게
된 후에는 자신이 죽게 될까 봐 불안해했습니다.
　하나님은 죄와 연약함 가운데 있던 기드온을 만나 주셨고, 심판이 아닌 용서
를 선포하시며, 두려움이 아닌 평강을 선물하셨습니다. 하나님의 음성을 듣고
위로를 얻은 기드온은 '여호와 살롬'의 단을 쌓게 됩니다(삿 6:24). 평강의 하나
님과 함께한 기드온은 미디안을 완전히 몰아냈고, 그가 살아 있는 동안 이스라
엘 땅은 평온했습니다(삿 8:28). 이때 쓰인 '평온하다(히, 샤카트)'는 '잠잠하여 전
쟁이 없는 상태'를 의미합니다. 사사시대를 통틀어 이러한 기간은 단 네 번뿐
이었으며 기드온 이후로는 평온하였다는 기록이 등장하지 않습니다.

기드온이 여호와를 위하여 거기서 제단을 쌓고 그것을 여호와 살롬이라 하였더라
그것이 오늘까지 아비에셀 사람에게 속한 오브라에 있더라(삿 6:24)

● 우리 삶으로 들어가기

두려움이 우리 삶에 어떻게 작용하는지 아십니까? 공포가 어떠한 영향을 끼치는지를 잘 보여 주는 예화 하나를 소개합니다. 샌프란시스코의 금문교는 길이가 3km에 달하는 대형 현수교입니다. 1937년에 완공된 이 다리의 구조는 양쪽에 있는 큰 기둥 두 개에 다리 전체를 매달아 놓은 형태입니다. 다리가 워낙 크고 높기 때문에 다리 위에서 내려다보면 현기증이 일어나 건설 중에 5명의 인부가 바다에 떨어져 익사하는 사고가 일어났습니다. 시 당국은 인부들의 희생을 막기 위해 궁리를 하던 중 철망을 만들어 다리 밑에 깔아 두기로 했습니다. 이후로 인부들이 추락한 사고는 더 이상 일어나지 않았습니다. 떨어져도 죽지 않는다는 안도감이 더 이상 현기증을 일으키지 않은 것입니다.

이처럼 두려움은 능력을 제대로 발휘하지 못하게 방해합니다. 하나님이 함께하심을 알지 못한 기드온은 미디안 사람들을 두려워하여 숨어서 밀을 타작했습니다. 하나님의 사자가 전하는 이야기를 믿지 못하고 의심하며 거듭 표징을 요구했습니다. 그러나 하나님이 함께하심을 깨달은 후로는 '안전철망'이 되시는 하나님을 의지하여 우상을 훼파하고, 이방 민족을 상대로 싸워 승리하여 땅에 평안을 가져온 큰 용사가 되었습니다.

하나님이 계시지 않는다고 느껴질 때, 두려움이 현기증을 일으킬 때, 눈을 들어 하나님을 바라보십시오. 하나님은 우리가 벼랑 끝에서 추락할지라도 우리를 건지시고, 안전하게 보호해 주십니다.

● 함께 나누기   - 오늘의 말씀을 묵상하며 가장 마음에 와 닿은 부분을 나눠 보세요.
             - 지금 나의 마음은 평안합니까? 평안하지 않다면 이유가 무엇입니까?
             - 하나님으로 인해 마음이 평안하고 담대해졌던 경험을 나눠 보세요.

● 묵상노트   묵상한 내용을 가지고 기도 제목을 나누고 함께 중보하며 기도합니다.

_____

_____

사무엘,
하나님 앞에서 양육된 사람

● 환영　　　　　간단한 인사와 안부를 서로 묻습니다.
　　　　　　　　오늘의 만남과 모임을 위해 짧게 기도합니다.

● 본문　　　　　사무엘상 1-3장

● 말씀으로 들어가기

사사시대가 끝나 갈 무렵, 이스라엘은 정치, 경제, 영적으로 쇠퇴한 시기를 보내고 있었습니다. 이방 민족들에게 땅을 빼앗기고, 연합 지파 체제는 붕괴되었으며 블레셋의 압제로 고통당하였습니다. 이스라엘은 하나님을 우상 섬기듯 하였습니다. 백성들을 영적으로 올바르게 이끌어야 할 제사장인 엘리의 가문마저 타락하여 하나님과의 영적인 연결이 끊겨 가고 있었습니다.

　이렇듯 혼탁한 시기에 하나님께 간절히 기도한 한나라는 여인이 있었습니다. 한나는 하나님께 아들을 주시기를 구하였고, 하나님께서 자신의 기도를 들으셨다는 의미로 아기의 이름을 사무엘이라고 지었습니다. 사무엘은 나실인으로 서원되어 평생토록 하나님의 전에서 봉사하는 사람으로 바쳐졌고, 하나님은 사무엘을 마지막 사사이자 선지자로 들어 쓰셨습니다. 끊어진 영적 채널이 회복되는 통로로 사무엘을 사용하신 것입니다.

　사무엘은 젖을 떼면서부터 성전에 살며 제사장처럼 자라났습니다. 나실인의 규례에 따라 머리에 삭도를 대지 않고, 포도나무의 소산이라면 그 무엇이든 입에 대지 않았습니다. 여호와의 말씀이 희귀하던 엘리 때와 달리 하나님은 사무엘에게 말씀으로 임하셨고, 사무엘은 밤이나 낮이나 하나님의 말씀에 귀를 기울이며 성전에서 봉사하는 삶을 살았습니다. 하나님께서 사무엘과 함께 하셨기에 온 이스라엘 백성은 사무엘을 선지자로 인정하게 되었습니다.

　사무엘이 이끄는 이스라엘은 영적으로 부흥하였고, 블레셋을 물리쳐 정치적으로나 종교적으로 안정을 얻었습니다. 그러나 이스라엘의 장로들은 주변 국가들과 비교하며 사무엘에게 왕을 세워 줄 것을 요구했습니다. 이스라엘에 왕과 군대가 없기 때문에 외세의 침입이 잦은 것으로 판단한 것입니다. 결국 사무엘이 하나님의 인도하심에 따라 사울에게 기름을 부어 왕으로 세우면서 이스라엘에 왕정시대가 열립니다.

사무엘은 어렸을 때에 세마포 에봇을 입고
여호와 앞에서 섬겼더라(삼상 2:18)

● 우리 삶으로 들어가기

자녀에게 훌륭한 환경을 만들어 주고, 좋은 것을 주고 싶은 부모의 마음은 엘리와 한나 모두에게 동일했을 것입니다. 그러나 엘리의 가문은 타락하여 몰락하고, 사무엘은 이스라엘을 회복시키는 도구로 쓰임 받았습니다. 양육 방식의 차이에서 비롯된 결과입니다. 사람의 방식에는 한계가 있습니다. 지식의 한계, 시대의 한계, 가치관의 한계 등이 따릅니다. 성경은 자녀를 양육함에 있어 '주의 교훈과 훈계'(엡 6:4)로 양육하라고 말씀합니다. 하나님의 방법은 변함이 없으며, 언제 어느 때나 가장 좋은 것을 향합니다.

하나님의 방법은 첫째, 하나님의 자녀로서 권세를 가지고 살도록 합니다. 하나님께 택함 받은 사람으로서, 택하신 그분의 권세와 권위를 존중하며 스스로의 존귀함을 지켜 행하도록 함으로써 자존감을 키워 줍니다. 하나님의 자녀로서 높은 자존감을 가지고 있는 사람은 어디에서 무슨 일을 하든지 주어진 자리에서 왕 같은 제사장 역할을 하며, 누군가를 위해 기도해 주고 하나님의 이름으로 사람들을 돕고 세우게 됩니다.

둘째, 선을 가까이함으로써 경건한 삶을 살도록 합니다. 세상의 많은 악은 하나님을 알지 못하는 것에서 비롯됩니다. 현대는 사무엘처럼 성전에서만 살 수는 없는 시대이지만, 태에 있을 때부터 성전과 말씀을 가까이하도록 하여 성전 중심의 삶을 살도록 도울 수 있습니다. 성전 중심으로 하나님을 가까이할 때, 악을 분별하여 멀리하는 삶을 살 수 있습니다.

● 함께 나누기
- 오늘의 말씀을 묵상하며 가장 마음에 와 닿은 부분을 나눠 보세요.
- 나는 어떤 말을 듣고, 어떤 가르침을 받으며 자랐습니까?
- 하나님의 방식으로 자녀를 성장시키기 위해 어떤 노력을 할 수 있겠습니까?

● 묵상노트
묵상한 내용을 가지고 기도 제목을 나누고 함께 중보하며 기도합니다.

_____

_____

사울왕,
선택받았던 사람

12
week

- 환영　　　　　간단한 인사와 안부를 서로 묻습니다.
　　　　　　　　오늘의 만남과 모임을 위해 짧게 기도합니다.

- 본문　　　　　사무엘상 9:2, 21, 11:14-15, 15:17-23

● 말씀으로 들어가기

약 340년간 계속되던 사사들의 시대가 막을 내리고 이스라엘에 왕정시대가
시작될 때의 일입니다. 사무엘은 하나님의 명을 따라 사사로서 이스라엘을 지
도했으나, 시간이 지남에 따라 사무엘도 나이가 들고 쇠약해졌습니다. 사무엘
의 아들들은 악을 행하는 사람들이었기에 대를 이어 이스라엘을 이끌기에는
적합하지 않았습니다. 이스라엘의 장로들은 이웃의 적들로부터 백성을 지킬
강력한 왕을 세워 주기를 요구했습니다. 사무엘은 사람을 왕으로 세우는 것에
대하여 경고했으나, 백성들이 계속해서 왕을 원하였기에 사무엘은 하나님께
서 선택하신 왕을 찾아 나서게 됩니다. 하나님께서는 새 시대의 구원 도구로
서 왕을 허락하고, 예비하셨습니다.

　사울이 왕으로 선택받았습니다. 그는 모든 이스라엘 자손 중 가장 준수하
고 돋보이는 외모를 지닌 사람이었습니다. 사울은 하나님의 신에 감동되어 이
스라엘을 압제하는 암몬을 상대로 큰 승리를 거두며 왕위에 오릅니다. 사울은
위대한 사람이었습니다. 외적으로도, 영적으로도 준비된 사람이었습니다.

　그러나 사울의 영광은 영원하지 못했습니다. 왕으로서 사울은 하나님께 순
종하며 하나님의 법도대로 통치해야 했지만 그는 거듭 불순종했습니다. 사무
엘을 기다리지 않고 스스로 제사를 드리고, 모든 것을 진멸하라는 명령을 어기
고 좋은 것들을 남겼습니다. 상황이 어쩔 수 없어서, 백성들을 의식해서, 자신
의 판단에는 그것이 옳으므로, 하나님의 말씀을 듣지 않은 것입니다. 일련의
사건들이 이어지며 하나님은 사울을 왕으로 삼은 것을 후회하셨고, 하나님의
마음은 사울을 떠나 다윗으로 향했습니다. 사울은 다윗을 미워하여 그를 죽이
려 하고, 하나님의 섭리를 방해하려 합니다. 결국 사울은 블레셋과의 전투에
서 사랑하는 아들들을 잃었고, 자신도 자결하여 삶을 마감합니다.

> 내가 사울을 왕으로 세운 것을 후회하노니 그가 돌이켜서 나를 따르지 아니하며 내 명령을
> 행하지 아니하였음이니라 하신지라 사무엘이 근심하여 온 밤을 여호와께 부르짖으니라
> (삼상 15:11)

● 우리 삶으로 들어가기

사울은 언제나 뛰어난 사람이었고 전략적으로도 뛰어난 사람이었습니다. 그러나 그가 왕이 된 것도, 왕위를 내려놓게 된 것도 그의 능력이나 배경에 의한 것이 아니었습니다. 하나님의 영이 임하였을 때 왕이 되었고, 하나님이 떠나셨을 때 왕위에서 물러나게 되었습니다. 이와 같이 크리스천의 능력은 자기 자신이 가진 재능이나 학벌, 인맥 등이 아닙니다. 하나님의 손에 붙들리는 것, 그것이 능력입니다.

첫째, 하나님의 음성을 들으십시오. 하나님의 뜻이 무엇인지 알지 못할 때, 하나님의 음성을 듣고 하나님께서 뜻하시는 바를 알고자 노력하십시오. 사울은 하나님의 음성에 귀 기울여야 했지만 조급하여 하나님의 음성을 듣기 전에 스스로 판단하여 직접 제사를 드리기로 했습니다.

둘째, 하나님의 말씀을 신뢰하십시오. 당장 전쟁을 앞두고 있는데 사무엘이 오지 않아 발을 동동 구르던 사울의 모습, 모든 것을 진멸하라고 하셨건만 살진 소와 양을 끌고 와 하나님께 제사드리려 했다고 변명하는 사울을 떠올려 보십시오.

셋째, 마음을 돌이키십시오. 하나님의 뜻과 잠시 멀어질 수 있습니다. 때로 내 의견이 더 먼저일 수 있습니다. 그러나 영원히 떠나지는 않기를 바랍니다. 하나님은 기다리시며 기회를 주시는 분이라는 것을 기억하고, 마음을 돌이켜 하나님께로 돌아오십시오.

● 함께 나누기   - 오늘의 말씀을 묵상하며 가장 마음에 와 닿은 부분을 나눠 보세요.
                        - "하나님, 응답해 주시면 주께 영광 돌릴게요!"라고 기도한 적이 있습니까?
                        - 하나님이 나에게 실망하셨을 때 하나님과의 관계를 어떻게 회복했습니까?

● 묵상노트   묵상한 내용을 가지고 기도 제목을 나누고 함께 중보하며 기도합니다.

_____

_____

압살롬,
해결되지 못한 죄의 결과가 된 사람

13 week

- **환영**　　간단한 인사와 안부를 서로 묻습니다.
　　　　　오늘의 만남과 모임을 위해 짧게 기도합니다.

- **본문**　　사무엘하 18:33

- **말씀으로 들어가기**

다윗이 56세가 되어 완숙한 삶을 위해 인생을 정리할 무렵, 아들 압살롬의 반란 사건이 일어납니다. 압살롬은 혼인을 정치적 도구로 삼았던 다윗이 그술 공주와의 사이에서 얻은 아들입니다. 반란의 배경에는 해결되지 못한 죄가 있습니다. 다윗이 아히노암에게서 얻은 큰아들 암논은 압살롬의 친동생이자 자신의 이복누이인 다말을 강제로 범하는 죄를 짓습니다. 이때 아버지 다윗은 암논의 행동에 그저 분노했을 뿐, 별다른 징계나 처벌을 내리지 않았습니다.

처리되지 못한 분노는 복수를 낳았습니다. 복수심에 휩싸여 있던 압살롬은 2년 뒤 형 암논을 살해합니다. 하지만 다윗은 이번에도 그저 분노할 뿐, 어떤 행동도 취하지 않았습니다. 죄를 지은 뒤 찾아올 벌을 두려워한 압살롬은 외삼촌 그술 왕에게로 도망가 망명 생활을 합니다. 그러나 다윗은 징계는커녕 3년 뒤, 압살롬을 다시 왕궁으로 부릅니다. 다윗은 계속해서 침묵했고, 압살롬의 증오는 커져만 갔습니다.

결국 압살롬은 33세가 되던 해 아버지 다윗이 왕이 되었던 헤브론에서 반란을 일으킵니다. 압살롬은 이미 다음 왕이 되기에 충분한 위치에 있었습니다. 그럼에도 불구하고 일어난 반란은 결국 침묵하던 아버지를 향한 복수였습니다. 다윗이 방관한 죄는 결국 사랑하는 아들에 의한 왕좌의 위협으로 돌아왔습니다. 다윗은 압살롬의 반역 앞에서도 회피하는 태도를 보입니다. 적에게 용감하게 맞서고, 골리앗보다 큰 하나님을 바라보며, 전쟁에 앞서 기도하던 다윗의 모습은 더 이상 보이지 않습니다.

그러나 압살롬은 하나님 마음에 합한 사람이 아니었습니다. 하나님께서는 압살롬의 계획을 틀어 버리고 화를 내리십니다(삼하 17:14). 허망하게도 노새를 타고 가던 압살롬은 머리카락이 나뭇가지에 걸려 매달리게 되었고, 요압의 창에 찔려 최후를 맞습니다. 사랑하는 아들 압살롬의 죽음 앞에서 다윗은 울부짖습니다. 그러나 침묵했던 죄의 결과는 컸습니다. 상황과 관계를 바로잡을 기회를 이미 놓쳐 버린 다윗이 치러야 했던 대가는 너무나 참혹했습니다.

> 왕의 마음이 심히 아파 문 위층으로 올라가서 우니라… 내 아들 압살롬아 차라리 내가 너를 대신하여 죽었더면, 압살롬 내 아들아 내 아들아 하였더라(삼하 18:33)

● 우리 삶으로 들어가기

우리에게 찾아오는 고통을 모두 인과관계로 설명할 수는 없습니다. 그러나 많은 경우 고통은 죄의 문제에 그 원인을 두고 있습니다. 다윗 가정에 찾아온 슬픔 역시 예정된 비극이었습니다. 다윗에게는 밧세바를 범한 뒤 그 남편 우리아를 죽도록 조장한 죄의 경력이 있습니다. 죄에는 무서운 영향력이 따릅니다. 죄는 떳떳함과 당당함을 상실하게 합니다. 도덕성을 잃어버린 부모는 자식을 도덕적으로 훈육할 수 없습니다. 다윗 역시 준엄하게 자식들을 훈계할 자격을 잃었고, 죄의 무서움은 다음 세대로 이어졌습니다.

다윗의 위기는 헌신이 끝났을 때 찾아왔습니다. 헌신의 삶을 살 때는 하나님의 은총이 계속되지만, 헌신이 끝나면 하나님의 은총 역시 끝납니다. 우리는 '어느 정도'의 헌신으로 만족하려 합니다. 하지만 하나님께 '어느 정도'의 헌신은 없습니다. 하나님께서는 우리의 헌신을 지속적으로 바라시며, 그 헌신보다 더 큰 은총을 베푸십니다.

하나님의 은총은 죄의 대가를 치를 때 회복됩니다. 다윗은 압살롬을 피해 도망친 길에서 시므이의 저주를 듣습니다. 그러나 그 저주를 사람의 말로 받아들이지 않고, 시므이의 입을 통해 자신을 질책하시는 하나님의 말씀으로 받아들입니다. 다윗은 자신의 정체성이 권력을 누리는 '왕'이 아니라 하나님 앞에 선 '죄인'임을 깨닫고 겸손을 되찾습니다. 나를 힘들게 하는 일들 가운데 하나님의 말씀이 선포되고 있지는 않은지 귀를 기울여야 합니다. 나를 아프게 할지라도 말씀이 회복될 때 회개할 수 있습니다. 회개가 있는 곳에 은총의 회복이 있습니다.

● 함께 나누기
- 오늘의 말씀을 묵상하며 가장 마음에 와 닿은 부분을 나눠 보세요.
- 나의 헌신은 '어느 정도'의 헌신입니까, 온전한 헌신입니까?
- 말씀이 회복될 때 은총을 내려 주시는 하나님을 믿습니까?

● 묵상노트
묵상한 내용을 가지고 기도 제목을 나누고 함께 중보하며 기도합니다.

_____

_____

여로보암,
열심히 그러나 마음대로 행한 사람

14
week

- 환영　　　간단한 인사와 안부를 서로 묻습니다.
　　　　　　오늘의 만남과 모임을 위해 짧게 기도합니다.

- 본문　　　열왕기상 12:23-33

- 말씀으로 들어가기

하나님께서 여로보암을 택하신 이유는 솔로몬의 타락 때문이었습니다. 천 명이나 되는 부인을 거느리고, 온 나라를 우상숭배에 빠지게 한 솔로몬을 하나님께서는 버리셨습니다. 이스라엘 백성은 솔로몬 치하에서 무거운 조세 제도와 부역으로 인해 불만이 컸습니다. 솔로몬의 아들 르호보암이 즉위하자 백성들은 무겁던 고통이 줄어들 것을 기대했습니다. 그러나 르호보암은 더욱 혹독한 세금과 노역을 선언합니다. 이에 이스라엘의 열두 지파 중 유다와 베냐민 지파를 제외한 이들이 르호보암을 대신해 여로보암을 왕으로 추대합니다.

그러나 여로보암은 이스라엘 역사에서 우상숭배의 기원으로 평가됩니다. 하나님께서는 여로보암을 북이스라엘의 초대 왕으로 세워 주셨고, 하나님의 율례와 명령에 순종하면 다윗 왕가처럼 견고한 왕국을 허락하겠다고 하셨습니다. 그러나 여로보암은 약속을 잊고 하나님의 마음을 떠나고 말았습니다. 즉위 후 여로보암은 지정학적으로 중요한 위치에 있는 세겜과 부느엘을 왕국의 중심지로 삼은 뒤 새로운 종교개혁을 시도합니다. 그러나 이는 하나님이 자신의 편이라는 사실을 잊은 채 자기 뜻대로 행한 사람의 열심이었습니다.

여로보암의 문제는 게으름이나 악한 행실이 아닌 '잘못된 방향'이었습니다. 예루살렘은 남유다와 북이스라엘의 경계 즈음에 위치했습니다. 예루살렘은 하나님께서 유일하게 성전을 허락하신 곳이었고, 여로보암은 백성이 예루살렘을 그리워하여 예배하러 돌아갈 것이라고 '스스로' 생각했습니다. 스스로 만들어 낸 불안으로 인해 여로보암은 산당을 짓고 단과 벧엘에 금송아지를 만들어 백성을 우상숭배로 이끌었습니다. 또 하나님이 세우신 사람이 아닌, 자기 마음대로 뽑은 사람을 제사장으로 세우고, 유다와 비슷한 시기에 절기를 만들어 제사를 지냈습니다. 하나님을 섬기는 일을 '유사 종교'로 전락시키고 말았습니다. 하나님과 상관없는 열심이 결국 죄악을 가져왔습니다.

여로보암이 에브라임 산지에 세겜을 건축하고 거기서 살며 또 거기서 나가서 부느엘을 건축하고 그의 마음에 스스로 이르기를 나라가 이제 다윗의 집으로 돌아가리로다
(왕상 12:25-26)

● 우리 삶으로 들어가기

하나님 편에 선 사람들은 하나님의 뜻을 묻고 그 뜻을 따라 열심히 살아갑니다. 그러나 하나님 편에 서지 않은 사람들은 스스로 생각하고 결정합니다. 어느 쪽이든 열심은 있습니다. 그러나 하나님 편에 서지 않은 사람들의 열심은 불안에서 기인합니다. 지금 불안하다면 하나님께로 돌아오라는 신호입니다. 불안을 감추려는 사람의 시도를 내려놓고 하나님 앞에서 나 자신을 돌아보아야 합니다. 하나님 앞에서 옳은 길을 걸을 때 우리를 괴롭히던 불안이 사라지고 평안해집니다.

하나님은 우상을 만들지 말며 성전을 짓지 말라 말씀하셨습니다. 하나님은 눈에 보이지 않지만 언제나 어디서나 우리와 동행하는 분입니다. 그런 하나님을 눈에 보이는 곳에서만, 성전에서만 예배하려 하는 것은 일종의 우상숭배입니다. 교회 안에서만 거룩한 척을 하고, 교회 문을 나서는 순간 거룩의 옷을 벗어버린다면 교회가 우상인 것입니다. 출애굽한 이스라엘 백성은 광야를 지날 때 성전을 짓지 않았습니다. 하나님께서 이스라엘 백성이 가는 곳마다 동행하셨기 때문입니다. 그러나 여로보암은 동행하시는 하나님을 잊고 죄를 범했습니다.

많은 사람이 억울한 일 앞에서 자신의 최선을 증명하려 합니다. 그러나 하나님께 중요한 것은 우리의 열심이 아닙니다. 하나님께서는 우리 인생의 목적이 하나님의 영광이라 말씀하셨습니다. 우리 삶에서 중요한 것은 '열심히'가 아니라 '하나님의 뜻'입니다. 우리가 사람의 마음을 좇는 것이 아니라, 하나님의 마음으로 최선을 다할 때 불안을 떨쳐내고 올바른 열심을 다할 수 있습니다.

● 함께 나누기   - 오늘의 말씀을 묵상하며 가장 마음에 와 닿은 부분을 나눠 보세요.
                 - 하나님 앞에 내려놓아야 하는 '나의 열심'은 무엇입니까?
                 - 나와 동행하시는 하나님에 대한 기억이 있다면 나눠 보세요.

● 묵상노트   묵상한 내용을 가지고 기도 제목을 나누고 함께 중보하며 기도합니다.

_____

_____

엘리야,
영적 침체를 극복한 사람

● 환영　　　　　　간단한 인사와 안부를 서로 묻습니다.
　　　　　　　　　오늘의 만남과 모임을 위해 짧게 기도합니다.

● 본문　　　　　　열왕기상 19:1-8

● 말씀으로 들어가기

위대한 선지자 엘리야 역시 믿음의 침체를 경험합니다. 메시아가 오기 전 엘리야와 같은 예언자가 오리라는 기대가 있었고(말 4:5), 복음서들은 예수님이 변화산에 오르셨을 때 모세와 함께 나타난 인물이 엘리야라고 기록하고 있습니다. 엘리야는 혜성처럼 나타나 기사와 이적을 보였고, 어느 날 죽지 않고 사라졌습니다. 그러나 엘리야가 요르단 동쪽 길르앗 산지의 작은 마을 디셉 출신인 점과 그의 족보 역시 기록되지 않은 점으로 보아 별 볼일 없는 가문 출신인 것을 짐작할 수 있습니다. 성경은 엘리야가 우리와 성정이 같은 사람이라고 기록하고 있습니다(약 5:17). 엘리야가 우리와 다른 특별한 사람이기에 위대한 선지자가 된 것이 아닙니다. 엘리야가 믿음이 흔들리는 광야를 겪은 것도 우리와 다르지 않았기 때문입니다.

엘리야는 갈멜산에서 벌어진 영적 전투에서 승리했습니다. 하지만 아합의 아내 이세벨이 자신을 죽이려고 한다는 소식을 듣고 무너집니다. 완벽한 하나님의 응답을 받았음에도 압박과 두려움에 웅크리며 브엘세바로 도망칩니다. 엘리야는 단순한 피신이 아닌, '죽기를 원하여' 광야로 들어갑니다. 850명의 이방 선지자들과 목숨을 걸고 대결하던 엘리야의 모습은 찾아볼 수 없습니다.

죽으러 들어간 광야에서 엘리야는 로뎀나무를 만납니다. 로뎀나무는 1년생 싸리나무의 일종으로 풍성한 잎을 가진 나무가 아닌 앙상한 나무입니다. 그러나 엘리야는 앙상한 로뎀나무 아래서 하나님의 손길을 경험합니다. 천사는 작은 그늘 아래 누워 자는 엘리야를 어루만지며 위로합니다. 이에 일어나 먹고 마신 뒤 힘을 얻은 엘리야는 사십 주야를 광야 깊숙이 들어가 하나님의 산 호렙에 이릅니다. 엘리야는 호렙에서 '세미한 음성'을 통해 하나님을 다시 한번 만납니다. 엘리야를 괴롭히던 영적 침체가 사명으로 바뀌는 순간입니다. 하나님께서는 바알에게 무릎 꿇지 아니한 자 칠천 명이 있음을 알리며 엘리야를 다시 일으키십니다.

자기 자신은 광야로 들어가 하룻길쯤 가서 한 로뎀 나무 아래에 앉아서 자기가 죽기를 원하여 이르되 여호와여 넉넉하오니 지금 내 생명을 거두시옵소서 나는 내 조상들보다 낫지 못하나이다 하고(왕상 19:4)

● 우리 삶으로 들어가기

영적 침체는 엘리야뿐만 아니라 우리 모두가 겪을 수 있는 일입니다. 그러나 엘리야는 침체의 순간에도 로뎀나무 아래 앉아 하나님께 푸념합니다. C. S. 루이스는 《순전한 기독교》에서 그리스도인의 생명력에 대해 이렇게 말합니다. "몸이 살아 있다는 것은 절대 상처를 입지 않는다는 뜻이 아니라, 어느 한 도까지는 스스로 회복할 수 있다는 뜻입니다. 마찬가지로 그리스도인이란 절대 잘못을 저지르지 않는 사람이라는 뜻이 아니라, 넘어질 때마다 회개하고 다시 일어나 몇 번이고 새롭게 시작할 수 있는 사람이라는 뜻입니다." 침체의 순간에도 하나님과 연결되어 있다면 우리 안에 있는 그리스도의 생명이 우리를 회복시킬 수 있습니다.

영적 침체의 순간에는 로뎀나무처럼 작은 그늘 아래서 쉬어야 합니다. 엘리야에게 필요한 것은 더 이상의 승리가 아니라 하나님의 따뜻한 위로였습니다. 아주 작은 그늘이라도 그 그늘 아래 눕는다면 하나님의 은혜를 경험하고 위로를 받게 됩니다. 내 힘으로 도저히 가능성이 없을 때는 내 힘을 내려놓고 세미한 하나님의 음성을 들어야 합니다. 세심히 귀를 기울이며 하나님의 음성을 들으면 비로소 우리가 해야 할 일을 알게 됩니다.

우리가 믿는 하나님은 신실하시며 절대로 실수가 없으신 하나님입니다. 하나님이 지금 하시는 일이 무엇인가를 아는 것보다 하나님을 신뢰하는 것이 더 중요합니다. 오스왈드 챔버스는 "하나님이 하시는 일이 매우 혼란스럽게 보일 수 있어도 그분은 절대로 의심스러운 분이 아니다"라고 말합니다. 당장은 악인이 득세한 듯 보일지라도 하나님의 말씀은 반드시 성취됩니다.

● 함께 나누기   - 오늘의 말씀을 묵상하며 가장 마음에 와 닿은 부분을 나눠 보세요.
                       - 지쳐 쓰러진 나를 위로하고 소생시키시는 하나님을 경험한 적 있습니까?
                       - 넘어질 때마다 회개하고 일어나 새로 시작할 용기가 내게 있습니까?

● 묵상노트   묵상한 내용을 가지고 기도 제목을 나누고 함께 중보하며 기도합니다.

요아스,
하나님 대신 사람을 의지한 사람

- 환영   간단한 인사와 안부를 서로 묻습니다.
                 오늘의 만남과 모임을 위해 짧게 기도합니다.

- 본문   열왕기하 12:17-21

- 말씀으로 들어가기

남유다의 8대 왕인 요아스는 기구한 사연을 가진 인물입니다. 하나님께서 예후를 통해 패역한 아합의 가문을 처단하실 때, 아합의 자손들을 비롯해 요아스의 아버지인 아하시야왕이 죽임을 당했습니다. 이때 요아스의 할머니인 아달랴는 손자들을 모두 죽인 뒤 스스로 남유다의 왕위에 오릅니다. 아달랴는 북이스라엘의 아합과 이세벨의 딸이었는데, 어머니와 마찬가지로 바알을 섬기는 데 열심이었습니다. 왕이 된 아달랴는 여호와의 성전을 방치하고, 성물들을 훼손합니다.

    요아스는 구사일생으로 목숨을 구합니다. 대제사장 여호야다의 아내이자 요아스의 고모인 여호세바가 갓난 요아스와 유모를 성전에 숨겨 목숨을 부지할 수 있었습니다. 요아스가 7세 되던 해, 여호야다는 아달랴를 몰아내고 요아스를 왕으로 세웁니다. 왕이 된 요아스는 여호야다의 지휘하에 성전을 보수하였고, 여호야다가 살아 있는 동안 하나님이 보시기에 정직하게 행하였으며, 여호와의 전에 날마다 번제가 끊이지 않았습니다(대하 24:14).

    의지하던 여호야다가 세상을 떠난 후, 요아스는 혼란에 빠집니다. 여호야다의 지혜와 풍성한 성물 뒤에 계시던 근원이신 하나님을 만나지 못했기 때문입니다. 그는 곧 다른 의지할 대상을 찾습니다. 방백들의 말을 듣고 아세라상과 우상들을 섬기며 하나님을 떠난 것입니다. 요아스는 하나님의 말씀을 전하러 온 여호야다의 아들 스가랴를 성전 뜰에서 돌로 쳐 죽이고, 예루살렘을 치러 올라온 아람 왕 하사엘에게 하나님께 바쳐진 성물과 금은보화를 보내 그의 마음을 사려 합니다. 사람에게, 사람의 방법에 자신을 의탁한 요아스는 결국 아람 사람들에 의해 군대를 잃고, 신복들에게 죽임을 당하는 비참한 말로를 맞습니다.

여호야다가 죽은 후에 유다 방백들이 와서 왕에게 절하매 왕이 그들의 말을 듣고
그의 조상들의 하나님 여호와의 전을 버리고⋯(대하 24:17-18)

● 우리 삶으로 들어가기

삶의 위기를 만날 때 우리는 종종 물질이나 인맥에 의지해 문제를 해결하려 합니다. 물질이 바닥난다면, 나를 돕는 손길이 없다면 어떻게 살아갈지 막막하기만 합니다. 현대 사회에서 물질과 대인관계의 필요성은 부정할 수 없는 현실입니다. 그러나 하나님이 아니라 여호야다를 바라보고, 하나님께 바쳐진 성물들과 보화를 마음에 두었던 요아스는 물질로 아람 왕의 마음을 사서 위기를 모면하려 했지만 결국 죽음을 맞게 됩니다. 사람도, 재물도, 명예도 한때에 불과합니다.

어려운 순간은 누구에게나 닥치지만, 우리는 하나님을 의지할 수 있습니다. 여호야다의 지혜도, 풍성한 성물도 하나님으로부터 비롯된 것이기 때문입니다. 하나님의 말씀은 우리 앞길을 비추는 등불이며(시 119:105), 매 순간 우리를 가르치고 말씀을 생각나게 하는 성령님(요 14:26)은 우리를 결코 떠나거나 배신하지 않으십니다.

의의 최후 승리를 믿으십시오. 세상이 세워 둔 기준들이 거대한 벽처럼 우리를 에워싸고, 세상의 방식이 아니면 도무지 해결할 수 없을 것만 같은 때가 있습니다. 하나님의 방식을 선택하고 나면 위기가 닥칠까 두려운 마음이 몰려오기도 합니다. 그러나 말씀대로 살아갈 때 의의 최후 승리는 약속된 것입니다. 하나님을 선택한 인생은 실패하지 않습니다.

● 함께 나누기   - 오늘의 말씀을 묵상하며 가장 마음에 와 닿은 부분을 나눠 보세요.
                - 내 삶에도 '여호야다' 혹은 '성물'과 같이 의지하는 대상이 있습니까?
                - 인간적인 방식이 아닌 하나님의 방식으로 승리한 경험이 있다면 나눠 보세요.

● 묵상노트   묵상한 내용을 가지고 기도 제목을 나누고 함께 중보하며 기도합니다.

_____

_____

요나단,
친구를 자기 생명처럼 사랑한 사람

- 환영   간단한 인사와 안부를 서로 묻습니다.
                오늘의 만남과 모임을 위해 짧게 기도합니다.

- 본문   사무엘상 18:1-4, 20장, 사무엘하 9:1-8

- 말씀으로 들어가기

요나단은 참으로 이스라엘의 두 번째 왕이 될 만한 인물이었습니다. 이스라엘의 초대 왕인 사울의 4남 2녀 중 맏이로서 왕의 혈통이었고, 주전 1048년 블레셋 전투에서 큰 승리를 이끌어 낼 정도로 뛰어난 무장이었으며, 하나님께 기도하고 의지할 줄 아는 능력의 사람이었습니다. 성품 또한 훌륭했습니다. 주전 1040년경에 태어난 다윗과 최소 스무 살 남짓의 나이 차에도 불구하고 다윗을 존중했습니다.

요나단은 다윗을 자기보다 더 나은 사람으로 여기며 이스라엘의 다음 왕이 되기에 적합하다고 생각했습니다. 자신의 앞날을 위협할 수도 있다는 사실을 알면서도 다윗을 깊이 사랑하였고, 아버지 사울의 눈을 피해 다윗을 도움으로써 사울과 다윗 사이를 중재하려 애썼습니다. 요나단이 다윗을 어찌나 아꼈는지, 아버지가 다윗을 죽이려는 계략을 품고 있다는 것을 알아차리고 다윗이 도망갈 수 있도록 도왔습니다. 사울은 이를 눈치채고 화가 나서 요나단에게 창을 던져 치려고까지 했습니다.

다윗도 요나단을 믿고 의지했습니다. 다윗은 계속되는 사울의 시기와 질투로 인해 죽음의 위협을 수차례 경험했습니다. 도망자 신세가 된 다윗이 찾아갈 수 있던 것은 자신의 믿음직한 친구 요나단이었습니다. 다윗은 도저히 표현할 수 없는 억울함을 토로하고, 요나단의 도움을 얻어 목숨을 건집니다. 더 이상 함께할 수 없다는 것을 알게 되었을 때, 두 사람은 눈물로 애통한 마음을 나누고 축복하며 각자의 길로 떠납니다(삼상 20:41-42).

다윗은 요나단의 아들에게 은혜를 갚음으로써 요나단의 사랑에 보답합니다. 요나단은 사울과 함께 길보아산에서 블레셋과 전투 중에 죽음을 맞았습니다. 그 소식을 들은 다윗은 크게 슬퍼하였고, 이후 요나단의 아들 므비보셋에게 자신의 아들들과 같은 대접을 받으며 살 수 있도록 은총을 베풀었습니다.

다윗에 대한 요나단의 사랑이 그를 다시 맹세하게 하였으니
이는 자기 생명을 사랑함같이 그를 사랑함이었더라(삼상 20:17)

● 우리 삶으로 들어가기

"내 형 요나단이여 내가 그대를 애통함은 그대는 내게 심히 아름다움이라 그
대가 나를 사랑함이 기이하여 여인의 사랑보다 더하였도다"(삼하 1:26). 요나단
이 죽었다는 소식을 들은 다윗은 이와 같이 슬픔을 표현합니다. 두 사람의 우
정은 단순히 좋은 날에 함께하고, 관심사나 이익이 맞아떨어져 생긴 것이 아니
었습니다. 자신의 정치적 생명뿐만 아니라 가문에 위협이 될 줄 알면서도 상
대를 진심으로 사랑하고 돌보며 목숨을 지켜 주는 사랑이었습니다. 친형제보
다 가까운 사이이며, 연인과의 사랑보다 깊은 우정이었습니다.

우정의 비결은 '같은 곳을 바라보는 믿음'이었습니다. 다윗이 그랬듯이, 요
나단은 하나님께 의지하며 기도하는 사람이었습니다. 비록 나이 차는 컸지만
같은 믿음을 가진 믿음의 동역자였습니다. 현실적으로는 친구보다는 원수가
되기 쉬운 관계였지만, 이들은 현실 너머에 계신 하나님과 그분의 계획하심을
바라보았습니다. 그랬기에 많은 장애물을 딛고 생명과도 같은 친우가 될 수
있었습니다.

동일한 곳을 바라보며 삶과 믿음의 여정을 함께할 수 있는 친구가 있다는 것
은 축복입니다. 다윗은 인생의 험난하고도 고달픈 시기에도 그를 지지해 주는
든든한 형이자 친구인 요나단이 있었기에 행복했을 것입니다. 경쟁 관계로 얼
룩진 세상이지만, 상대를 나의 생명처럼 존중하고 높여 주는 친구가 되어 줄
수 있다면 좋겠습니다.

● 함께 나누기 - 오늘의 말씀을 묵상하며 가장 마음에 와 닿은 부분을 나눠 보세요.
- 나에게는 요나단과 같은 친구 혹은 믿음의 동역자가 있습니까?
- 요나단처럼 누군가를 사랑하고 헌신한 경험이 있다면 나눠 보세요.

● 묵상노트 묵상한 내용을 가지고 기도 제목을 나누고 함께 중보하며 기도합니다.

383

아사,
믿음의 순수성을 잃어버린 사람

18 week

● 환영 　　　　간단한 인사와 안부를 서로 묻습니다.
　　　　　　　오늘의 만남과 모임을 위해 짧게 기도합니다.

● 본문 　　　　역대하 16:1-10

● 말씀으로 들어가기

아사는 남유다의 세 번째 왕으로 종교개혁자이자 위대한 군 지휘관이었습니다. 무엇보다 하나님 보시기에 선과 정의를 행한 인물이었습니다. 이방 신상과 산당을 없애고, 선지자의 말에 순종해 개혁을 단행했습니다. 또 구스의 100만 대군이 공격해 오자, 하나님의 도우심을 구하여 전쟁을 승리로 이끌었습니다. 아사가 오로지 여호와 하나님만 의지했을 때 유다는 35년이나 평안을 누릴 수 있었습니다. 이 35년 동안 유다에 어떤 문제도 어떤 적도 없었던 것은 아닙니다. 다만 아사와 백성에게 하나님을 향한 믿음이 있었기에 평온할 수 있었습니다.

　그러나 '마음이 온전하던'(대하 15:17) 아사는 믿음의 순수성을 잃어버리고 맙니다. 북이스라엘의 왕 바아사가 남유다를 침공하기 위해 '라마'를 요새화하자 하나님이 아닌 당시 근동 지역의 강자 아람 왕 벤하닷에게 은금을 내어주고 도움을 요청한 것입니다. 이는 하나님이 원하시는 방법이 아니었습니다. 아사가 벤하닷에게 준 은금은 뇌물이었습니다. 감사함으로 드리는 예물과 달리 뇌물은 언젠가 대가를 요구하게 마련입니다. 벤하닷이 이미 동맹을 맺은 이스라엘을 배신하고 유다의 손을 잡습니다. 아사는 절대 변함이 없으신 하나님이 아닌 배신을 일삼는 벤하닷을 찾았습니다. 35년간 평화의 땅이던 유다는 하나님을 떠나는 순간 세상의 공격을 받게 되었습니다.

　선지자 하나니는 아사에게 망령되이 행하였다고 간언했습니다. 그러나 아사는 하나니의 간언에 노합니다. 성경 속 위대한 인물들은 잘못을 지적당했을 때 바로 회개하고 돌이켰습니다. 그러나 아사는 도리어 화를 내며 하나니를 옥에 가둡니다. 하나님이 주신 돌이킬 기회를 잡지 못했습니다. 하나님은 결국 아사의 잘못에 대해 질병을 내리셨고, 아사는 하나님이 아닌 의원을 찾으므로 결국 영적인 문제를 해결하지 못한 채 죽음을 맞습니다.

여호와의 눈은 온 땅을 두루 감찰하사 전심으로 자기에게 향하는 자들을 위하여 능력을 베푸시나니 이 일은 왕이 망령되이 행하였은즉 이후부터는 왕에게 전쟁이 있으리이다 하매(대하 16:9)

● 우리 삶으로 들어가기

아사는 북이스라엘의 위협을 피해 불의와 손을 잡았습니다. 우리도 어려움을 당했을 때 불의를 동원해서라도 문제를 해결하고자 합니다. 그러나 하나님께서는 불의를 싫어하시는 정의의 하나님입니다. 당장 눈에 좋아 보이는 세상의 방법을 택한다면 당장은 승리한 것 같을지라도 반드시 대가를 치르게 됩니다. 당장은 어리석고 험난해 보일지라도 하나님을 붙잡을 때 하나님께서 우리의 삶, 가정, 기업, 땅을 이끌어 가십니다.

믿음은 평안할 때가 아닌 문제 가운데서 증명됩니다. 어려움 속에서 누구를 의지하는가를 보면 그 사람의 믿음을 알 수 있습니다. 우리는 기도할 때 흔히 하나님의 도움을 구합니다. 그러나 문제가 터진 뒤 하나님의 도우심을 구한다면 하나님을 그저 헬퍼로 아는 신앙입니다. 하나님이 내 안에 오셔서 직접 일하실 때 놀라운 기적을 체험할 수 있습니다. 내가 일하면 내 수준에 그치지만, 하나님이 일하시면 하나님의 수준으로 완성될 수 있습니다.

누구나 실수할 수 있습니다. 그러나 실수와 잘못을 인정하지 않을 때 비극이 시작됩니다. 지혜로운 사람은 실수하지 않는 사람이 아니라 실수를 인정하고 돌이키는 사람입니다. 하나님은 우리를 돌이키기를 간절히 원하시는 분입니다. 선지자를 보내고 또 보내어 끝까지 돌이키기를 원하시는 사랑의 하나님입니다. 우리가 돌이키고 하나님 앞에 올바로 행할 때 하나님께서는 기뻐하십니다. 인생의 성패는 우리가 누구를 붙잡느냐에 있습니다. 잡을 것을 잡으십시오. 잘못 잡았다면 놓고 다시 잡으십시오. 잘못 가고 있다면 처음으로 다시 돌아가야 합니다.

● 함께 나누기   - 오늘의 말씀을 묵상하며 가장 마음에 와 닿은 부분을 나눠 보세요.
              - 세상이 아닌 정의의 하나님을 따른 경험이 있다면 나눠 보세요.
              - 나는 어려움 속에서 진정 하나님만을 의지하고 있습니까?

● 묵상노트   묵상한 내용을 가지고 기도 제목을 나누고 함께 중보하며 기도합니다.

_____

_____

므낫세,
끝에서라도 결국에는 돌아선 사람

● 환영   간단한 인사와 안부를 서로 묻습니다.
          오늘의 만남과 모임을 위해 짧게 기도합니다.

● 본문   역대하 33:10-13

● 말씀으로 들어가기

므낫세는 멸망의 모든 조건을 갖춘 왕이었습니다. 히스기야왕의 아들인 므낫세는 12세에 왕이 된 후 가장 먼저 아버지의 종교개혁을 물거품으로 만들고 이전의 우상 문화를 부활시켰습니다. 하나님이 금하신 인신제사를 드렸을 뿐만 아니라 왕자를 제물로 바치고 무속신앙이 유다에 뿌리내리게 했습니다(왕하 21:1-6). 정치적으로도 강퍅한 왕이던 므낫세는 무죄한 자의 피를 많이 흘리게 했습니다(왕하 21:16). 므낫세가 시작한 죄의 뿌리는 너무나 깊어 손자 요시야가 종교개혁을 시도했음에도 불구하고 결국 악의 뿌리를 제거하지 못한 채 유다는 멸망의 길로 향하게 됩니다.

유다를 55년간 통치한 므낫세는 앗수르의 포로가 되어 바벨론으로 끌려가는 수치를 당합니다. 이 수치는 하나님의 징계였습니다(대하 33:11). 역대기는 하나님의 징계를 사랑으로 해석합니다. 므낫세가 당한 환난은 하나님이 므낫세를 사랑해서 주신 것입니다. 하나님의 심판은 심판이 아닌 돌이키는 것이 목적입니다. 환난은 '하나님의 개입'입니다. 또 환난은 하나님의 개입이 없으면 해결할 수 없습니다. 따라서 환난은 하나님 사랑의 증거가 됩니다. 하나님께서는 고난의 끝에서 므낫세의 삶을 바꿔 놓으셨습니다.

이스라엘 역사상 가장 악했다던 므낫세는 하나님께 겸손히 돌아옵니다.

그러나 성경은 이스라엘 역사에서 여전히 '악한 왕'으로 므낫세를 기록합니다. 또한 성경은 하나님께서 그의 기도를 들으셨다는 사실 역시 기록합니다. 많은 악을 저질렀음에도 불구하고 하나님의 관점에서 므낫세는 포기할 수 없는 사랑의 아들이었습니다. 악인 므낫세는 인생 말기에 하나님을 알아보는 복을 받았습니다. 하나님께서는 여전히 므낫세를 사랑하사 그의 기도를 들으시고, 그를 변화시키셨습니다.

기도하였으므로 하나님이 그의 기도를 받으시며 그의 간구를 들으시사
그가 예루살렘에 돌아와서 다시 왕위에 앉게 하시매 므낫세가 그제서야
여호와께서 하나님이신 줄을 알았더라(대하 33:13)

● 우리 삶으로 들어가기

므낫세가 우상을 숭배한 이유는 두려움 때문입니다. 주변의 강대국들을 보며
므낫세는 그들이 믿는 신을 따라 믿으려 했습니다. 우리 역시 세상의 권력과
힘을 두려워하는 동시에 가지고 싶어 합니다. 그러나 하나님이 아닌 세상의
권력과 돈을 좇으면 우상을 숭배하게 됩니다. 삶에 위협이 되지 않는다면 욕
망 역시 생기지 않습니다. 그러므로 하나님의 시선으로 세상을 바라보고 하나
님께서 역사를 주관하심을 잊지 않을 때 마음을 지킬 수 있습니다.

　하나님의 심판은 돌이키는 것이 목적입니다. 이 사실은 몇 번을 강조해도
지나치지 않습니다. 출애굽한 이스라엘 백성은 수르 광야를 지나며 물이 없어
어려움을 당했습니다. 너무 목이 말라 이성을 잃을 지경에서 마라의 쓴물을
단물로 바꾸시는 하나님의 역사를 경험했습니다. 이렇게 우리는 환난을 당할
때 하나님의 은혜를 경험합니다. 살아 계셔서 역사하시는 하나님을 만나게 됩
니다. 하나님의 징계는 하나님이 우리를 포기하시지 않았다는 증거입니다.

　하나님께서 만지시면 누구나 변할 수 있습니다. 야곱은 얍복 나루에서 하나
님과 씨름하고 복을 받은 뒤 이스라엘이 되었습니다. 그리스도인을 핍박하던
바울도 예수님을 만난 뒤 복음의 사명자가 되었습니다. 하나님이 만지시면 물
이 포도주가 되듯 변화할 수 있습니다. 하나님께서는 왕에서 포로로 전락한
므낫세의 수치를 가려 주신 것처럼 오늘 놀라운 사랑으로 우리의 수치를 가려
주십니다.

● 함께 나누기　　- 오늘의 말씀을 묵상하며 가장 마음에 와 닿은 부분을 나눠 보세요.
　　　　　　　　- 나는 하나님의 시선으로 세상을 보며 마음을 지키고 있습니까?
　　　　　　　　- 환난 중에 경험한 하나님의 사랑과 은혜가 있다면 나눠 보세요.

● 묵상노트　　　묵상한 내용을 가지고 기도 제목을 나누고 함께 중보하며 기도합니다.

_____

_____

20 week
느헤미야,
하나님께 기억해 주실 것을 간구한 사람

- **환영**　　간단한 인사와 안부를 서로 묻습니다.
　　　　　　오늘의 만남과 모임을 위해 짧게 기도합니다.

- **본문**　　느헤미야 1:1-11

- **말씀으로 들어가기**

주전 722년 북이스라엘은 앗수르에 의해 멸망합니다. 이후 주전 586년 남유다마저 바벨론에 의해 멸망당해 이스라엘 백성들은 포로로 끌려가게 됩니다. 당시 바벨론 왕이던 느부갓네살은 예루살렘 성벽을 헐고 성문을 불태웠습니다. 그러나 바벨론 역시 '바사' 즉 페르시아에 의해 멸망하는 격동의 시기를 보냅니다. 느헤미야는 바사의 아닥사스다왕 시대에 왕이 먹는 술을 관장할 정도로 신임받는 고위 관료였습니다.

느헤미야는 바사에서 살아가는 데 아무런 문제가 없는 위치에 있었습니다. 그럼에도 느헤미야는 고향을 다녀온 형제 하나니에게 이스라엘의 형편을 전해 듣고 애통한 심정이 됩니다. 느헤미야는 훼파된 성전과 고통받는 백성을 위해 하나님께 이스라엘을 기억해 주실 것을 간구합니다.

느헤미야의 기도는 하나님의 기억을 되살리기 위함이 아니었습니다. 자신과 이스라엘 민족이 하나님 앞에서 변화하겠다는 의지와 헌신의 다짐이었습니다. 느헤미야서는 부흥과 회복을 이야기할 때마다 언급되는 성경입니다. 느헤미야는 이스라엘이 고통 가운데서 돌이킨다면 다시 축복하고 회복시키실 하나님을 신뢰했습니다.

어느 날 느헤미야가 아닥사스다왕 앞에 나아갔을 때, 왕은 그 얼굴에서 근심 어린 표정을 봅니다. 느헤미야를 총애한 왕이 이유를 묻자 그는 솔직하게 고향에서 일어나고 있는 비극적 사건을 고합니다. 성경은 이때 느헤미야가 두려워했다고 서술합니다. 바사의 고위 관료로서 아직 자신의 땅을 잊지 못했다는 것은 위험한 고백이었습니다. 그러나 주어진 기회 앞에 느헤미야는 하나님께 기도하고 담대히 구합니다. 무너진 성벽을 재건하게 해달라고 왕에게 간청합니다. 하나님께서는 선한 손으로 그를 도우사 아닥사스다왕을 움직여 느헤미야로 하여금 성벽 재건을 허락하십니다.

만일 내게로 돌아와 내 계명을 지켜 행하면 너희 쫓긴 자가 하늘 끝에 있을지라도 내가 거기서부터 그들을 모아 내 이름을 두려고 택한 곳에 돌아오게 하리라 하신 말씀을 이제 청하건대 기억하옵소서(느 1:9)

● 우리 삶으로 들어가기

느헤미야는 하나니가 전한 고향의 소식을 '듣고' 하나님께 간구하기 시작했습니다. 분명 슬픈 소식을 듣고 눈물을 흘리는 일은 특별하지 않습니다. 그러나 그 문제를 놓고 하나님 앞에서 금식하며 기도하는 일은 누구나 하는 일이 아닙니다. 하나님은 마음이 아파서 눈물을 흘리는 사람이 아니라, 그 아픈 마음을 가지고 하늘의 하나님을 바라보는 사람을 사용하십니다.

부흥은 윤택한 삶을 누리는 것이 아닙니다. 하나님과 진정한 관계, 살아 있는 관계를 맺는 것이 진정한 부흥입니다. 느헤미야는 백성들이 당하는 고통의 원인과 그 해결 방법을 분명하게 알고 있었습니다. 느헤미야의 기도는 이스라엘 민족이 하나님의 백성이 된다면 부흥의 역사가 일어나리라는 신앙의 다짐이었습니다. 하나님이 우리를 기억하시면 우리를 회복시키십니다. 우리가 하나님과의 관계를 갈망할 때 풍성한 부흥의 역사가 시작됩니다. 민족의 아픔을 깨닫고 기도했을 때, 하나님의 은혜를 구하며 기도했을 때, 느헤미야는 자신의 직분이 '이 일과 상황'을 위한 자리였음을 깨닫습니다. 기도하는 자의 가장 큰 축복은 자신이 하나님이 쓰시는 그릇임을 자각하는 것입니다. 기도하는 자에게 하나님은 시온의 대로를 열어 주십니다.

아닥사스다왕의 마음을 움직이신 분은 바로 하나님입니다. 도저히 내 힘으로는 꿈쩍하지 않던 벽도 하나님의 도우심이 있다면 움직입니다. 하나님은 우리의 모든 필요를 아시며 선한 것을 베푸시는 분입니다. 그러나 동시에 우리의 기도를 원하시는 분입니다. 우리가 기도할 때 부흥의 역사가 시작됩니다. '하나님 나를 기억하옵소서'라는 느헤미야의 기도가 내 기도가 되어야 합니다.

● 함께 나누기   - 오늘의 말씀을 묵상하며 가장 마음에 와 닿은 부분을 나눠 보세요.
　　　　　　　　- 나는 윤택한 삶이 아닌 하나님과의 관계를 갈망하고 있습니까?
　　　　　　　　- 기도하는 자에게 시온의 대로를 열어 주실 하나님을 신뢰하고 있습니까?

● 묵상노트   　묵상한 내용을 가지고 기도 제목을 나누고 함께 중보하며 기도합니다.

에스더,
공동체를 생각하는 사람

● 환영　　　　간단한 인사와 안부를 서로 묻습니다.
　　　　　　　오늘의 만남과 모임을 위해 짧게 기도합니다.

● 본문　　　　에스더 4:10-17, 8:3-7

● 말씀으로 들어가기

이스라엘의 포로 생활은 앗수르와 바벨론에 이어 페르시아(바사)에 이르기까지 계속됩니다. 페르시아의 고레스왕이 내린 칙령으로 이스라엘 백성의 일부는 약속의 땅 가나안으로 귀환(주전 537년)했고, 일부는 페르시아에 남았습니다. 에스더와 에스더의 사촌오빠인 모르드개도 페르시아에 남은 실향민 중 하나였습니다. 에스더는 페르시아 말로 '별'이라는 뜻인데, 에스더는 별처럼 매우 용모가 곱고 아름다움이 뛰어났습니다.

　하나님은 에스더를 예비하셨습니다. 당시 왕이던 아하수에로 1세(재위 주전 486-465년)는 성품이 잔인하고 변덕이 심한 인물이었습니다. 이전의 왕비를 폐하고 새로운 왕비를 찾던 중 빼어난 미모의 에스더가 왕에게 큰 사랑을 받게 됩니다. 왕비가 된 에스더는 모르드개를 통해 들은 정보를 왕에게 알림으로써 왕을 암살 위협으로부터 구해 내는 공을 세웁니다.

　에스더는 자신의 목숨을 걸고 왕 앞에 나아갑니다. 왕이 먼저 부르기 전에는 그 누구도 왕 앞에 나아갈 수 없었지만, 악한 하만이 이스라엘 공동체 전체를 죽이려는 계략을 꾸몄기 때문입니다. 에스더는 '죽으면 죽으리라'는 각오로 공동체를 위해 죽음의 위험을 무릅쓰기로 합니다. 그 과정에서 에스더는 온 이스라엘에 기도를 부탁하고 하나님께 싸움을 맡겼습니다. 지금 당장은 백성의 생사를 왕이 주관하는 것 같지만, 그 왕의 마음을 움직이는 것은 하나님이시기 때문입니다.

　똘똘 뭉쳐 기도한 이스라엘은 목숨을 구하고, 하만과 원수들은 모두 죽임을 당했습니다. 이스라엘은 오늘날까지도 이날을 '부림절' 즉 '운명의 날'로 기념하여 축제를 엽니다. 하나님께서 주권적으로 임하셔서 이스라엘에게 보여 주신 섭리를 기억하는 날인 것입니다.

내가 어찌 내 민족이 화 당함을 차마 보며
내 친척의 멸망함을 차마 보리이까 하니 (에 8:6)

● 우리 삶으로 들어가기

이런 이야기가 있습니다. 두 사람이 함께 노를 젓는 배를 타고 가고 있었습니다. 그런데 배의 앞좌석 밑에 구멍이 뚫린 것입니다. 뒷자리 사람이 이야기합니다. "내 자리에는 구멍이 뚫리지 않았으니까 괜찮아. 나는 안전해!" 과연 안전한 것이 맞을까요?

우리는 그리스도의 몸 된 지체로서 함께 살아가는 존재입니다. 지체를 위해 누구든지 먼저 손을 내밀고, 나 자신의 일인 것처럼 돌보아야 합니다. 만일 에스더가 "당신들이 먼저 나를 위해 기도하고, 내가 안전할 것이라는 하나님의 응답을 받아 온다면 비로소 내가 왕에게 말을 해보겠습니다"고 말했다면 어땠을까요? 아니면 백성들이 "당신이 먼저 왕에게 가서 이야기한다면 이후에 우리가 당신을 위해 기도하겠습니다" 혹은 "당신은 왕비니까 혼자 문제를 잘 해결해 보십시오" 했다면 어떻게 되었을까요? 서로 미루다가 결국 하만의 계략에 넘어가 모두 죽음을 면치 못했을 것입니다.

더 넓은 관점에서 바라보아야 합니다. 몸 된 지체란 성도 간의 관계만 말하는 것이 아닙니다. 우리는 가족, 이웃, 세상, 더 나아가 하나님께서 주신 자연과 함께 살아간다는 사실을 명심해야 합니다. 우리 모두는 그리스도의 몸이요, 지체의 각 부분이기 때문에 서로를 돌보고, 존귀하게 여겨야 합니다 (고전 12:24-27).

● 함께 나누기　　- 오늘의 말씀을 묵상하며 가장 마음에 와 닿은 부분을 나눠 보세요.
　　　　　　　　- 내가 속한 공동체의 범위는 어디까지라고 생각합니까?(예: 가족, 자연, 이웃, 직장, 나라 등)
　　　　　　　　- 공동체와 함께 믿음과 기도로 어려운 일을 극복해 본 경험이 있습니까?

● 묵상노트　　　묵상한 내용을 가지고 기도 제목을 나누고 함께 중보하며 기도합니다.

_____

_____

22 week
욥,
하나님을 깨닫게 된 사람

● 말씀으로 들어가기

욥은 고난받은 의인으로 우리에게 친숙합니다. 욥은 하나님이 허락하신 고난의 현장에서 하나님께 부르짖었으나 하나님은 즉각 응답하지 않으십니다. 욥기 말미에 이르러서야 하나님은 욥에게 질문하심으로 욥 스스로 하나님의 뜻을 깨닫게 하십니다. 하나님의 말씀에는 우리가 기대한 대답도, 욥이 질문한 해답도 들어 있지 않습니다. 다만 하나님이 창조한 세계를 언급하실 뿐입니다. 그러나 욥은 시련을 허락하신 하나님께 복종하며 하나님에 대한 지식을 깨닫습니다.

욥은 하나님께는 불가능한 일이 없다는 것을 알게 되었습니다. 하나님이 만드시고 경영하시는 우주 만물에 대해 알게 되자 하나님의 전지전능하심을 인정하게 되었습니다. 욥이 도무지 자신의 삶을 조율하지 못한 때도 하나님은 일하고 계셨습니다. 하나님의 능력을 깨달은 욥은 하나님의 계획은 우리의 이해를 초월하며 설명할 수 없을 만큼 심오하다고 고백합니다. 하나님은 원대한 계획을 설명하지 않고 단지 위대함을 드러내시는 분이기 때문입니다. 하나님의 전능하심을 인정하는 순간 욥은 겸손하게 순종하기로 결심합니다. 드디어 자신의 '권리 주장'을 포기하는 신앙인의 모습을 보입니다. 어떤 일이든지 겸손하게 받아들이기로 결심할 때 하나님의 뜻이 드러납니다.

심판의 날이 이르면 하나님의 공평하심을 알게 됩니다. 친구들이 고통받는 자신을 비난할 때 욥은 끊임없이 억울함을 풀어 달라고 하나님께 울부짖었습니다. 하지만 하나님은 침묵하셨습니다. 이윽고 욥이 자신의 생각보다 큰 하나님을 알게 되자 하나님이 일하기 시작하셨습니다. 하나님은 욥의 억울함을 알고 계셨습니다. 그리고 하나님의 때에 신속한 심판이 이루어졌고 정의가 확립되었습니다. 하나님의 심판이 임할 때 축복 역시 함께 옵니다.

● 우리 삶으로 들어가기

잘못된 의사소통은 오해를 불러일으킵니다. 하나님의 말씀을 이해하기 위해 우리는 먼저 하나님이 어떤 분인지를 알아야 합니다. 세상에는 권선징악의 원리로 설명되지 않는 문제들이 있습니다. '불의한 고난', '의인의 고난'은 우리를 당혹스럽게 합니다. 그러나 그 어떤 일도 하나님의 전지전능하심을 넘어설 수는 없습니다. 인간의 기대와 꿈이 깨어질 때 우리는 하나님이 어떤 분이신지 깨닫게 됩니다. 내 계획이 틀어질 때 비로소 신앙이 드러납니다.

하나님은 우리가 기대한 대로 행하지 않으십니다. 가장 분명한 예시는 바로 예수 그리스도의 십자가 사건입니다. 아들이 십자가에 못 박히실 때, 인간이라면 참을 수 없는 일을 하나님은 지켜보고 계셨습니다. 이는 우리가 절대로 이해할 수 없는 하나님의 마음입니다. 예수님과 함께했던 제자들조차 주님의 죽음을 도저히 이해하지 못했습니다. 그러나 하나님은 우리를 구원하기 위한 계획을 진행하고 계셨습니다. 하나님의 계획은 정해진 일정대로 흘러갑니다.

하나님이 정하신 때가 있습니다. 참 그리스도인은 하나님이 높여 주실 때까지 겸손히 자기주장을 버리고 하나님께 모든 것을 맡겨야 합니다. 이때 욥이 하나님의 진리를 깨닫고 그 전능하심을 고백했던 것처럼 이유를 알지 못하는 상황에서도 평화가 찾아옵니다. 욥은 고난을 통해 살아 계신 하나님을 진정으로 알게 되었습니다. 고난을 통해 겸손해졌고 하나님 앞에 무릎을 꿇었습니다. 비로소 귀로 듣던 하나님을 눈으로 보고 온전히 신뢰하게 되었습니다. 하나님은 욥의 상황을 갑절로 회복해 주십니다. 그러나 욥이 받은 진정한 축복은 진리를 깨닫게 된 것이었습니다.

● 함께 나누기 - 오늘의 말씀을 묵상하며 가장 마음에 와 닿은 부분을 나눠 보세요.
 - 나의 고난 중에 침묵하시는 하나님을 원망한 경험이 있습니까?
 - 나의 삶에서 하나님의 역사가 시작되기를 기대하고 있습니까?

● 묵상노트 묵상한 내용을 가지고 기도 제목을 나누고 함께 중보하며 기도합니다.

_____

_____

23 week

다윗,
별 볼일 없던 사람

● 말씀으로 들어가기

사무엘은 사울에 이어 다음 기름 부을 자를 찾아 작은 고을 베들레헴으로 향했습니다. 베들레헴은 예루살렘의 남방 7km에 위치한 마을로, 구약의 다른 도시들에 비해 별로 알려진 것이 없는 하찮고 작은 마을이었습니다. 베들레헴 이새의 집에 도착한 사무엘은 이새에게 여덟 아들 모두를 불러오라 했습니다. 사무엘은 이새의 첫째 아들 엘리압의 뛰어난 용모를 보고 마음이 움직였으나, 하나님은 사람의 외모를 보지 말라고 경고하십니다.

이새의 모든 아들들이 사무엘 앞을 지나가도 하나님의 지시가 없었습니다. 이새가 들에서 양을 치고 있던 막내 다윗을 부르지 않았던 것입니다. 다윗의 용모가 이새의 눈에는 왕의 감이 아니었거나, 형들에 비해 못 미쳤던 것이겠지요. 사람들은 다윗을 작게 여겼습니다. 골리앗 앞에 선 다윗에게 엘리압은 노하여 호통을 쳤고, 사울 역시 소년인 다윗이 싸울 수 없다고 말했습니다.

사람들 눈에 다윗은 작고 별 볼일 없었지만 그에게는 내적으로 숨겨진 것이 있었습니다. 다윗은 홀로 들에서 양을 지키며 소외와 멸시의 자리에 있었습니다. 그러나 그는 들에서 수금을 연주하며 하나님과 깊은 교제를 나누었습니다. 맹수로부터 양을 지키며 하나님께 의지하는 방법을 배웠고, 두려움에 맞서 담대히 싸우는 훈련을 했습니다. 세상 사람들은 다윗을 알아주지 않았지만 하나님은 다윗을 알고 계셨고, 그를 향한 계획을 가지고 계셨습니다.

다윗은 초조하지 않았습니다. 하나님의 영에 감동된 이후에도, 사울에게 다니며 수금을 탈 때도 성실하게 양 치는 일을 이어 갔습니다. 골리앗 앞에 섰을 때도 평소처럼 물매와 돌을 가지고 나아가 싸웠습니다. 이처럼 다윗은 삶의 모든 순간에 잔잔히 하나님을 바라보았습니다. 사람들 눈에는 별 볼일 없었지만 다윗은 하나님을 마음에 모심으로 모든 것을 가진 사람이었습니다.

● 우리 삶으로 들어가기

다윗은 작은 동네에서 집안의 막내아들로 태어나 변변치 못한 아이라는 취급을 받으며 자랐습니다. 왕의 재목을 선보이는 자리에 내놓지도 않을 만큼 아버지와 형제들에게 무시당했습니다. 그는 아버지가 원해서 들에 나가 양을 치는 목동이 되었습니다. 수금 타는 자가 되었다가, 왕의 무기 맡은 자가 되기도 했습니다. 그의 출신도, 직업도 스스로의 선택으로 된 것이 없습니다. 다윗이 원한 삶도 아니었을 것입니다. 하지만 다윗은 직업이나 환경에 상관없이 항상 하나님과 함께했고, 하나님은 마침내 다윗을 왕으로 세우셨습니다.

오늘 우리도 원치 않은 자리에 있을지 모릅니다. 고대하던 일이 틀어져 버리고, 약속이 지켜지지 않아 기약 없이 기다리며 억울함과 분노를 느낄지도 모릅니다. 외모가 별로라서, 타고난 재능이 좋지 못해서, 사람들이 나를 싫어해서 등 우리를 무력하게 만드는 이유들이 참으로 많습니다.

그러나 하나님께서 쓰시기로 작정했다면 환경과 사람들의 생각은 중요하지 않습니다. 베들레헴 역시 작고 보잘것없는 도시였지만 하나님의 계획 속에 있었고, 거기서 이스라엘을 다스릴 자가 나올 것이라던 예언이 성취되었습니다(미 5:2). 세상은 할 수 없지만 하나님 안에서는 가능합니다. 하나님께서 부르실 때 쓰임 받을 수 있는 사람으로 준비되도록 항상 하나님과 동행하며 앞으로 나아가는 여러분이 되시기를 소망합니다.

● 함께 나누기　　- 오늘의 말씀을 묵상하며 가장 마음에 와 닿은 부분을 나눠 보세요.
　　　　　　　　- 내가 별 볼일 없게 느껴지는 때가 있다면 언제입니까?
　　　　　　　　- 환경과 상황을 뛰어 넘어 하나님이 일하심을 경험한 적이 있습니까?

● 묵상노트　　　묵상한 내용을 가지고 기도 제목을 나누고 함께 중보하며 기도합니다.

_____

_____

24 week

다윗,
위기 중에 찬송한 사람

● 환영　　　　간단한 인사와 안부를 서로 묻습니다.
　　　　　　　오늘의 만남과 모임을 위해 짧게 기도합니다.

● 본문　　　　사무엘상 21:1-6, 26:23-24

● 말씀으로 들어가기

골리앗과의 영광스러운 싸움 이후, 다윗은 10년간 도망자의 시간을 갖게 됩니다. 사울이 살의를 품고 다윗을 암살하고자 했기 때문입니다. 다윗은 사랑하는 친구 요나단과 아내 미갈을 뒤로하고 제사장의 도시인 놉으로 달아납니다. 절체절명의 위기 속에서 가장 먼저 찾아간 곳이 제사를 드리는 곳이었다는 것은 하나님을 대하는 그의 기본적인 믿음을 보여 줍니다. 그러나 다윗은 아직 성숙한 사람은 아니었던 것 같습니다. 온전히 하나님을 의지하는 대신, 인간적인 방식으로 대처하는 모습을 보인 것입니다.

　다윗은 거짓말로 아히멜렉을 속이려 합니다. 사울의 비밀 임무를 수행 중이니 먹을 것과 무기를 달라고 한 것입니다. 아히멜렉은 소문을 들어 이미 상황을 알고 있었을 것입니다. 그렇기에 떨며 다윗을 영접한 것이겠지요. 다윗의 아픈 마음과 절박한 사정을 헤아린 아히멜렉은 다윗에게 필요한 것들을 내어 주며 긍휼을 베풉니다. 그러나 이 일로 크게 노한 사울은 아히멜렉과 제사장들을 몰살시켰고, 유일하게 살아남은 아히멜렉의 아들 아비아달이 전한 이야기를 통하여 다윗은 자신의 과오를 알게 됩니다.

　이제 다윗은 도망 중에 기도하며 찬송합니다. 다윗은 계속해서 도망하고, 사울은 계속해서 다윗을 쫓고, 하나님은 계속해서 다윗을 보호하셨습니다. 사울의 협박 앞에 힘이 없는 백성들은 다윗을 내어주려 했지만, 하나님은 다윗을 광야에 숨기고 넘겨주지 않으셨습니다. 다윗은 사람의 방법이 아닌 하나님의 방식을 날마다 체험하게 됩니다. 광야로, 요새로 피난하던 다윗은 어느덧 위기 가운데 기도하며 찬송하게 되었습니다. 하나님의 인도하심이 인간의 방법보다 크고 선하시며, 그 인자하심은 날마다 더하여짐을 깨달았기 때문입니다.

하나님은 나를 돕는 이시며
주께서는 내 생명을 붙들어 주시는 이시니이다(시 54:4)

● 우리 삶으로 들어가기

다윗은 도망하는 중에 배신과 아픔들을 경험합니다. 상처에 신음하고 분노하며 가슴이 찢어지는 경험을 합니다. 자신을 돕는 사람은 화를 당하고, 아내는 다른 이의 아내로 주어졌으며, 밀고하는 사람들이 곳곳에 숨어 있습니다. 이런 상황이라면 누구라도 절망감에 주저앉아 모든 것을 포기하고 싶을 것입니다.

그러나 다윗은 힘든 시간에 안주하지 않고 회복하여 일어났습니다. 상처 주는 사람도 있었지만 돕는 손길들도 있음을 잊지 않았습니다. 자신을 위해 애쓴 이들의 은혜를 기억하고, 그들을 보호하고 도왔습니다. 아히멜렉의 아들 아비아달을 자신의 보호 아래 두고(삼상 22장), 악행으로 여호와의 징벌을 당한 나발이 죽자, 다윗 무리를 선대하던 나발의 아내 아비가일을 아내로 맞은 일이 그 예입니다(삼상 25장). 또한 악을 악으로 갚지 않았습니다. 사울을 죽일 수 있는 기회가 있었음에도 하나님께 모든 판단과 보복을 맡김으로써 하나님을 높였습니다.

우리 삶에도 포기하고 싶은 순간들, 관계에서 오는 고통들이 있습니다. 모두가 내게 등을 돌려 버려진 것처럼 느껴질 때도 있습니다. 그러나 그러한 순간에도 눈을 들어 주위를 보면, 나를 위해 기도하는 공동체와 날마다 나를 숨기고 피할 길을 내시는 주님을 발견할 수 있습니다. 눈을 들어 우리의 생명 되시는 크신 주님을 보고, 그분이 행하실 것을 기대하며 찬송으로 내일을 맞이하는 여러분이 되시기를 소망합니다.

● 함께 나누기   - 오늘의 말씀을 묵상하며 가장 마음에 와 닿은 부분을 나눠 보세요.
　　　　　　　 - 힘든 시간을 지날 때 도움이 되는 나만의 노하우가 있다면 무엇인가요?
　　　　　　　 - 삶의 위기 속에서 하나님의 보호하심을 경험한 적이 있다면 나눠 보세요.

● 묵상노트   　묵상한 내용을 가지고 기도 제목을 나누고 함께 중보하며 기도합니다.

다윗,
하나님과 함께하는 법을 배운 사람

- 환영   간단한 인사와 안부를 서로 묻습니다.
                         오늘의 만남과 모임을 위해 짧게 기도합니다.

- 본문   사무엘하 6:3-19

- 말씀으로 들어가기

다윗의 왕권이 공고해지고 예루살렘 성의 건축을 마쳤을 때의 일입니다. 다윗은 엘리 제사장 때에 블레셋에 빼앗긴 법궤를 예루살렘으로 되찾아오기를 바랐습니다. 당시 법궤는 기럇여아림 아비나답의 집에 머물러 있었습니다.

다윗은 3만 명의 백성과 함께 하나님의 궤를 맞이하러 갔습니다. 새 수레와 온갖 악기를 대동한 퍼레이드가 시작되었습니다. 첫 시작은 좋은 것 같았습니다. 그러나 수레가 나곤의 타작마당에 이르렀을 때 소들이 날뛰기 시작했고, 아비나답의 아들 웃사가 손을 내밀어 궤가 떨어지지 않도록 붙들었다가 그 자리에서 죽는 사건이 벌어지고 맙니다. 그 광경을 지켜본 다윗과 백성들은 두려움에 떨며 어째서 이런 일이 일어났는지 고민하기 시작했습니다.

두려움 가운데 3개월의 시간이 흐르고, 다윗과 중직자들, 온 이스라엘 백성들이 말씀을 제대로 찾아보며 공부합니다. 사울왕 때를 비롯해 너무나 오랫동안 하나님의 말씀과 멀어졌던 이스라엘은 하나님의 법궤를 어떻게 옮겨야 하는지조차 잊어 아무도 모르게 되었던 것입니다. 마침내 이스라엘은 말씀 속에서 답을 찾습니다. 레위인 외에는 아무도 하나님의 궤를 옮길 수 없는 것입니다.

제사장들이 하나님의 궤를 꿴 장대를 메고 예루살렘으로 들어왔습니다. 다윗은 이때를 위해 모든 이스라엘 백성을 예루살렘으로 불러 모으고, 레위 지파를 성결하게 하였으며, 말씀에 따라 절차를 준비했습니다. 말씀에 따라 하나님과 함께하는 법을 알고 나니 두려움 대신 기쁨과 기대감이 충만했습니다. 다윗은 큰 기쁨에 어린아이처럼 춤을 추며 하나님을 찬양했습니다. 하나님과 함께하는 이스라엘에 평화가 찾아왔습니다.

● 우리 삶으로 들어가기

다윗은 예배를 사모하여 하나님의 언약궤를 되찾아오고자 했습니다. 궤가 예루살렘으로 돌아오던 날에는 에봇을 입고 힘을 다하여 하나님 앞에서 춤을 추었습니다(삼하 6:14). 에봇은 제사장이 하나님께 예배드릴 때 입는 옷이었습니다. 다윗은 왕으로서 백성들 앞에서 자신의 위세를 과시하지 않았습니다. 예배자로서 하나님 앞에 춤을 추었습니다. 법궤를 장막 안에 들인 후에는 먼저 번제와 화목제물로 하나님께 감사 예배를 드렸습니다. 이후에는 레위 지파의 아삽과 그의 형제들로 하여금 날마다 규정대로 섬기게 하고, 율법책에 있는 규례대로 아침, 저녁으로 제단 위에 번제물을 바치도록 했습니다. 하나님께서 말씀하신 대로, 하나님과 동행하는 방식대로 행한 것입니다.

하나님은 오늘도 우리와 함께하기 원하십니다. 삶의 매 순간, 매 발걸음을 함께하고자 우리를 초대하십니다. 우리가 누군가와 친구가 되거나 연인이 되고자 할 때도, 동료나 심지어 지인으로 지낼 때조차도 상대와 함께하려면 서로에게 다가가야 합니다. 각 사람에게 요구되는 방식은 조금씩 차이가 있을지 모르나 공통점이 있습니다. 상대와 함께하려는 마음 그리고 상대가 원하는 것을 듣고 따르려는 마음이 있어야 한다는 것입니다. 현대를 사는 우리는 비록 제사를 드릴 수는 없으나 당신의 몸을 내어주기까지 우리를 사랑하신 하나님의 은혜를 기억하며 감사하는 삶의 예배를 드릴 수 있습니다. 말씀을 사모하고 그 말씀대로 행하고자 노력하며, 기쁨으로 하나님 앞에 찬양을 올려드리는 참된 예배자가 되시기를 소망합니다.

● 함께 나누기   - 오늘의 말씀을 묵상하며 가장 마음에 와 닿은 부분을 나눠 보세요.
                 - 하나님과 함께하기 위해 내가 제일 먼저 한 일은 무엇입니까?
                 - 나는 언제 가장 하나님과 함께하고 있음을 느낍니까?(예: 기도, 봉사, 예배, 성경 읽기 등)

● 묵상노트   묵상한 내용을 가지고 기도 제목을 나누고 함께 중보하며 기도합니다.

_____

_____

다윗,
받은 은혜를 기억한 사람

● 환영　　　　　간단한 인사와 안부를 서로 묻습니다.
　　　　　　　　오늘의 만남과 모임을 위해 짧게 기도합니다.

● 본문　　　　　사무엘하 9:1-8

● 말씀으로 들어가기

여호와의 궤가 예루살렘 성으로 들어오고, 마침내 명실상부한 통일왕국 시대
가 열렸습니다. 목동이던 다윗이 사무엘로부터 기름 부음 받은 지 22년 만의
일입니다. 이스라엘은 정치·경제·종교적으로 안정되어 내부적으로 평안을 유
지했습니다. 외부적으로는 영토를 넓혀 가며 점차 강성해졌고, 주변국에서도
이스라엘을 인정하기 시작했습니다. 다윗은 여호와께서 자신을 세워 왕으로
삼으시고 당신의 백성들을 위해 나라를 높이신 것을 깨달았습니다(삼하 5:12).

　다윗은 자신에게 은혜를 베풀었던 이를 기억했습니다. 항상 다윗의 편에 서
서 그를 돕고 이끌어 주던 친구 요나단이었습니다. 다윗은 요나단의 도움으로
사울의 계략에서 빠져나와 죽음을 면할 수 있었습니다. 그러나 요나단과는 그
날 이후 영원히 만날 수 없는 처지가 되었습니다(삼상 20:42).

　다윗은 사울의 혈육 중 살아 있는 자를 수소문했습니다. 사람들은 어쩌면
사울의 자손이라면 화의 근원이 될 것이므로 다윗이 그들을 없애려는 것이라
고 생각했을 것입니다. 자신을 죽이려 했고, 오랫동안 괴롭히던 정적의 자손
을 남겨 두는 것은 매우 위험한 일이기 때문입니다. 그러나 다윗의 의도는 보
복과 죽음이 아니었습니다. '요나단으로 말미암아 그 사람에게 은총을 베풀기'
위함이었습니다(삼하 9:1).

　로드발에 요나단의 아들 므비보셋이 숨어 살고 있었습니다. 로드발은 '목장
이 없다'는 뜻으로 이름처럼 황량한 곳이었습니다. 요나단이 전사할 당시 다섯
살에 급히 피난길에 오른 므비보셋은, 유모에게 안겨 있다가 떨어져 두 다리를
절게 되었습니다. 다윗 앞에 선 므비보셋은 자신을 '종'이자 '죽은 개' 같은 사람
이라고 소개합니다. 하지만 다윗은 므비보셋에게 왕자와 같은 신분과 삶을 은
혜로 회복시켜 주었습니다.

여호와께서 너희를 곧 너희와 너희의 자손을 더욱
번창하게 하시기를 원하노라(시 115:14)

● 우리 삶으로 들어가기

인생의 좋은 날이 왔을 때 자신이 받은 은혜를 기억하고 그 은혜를 갚는 것은
쉽지 않습니다. 그런데 사람에 따라 어쩌면 은혜를 갚는 것보다 더 어려운 것
이 있습니다. 주어진 은혜를 받아들이는 것입니다. 은혜의 역사는 순환됩니
다. 은총을 경험한 자들이 은혜를 베풀게 됩니다. 하나님이 아니고서는 지금
의 내가 있을 수 없음을 고백하는 자가 누군가의 삶을 바꾸어 줄 수 있습니다.

사울로부터 목숨의 위협을 받던 다윗은 요나단을 전적으로 신뢰하기 어려
웠을지도 모릅니다. 사울의 후계자인 요나단에게 다윗은 정치적으로 정적일
수밖에 없기 때문입니다. 그러나 다윗은 항상 자신의 편이 되어 주던 요나단
을 믿었고, 그의 도움을 받아 목숨을 부지할 수 있었습니다. 그렇게 은혜를 받
아들이던 다윗이 이번에는 반대로 자신의 정적일 수밖에 없는 사울의 손자에
게 은혜를 베풀기로 한 것입니다.

므비보셋 역시 다윗의 은혜를 받아들이기 쉽지 않았을 것입니다. 먼저, 므
비보셋에게 다윗은 가문의 원수였기에 다윗을 미워하거나 두려워했을 것입니
다. 혹은 마음속에 있는 수치심이 왕의 은혜를 은혜로 받아들이기 어렵게 했
을 수도 있습니다. 집안은 몰락했고, 자신은 황량한 곳에 숨어 살면서 몸마저
성하지 못했습니다. 그래서 므비보셋은 다윗에게 절하며 "이 종이 무엇이기에
왕께서 죽은 개 같은 나를 돌아보시나이까"(삼하 9:8)라고 묻습니다. 마침내 므
비보셋은 다윗이 베푼 은혜를 받아들였고, 늘 다윗과 같은 상에서 음식을 먹으
며 예루살렘에서 살았습니다.

● 함께 나누기   - 오늘의 말씀을 묵상하며 가장 마음에 와 닿은 부분을 나눠 보세요.
             - 누군가가 혹은 하나님이 주신 은혜를 받아들이기 힘들었던 경험이 있습니까?
             - 나는 하나님께 어떠한 은혜를 받았고, 그것을 다른 이에게 어떻게 흘려보냅니까?

● 묵상노트   묵상한 내용을 가지고 기도 제목을 나누고 함께 중보하며 기도합니다.

_____

_____

다윗,
죄에 넘어지고 회개한 사람

- **환영**　　　간단한 인사와 안부를 서로 묻습니다.
　　　　　　　오늘의 만남과 모임을 위해 짧게 기도합니다.

- **본문**　　　사무엘하 11장, 12:1-25

- **말씀으로 들어가기**

장군들과 전장에 나가 함께 싸우던 용맹한 왕 다윗이 변했습니다. 군사적 업적이 늘어날수록 스스로를 높이다 전쟁에 지쳐 버렸을 수도, 아니면 슬럼프에 빠진 것인지도 모릅니다. 그는 더 이상 전장에 나가지 않았고, 그 대신 여러 처첩들과 결혼을 하며 왕의 자리를 든든히 하고 있습니다.

　이전의 삶의 패턴에서도 벗어났습니다. 그가 침상에서 일어난 때는 저녁이었습니다. 황혼이 지는 지붕 위에서 다윗은 신하 우리아의 아내 밧세바가 목욕하는 장면을 보고 정욕을 품게 됩니다. 성적인 매력을 느끼는 일은 누구에게나 있을 수 있습니다. 그러나 이미 여러 아내와 첩을 얻으며 정욕의 노예가 되어 있던 다윗은 정욕에 쓰러지고 맙니다. 자신의 충직한 신하인 우리아의 아내를 데리고 와 그녀를 범하고, 죄를 가리기 위해 우리아를 죽음으로 내몰기에 이른 것입니다.

　나단 선지자가 죄를 지적하자, 다윗은 괴로워하며 처절하게 회개하기 시작합니다. 다윗은 자신의 의지로는 깨끗해질 수 없다는 것을 인정하고 하나님 앞에 엎드렸습니다. 하나님께서 정한 마음을 창조해 주시고 죄악을 씻어 주셔야만 구원의 은혜를 회복할 수 있다는 것을 고백한 것입니다.

　다윗이 저지른 정욕의 대가는 적지 않았습니다. 자녀들이 범죄하고 서로 불화하였으며, 다윗은 아들의 반역으로 도망치는 신세가 되었습니다. 그러나 다윗의 생은 거기에서 끝나지 않았습니다. 하나님은 다시 한번 다윗으로 하여금 하나님을 찬송하는 왕이 되도록 하셨습니다. 철저한 회개 후 시편의 아름다운 시들을 짓도록 허락하신 것입니다. 또한 하나님은 다윗과 밧세바 사이에서 태어난 솔로몬을 통하여 왕위를 잇고, 성전을 건축하도록 하셨습니다. 하나님은 죄 중에 있는 우리를 버리지 아니하시며, 기다리고, 용서하고, 회복시키시는 분이기 때문입니다.

● 우리 삶으로 들어가기

아무리 귀한 재질로 만들어진 그릇이라도 더러워질 수 있습니다. 더러워진 그릇은 사용할 수 없습니다. 우리도 그러합니다. 하나님의 형상대로 지음 받아 예수님의 형상을 입은 우리는 무엇보다 고귀한 존재들입니다. 하지만 우리는 연약하기에 죄에 넘어지기 쉽습니다. 사실 다윗의 고백처럼 우리 중 누구라도 하나님의 눈앞에서 스스로 의로운 자가 될 수 없습니다.

하나님은 더러워진 그릇을 버려두거나 방치하지 않으십니다. 하나님은 우리 중에 더러운 죄가 있음을 여러 가지 경로를 통해 알려 주시고, 경고하며 돌아오라고 하십니다. 우리는 영적인 존재이기에 하나님과의 관계가 단절된 상태에서는 진정한 기쁨과 평안을 누릴 수 없기 때문입니다. 우리를 사랑하시는 하나님은, 우리의 죄를 깨끗이 닦아 사용하기 원하십니다.

하나님은 반복하여 하나님을 떠나는 이스라엘을 가리켜 음행하는 아내에 비유하셨습니다(호 1:2). 그러고는 호세아를 버리고 떠나 음행하는 아내 고멜을 계속해서 용서하라고 말씀하셨습니다(호 3:1). 이것이 바로 하나님을 떠나는 우리를 기다리는 하나님의 마음, 심판 대신 구원의 기쁨과 평안을 주고자 하시는 하나님의 사랑입니다.

● 함께 나누기　　- 오늘의 말씀을 묵상하며 가장 마음에 와 닿은 부분을 나눠 보세요.
　　　　　　　　- 내가 잘못했음에도 사과가 늦어져 관계가 어려워진 경험이 있습니까?
　　　　　　　　- 크게 잘못한 나를 여전히 사랑하시는 하나님의 마음을 느껴 본 경험이 있습니까?

● 묵상노트　　　묵상한 내용을 가지고 기도 제목을 나누고 함께 중보하며 기도합니다.

_____

_____

28 week

다니엘의 세 친구,
헌신을 결단한 사람들

- **환영** 　간단한 인사와 안부를 서로 묻습니다.
　　　　　오늘의 만남과 모임을 위해 짧게 기도합니다.

- **본문** 　다니엘 3:16-18

● 말씀으로 들어가기

주전 605년, 유다 백성이 바벨론에 포로로 끌려가게 되었습니다. 바벨론의 느부갓네살왕은 이스라엘의 왕족과 귀족 중 뛰어난 젊은이들을 포로로 삼았습니다. 이들을 데리고 있으면 이스라엘이 바벨론에 반란을 할 수 없을 뿐만 아니라, 이들이 귀환하여 바벨론의 문화와 방식대로 이스라엘을 다스릴 것이기 때문입니다.

다니엘과 세 친구들 역시 포로로 잡혀가 바벨론식 교육을 받고, 바벨론식 이름으로 불리게 되었습니다. 또한 하나님에 대한 신앙을 버리고 바벨론의 왕과 그들의 신을 섬기도록 강요받았습니다. 고대 근동에서 정복당한 백성들은 지배자들이 섬기는 신을 섬겨야만 했습니다. 그것이 지배자들의 신이 더 강하고 위대하다는 것을 인정하는 행위였습니다. 이를 거부하는 것은 죽음을 각오하는 일이었습니다.

세 친구는 금신상에 절하기를 거부했습니다. 왕이 만든 신상에 절하지 않는 자는 모두 죽임을 당할 것이나, 이들에게 그것은 중요하지 않았습니다. 이들은 곧 사람들의 눈에 띄게 되었고 시기를 받아 결국 뜨거운 불 속에 던져졌습니다. 그러나 이들은 왕 앞에서 변명하거나 목숨을 구하려 애쓰지 않았습니다. 도리어 하나님만을 향한 헌신과 믿음을 결단하고 사람들 앞에서 하나님의 위대하심을 선포했습니다.

처음에 사람들은 부정적인 시선으로 세 친구를 주목했습니다. '대체 저들이 누구이기에 왕의 명령을 거부할까?' '대체 뭔데 저렇게 뻣뻣하지?' 모두가 바라보는 앞에서 그 이유가 드러났습니다. 극렬하게 타는 풀무불도 하나님의 보호하심을 받는 세 친구를 조금도 해치지 못한 것입니다. 이제 느부갓네살이 하나님의 위대하심을 찬양합니다(단 3:28). 하나님의 영광이 높이 드러났습니다.

그렇게 하지 아니하실지라도 왕이여 우리가 왕의 신들을 섬기지도 아니하고
왕이 세우신 금 신상에게 절하지도 아니할 줄을 아옵소서(단 3:18)

● 우리 삶으로 들어가기

어려운 환경에도 굴복하지 않고 헌신한 세 친구를 하나님이 들어 쓰셨습니다. 선택을 받기 위하여 헌신한 것이 아니라, 헌신하기로 자신의 길을 선택하였기에 하나님이 그들의 중심을 축복하고 쓰신 것입니다. 헌신은 우리 인생을 하나님이 쓰실 수 있도록 내어드리는 행위입니다. 그 헌신을 통하여 하나님이 드러나고, 역사하십니다.

세상의 다른 어떤 것과도 바꿀 수 없는 유일하고 절대적인 가치를 마음에 품고, 그것을 믿는 사람은 그 가치를 위하여 자신의 삶을 바칩니다. 세 친구는 하나님 외에는 진실된 신이 없다는 것을 알았기에 죽음의 위협에도 불구하고 세상의 요구에 타협할 수 없었습니다.

하나님께 헌신하면 다음과 같은 일이 일어납니다.

첫째, 하나님의 가르침을 따라 경건한 삶을 살게 됩니다. 이전에 세상에서 잘나가던 것도 의미가 없게 느껴지고, 하나님의 일에 집중하며 절제하는 삶을 살게 됩니다.

둘째, 값을 치러야 할 수도 있습니다. 시험당하고 타협을 요구받을 수도 있습니다. 이전에 가졌던 세상의 가치들, 친구들과 멀어질 수 있습니다. 사람들은 손가락질하는 동시에, 크리스천이라서 더 높은 수준의 덕을 요구하며 시선을 집중합니다.

셋째, 하나님이 드러납니다. 경건한 사람은 하나님과 동행하는 영적인 유익을 경험하게 됩니다. 하나님이 함께하며 그 삶을 통해 역사하시기에, 세상은 헌신된 삶으로 인해 하나님을 보게 됩니다.

● 함께 나누기   - 오늘의 말씀을 묵상하며 가장 마음에 와 닿은 부분을 나눠 보세요.
                    - 교회의 사역을 위해 혹은 믿음을 유지하기 위해 헌신한 것이 있습니까?
                    - 크리스천이라서 어려움을 당한 경험이 있다면 나눠 보세요.

● 묵상노트   묵상한 내용을 가지고 기도 제목을 나누고 함께 중보하며 기도합니다.

_____

_____

29 week

솔로몬,
마음이 둘로 갈라진 사람

- 환영　　　간단한 인사와 안부를 서로 묻습니다.
　　　　　　오늘의 만남과 모임을 위해 짧게 기도합니다.

- 본문　　　열왕기상 7:8, 11:9-10

- 말씀으로 들어가기

주전 971년, 아버지 다윗을 이어 솔로몬이 이스라엘의 왕위에 올랐습니다. 통일왕국 시대 중에서도 솔로몬이 통치하던 시기는 이스라엘의 역사를 통틀어 가장 빛나던 때입니다. 하나님께 지혜를 선물받은 솔로몬은 정치, 경제 등 다방면에서 탁월한 지혜로 나라를 다스렸습니다. 건축과 국방으로 나라를 튼튼히 하였고, 주변 나라들은 더 이상 이스라엘에 위협이 되지 못했습니다. 넓은 영토와 부귀, 권세와 영광이 나라 안팎으로 드높았습니다. 뿐만 아니라 하나님은 솔로몬으로 하여금 성전을 건축하도록 허락하셨습니다. 7년에 걸친 건축 끝에 이스라엘은 마침내 성전을 중심으로 하나님을 섬기게 되었습니다.

솔로몬은 여기서 멈추지 않습니다. 애굽의 공주와 결혼하고 그녀를 위한 궁전을 건축했습니다. 이 결혼은 애굽과 화친은 물론 권력 유지에 도움이 되었던 것 같습니다. 이후 솔로몬은 수많은 이방 여인들과 결혼하여 그들의 나라와 동맹을 맺고, 그들이 섬기는 우상을 위해 예루살렘 앞산에 다양한 산당을 지어 하나님을 배반하게 됩니다. 받은 축복이 커지고 가진 것이 많아질수록 모든 것을 허락하신 하나님이 아닌 축복 그 자체에 집중하게 된 것입니다. 솔로몬은 가진 것을 지키기 위해 노력했습니다.

솔로몬이 죽은 후 이스라엘은 큰 후유증을 겪으며 남북 왕국으로 분열되고 맙니다. 하나님만 바라보던 솔로몬의 마음이 하나님과 세상을 향하여 둘로 갈라졌기 때문입니다. 성경은 이렇게 표현합니다. "솔로몬이 마음을 돌려 이스라엘의 하나님 여호와를 떠나므로"(왕상 11:9). 하나님과 세상 모두를 의지하려는 것은 결국 하나님을 버린 것과 같습니다. 영원하신 하나님을 떠나 유한한 인간의 방법에 자신을 의탁한 솔로몬은, 둘로 갈라진 자신의 마음과 같이 왕국을 둘로 가르게 됩니다.

솔로몬이 마음을 돌려
이스라엘의 하나님 여호와를 떠나므로…(왕상 11:9)

● 우리 삶으로 들어가기

우리가 세상의 일을 잘해 내어 이름이 드높아지는 것은 문제가 되지 않습니다. 솔로몬의 영광처럼 말입니다. 하나님께서 우리를 축복하여 높이실 수 있기 때문입니다. 우리가 여호와를 경외하며 그 이름을 기억하기를 쉬지 않을 때가 우리 인생의 황금기입니다.

그런데 우리는 때로 주객이 전도되는 생각을 하고 행동을 하곤 합니다. 하나님께서 허락하신 일이라고 생각하고 시작했지만, 어느새 물질이, 결과가 더 먼저가 되어 버릴 때가 있습니다. 아주 사소한 것부터 타협하다 보니 예배를 향한 마음이 차갑게 식어 가기도 합니다. 하나님께서 경고하시는 것이 느껴지는데도 멈추기 싫어 하나님과 씨름할 때도 있습니다. "하나님, 지금 이 일이 얼마나 중요한지 아시잖아요? 이번 한 번만 하나님이 양보하세요." "하나님, 이번 일만 잘 풀리면 열심히 봉사하겠습니다." "하나님, 이게 다 돈 많이 벌어서 헌금하고 좋은 일에 쓰려고 하는 거잖아요."

오늘 당신에게 경고하시는 하나님의 사랑을 깨닫기 바랍니다. 하나님은 솔로몬에게 경고하셨으나, 솔로몬은 마음을 돌이키기를 거부했고, 결국 자녀들에 의해 왕국이 갈라지고 말았습니다. 경고가 지나면 곤고한 날이 이르게 됩니다. 하나님께서 우리 삶의 주인임을 인정하고, 축복을 주시는 이도 하나님임을 기억하며 중심을 잃지 말아야 합니다. 우리는 세상과 하나님을 겸하여 섬길 수 없습니다.

● 함께 나누기　　　- 오늘의 말씀을 묵상하며 가장 마음에 와 닿은 부분을 나눠 보세요.
　　　　　　　　　- '절대 이것만은 잃어버리고 싶지 않은' 것이 있다면 무엇입니까?
　　　　　　　　　- 하나님이 주신 축복이 하나님보다 더 중요해진 적이 있다면 나눠 보세요.

● 묵상노트　　　　묵상한 내용을 가지고 기도 제목을 나누고 함께 중보하며 기도합니다.

_____

_____

이사야,
하나님의 신실하심을 증거한 사람

● 환영   간단한 인사와 안부를 서로 묻습니다.
                오늘의 만남과 모임을 위해 짧게 기도합니다.

● 본문   이사야 40:1

● 말씀으로 들어가기

이사야는 웃시야 때(주전 740년경)부터 아하스, 히스기야를 거쳐 므낫세의 통치 기간(주전 680년경)까지 하나님의 말씀을 전한 선지자입니다. 이사야는 아모스의 아들이며 호세아, 미가와 동시대에 활동했으며, 그 이름에는 '여호와는 구원이시다'라는 뜻을 담고 있습니다.

　이사야가 예언을 한 시기는 남·북 왕국 모두가 큰 혼돈을 겪던 때입니다. 타락한 북이스라엘은 주전 722년, 앗수르에 의해 멸망당하였고, 남유다 역시 혼란 속에서 버티고 있었습니다. 이렇게 혼란스럽고 암흑 같은 시기에 이사야와 예레미야와 같은 참된 선지자들은 이스라엘을 향하여 끊임없이 '돌아오라'는 하나님의 마음을 전달했습니다. 돌아오라는 말은 히브리어로 '슈브'인데 이사야서에서만 50회가 넘게 쓰이고 있습니다.

　이스라엘은 결국 고난의 광야 대신 절망의 광야에 들어가게 되었습니다. 거짓 선지자들은 이스라엘이 결코 고난당하지 않을 것이라고 예언했고, 고난을 피하고자 한 백성들은 이러한 거짓 예언을 신뢰했습니다. 백성들은 고난 중에 회개를 거부하고, 절망을 향해 갔습니다. 하나님이 정하신 계획을 이룰 때까지 이들은 절망 가운데서 벗어나지 못할 것입니다.

　신실하신 하나님은 이사야를 통해 이스라엘을 향한 사랑과 위로를 선포하십니다. 하나님의 말씀을 거역한 백성들에 대한 징벌과 회개를 촉구하는 메시지가 전달되었던 것과 달리, 이제는 회복을 위한 하나님의 계획과 위로의 말씀이 선포됩니다. 이사야의 생애보다 긴 역사를 다루고 있는 이사야서의 저자가 이사야뿐만이 아니었을 것이라고 보기도 합니다. 그러나 우리가 주목할 것은 이스라엘을 향한 끊임없는 하나님의 관심과 사랑이 이사야의 이름을 통해 일관되게 전달되고 있다는 사실입니다. 시대가 바뀌고 세대가 지나도 하나님은 당신의 백성을 결코 잊지 않으십니다.

여인이 어찌 그 젖 먹는 자식을 잊겠으며 자기 태에서 난 아들을 긍휼히
여기지 않겠느냐 그들은 혹시 잊을지라도 나는 너를 잊지 아니할 것이라(사 49:15)

● 우리 삶으로 들어가기

인생에는 절망스러운 순간들이 있습니다. 모두에게 잊힌 것 같고, 하나님 역
시 더 이상 나를 쳐다보지도, 기억하지도 않으시는 것처럼 느껴집니다. 이스
라엘 백성 역시 그러했을 것입니다. 오래 기다렸으나 어디서도 도움이 오지
않는 좌절과 무기력 가운데 그들은 절망했습니다. 이사야는 오늘 절망 중에
있는 우리에게 선포합니다. "하나님을 앙망하라" "신실하신 그분을 바라보라".

하나님은 당신을 앙망하는 자에게 길을 내십니다. 앙망은 히브리어로 '카바'
로, 기대하고 기다리며 바라본다는 뜻입니다. 절망의 순간에 오직 하나님을
바라보며 기대하십시오. 순종은 이처럼 여호와를 앙망하며, 우리의 삶을 쓰
실 수 있도록 내어드리는 것입니다. 하나님의 일을 한다고 하면서도 내 생각
으로 무언가를 하려 한다면 하나님의 일하심은 보이지 않을 것입니다. 우리의
힘을 빼고 하나님을 바라볼 때, 하나님께서 우리를 통하여 일하심을 보여 주십
니다.

하나님은 단 한순간도 당신의 백성을 잊거나 버려두지 않으십니다. 신앙의
선조들이 걸어온 광야를 생각하십시오. 그들이 광야를 견디고 벗어날 수 있었
던 것은 그들이 무엇을 했다거나 어떠한 자격이 있었기 때문이 아닙니다. 하
나님이 신실하신 분이기에, 하나님의 성품을 의지하여 광야를 지나갈 수 있었
습니다. 광야에 꽃을 피우시며, 사막에 길을 내시는 분, 당신을 앙망하는 자를
독수리처럼 날아오르게 하실 여호와 하나님을 기대하며 경험하는 여러분이
되시기를 축복합니다.

● 함께 나누기   - 오늘의 말씀을 묵상하며 가장 마음에 와 닿은 부분을 나눠 보세요.
                              - 앞이 보이지 않는 상황에서 하나님의 인도하심을 받은 경험을 나눠 보세요.
                              - 고난 중에 있는 가족과 지인 등에게 전할 하나님의 위로가 무엇입니까?

● 묵상노트   묵상한 내용을 가지고 기도 제목을 나누고 함께 중보하며 기도합니다.

히스기야,
잃었던 은혜를 되찾은 사람

● 환영　　　　간단한 인사와 안부를 서로 묻습니다.
　　　　　　오늘의 만남과 모임을 위해 짧게 기도합니다.

● 본문　　　　역대하 31:20-21, 32장

● 말씀으로 들어가기

히스기야는 아버지인 아하스의 뒤를 이어 유다의 13대 왕으로 즉위했습니다. 아하스는 통치 기간 동안 하나님 앞에서 악을 저지르고 우상을 섬기는 데 열심이었습니다. 하나님의 성전에 바쳐진 기구들을 우상숭배를 위해 사용할 정도였습니다. 히스기야가 아버지에 이어 왕위에 올랐을 당시 유다 왕국은 내부적으로는 우상과 사악한 죄에 물들어 있었고, 외부적으로는 세계적인 제국으로 발돋움한 앗수르에 의해 위협당하고 있었습니다.

　왕이 되자마자 히스기야는 우상의 제단을 허물고 여호와의 성전을 정결하게 했습니다. 성전을 수리하고 제사를 회복했으며, 백성이 올바른 제물과 십일조를 드릴 수 있도록 교육하고 유월절을 지키도록 명했습니다. 즉위 6년이 되던 해에 북이스라엘은 앗수르에 의해 멸망당했으나 유다에는 하나님의 축복이 임했습니다.

　하나님의 은혜가 히스기야를 떠났습니다. 앗수르 왕 산헤립이 쳐들어왔을 때, 히스기야가 하나님을 잊고 사람의 방법을 따르려 했기 때문입니다. 그는 성전과 왕궁에 있던 은과 금을 벗겨 모아서 앗수르에 바쳤지만, 그들은 물러가지 않고 도리어 하나님을 모독했습니다. 결국 앗수르는 하나님의 진노를 입어 군사들을 잃고 퇴각했으며, 하나님을 조롱하던 산헤립은 암살당했습니다.

　히스기야는 눈물로 기도함으로써 잃었던 하나님의 은혜를 되찾습니다. 앗수르의 왕이 죽은 이때는 어쩌면 히스기야에겐 전성기였을 것입니다. 39세로 한창의 나이였고, 유다를 괴롭히던 앗수르가 물러갔기 때문입니다. 그러나 그는 죽을병에 걸렸고, 하나님은 이사야를 통해 이 사실을 경고하셨습니다. 히스기야는 하나님께 엎드려 기도하며 다시금 하나님의 은혜를 회복합니다. 히스기야가 위기의 때에 모든 것의 주권자 되신 하나님을 인정하자, 하나님은 그의 기도를 들으셨고, 그의 삶의 연한에 15년을 더하여 주셨습니다.

너는 돌아가서 내 백성의 주권자 히스기야에게 이르기를 왕의 조상 다윗의 하나님
여호와의 말씀이 내가 네 기도를 들었고 네 눈물을 보았노라…(왕하 20:5)

● 우리 삶으로 들어가기

지금 이 시간, 우리 삶은 하나님과 함께하고 있는지 돌이켜 보기를 원합니다. 하나님의 은혜를 잃었어도 괜찮습니다. 히스기야에게 그러셨듯이 하나님은 울타리 안에 들어올 수 없는 우리를 위해 울타리를 넓히시는 분이며, 심판이 아니라 구원을 주시는 분이기 때문입니다.

하나님의 은혜를 잃었다면, 첫째, 하나님의 신실하심을 기억하십시오.

히스기야는 유월절을 다시 지키도록 했습니다. 출애굽의 구속 사건을 기억하며 하나님의 신실하심과 구원자 되신 속성을 기억하도록 한 것입니다. 우리는 매일 새벽예배를 드리거나, 시간을 구별하여 말씀을 읽고 묵상하며 지금까지 우리 삶에 함께하신 하나님을 기억할 수 있습니다.

둘째, 삶에 영향을 주는 죄 된 요소들을 과감하게 제하여 버리십시오.

이스라엘은 우상의 단을 훼파하고 예배를 회복했습니다. 삶에 영향을 주는 나만의 '우상'을 없애 버리고 주님의 사람임을 표시하는 삶을 사십시오. 돈이 우상이라면, 헌금 생활을 회복하여 삶의 주인이 주님이심을 확실히 할 수 있습니다.

셋째, 사람들이 조롱해도 포기하지 마십시오.

하나님이 중심이 된 삶을 살 때, 세상 사람들은 이해하지 못하고 조롱할 수 있습니다. 경건한 삶을 비웃을 것입니다. 그러나 성경의 위대한 인물들은 조롱과 비웃음 속에서 하나님의 이름을 나타냈고, 하나님은 그들의 삶을 형통케 하셨습니다.

● 함께 나누기
- 오늘의 말씀을 묵상하며 가장 마음에 와 닿은 부분을 나눠 보세요.
- 지금 이 시간, 나는 하나님의 은혜 안에 거하고 있습니까?
- 신실하게 나의 삶을 인도하고 구원해 주신 하나님과의 추억을 나눠 보세요.

● 묵상노트
묵상한 내용을 가지고 기도 제목을 나누고 함께 중보하며 기도합니다.

요시야,
좌로나 우로나 치우치지 않은 사람

- 환영   간단한 인사와 안부를 서로 묻습니다.
                   오늘의 만남과 모임을 위해 짧게 기도합니다.

- 본문   열왕기하 22:2

- 말씀으로 들어가기

요시야는 남유다의 16대 왕으로 여덟 살에 왕이 되어 31년간 통치했습니다. 열왕기서는 이전의 왕들과 비교했을 때 이례적이게도 요시야를 긍정적으로 기록하고 있습니다. 이는 요시야가 '좌우로 치우치지 아니'하며 정직한 자였기 때문입니다(왕하 22:2). 그가 왕이 된 지 18년이 되던 해에 서기관 사반으로부터 대제사장 힐기야가 성전에서 율법책을 발견했다는 것을 전해 듣습니다. 요시야는 이스라엘 백성이 하나님을 버리고 다른 신에게 분향하며 하나님을 격노하게 한 것을 옷을 찢으며 회개합니다.

    요시야는 하나님의 말씀을 읽고 말씀대로 행합니다. 하나님 이외의 모든 거짓 신상을 찍어 내고, 우상들을 향한 제사와 관행을 금지시켰습니다. 무당과 점쟁이 등을 폐하였고 그 산당과 제단을 헐어 버렸습니다. 그리고 언약책에 기록된 대로 유월절을 지켰습니다. 유월절을 지킨다는 것은 단순히 절기를 지키는 것이 아니라 믿음의 기억을 새롭게 하는 것입니다. 그들에게 역사하신 여호와 하나님을 다시 기억한다는 뜻입니다. 요시야의 마음 중심에 새겨진 율법은 곧 행동의 중심이 되었습니다.

    요시야는 개혁을 성공시키거나 완성한 사람은 아니었습니다. 그러나 하나님께서는 완전함이 아닌, 말씀을 이루고 순종하려 한 요시야의 중심을 보셨습니다. 요시야의 죽음 후 다음 왕이 된 여호아하스에 의해 유다는 다시 우상숭배의 길로 돌아갑니다. 요시야의 개혁으로 할아버지 므낫세의 악행을 뒤집지는 못한 것입니다. 그러나 힐기야에 의해 발견되고, 요시야에 의해 지켜진 율법은 남아 있었습니다. 누군가 말씀을 지켰기에 포로 생활 중에도 백성들은 메시아를 기다리고 인내하며 견딜 수 있었습니다.

요시야와 같이 마음을 다하며 뜻을 다하며 힘을 다하여 모세의 모든 율법을 따라 여호와께로 돌이킨 왕은 요시야 전에도 없었고 후에도 그와 같은 자가 없었더라
(왕하 23:25)

● 우리 삶으로 들어가기

요시야가 극찬을 받은 이유는 그의 정직함 때문입니다(왕하 22:2). 유진 피터슨은 메시지성경에서 정직을 '하나님이 원하시는 모습으로 사는 것'이라고 정의합니다. 우리가 정직하지 못한 이유는 하나님이 원하시는 모습이 아니라 '자기 눈에 옳은 대로' 살기 때문입니다. 요시야는 하나님의 말씀 앞에 서자 마땅히 해야 할 일이 보이기 시작했습니다. 정직은 하나님의 말씀 앞에서 마땅히 행할 것을 실천하는 것입니다. 사실 정직은 편안한 인생과 거리가 있습니다. 그럼에도 우리는 우리의 정직을 기쁘게 받으시고 끝내 형통하게 해주실 하나님을 믿으며 정직하게 살아야 합니다. 정직은 편하게 사는 것이 아닌, 하나님 앞에서 마땅히 할 일을 위해 모험을 감행하고 불이익을 감수하는 것입니다.

요시야가 유월절을 지킨 이유는 하나님이 역사하신 믿음의 기억을 붙잡기 위함이었습니다. 믿음의 기억은 중심을 잃고 흔들릴 때 하나님의 말씀을 기억나게 해서 우리를 지켜 줍니다. 요시야의 개혁은 믿음의 기억을 회복하고 하나님의 말씀을 마음의 중심에 놓는 것이었습니다.

하나님께서는 하나님의 말씀을 이루려 한 요시야의 중심을 보셨습니다. 신앙의 완성이 중요한 것이 아니라, 현재의 삶에서 하나님의 말씀을 이루려 애쓰는 것이 중요합니다. 주변의 모든 이가 악과 우상을 좇지만 혼자서 하나님을 붙들 때 외로움을 느낄 수 있습니다. 홀로 걷는 믿음의 길이 참 고독하게 느껴질 수 있습니다. 그러나 하나님은 우리가 하나님 때문에 눈물을 흘릴 때 우리를 찾아와 만나 주십니다. 신앙을 위해 고독하다면, 눈물을 흘리고 있다면 만나 주실 하나님을 기대하며 기뻐하십시오.

● 함께 나누기   - 오늘의 말씀을 묵상하며 가장 마음에 와 닿은 부분을 나눠 보세요.
                         - 내가 하나님 앞에서 아는 데 그치지 않고 행동해야 할 '정직'은 무엇입니까?
                         - 나의 중심을 잡아 주는 믿음의 기억이 있다면 나눠 보세요.

● 묵상노트   묵상한 내용을 가지고 기도 제목을 나누고 함께 중보하며 기도합니다.

_____

_____

예레미야,
하나님 안에서 열등감을 극복한 사람

● 환영   간단한 인사와 안부를 서로 묻습니다.
                 오늘의 만남과 모임을 위해 짧게 기도합니다.

● 본문   예레미야 1:4-10

● 말씀으로 들어가기

예레미야는 이사야와 더불어 이스라엘 역사에서 아주 중요한 위치를 차지하는 예언자입니다. 그는 요시야 13년에 부르심을 받고 시드기야 11년까지 대략 41년을 활동했습니다. 예루살렘의 멸망을 예언하고 많은 눈물을 흘리며 기도했기에 예레미야를 '눈물의 선지자'라고 부르기도 합니다. 그러나 예레미야는 하나님께 처음 소명을 받았을 때 자신이 '부족하다'고 말했습니다. 하나님께서 직접 분명하게 말씀하시는데도 예레미야는 두려워했습니다. 예레미야가 말한 "슬프도소이다"의 실제 의미는 '두렵습니다'라는 뜻입니다.

　예레미야는 하나님 앞에서 자신을 "아이"라고 말합니다. 당시 예레미야의 나이는 10대 후반에서 20대 초반이었을 것입니다. 어린 예레미야는 노련한 종교인과 정치인 앞에서 하나님의 진노를 선포하는 것이 두려웠습니다. 당시 주변 정세는 바벨론이 두각을 나타내기 전이었고, 극도로 타락하기는 했지만 요시야왕이 종교개혁을 단행하던 때였습니다. 예레미야는 거짓 예언자들이 외치는 '평강'이 대세인 사회에서 '멸망'을 외치기에는 자신이 부족한 자라고 여겼습니다.

　그러나 예레미야가 이 땅에 나오기 전부터 하나님은 예레미야를 아셨습니다. 존재의 시작부터가 우연이 아닌 하나님의 계획 가운데 있었습니다. 이때 '알다'라는 뜻으로 사용된 히브리어 원어는 '야다'입니다. 이 말은 하나님께서 단지 예레미야에 대한 정보만 가지고 계셨다는 뜻이 아니라, 좋아하고 사랑했다는 말을 포함합니다. 친밀한 관계에서 모든 것을 알았다는 뜻입니다. 하나님께서는 예레미야에 대한 청사진을 이미 가지고 있었습니다. 예레미야는 스스로를 부족하다 여겼지만, 하나님께서는 예레미야를 세워 선지자로서 필요한 은사와 능력을 주셨습니다. 하나님께서 세우고 그 역할에 필요한 능력을 채워 주셨습니다.

여호와의 말씀이 내게 임하니라 이르시되 내가 너를 모태에 짓기 전에 너를 알았고
네가 배에서 나오기 전에 너를 성별하였고 너를 여러 나라의 선지자로 세웠노라
하시기로(렘 1:4-5)

● 우리 삶으로 들어가기

우리 내면에 있는 열등감과 부족감은 하나님의 부르심 앞에서 우리를 주저하
게 만듭니다. 하나님의 부르심을 감당하지 못할 것 같다고 느끼는 부족감이
우리의 삶과 사역을 위축시킵니다. 우리가 부족감을 느끼는 이유는 삶의 근원
을 생각하지 못하기 때문입니다. 우리는 갑작스럽다고 느끼며 스스로 부족하
다고 여길지라도 하나님의 생각은 다릅니다. 하나님은 우리를 향한 청사진을
이미 갖고 계시며, 우리를 가장 잘 아십니다.

때로 소극적 패배주의는 겸손을 가장하여 나타나곤 합니다. 겸손은 귀중한
덕목입니다. 하지만 겸손이 실패에 대한 변명이나, 소명을 등한시하는 것을
정당화하는 도구가 되어선 안 됩니다. 사명은 하나님께서 권한을 우리에게 위
임하신 것입니다. 우리는 겸손하되 사명 앞에서 최선을 다해야 합니다. 하나
님께서는 '네가 가는 곳은 내가 보내는 곳이요, 네가 말하는 것은 내가 명령하
는 것'이라고 말씀하십니다. 우리는 하나님의 소명자로서 합당하게 살아야 합
니다.

우리의 두려움과 부족함을 하나님께서 채우십니다. 하나님은 할 수 없다고
말하는 예레미야의 입에 손을 내밀어 대셨습니다. 예레미야가 더 이상 부정적
인 말을 할 수 없게 막으신 것입니다. 그러고는 "내 말을 네 입에 두었노라" 하
셨습니다. 이제 예레미야의 말은 하나님의 말씀이 될 것이며, 하나님께서는
말씀을 이루실 것입니다. 하나님께서 세우셨으니 하나님께서 필요를 채워 주
십니다. 열등감을 뒤로하고 일어날 때 하나님이 우리의 필요를 채우셔서 하나
님 나라를 이루어 가십니다.

● 함께 나누기　　- 오늘의 말씀을 묵상하며 가장 마음에 와 닿은 부분을 나눠 보세요.
　　　　　　　　- 나를 향한 계획을 가지고 계신 하나님을 믿으며 소명자로 살고 있습니까?
　　　　　　　　- 나의 부족함을 채우시는 하나님을 경험한 적이 있다면 나눠 보세요.

● 묵상노트　　　묵상한 내용을 가지고 기도 제목을 나누고 함께 중보하며 기도합니다.

415

에스겔,
하나님께 질문을 받은 사람

● 환영   간단한 인사와 안부를 서로 묻습니다.
                       오늘의 만남과 모임을 위해 짧게 기도합니다.

● 본문   에스겔 37:1-3

● 말씀으로 들어가기

앗수르의 멸망과 애굽의 쇠락을 등에 지고, 바벨론이 근동 지방의 패권자로 부상하였습니다. 유다의 왕 여호야김과 그의 아들 여호야긴은 바벨론의 느부갓네살을 섬기다가 배반하여 보복을 당하였고, 예루살렘의 왕과 많은 백성들이 바벨론에 포로로 끌려 갔습니다. 예루살렘의 제사장 가문 출신으로, 제사장 훈련을 받고 있던 에스겔 역시 다른 제사장들과 함께 바벨론으로 압송되었습니다.

바벨론 포로 생활 중에 에스겔이 선지자로 부르심을 받았습니다. 포로기가 길어졌으나 백성들은 예루살렘으로 돌아갈 수 있다는 소망을 포기하지 않았습니다. 그러나 에스겔이 받은 사명은 성전과 예루살렘에 대한 심판을 선포하는 것이었습니다. 그는 백성들이 예루살렘으로 돌아갈 수 없고, 하나님께서 유다를 치실 것이라고 이야기해야만 했습니다. 심지어 당시 성전의 지도자들과 선지자들은 사이가 좋지 않았는데, 에스겔은 자신이 받은 훈련과 자라 온 성전, 함께해 온 동료들을 뒤로해야 했습니다.

에스겔은 절망의 메시지 속에서 회복을 향한 소망을 전달했습니다. 오랜 포로 생활에 지친 이스라엘 백성은 예루살렘이 완전히 파괴되었다는 소식을 듣고 절망에 빠졌습니다. 그때 하나님은 에스겔을 마른 뼈가 가득한 골짜기로 인도한 뒤 질문하십니다. "이 뼈들이 능히 살 수 있겠느냐." 심판과 멸망, 절망으로 뒤덮여 마른 뼈처럼 소생할 가망이 없어 보이는 이스라엘에게 하나님은 회복을 이야기하십니다. 남과 북이 하나가 되고, 성소와 예배가 회복되며, 하나님과 이스라엘의 관계가 회복되는 완전한 회복을 말씀하십니다.

그가 내게 이르시되 인자야 이 뼈들이 능히 살 수 있겠느냐 하시기로
내가 대답하되 주 여호와여 주께서 아시나이다(겔 37:3)

● 우리 삶으로 들어가기

이해할 수 없는 상황 속에서 하나님은 질문하십니다. 사람의 눈으로 볼 때 마른 뼈는 절망입니다. 세상은 가능성이 없는 것에 관심조차 두지 않습니다. 그러나 하나님은 이 흩어진 마른 뼈를 바라보며 질문하십니다. "인자야 이 뼈들이 능히 살 수 있겠느냐"(겔 37:3).

첫째, 하나님이 질문하실 때, 하나님의 계획이 그곳에 있음을 알아야 합니다. 하나님은 마른 뼈들을 향한 계획이 있기에 에스겔에게 질문하셨습니다. 마른 뼈와 같이 흩어진 이스라엘을 회복시키실 계획을 갖고 있다는 의미입니다. 하나님이 물으시는 그 자리에서 부흥이 시작됩니다. 생기를 불어넣어 주시면 살아납니다. 우리의 능력으로는 할 수 없습니다. 하지만 우리가 하나님이 하시는 질문의 의미를 알 때, 사망의 음침한 골짜기에 생기를 불어넣는 하나님의 역사를 기대하게 됩니다.

둘째, 하나님의 질문은 우리를 영적 성장으로 이끕니다. 하나님은 우리와 하나님의 관계에 대한 본질적인 질문을 하십니다. 인생에는 진지하게 하나님 앞에서 묻고, 대답하고, 질문하는 과정이 필요하기 때문입니다. 아담도, 베드로도, 바울이 된 사울도 질문을 받았습니다(창 3장, 요 21장, 행 9:4). 정죄하거나 질책하기 위한 질문이 아니었습니다. 스스로의 모습을 돌아보고, 하나님께로 향할 수 있도록 인도하기 위한 질문이었습니다.

● 함께 나누기   - 오늘의 말씀을 묵상하며 가장 마음에 와 닿은 부분을 나눠 보세요.
            - 어떤 상황이든 부흥과 회복의 소망을 주시는 하나님을 신뢰하고 있습니까?
            - 내 삶 혹은 주변에 하나님의 역사가 필요한 '마른 뼈의 골짜기'가 있습니까?

● 묵상노트   묵상한 내용을 가지고 기도 제목을 나누고 함께 중보하며 기도합니다.

_____

_____

오바댜, 행한 대로의 심판과 회복의 약속을 선포한 사람

- 환영 　　　　　간단한 인사와 안부를 서로 묻습니다.
　　　　　　　　오늘의 만남과 모임을 위해 짧게 기도합니다.

- 본문 　　　　　오바댜 1:15

- 말씀으로 들어가기

오바댜는 북이스라엘과 남유다가 모두 멸망한 후에 하나님의 말씀을 전한 예언자입니다. 종을 뜻하는 '오바드'와 하나님을 뜻하는 '야'가 합쳐진 이 이름의 뜻은 '하나님의 종'입니다. 하나님의 종인 오바댜가 전한 심판은 독특합니다. 나훔과 하박국, 스바냐처럼 이스라엘 민족이 나라를 잃은 슬픔에 빠져 있을 때 오바댜 역시 말씀을 선포했습니다. 그런데 그 말씀의 대상이 이스라엘이 아닌 '에돔'이었습니다.

　북이스라엘이 앗수르에 의해 무너진 뒤 남유다도 바벨론에 의해 멸망합니다. 에돔은 유다 패망의 직접적인 원인은 아닙니다. 그러나 유다가 위기에 빠졌을 때 에돔은 바벨론을 도와 더 큰 곤경에 처하게 했습니다. 에돔은 에서의 후손으로 유다와 형제의 족속이라 할 수 있습니다. 에돔은 바위가 많은 산악지대인 세일산에 살았습니다. 지형상의 이점으로 그들은 안전하고, 풍요로웠으며, 풍부한 자원과 무역으로 부를 누렸습니다. 그로 말미암아 교만해졌습니다.

　에서의 후손 에돔은 그들의 형제인 야곱의 후손 이스라엘에게 포악을 행하였습니다. 본래 유다와 에돔은 동맹을 맺은 형제 나라였습니다. 그러나 유다에 위기가 찾아오자 에돔은 유다를 돕지 않았습니다. 오히려 남은 성전의 유물을 빼앗고, 남아 있는 민족을 이방인에게 팔아넘겼습니다. 하나님께서는 유다에게 형제의 나라 에돔을 미워하지 말라고 하셨습니다. 그러나 에돔은 유다의 멸망을 즐거워하며 오히려 포악하게 행동했습니다. 이스라엘 백성은 하나님께 에돔 족속을 심판해 달라고 울부짖었습니다. 하나님께서는 오바댜의 입을 통해 에돔의 교만과 방관을 심판하시겠다 선포하면서 훗날 이스라엘에 있을 회복을 약속하십니다.

● 우리 삶으로 들어가기

모든 것에는 시작이 있습니다. 우리가 경험하는 두려움과 평화, 사랑과 증오, 행복과 불행 등도 한 '씨앗'에서 생겨난 '열매'입니다. 심판 역시 어느 날 하늘에서 떨어지는 재앙이 아닌 한 씨앗에서 시작된 열매입니다. 우리는 왜 바벨론을 통해 예루살렘을 멸망하게 하시는지 의문을 가질 필요가 없습니다. 중요한 것은 우리가 당하는 고통이 무엇 때문인지를 생각하는 것입니다. 심판과 고통의 원인을 볼 수 있는 눈이 열려야 합니다.

그러나 오늘의 심판도, 오늘의 기쁨도 다 지나가는 과정일 뿐입니다. 지나가는 시간 앞에서 우리는 하나님의 긍휼하심과 자비를 생각해야 합니다. 고통이 지나간 자리에 '회복'이 찾아옵니다. 회복의 전제 조건은 이미 망가진 상태입니다. 회복은 고쳐 주시겠다는 말이며, 새로운 일을 행하시겠다는 약속입니다. 여호와의 날이 다가오는 것은 누군가에게는 심판이겠지만, 여호와의 종인 우리에게는 회복이 가까웠음을 의미합니다. '희망'은 우리로 하여금 하나님을 바라보고 견디게 합니다.

오바댜가 지적한 에돔의 교만과 방관이 곧 우리의 모습일 수 있습니다. 또한 이미 고통 가운데 놓인 이스라엘 백성이 곧 우리일 수 있습니다. 살아온 과거를 되돌릴 수는 없지만, 회복의 하나님과 함께라면 앞날을 바로잡을 수 있습니다. 말씀 앞에서 우리를 바라보는 것은 큰 축복입니다. 말씀이 거울이 될 때 우리 삶을 교정할 수 있습니다. 인생의 답은 하나님을 하나님 되시게 하는 것입니다.

● 함께 나누기　　- 오늘의 말씀을 묵상하며 가장 마음에 와 닿은 부분을 나눠 보세요.
　　　　　　　　- 내게 찾아오신 회복의 하나님을 나눠 보세요.
　　　　　　　　- 내가 하나님 안에서 교정해야 할 것은 무엇입니까?

● 묵상노트　　　묵상한 내용을 가지고 기도 제목을 나누고 함께 중보하며 기도합니다.

_____

_____

다니엘, 하나님을 향한 믿음을 굽히지 않은 사람

36 week

- **환영**　　간단한 인사와 안부를 서로 묻습니다.
　　　　　　오늘의 만남과 모임을 위해 짧게 기도합니다.

- **본문**　　다니엘 1:8, 3:18, 4:27, 6:10

- **말씀으로 들어가기**

다니엘은 바벨론에 포로로 끌려갔지만 총리가 되어 성공한 인물로 우리에게 익숙합니다. 당시 바벨론은 남유다를 침략한 후 귀족과 지식인들을 포로로 압송해 갔습니다. 다니엘 역시 포로가 되었지만 바벨론에서도 하나님을 성실하게 섬기기로 마음을 정합니다. 그리고 느부갓네살의 꿈을 해석한 다니엘은 바벨론의 관리가 됩니다. 느부갓네살의 아들 벨사살이 왕위에 있을 때 벌어진 잔치에서 손가락이 나타나 벽에 쓴 글을 해석합니다. 그날 밤, 벨사살이 죽임을 당하고 다리오가 왕이 됩니다. 다리오는 다니엘을 세 총리 중 하나로 삼고 특별히 총애합니다.

왕의 총애를 받게 되자 주변 사람들이 다니엘을 시기해 죽이고자 모의를 했습니다. 30일 동안 왕 이외에는 누구에게도 절하지 못하도록 금령을 내리고, 이 금령을 어기는 자에겐 사자굴에 던져지는 형벌이 주어지도록 한 것입니다. 다니엘이 매일 하나님께 기도하는 자임을 알고 꾸민 계략이었습니다. 그러나 다니엘은 하나님을 향한 믿음을 굽히지 않습니다. 그는 하나님께 기도했다는 이유로 던져진 사자굴에서 구원받고, 이방 왕 다리오는 하나님께 영광을 돌리게 됩니다.

성경은 다니엘이 "다리오왕의 시대와 바사 사람 고레스왕의 시대에 형통하였더라"고 기록합니다(단 6:28). 다니엘은 바벨론 시대는 물론, 바벨론이 무너진 후 바사 시대에도 형통한 삶을 살아갑니다. 그의 형통함은 어떤 어려움 가운데서도 용기를 잃지 않는 일관성 때문에 가능했습니다. 그는 늘 하나님 앞에 설 수 있는 사람이었습니다. 하나님께 매일 감사하며 기도했던 다니엘은 하나님 앞에서 자신을 돌아볼 수 있었습니다. 총리의 자리에 올라서도 매일 하나님께 감사하며 기도한 다니엘은 용기 있게 변함없는 삶을 살 수 있었습니다.

> 다니엘이 이 조서에 왕의 도장이 찍힌 것을 알고도 자기 집에 돌아가서는 윗방에 올라가 예루살렘으로 향한 창문을 열고 전에 하던 대로 하루 세 번씩 무릎을 꿇고 기도하며 그의 하나님께 감사하였더라(단 6:10)

● 우리 삶으로 들어가기

용기는 매우 사소한 일에서부터 시작됩니다. 우리는 매 순간 '편리한 일'과 '옳은 일' 사이에서 선택을 요구받습니다. 이때 늘 깨어 있지 않으면 옳은 일을 선택하기가 어렵습니다. 크리스천으로서 지켜야 하는 일이 아주 작은 일일 수 있습니다. 하지만 그 사소함에도 용기가 필요합니다. 지금 우리는 아무런 영향력을 발휘할 수 없으며, 용기 있는 선택으로도 조롱거리가 될 수 있습니다. 그러나 누군가 옳은 일을 위해 용기를 내지 않는다면 어떤 변화도 일어나지 않습니다.

다니엘은 최고의 위치에서 얼마든지 교만할 수 있는 사람이었습니다. 하지만 그는 인생 최고의 순간에도 하나님께 매일 솔직한 기도를 드렸습니다. 기도할수록 하나님 앞에 용서를 구할 일이 많아집니다. 하나님 앞에 솔직히 나의 잘못을 고하는 것은 두렵고 어려운 일이지만 하나님께 자신을 드러내고 내어 놓을 용기가 있어야 신앙을 가질 수 있습니다. 그리스도인이 되는 데 용기가 필요하다면, 제대로 그리스도인이 되는 데는 더 큰 용기가 필요합니다.

그리스도인은 길이 아닌 목표를 보고 발걸음을 내딛는 사람입니다. 길이 보이지 않고 미래가 불투명할 때도 성령님은 우리에게 말씀하시고 인도하십니다. 성령님께 의지해 발걸음을 내딛는 것이 믿음입니다. 그럼에도 때로 성령님의 인도하심이 비합리적이게 느껴질 때가 있기에 우리에게는 용기가 필요합니다. 결국 용기 있는 사람은 매 순간 성령님의 인도를 따라 동행하는 사람입니다. 사소한 것에서부터 매일 용기를 내 하나님 앞에 서십시오. 용기 있는 자가 하나님을 기쁘시게 할 때 세상 또한 놀라게 됩니다.

● 함께 나누기   - 오늘의 말씀을 묵상하며 가장 마음에 와 닿은 부분을 나눠 보세요.
                - 내가 내야 할 사소한 용기는 무엇입니까?
                - 용기를 내어 하나님을 기쁘시게 한 경험이 있다면 나눠 보세요.

● 묵상노트   묵상한 내용을 가지고 기도 제목을 나누고 함께 중보하며 기도합니다.

_____

_____

호세아,
하나님을 힘써 알기를 외친 사람

- 환영　　　간단한 인사와 안부를 서로 묻습니다.
　　　　　　오늘의 만남과 모임을 위해 짧게 기도합니다.

- 본문　　　호세아 1:1, 6:3

- 말씀으로 들어가기

성경에는 선지자의 이름을 딴 책 16권이 있습니다. 이중 오직 호세아만이 북이스라엘 사람입니다. 그는 '브에리'의 아들로 여로보암 2세 때 활동한 선지자입니다. 호세아라는 이름은 여호수아의 본명이기도 합니다. 또 이스라엘 마지막 왕의 이름이기도 합니다. 선지자 호세아에 대한 이야기는 다른 성경에 등장하지 않으며, 그의 사회적 지위나 가정 배경 역시 우리는 알 수 없습니다.

　하나님께서는 호세아에게 음탕한 여인 고멜을 아내로 맞이하라 명하십니다. 세 자녀까지 둔 고멜은 타락하여 호세아를 떠났지만, 하나님께서는 그런 고멜을 다시 데려와 사랑하며 살라 말씀하십니다. 성경은 이스라엘과 하나님의 관계를 종종 '부부'로 묘사합니다. 그런데 이스라엘이 신랑 된 하나님을 버리고 다른 남편인 우상을 숭배했습니다. 성경은 이를 '영적인 간음'이라 말합니다. 그러나 하나님께서는 회복을 원하시며 그 마음을 호세아의 삶으로 보여주십니다.

　호세아는 하나님의 뜻을 따라 첫 아들의 이름을 '이스르엘'이라 짓습니다. 이스르엘은 호세아 시대의 왕 여로보암 2세가 속한 예후 왕조가 탄생한 곳입니다. 예후는 우상을 숭배한 아합 가문을 처단하는 혁명으로 시작한 왕조입니다. 따라서 바알을 섬긴 왕조가 심판을 받은 것처럼, 우상을 숭배하는 이스라엘도 심판을 받을 수 있다는 것을 경고하는 이름이 이스르엘입니다.

　둘째 딸의 이름은 '로루하마'입니다. 이는 '긍휼히 여김을 받지 못한다'는 뜻입니다. 이제는 용서하지 않겠다는 단호한 심판의 뜻입니다. 셋째 아들의 이름은 '로암미'입니다. 이는 '내 백성이 아니다'는 뜻입니다. 하나님은 출애굽 당시 이스라엘 백성을 '내 백성'이라 칭하셨습니다. 그러나 이제는 이스라엘이 더 이상 선택받은 백성이 아니라고 말씀하십니다. 세 자녀의 이름을 보아 이스라엘에는 모든 소망이 끊어진 것 같습니다. 하지만 그 속뜻은 하나님과의 '단절'이 아닌 '회복의 촉구'였습니다.

그러므로 우리가 여호와를 알자 힘써 여호와를 알자 그의 나타나심은 새벽 빛같이 어김없나니 비와 같이, 땅을 적시는 늦은 비와 같이 우리에게 임하시리라 하니라(호 6:3)

● 우리 삶으로 들어가기

호세아는 하나님이 계시하고 행하신 사랑을 비유적으로 보여 주는 삶을 살았습니다(메시지성경). 하나님의 부르심을 받은 예언자가 음란한 아내를 취하는 것은 율법에 반하는 큰 문제입니다. 그러나 호세아는 하나님의 마음을 알기에 하나님의 명령에 순종합니다. 하나님의 마음을 아는 제일 좋은 방법은 순종입니다. 호세아는 하나님의 마음을 힘써 알자 말하며 하나님의 명령을 따릅니다.

NIV 성경은 '힘써 알자'는 뜻으로 'acknowledge'를 사용합니다. 이는 '인정하다, 시인하다, 알다'라는 뜻입니다. '하나님에 대해' 아는 것과 '하나님을' 아는 것은 다른 문제입니다. '힘써 알자'는 말은 피상적으로 들어서 아는 지식이 아닙니다. 하나님이 어떤 분이신지 인정할 수 있도록 아는 데 힘쓰자는 말입니다. 호세아는 '지식'이라는 뜻으로 히브리어 '야다'를 사용했습니다. 이는 단순히 학습하여 아는 지식이 아니라 친밀하게 경험하여 아는 지식입니다. 머리로 아는 하나님이 아닌 가슴으로 느끼는 하나님을 뜻하는 것입니다.

하나님을 안다면 방탕한 삶을 계속해 살 수 없습니다. 하나님을 안다면 하나님께 돌아오게 됩니다. 이 때문에 호세아는 하나님을 '힘써 알자'고 외칩니다. 하나님은 자비롭고 인애하신 분입니다. 하나님의 자비를 소유하는 방법은 관계를 회복하는 것입니다. 부모가 자식에게 말하는 '연을 끊자'는 말은 마지막 호소에 가까운 절규입니다. 하나님의 심판은 늘 회복을 전제로 합니다. 하나님의 징계 이면에는 우리를 향한 하나님의 사랑이 있습니다. 우리는 이런 하나님을 힘써 알아야 합니다.

● 함께 나누기   - 오늘의 말씀을 묵상하며 가장 마음에 와 닿은 부분을 나눠 보세요.
                    - 나는 하나님의 자비와 인애를 깨닫고 있습니까?
                    - 하나님을 힘써 알기 위해 어떤 노력을 했는지 나눠 보세요.

● 묵상노트   묵상한 내용을 가지고 기도 제목을 나누고 함께 중보하며 기도합니다.

_____

_____

요나,
하나님께 동의하지 않은 사람

38
week

● 환영 　　　　　간단한 인사와 안부를 서로 묻습니다.
　　　　　　　　오늘의 만남과 모임을 위해 짧게 기도합니다.

● 본문 　　　　　요나 3:1-10, 4:11

● 말씀으로 들어가기

요나서는 우리에게 매우 친근하면서도 독특한 예언서입니다. 다른 예언서들은 하나님의 말씀을 선포하지만, 요나서는 예언자 요나에게 일어난 사건을 이야기 형식으로 풀어 나갑니다. 배를 타고 가다 폭풍을 만난 이야기, 큰 물고기 뱃속에 들어간 이야기, 결국 니느웨 성에서 하나님의 말씀을 전한 이야기, 해를 피하다 넝쿨이 말라 버리자 지쳐서 차라리 태양 아래 죽는 게 낫겠다고 하소연하는 이야기 등 어쩌면 예언자의 품위에는 맞지 않지만 매우 인간적인 이야기들이 등장하고 있습니다.

　요나의 이름은 '비둘기'라는 뜻을 가지고 있으며, 그는 예언자들 중 유일하게 이스라엘 밖에서 다른 민족에게 말씀을 전한 사람입니다. 요나는 하나님을 알지 못하는 니느웨에 가서 말씀을 전합니다. 니느웨는 이스라엘의 원수 앗수르 사람들이 살던 곳입니다. 이스라엘 백성들이 이들로 인해 많은 고통을 받았는데, 하나님께서는 요나로 하여금 이들에게 심판을 예언하라고 말씀하십니다. 이는 징벌을 위함이 아니라 죄에서 돌이키기를 원하시는 하나님의 마음입니다. 요나는 원수의 나라를 향한 하나님의 마음을 받아들일 수 없었습니다.

　요나는 하나님의 명령을 어기고 니느웨의 반대편에 위치한 오늘날 스페인의 한 도시인 '다시스'로 도망갑니다. 하지만 사람이 아무리 도망쳐도 하나님의 섭리를 벗어날 수 없습니다. 하나님이 지시한 곳과 반대쪽으로 도망가던 요나는 풍랑을 만나고, 물고기 뱃속에서 사흘을 지낸 후 결국 니느웨로 갑니다. '40일이 지나면 니느웨가 무너질 것이다'는 요나의 선포 속에는 구원이 아닌 멸망을 바라는 마음이 있었습니다. 그러나 요나의 기대와 달리 니느웨 사람들이 회개하는 역사가 일어납니다. 니느웨 사람은 물론 가축까지 회개하며 하나님의 진노를 돌이키실 것을 구합니다. 하나님의 심판과 구원은 우리의 범주를 벗어나는 범우주적인 역사관에서 일어납니다.

424

하물며 이 큰 성읍 니느웨에는 좌우를 분변하지 못하는 자가 십이만여 명이요 가축도 많이 있나니 내가 어찌 아끼지 아니하겠느냐 하시니라(욘 4:11)

● 우리 삶으로 들어가기

우리는 원하지 않은 일이 일어나면 당황합니다. 하지만 인간에게 당황스러울지라도 하나님의 계획과 섭리에서 벗어나는 것은 아닙니다. 요나 역시 그의 민족을 괴롭힌 니느웨에 하나님의 말씀을 선포하라는 말씀을 쉽사리 받아들이지 못합니다. 우리의 원수가 회개하고 하나님의 용서와 축복을 받기 원합니까, 아니면 벌 받기 원합니까? 악인은 악으로 당연한 대가를 치러야 한다고 생각하는 것이 우리의 보편적인 생각입니다.

하지만 여기에는 두 가지 오류가 있습니다. 하나는 타인을 죄인으로 보면서 자신은 죄인으로 생각하지 않는 것입니다. 죄를 자기중심적 관점에서 해석하기 때문입니다. 또 하나는 나는 하나님의 은혜와 자비를 구하면서 원수에게는 하나님의 은혜가 베풀어지는 것을 용납하지 못하는 것입니다. 우리의 편협함은 하나님의 용서와 사랑을 반쪽으로 만듭니다. 그러나 하나님의 사랑과 용서는 완전하며 우리의 이해관계를 뛰어넘습니다. 요나의 이야기는 결국 우리의 생각을 바꾸시는 하나님의 이야기입니다.

하나님께서는 세상 모든 민족을 구원하기를 원하십니다. 그리고 그 일을 '나'를 통해 이루고 싶어 하십니다. 우리에게는 하나님의 시각으로 세상을 볼 수 있는 '영적 분별력'이 필요합니다. 영적 분별력은 거룩한 사람이 되어 깨끗한 양심으로 성령의 인도하심을 받는 것입니다. 영적 분별력이 생기면 쉽게 지나치던 것들에도 민감해지고, 집착하던 것들에는 여유로워집니다. 우리는 '자기 고집'을 내려놓고 '영적 분별력'을 구해야 합니다.

● 함께 나누기   - 오늘의 말씀을 묵상하며 가장 마음에 와 닿은 부분을 나눠 보세요.
                      - 나의 이해관계를 뛰어넘는 하나님의 마음을 깨달은 경험이 있습니까?
                      - 내가 내려놓아야 할 '자기 고집'은 무엇입니까?

● 묵상노트   묵상한 내용을 가지고 기도 제목을 나누고 함께 중보하며 기도합니다.

_____

_____

하박국,
하나님께 질문한 사람

● 환영 　　　간단한 인사와 안부를 서로 묻습니다.
　　　　　　　오늘의 만남과 모임을 위해 짧게 기도합니다.

● 본문 　　　하박국 1:1-4

● 말씀으로 들어가기

주전 609년, 요시야가 죽자 유다는 다시금 혼란과 타락, 부패에 빠져들게 됩니다. 여호와를 경외한 요시야는 종교와 사회를 개혁하며 나라를 훌륭하게 이끌었지만, 그가 죽자 유다를 올바로 이끌어 갈 지도자가 더 이상 없었습니다. 정치, 도덕적 타락은 말할 것도 없고, 종교적인 타락이 극심했습니다. 백성은 점점 더 악해져서 망국적인 행위가 곳곳에서 일어났습니다. 악인들이 득세하고, 잘못된 것들이 정의를 대신합니다. 의로운 사람들이 도리어 핍박을 당합니다.

　유다의 이 같은 위기 가운데 선지자 하박국은 하나님께 질문을 합니다. 일반 소선지서의 예언자들이 하나님께로부터 받은 예언을 전달하던 것과 달리, 하박국서는 하나님과의 대화 내용을 담고 있습니다. 하박국의 예언은 이처럼 대담하게 하나님께 질문하는 것으로 시작합니다. 질문의 핵심은 '악하고 부패한 시대에 하나님의 정의가 실현되지 않는 이유는 무엇인가' '악인의 득세에도 불구하고 하나님은 어째서 침묵하시는가'였습니다. 의인을 번영하게 하시고, 악인에게는 벌을 주시는 하나님이라는, 믿음에 반하는 이 상황이 이해되지 않았던 것입니다.

　하박국의 질문에 대한 하나님의 답은 '이미 일하고 있다'였습니다. 하나님은 불의한 것을 반드시 벌주고 징계하시며, 모든 것, 심지어는 악을 통하여서도 선을 이루실 능력이 있는 분입니다. 비록 상황이 그렇지 못하다 할지라도 하나님의 성품과 능력을 믿을 때 우리는 기쁨으로 오늘을 살아갈 수 있습니다. "비록 무화과나무가 무성하지 못하며 포도나무에 열매가 없으며 감람나무에 소출이 없으며 밭에 먹을 것이 없으며 우리에 양이 없으며 외양간에 소가 없을지라도 나는 여호와로 말미암아 즐거워하며 나의 구원의 하나님으로 말미암아 기뻐하리로다"(합 3:17-18).

어찌하여 내게 죄악을 보게 하시며 패역을 눈으로 보게 하시나이까
겁탈과 강포가 내 앞에 있고 변론과 분쟁이 일어났나이다(합 1:3)

● 우리 삶으로 들어가기

우리가 알고 있는 하나님의 성품에 맞지 않은 일을 경험할 때가 있습니다. 그러면 하나님의 일하심이나 성품에 의구심을 품곤 합니다. 그러나 우리는 질문하기보다는 그냥 묻어 두거나 외면해 버릴 때가 많습니다. 신앙인으로서 하나님께 의심을 품고 질문한다는 것이 믿음이 부족한 것처럼 느껴지기 때문입니다. 그래서 묻지 않고, 체념하고 결국에는 하나님과 멀어지기도 합니다.

하나님은 질문하는 하박국과 대화하셨습니다. 어린아이는 자라면서 부모에게 수많은 질문을 합니다. 때로는 부모를 당혹스럽게 하는 질문도 있고, 대답하기 부끄러운 질문도 있습니다. 그러나 질문하는 아이를 보는 부모의 마음은 흡족합니다. 아이가 질문을 할 수 있을 만큼 자라나고 있다는 것이 기쁘고, 답을 부모에게 구할 만큼 부모를 인정하고 신뢰한다는 사실에 흡족합니다. 그래서 자신이 알고 있는 것을 아이가 이해할 수 있는 쉬운 말로 최대한 풀어 설명하려 애쓰게 됩니다.

이제 여러분이 질문할 차례입니다. 질문이 유치할까, 너무 보잘것없을까 염려하지 마십시오. 하나님께서는 여러분의 모든 질문을 소중히 여기고 성실하게 대답해 주실 것입니다.

● 함께 나누기   - 오늘의 말씀을 묵상하며 가장 마음에 와 닿은 부분을 나눠 보세요.
              - 나는 내 인생의 답을 하나님께 구하고 있습니까?
              - 내가 이해하지 못할지언정 일하고 계시는 하나님을 신뢰하고 있습니까?

● 묵상노트   묵상한 내용을 가지고 기도 제목을 나누고 함께 중보하며 기도합니다.

_____

_____

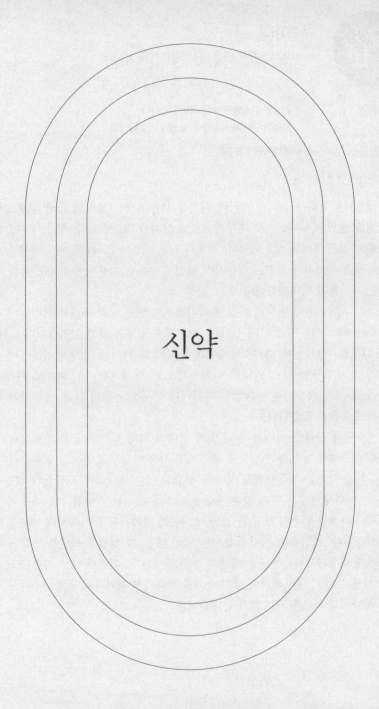

신약

마태,
맹렬한 사랑을 경험한 사람

- 환영 　　　　간단한 인사와 안부를 서로 묻습니다.
　　　　　　　오늘의 만남과 모임을 위해 짧게 기도합니다.

- 본문 　　　　마태복음 9:9-13

- 말씀으로 들어가기

주전 63년, 유다는 로마의 속국이 되었습니다. 유다는 로마의 압제 아래 고통 당했을 뿐만 아니라, 민족 내부적으로도 상처가 많았습니다. 모두가 서로를 위했던 것은 아니기 때문입니다. 세리는 같은 이스라엘 사람들에게 세금을 과도하게 부과하거나 강제로 징수하여 백성의 고통을 가중시켰습니다. 유다 사회는 세리들을 경멸했습니다.

　가버나움 지방의 변두리 마을에 레위라고도 하는 세리 마태가 있었습니다. 마태는 여느 때와 다름없이 길가에 앉아 세관 업무를 보고 있었습니다. 그런데 그곳을 지나던 예수님이 마태에게 '따르라'고 하시는 일이 벌어졌습니다. 여기서 '따르라'는 말로 번역된 '아콜루테오'는 '동행하다'라는 의미로 해석할 수 있습니다. 예수님은 천대받던 마태에게 아무것도 묻지 않고, 동반자가 되기를 요청하신 것입니다.

　예수님과 동행한 마태는 의미 있게 살다가 의미 있는 죽음을 맞이합니다. 마태는 그때까지 이룩한 것들을 포기하고 기쁜 마음으로 잔치를 열었습니다. 예수님을 모르는 자들에게도 복음을 전하고 싶은 열망에 사로잡혔기 때문입니다. 바리새인들은 믿지 않은 자들을 잔치에 초청한 마태를 비난했습니다. 그러나 마태는 멈추지 않고 한 걸음 더 나아가 마태복음을 기록하여 복음을 전파했습니다. 조건을 따지지 않는 예수님의 마음, 그 맹렬한 사랑을 경험한 마태에게 희생과 헌신, 새로운 비전이 생긴 것입니다. 이전과 다른 기준과 목표의 삶을 살던 마태는 외국에 나가 선교를 하다가 박해자들에 의해 순교함으로써 하나님의 의로운 자로 삶을 끝맺습니다.

예수께서 그곳을 떠나 지나가시다가 마태라 하는 사람이
세관에 앉아 있는 것을 보시고 이르시되 나를 따르라 하시니 일어나 따르니라(마 9:9)

● 우리 삶으로 들어가기

우리는 조건을 따지는 사랑을 합니다. 나에게 이익이 되는 사람을 만나고, 피해를 주는 사람은 만나고 싶지 않습니다. 교회에서도 크게 다르지 않습니다. 예수님의 가르침대로 살아 보려 노력하지만 마음처럼 쉽지 않습니다. 그래서 적당히 교회에서 할 만한 일을 하고, '적당히 교인다운' 행동을 합니다.

교회다운 것은 무엇일까요? 미국의 ABC방송에서 포스트모던 시대에 교회가 복음을 전하는 방식이 달라지고 있다는 주제로 '교회 같지 않은 교회' 9곳을 선정하여 만든 프로그램이 있습니다. 소개된 교회 중 '레볼루션 처치(Revolution Church)'라는 곳이 있는데, 목사인 제이 베이커(Jay Bakker)는 아무리 보아도 목사 같지 않고, 술집을 빌려 담배를 피우면서 예배를 드립니다. 도저히 교회답지 않은 곳에 교인답지 않은 사람들이 모여 말씀을 듣는데, 2~3년이 지나자 이들의 삶에 변화가 일어납니다.

예수님의 접근 방식은 '교회 같지 않은' 방식이었습니다. 레볼루션 처치의 예는 우리 눈에 파격적이고 이상해 보일 수 있습니다. 그러나 어쩌면 가장 예수님의 방식과 근접한 모습일 수도 있습니다. 예수님은 한 번도 삶의 방식을 바꾸고 당신을 좇으라고 말씀하시지 않았습니다. 그저 세리 마태를 바라보고, 부르시고, 그의 집에서 죄인들과 함께 식사를 하셨습니다. 예수님과 함께하면서 그 사랑을 받아들이는 과정에서 예수님을 영접한 사람들의 삶이 변화된 것입니다. 예수님의 조건 없는 사랑이 우리의 삶을 변화시키고, 우리 이웃의 삶을 변화시킵니다.

● 함께 나누기   - 오늘의 말씀을 묵상하며 가장 마음에 와 닿은 부분을 나눠 보세요.
               - 예수님의 맹렬한(조건 없는) 사랑을 느껴 본 경험이 있습니까?
               - 우리가 실천할 수 있는 '교회 같지 않은' 방식은 어떤 것이 있습니까?

● 묵상노트   묵상한 내용을 가지고 기도 제목을 나누고 함께 중보하며 기도합니다.

_____

_____

빌라도,
예수님의 고난과 짝지어진 사람

● 환영   간단한 인사와 안부를 서로 묻습니다.
                 오늘의 만남과 모임을 위해 짧게 기도합니다.

● 본문   마태복음 27:11-26

● 말씀으로 들어가기

빌라도는 로마제국의 유대 속주를 다스린 다섯 번째 총독입니다. '본디오'라는 말은 '본도' 지방에서 공을 세웠다는 뜻이며, '빌라도'는 '투창'이라는 어원을 가진 단어로 창을 잘 쓰는 사람이었을 것으로 추측할 수 있습니다. 빌라도는 총독으로서 자신이 맡은 지역을 평화롭게 통치하는 임무를 맡고 있었습니다. 제국으로부터 인정을 받기 위해서는 별다른 사고가 나지 않는 것이 중요했을 것입니다.

빌라도는 총독으로서 자신의 자리를 중요하게 여겼습니다. 그런데 성난 유대인들이 예수님을 데려와서는 십자가에 못 박을 것을 요구했습니다. 빌라도는 예수님에게 죄가 없다는 것을 알았고, 도리어 무리가 예수님을 시기하여 사형을 요구하고 있다는 것을 알았습니다. 심지어 빌라도의 아내가 사람을 보내어 "저 옳은 사람에게 아무 상관도 하지 마옵소서"(마 27:19)라고 경고까지 했습니다. 빌라도는 꺼림칙하면서도 민란이 날 것이 두려워 결국 예수님에게 십자가형을 선고합니다. 민란이 나면 총독인 자신이 중앙정부의 질책을 받을 것이 두려웠기 때문입니다.

빌라도는 예수님에게 고난을 준 사람으로서 역사에 남았습니다. 빌라도는 무죄한 예수님에게 고난을 주고 싶지는 않았으나, 자신의 명예와 안위가 더 중요했습니다. 그 때문에 빌라도는 지금까지 위대한 총독이 아닌 예수님께 고난을 준 인물로 그 이름이 기억되고 있습니다. 예수님의 죽으심과 부활, 구속의 역사는 필연적인 것이었습니다. 하지만 예수님의 고난과 짝을 이루는 사람이 반드시 빌라도일 필요는 없었습니다. 빌라도는 자신이 책임지지 않는 방향의 선택을 했지만, 결국 예수님의 고난과 짝을 이뤄 불리는 사람이 되었습니다. "본디오 빌라도에게 고난을 받아 십자가에 못 박혀 죽으시고."

빌라도가 아무 성과도 없이 도리어 민란이 나려는 것을 보고 물을 가져다가
무리 앞에서 손을 씻으며 이르되 이 사람의 피에 대하여 나는 무죄하니
너희가 당하라(마 27:24)

● 우리 삶으로 들어가기

우리는 일상을 살아가면서 크고 작은 선택을 수없이 했습니다. 이때 선택의
기준은 무엇이어야 할까요? 우리 모두 빌라도와 크게 다르지 않을 것입니다.
악한 일에 얽히고 싶지도, 손해 보는 일에 굳이 나서고 싶지도 않습니다. 그러
나 성경은 하나님보다 자신을 우선시하는 것을 '불의'하다고 정의합니다. 자신
이 우선이 되면 하나님을 외면하게 되고, 점차 하나님을 의식하지 않고 살게
되며, 마침내 이웃에게도 무관심하게 된다는 것입니다. 불의한 일과 짝이 되
지 않으려면 하나님을 우선으로, 하나님 기준의 삶을 살아야 합니다.

하나님의 기준은 사랑입니다. 하나님은 독생자를 주실 정도로 우리를 사랑
하셨습니다. 또한 예수님은 우리를 긍휼의 눈으로 바라보시며 당신의 몸과 피
를 나눠 주셨습니다. 이처럼 크신 주님의 사랑을 아는 사람이 이 세상을 사랑
할 수 있고, 은혜를 베푸는 삶을 살 수 있습니다.

하나님은 우리를 예수를 따르는 자로 부르셔서 이웃 사랑의 책임을 우리에
게 주셨습니다. 그러므로 우리는 하나님의 사랑을 받아 그 사랑을 알고, 이 세
상으로 흘려보낼 수 있도록 이 세상을 향한 하나님의 눈과 마음을 구해야 합니
다. 세계 곳곳에는 지금 이 시간에도 전쟁과 폭력, 기근 등으로 고통당하는 이
웃들이 있습니다. 이들 모두가 예수님께서 피를 흘려 사신 우리의 형제요, 자
매라는 것을 기억해야 합니다. 사랑의 책임을 회피한다면 그 책임이 우리를
따라다닐 것이지만, 기쁘게 짊어진다면 하나님께서 은혜와 축복을 넘치도록
부어 주실 것입니다.

● 함께 나누기   - 오늘의 말씀을 묵상하며 가장 마음에 와 닿은 부분을 나눠 보세요.
                              - 옳지 않은 줄 알면서도 어쩔 수 없이 해야 했던 일이 있습니까?
                              - 이웃 사랑의 책임을 실천한 경험이 있다면 나눠 보세요.

● 묵상노트   묵상한 내용을 가지고 기도 제목을 나누고 함께 중보하며 기도합니다.

베드로,
모든 것을 내려놓은 예수님의 사람

● 환영　　　　　간단한 인사와 안부를 서로 묻습니다.
　　　　　　　　오늘의 만남과 모임을 위해 짧게 기도합니다.

● 본문　　　　　누가복음 5:11

● 말씀으로 들어가기

예수님은 실망하고 지친 베드로의 인생에 찾아오셨습니다. 시몬 베드로는 갈릴리 호수에서 물고기를 잡던 어부였습니다. 밤새 일하였으나 아무것도 잡지 못했을 때, 예수님이 다가오셨습니다. 예수님은 베드로의 배에 올라 무리에게 말씀을 전하십니다. 고기를 잡는 데 쓰여야 할 베드로의 배가 말씀의 전파 도구로 사용되었습니다. 자신이 있던 호수로 찾아오시고 자신의 배에 올라 말씀하시는 예수님으로 인해 베드로는 말씀을 듣게 되었습니다.

말씀을 마치신 예수님은 베드로에게 다시 그물을 내리라 하십니다. 이미 일을 마친 아침에 다시 그물을 던지라는 것은 전혀 합리적이지 않았습니다. 그러나 베드로는 예수님의 말씀에 항복합니다. 자발적인 선택은 아니었을지라도 예수님이 말씀하시니 다시 그물을 내립니다. 그런데 말씀에 순종하자 그물이 찢어질 만큼 고기가 잡혔습니다. 고기를 잡지 못하리라는 베드로의 상식이 깨지는 순간입니다. 주님의 명령을 따르자 새로운 세상을 보게 되었습니다.

예수님의 놀라운 기적 앞에서 베드로는 무릎을 꿇습니다. 예수님이 가장 원하시는 고백이 베드로의 입에서 나왔습니다. "주여 나를 떠나소서 나는 죄인이로소이다"(눅 5:8). 이 고백을 듣고 예수님은 베드로를 제자로 삼으십니다. 고기를 잡는 어부의 인생에 찾아와 사람의 영혼을 구원하는 더 고귀한 일을 맡기겠다고 말씀하십니다.

베드로는 모든 것을 버려두고 예수님을 따릅니다. 베드로가 예수님을 따르기로 결심했다고 그때부터 완전한 사람이 되는 것은 아닙니다. 그는 종종 자기 성질을 이기지 못해 쓰러지곤 했습니다. 하지만 하나님은 베드로의 연약함이 아닌 주님을 따르겠다는 고백을 보셨습니다. 넘어지면 일으켜 세우시고, 통곡하는 눈물을 닦아 주셨습니다. 하나님은 모든 것을 버리고 주님을 따르겠다는 베드로의 결심을 잊지 않으셨습니다.

시몬 베드로가 이를 보고 예수의 무릎 아래에 엎드려 이르되 주여 나를 떠나소서 나는 죄인이로소이다 하니(눅 5:8)

● 우리 삶으로 들어가기

주님이 우리를 찾아오시는 방법은 언제나 같습니다. 바로 직접 찾아오신다는 것입니다. '나를 따르라'는 주님의 말씀에 즉각 순종하기란 쉽지 않습니다. 내 생각의 틀을 깨는 것도, 지금까지 살아온 삶의 양식을 바꾸는 것도 어렵습니다. 하지만 놀랍게도 주님의 부르심 앞에 서면 우리가 죄인이라는 사실이 보입니다. 주님을 따르는 길은 아주 작은 걸음으로 시작합니다. 두렵고 떨리는 마음으로 내가 죄인임을 고백하는 것입니다. 회개 없는 시작은 없습니다.

예수님의 부르심은 구체적이고 실제적입니다. 우리는 지금 실천할 수 있는 작은 일에서부터 주님의 부르심에 응답할 수 있습니다. 주님이 내 안에 계시기 때문에 온유한 마음을 가지려고 하는 것, 주님의 시선으로 사람과 사물을 바라보는 것, 타인을 용납하고 인내하는 것…. 아주 작고 사소한 일에서 영적 여정이 시작됩니다. 주님은 우리에게 멀리뛰기를 요구하지 않으십니다. 아주 조심스러운 한 걸음을 바라십니다.

하나님은 도움이 필요하신 분이 아닙니다. 우리가 없어도 하나님은 이미 충분히 완벽하신 분입니다. 단지 우리를 돕기 원하시고, 사용하기 원하실 뿐입니다. 우리가 주님을 따르고 쓰임 받는 데는 자격이 필요하지 않습니다. 낙담한 인생에 찾아오시는 주님을 '모든 것' 내려놓고 따를 때 미래를 향한 기대가 시작됩니다. '모든 것'을 내려놓고 주님을 따른다는 것은 손에 쥔 것을 내려놓는다는 의미만은 아닙니다. 내 판단과 내 뜻, 내 생각을 모두 내려놓고 이제 하나님의 뜻대로 사는 것을 의미합니다.

● 함께 나누기　　- 오늘의 말씀을 묵상하며 가장 마음에 와 닿은 부분을 나눠 보세요.
　　　　　　　　- 내가 부르심에 응답하기 위해 실천할 수 있는 작은 일은 무엇입니까?
　　　　　　　　- 나의 상식과 논리가 깨어지고 보게 된 새로운 세상이 있습니까?

● 묵상노트　　　묵상한 내용을 가지고 기도 제목을 나누고 함께 중보하며 기도합니다.

_____

_____

세례 요한,
자신이 누군지를 안 사람

- **환영** 간단한 인사와 안부를 서로 묻습니다.
  오늘의 만남과 모임을 위해 짧게 기도합니다.

- **본문** 요한복음 1:19-28

- **말씀으로 들어가기**

세례 요한은 정통 제사장 가문 출신이었습니다. 아버지 사가랴는 제사장인 아비야 반열이었고, 어머니 엘리사벳은 아론의 가계였습니다. 화려한 제사장 복장으로 성전에서 말씀을 전할 수 있는 충분한 위치에 있었습니다. 하지만 세례 요한은 유대 광야를 말씀 선포의 장소로 택합니다. 약대 털옷을 입고, 가죽 띠를 두르고, 메뚜기와 석청을 먹는 생활을 합니다. 기존의 틀을 깨는 세례 요한의 모습은 대중의 이목을 끌었습니다.

그러나 세례 요한의 진가는 외모가 아닌 그가 외치는 말씀에 있었습니다. 요한은 죄의 기준이 율법이 아닌 믿음의 문제라고 선포했습니다. 당시 유대인들은 로마의 속국으로 있으면서 정치적인 메시아를 갈망하고 있었습니다. 구약의 말라기 이후 400년 동안 선지자가 나타나지 않아 말씀이 희귀하던 때이기도 했습니다. 그때 세례 요한이 나타났습니다. 유대인들은 구약성경에서 예언된 메시아가 세례 요한은 아닐까 기대했습니다. 급기야 예루살렘에서 제사장과 레위인을 선출해 요한에게 보내어 그가 메시아인지를 묻습니다. 세례 요한이 자신을 그리스도로 시인한다면 그를 주축으로 봉기가 일어날 수도 있을 만한 상황이었습니다. 당시 유대를 다스리던 헤롯이 가장 두려워한 인물이 바로 세례 요한이었습니다.

'너는 누구냐'라는 질문에 세례 요한은 즉각 자신은 그리스도가 아니라고 시인합니다. 그러자 사람들은 그에게 이스라엘의 위대한 선지자 엘리야인지 묻습니다. 세례 요한은 자신을 드높일 일말의 기회를 거절합니다. 그리고 메시아가 이 땅에 올 것을 알리는 것만으로 족하다고 말합니다. 자신이 베푸는 세례는 상징일 뿐이며, 다음에 오시는 이가 온전히 우리의 죄를 사하는 세례를 베푸실 것이라고 말합니다. 아무리 유명해졌어도 세례 요한은 자신의 한계를 알고 있었습니다. 큰 영향력을 가지고 있을지라도 구원의 능력은 그에게 없었습니다. 세례 요한은 자신의 모습을 분명하게 드러냅니다.

이르되 나는 선지자 이사야의 말과 같이 주의 길을 곧게 하라고 광야에서 외치는 자의 소리로라 하니라(요 1:23)

● 우리 삶으로 들어가기

세례 요한은 자신의 정체성을 '소리'라고 규정했습니다. 소리는 그 정체가 눈에 보이지 않습니다. 귀로 소리의 존재를 알아채지만, 그 기능이 다하고 나면 흔적도 없이 사라집니다. 그러나 세례 요한은 그냥 소리가 아닌 '외치는 소리' 였습니다. NIV 성경은 이 구절에서 calling을 사용합니다. 하나님 나라로 이끌어 가기 위한 '초청'의 의미입니다. 메시지성경은 thunder라고 표현합니다. 안타까움에 부르짖는 소리라는 의미입니다. 간절함을 가진 사명자 세례 요한은 최선을 다해 부르짖었습니다. 세례 요한은 자신의 역할을 명확히 인지하는 충실한 사명자의 표본을 우리에게 보여 줍니다.

하나님을 알면 내가 보입니다. 스스로를 바라보는 가장 정확한 방법은 하나님 앞에 선 자신을 바라보는 것입니다. 하나님 앞에 섰을 때, 내 진짜 모습을 보게 됩니다. 나 스스로 무엇을 이루었다 생각하는 자만심을 조심해야 합니다. 하나님께서는 교만을 가장 싫어하십니다. 혹여 하나님의 축복을 교만으로 인해 놓치고 있지는 않은지 자신을 돌아보십시오.

세례 요한은 자신을 한없이 낮췄습니다. 단지 주님의 신발 끈 풀기도 감당할 수 없으며, 단지 주의 길을 예비하기 위한 준비자라고 말합니다. 그러나 예수님은 세례 요한을 큰 자라 인정해 주셨습니다. 우리 인생의 가치는 하나님 앞에서 나를 바라볼 때 드러납니다. 하나님은 우리에게 하나님 때문에 자신감을 가지라고 말씀하십니다. 하나님이 원하시는 건 겸손한 모습이지 자기비하가 아닙니다. 우리는 하나님 앞에서 지극히 부족한 자이나 그런 우리를 하나님께서 인정해 주십니다.

● 함께 나누기   - 오늘의 말씀을 묵상하며 가장 마음에 와 닿은 부분을 나눠 보세요.
                              - 나는 교만에 맞서 하나님의 축복을 지키고 있습니까?
                              - 부족한 나를 인정해 주시는 하나님을 만났습니까?

● 묵상노트   묵상한 내용을 가지고 기도 제목을 나누고 함께 중보하며 기도합니다.

_____

_____

마리아,
여전히 충성한 사람

- 환영   간단한 인사와 안부를 서로 묻습니다.
  오늘의 만남과 모임을 위해 짧게 기도합니다.

- 본문   요한복음 12:1-8

- 말씀으로 들어가기

예루살렘 변두리의 초라한 마을 베다니에 마리아와 마르다, 나사로 남매가 살고 있었습니다. 베다니는 소외된 사람들이 격리되어 사는 감람산 기슭에 위치한 마을이었습니다. 이들은 부유하지도, 특별하지도 않았으며 가장인 나사로는 죽은 지 나흘이나 되었습니다. 그러나 선한 목자이신 예수님은 죽었던 나사로를 살려 주시고, 이들의 가정에 참 생명을 불어넣으셨습니다.

감동의 시간이 지나갔습니다. 예수님께서는 나사로를 살리신 이후에 마리아의 집을 떠나 에브라임에서 머무시다가 유월절 엿새 전이 되어서야 다시 베다니를 찾으셨습니다. 은혜를 경험한 당시에는 누구나 충성할 수 있습니다. 그러나 시간이 지나서도 받은 은혜를 기억하며 헌신과 감사를 바치는 것은 오로지 충성하는 자의 삶입니다. 충성은 성령을 받을 때 나타나는 현상이 아니라, 시간이 지나서 맺어야 하는 성령의 열매인 것입니다.

마리아는 충성의 열매를 맺었습니다. 옥합을 깨뜨려 예수님께 향유를 붓고, 자신의 머리카락으로 예수님의 발을 씻었습니다. 고대 근동 지방에서 향유는 지극히 귀하고 재산적 가치가 있는 것이었습니다. 그렇기에 결혼 적령기 여인들은 결혼 지참금으로 향유를 마련하고는 하였습니다. 또한 마리아의 향유는 300데나리온의 순전한 나드였는데, 1데나리온은 장정이 하루 동안 열심히 일하여 받을 수 있는 품삯이었음을 감안하면, 예수님께 부어진 향유가 마리아에게 얼마나 큰 것이었는지 알 수 있습니다.

마리아의 행동은 예수님을 향한 사랑과 신앙의 고백이었습니다. 사람들은 비난했지만, 마리아에게는 은혜를 베풀어 주신 참 목자이자 생명 되신 예수님만 보였습니다. 자신의 행복한 미래도 주님 앞에 내려놓고, 주님만 의지하고 생각하며 살겠다는 충성의 다짐이었던 것입니다. 주님께 받은 은혜를 잊지 않고 여전히 충성한 마리아의 이야기는 오늘날까지 전해지며 믿음의 사람들에게 귀감이 되고 있습니다(마 26:13).

마리아는 지극히 비싼 향유 곧 순전한 나드 한 근을 가져다가 예수의 발에 붓고
자기 머리털로 그의 발을 닦으니 향유 냄새가 집에 가득하더라 (요 12:3)

● 우리 삶으로 들어가기

충성은 성령의 열매입니다. 성령의 사람에게서만 나타날 수 있습니다. 주님을
섬기다가 때로 나의 감정이나 생각과 상관없이 희생해야 할 때가 있습니다.
아무리 말을 유창하게 해도 충성의 열매가 우리 삶을 통하여 드러나지 않는다
면 그것은 가짜 충성입니다. 마리아가 예수님의 발 앞에 향유 옥합을 깨뜨렸
을 때, 하나님은 마리아의 마음을 받으셨습니다. 결국 마리아는 평생을 주님
을 위한 삶을 살게 되었습니다.

한편, 가룟 유다는 유창한 말로 마리아를 비난했습니다. 그는 향유를 팔아
가난한 사람들에게 나눠 줘야만 했다고 허울 좋은 이야기를 했습니다. 유다에
게도 처음에는 예수님을 향한 충성된 마음이 있었을 것입니다. 그러나 예수님
이 자신이 바라던 메시아의 모습이 아니라는 것을 알았을 때 유다는 실망했습
니다. 마음이 상하고 분노하여 예수님을 팔아넘기기까지 했습니다. 자신을 제
자로 부르고 사랑해 주신 예수님의 은혜는 이미 기억 속에서 사라지고 없었습
니다. 그의 충성에는 희생과 헌신이 없었고, 열매가 없었습니다. 가짜 충성이
었던 것입니다.

하나님은 오늘도 충성하는 사람을 찾고 계십니다. 그리고 마음을 다하여 충
성의 열매를 맺는 이들을 기억하십니다. 유다의 삶이 아닌 마리아의 삶을 살
기로 결단하고, 살아내는 여러분이 되시기를 소망합니다.

● 함께 나누기   - 오늘의 말씀을 묵상하며 가장 마음에 와 닿은 부분을 나눠 보세요.
               - 내가 다시 기억해야 할 하나님의 은혜는 무엇입니까?
               - 내 기분이나 상황과 상관없이 꾸준히 충성하는 부분이 있습니까?

● 묵상노트   묵상한 내용을 가지고 기도 제목을 나누고 함께 중보하며 기도합니다.

45 week

스데반,
타협하지 않은 사람

● 환영　　　　　간단한 인사와 안부를 서로 묻습니다.
　　　　　　　　오늘의 만남과 모임을 위해 짧게 기도합니다.

● 본문　　　　　사도행전 7:51-58

● 말씀으로 들어가기

초대교회의 일곱 집사 중 한 사람인 스데반은 기독교 최초의 순교자입니다. 스데반을 돌로 친 건 다름 아닌 유대인들이었습니다. 유대인은 스스로를 율법을 믿고 따르는 사람이라고 생각했습니다. 그러나 하나님께서 보낸 선지자들을 박해한 역사가 그들에게 있었습니다. 이에 더해 예언된 메시아 예수 그리스도를 죽이는 무서운 범죄까지 저질렀습니다. 스데반이 외치는 복음은 이들의 마음을 찔렀습니다. 유대인들은 자신의 죄를 감추기 위해 분노의 화살을 스데반에게 돌렸습니다.

　스데반은 복음 앞에서 타협하지 않았습니다. 스데반을 돌로 친 자들은 예수님을 십자가에 달려 죽게 한 자들입니다. 하나님은 알지만 예수님의 말씀대로 살 때 잃을 것이 많은 그들에게 복음을 말하기란 쉽지 않았을 것입니다. 그러나 하늘을 우러러보았을 때, 스데반은 자신이 해야 할 일을 알게 되었습니다. 스데반은 하나님의 영광과 예수님이 하나님 우편에 서신 것을 보았습니다. 하나님의 영광 앞에서, 사망 권세를 이기고 승리하신 예수님 앞에서 돌에 맞는 수치와 아픔은 스데반에게 아무것도 아니었습니다.

　당시 초대교회에는 성령의 역사가 강하게 일어나고 있었습니다. 초대교회 공동체에게 스데반이 돌에 맞아 죽은 일은 돌에 맞았으나 죽지 않고 사는 일보다 더 이해하기 힘든 일이었을 것입니다. 성령께서 스데반을 순교의 자리로 이끌어 가신 이유는 분명히 있었습니다. 스데반의 순교 후 박해를 피해 흩어진 초대교회 교인들은 복음 전파의 사명을 감당했습니다. 그 순교의 자리에는 회심 전의 바울, 사울도 있었습니다. 스데반의 순교가 도화선이 되어 복음이 확장됩니다. 이 모든 일은 하나님의 섭리였습니다.

그들이 돌로 스데반을 치니 스데반이 부르짖어 이르되 주 예수여 내 영혼을 받으시옵소서
하고 무릎을 꿇고 크게 불러 이르되 주여 이 죄를 그들에게 돌리지 마옵소서
이 말을 하고 자니라(행 7:59-60)

● 우리 삶으로 들어가기

신앙을 지키는 삶은 필연적으로 세상의 가치관과 충돌할 수밖에 없습니다. 순교한 스데반도, 스데반을 돌로 친 유대인들도 하나님을 믿었습니다. 그러나 유대인들에게는 성령의 다스림이 없었습니다. 성령이 충만한 사람은 성령의 다스림 안에서 살아갑니다. 성령의 임재가 사라지면 환경에 의해 좌우될 수밖에 없습니다. 우리가 가진 생각이 하나님께서 주시는 마음인지, 아니면 살아온 관습을 지키기 위한 것인지 분별해야 합니다.

사도행전에는 스데반 순교 사건의 인과관계가 분명히 드러나 있습니다. 스데반의 순교 이후 큰 박해가 일어납니다. 그 결과, 사도 외에는 다 유대와 사마리아 모든 땅으로 흩어집니다(행 8:1). 그렇게 "예루살렘과 온 유대와 사마리아와 땅 끝까지 이르러 내 증인이 되리라"(행 1:8) 하신 예수님의 말씀이 스데반의 죽음으로 이루어지게 됩니다. 하나님의 뜻은 지연될 수는 있으나 사라지지 않습니다. 스데반의 순교는 사명 공동체를 세우기 위한 하나님의 뜻이었습니다. 밀알은 그저 썩지 않고 열매를 맺습니다.

우리의 의지가 하나님을 향하면 주변의 환경이 아닌 하나님을 보게 됩니다. 성령이 충만한 인생은 의지가 하늘을 향합니다. 절체절명의 순간에 스데반이 하늘을 우러러보자 하나님의 영광이 보였습니다. 그리고 자신이 어떻게 해야 할지를 알게 되었습니다. 아프면 피하고 싶은 것이 정상적인 반응입니다. 하지만 스데반은 의를 위해 기꺼이 그 아픔을 감내했습니다. 결말을 알면 두렵지 않습니다. 의지적으로 하나님을 바라보며 그 영광을 깨닫는다면 사명을 주저 없이 감당하게 됩니다.

● 함께 나누기   - 오늘의 말씀을 묵상하며 가장 마음에 와 닿은 부분을 나눠 보세요.
               - 나는 성령의 다스림 안에 살고 있습니까, 환경에 좌우되고 있습니까?
               - 나는 하나님을 바라보며 그 영광을 깨닫고 있습니까?

● 묵상노트   묵상한 내용을 가지고 기도 제목을 나누고 함께 중보하며 기도합니다.

_____

_____

빌립,
성령을 따라 역동적으로 움직인 사람

● 환영　　　　　간단한 인사와 안부를 서로 묻습니다.
　　　　　　　　오늘의 만남과 모임을 위해 짧게 기도합니다.

● 본문　　　　　사도행전 8:26-40

● 말씀으로 들어가기

예루살렘을 기반으로 한 예수 공동체가 유대와 사마리아로 확대되기 시작합니다. 초대교회 최초의 순교자 스데반의 죽음 후에도 복음은 멈추지 않았습니다. 빌립은 초대교회의 일곱 집사 중 한 사람으로 사마리아 성에 내려가 그리스도를 전파했습니다. 또한 사마리아에서 성령의 능력으로 귀신을 쫓고 병자를 고치는 기적을 보였습니다. 빌립은 말씀에 이끌려 광야로 향합니다. 이는 빌립을 통해 복음을 전파하려는 하나님의 계획이었습니다.

　빌립은 광야에서 우연히 에티오피아 여왕의 국고를 맡은 간다게의 마차를 보게 됩니다. 간다게는 한 나라의 재무부장관쯤 되는 사람이니 마부도, 호위도 있었을 것입니다. 쉽사리 다가갈 수 없을 그 행렬에 빌립은 성령의 말씀에 이끌려 나아갑니다. 그리고 입을 열어 인간적인 생각이 아닌 복음을 전합니다. 빌립이 성령의 음성을 따라 간다게에게 가는 과정에는 일어나서, 가라 하니, 가서 보니, 나아가라, 달려가라 등 굉장히 역동적인 단어들이 등장합니다. 성령의 역사는 역동적이고, 긍정적이며, 진취적입니다.

　간다게는 예배를 드리기 위해 예루살렘으로 향하던 길이었습니다. 흔들리는 병거 안에서 이사야서를 읽을 만큼 열심이 있던 사람입니다. 그러나 그는 자신이 읽는 것을 전혀 이해하지 못했습니다. 성령에 이끌려 복음을 전하는 빌립의 말을 듣고 병거를 멈춰 세운 그는 복음을 깨닫고 세례를 받겠다고 자청합니다. 지금까지의 삶을 멈춰서 주님을 그리스도로 시인하고 구원받은 자의 인생을 시작하게 된 것입니다. 빌립을 간다게에게 나아가게 한 것도, 간다게의 마음을 변화시킨 것도 모두 놀라운 성령의 능력이었습니다.

● 우리 삶으로 들어가기

인생은 성령의 지배를 받느냐, 그렇지 않느냐에 따라 완전히 달라집니다. 성령의 인도하심에 순종하면 성령의 역사를 경험할 수 있습니다. 우리가 삶에서 역동적인 성령을 경험하지 못하는 이유는 하나님의 인도하심이 없기 때문이 아니라, 하나님의 음성에 귀를 기울이지 않기 때문입니다. 빌립은 하나님의 음성에 귀를 기울이고 순종했습니다. 그러자 성령의 능력으로 믿음의 말을 하게 되었습니다. 우리에게 주시는 감동을 말하고 행동에 옮길 때 우리는 강력한 성령의 역사를 체험할 수 있습니다.

복음은 삶을 변화시킵니다. 간다게는 흔들리는 병거에서 이사야서를 읽을 만큼 이미 말씀을 사모하고 있었습니다. 그러나 복음을 알지 못했습니다. 빌립을 간다게에게 보내는 성령님의 마음은 안타까움이었을 것입니다. 예수님은 성경에 거하는 분이 아니라 이곳에 현존하여 역사하시는 분입니다. 복음은 우리를 향한 하나님의 사랑과 예수님의 구원 역사의 선포입니다. 그 크신 사랑과 구원을 알면 우리는 예전의 삶으로 돌아갈 수 없습니다.

복음에는 능력이 있습니다. 우리가 복음을 받은 자요, 전하는 자가 되었다면 우리 삶에도 복음의 능력이 드러나야 합니다. 최선을 다해 선행을 베풀고 인정을 받는 것은 중요합니다. 그러나 더 중요한 것은 구원받은 자로 살아가는 것입니다. 성령의 인도하심을 따라 사는 삶이 무엇인지를 보여 줄 때, 세상은 우리를 보며 복음에 대한 열망을 가지게 됩니다. 지금 내게 말씀하시는 성령의 음성에 귀를 기울이십시오. 성령에 의지해 역동적으로 나아갈 때 복음의 능력이 드러납니다.

● 함께 나누기　　- 오늘의 말씀을 묵상하며 가장 마음에 와 닿은 부분을 나눠 보세요.
　　　　　　　　- 나는 말씀을 아는 사람입니까, 복음을 아는 사람입니까?
　　　　　　　　- 나는 성령의 이끄심을 따라 역동적으로 움직이고 있습니까?

● 묵상노트　　　묵상한 내용을 가지고 기도 제목을 나누고 함께 중보하며 기도합니다.

아나니아,
불편한 부르심에도 순종한 사람

● 환영   간단한 인사와 안부를 서로 묻습니다.
                                오늘의 만남과 모임을 위해 짧게 기도합니다.

● 본문   사도행전 9:10-19

● 말씀으로 들어가기

사도 바울의 이름은 본디 사울로 그리스도인을 박해하던 사람이었습니다. 사울은 그리스도인들을 잡으러 다메섹 근처에 이르렀을 때 빛에 의해 엎드려지는 경험을 합니다. "사울아 사울아 왜 네가 나를 핍박하느냐" 하는 주님의 음성을 들은 것입니다. 사울이 행한 예수 믿는 자들에 대한 핍박은 예수님의 아픔이었습니다. 주님의 음성을 들은 사울은 눈이 먼 채로 사람들에게 이끌려 다메섹으로 들어가게 됩니다.

바로 그때 하나님의 인도하심이 선지자 아나니아에게도 일어났습니다. 하나님께서는 다메섹에 거하던 아나니아에게 환상으로 나타나 사울을 찾아가라 말씀하십니다. 아나니아는 사울이 예루살렘에서 그리스도인을 핍박하던 사람임을 여러 사람에게 들어 알고 있었습니다. 스데반을 죽이는 자리에서 결정적인 역할을 했고, 그리스도인들을 죽이러 여기까지 왔다는 것도 알았습니다. 그런 사울에게 가라니, 그 부르심이 아나니아에게는 불편했을 것입니다.

그러나 아나니아는 불편한 부르심에 순종합니다. 그리스도인들의 박해자 사울을 택하셨다는 하나님의 음성에 고집을 꺾습니다. 선지자 아나니아가 사울에게 안수하자 그는 다시 앞을 보게 되었습니다. 또 세례를 받고 박해자 사울이 사도 바울로 다시 태어나는 기적이 일어났습니다.

아나니아는 사도행전 9장에서 처음으로 등장합니다. 이후 초대교회 역사에서도 그리 중요한 역할을 감당하지는 않았습니다. 하지만 아나니아가 있었기에 사도 바울은 박해자에서 위대한 복음의 전파자로 변화했습니다. 이 모든 일은 아나니아가 들어 아는 자신의 지식을 따르지 않고, 불편한 부르심에 순종했기에 일어난 일이었습니다.

아나니아가 떠나 그 집에 들어가서 그에게 안수하여 이르되 형제 사울아
주 곧 네가 오는 길에서 나타나셨던 예수께서 나를 보내어 너로 다시 보게 하시고
성령으로 충만하게 하신다 하니(행 9:17)

● 우리 삶으로 들어가기

아나니아가 느낀 불편함은 성경에 나오는 대부분의 인물들이 부르심을 받고 느낀 감정과 다르지 않습니다. 모세는 부르심 앞에서 하나님이 누구신지 물으며 피해 갈 이유를 찾았습니다. 기드온은 하나님을 믿으면서도 부르심을 신뢰하지 못해 기적을 계속 요구했습니다. 부르심을 피해 도망간 요나와 같은 사람도 있습니다. 이처럼 하나님의 부르심은 우리를 순종의 기로로 내몹니다. 부르심을 평안하게 만드는 것은 순종입니다. 부르심 앞에서 내 경험과 지식으로 고집을 부리고 있지는 않은지 내 감정과 생각의 출처를 돌아봐야 합니다.

성령께서 주시는 마음의 감동을 다 행하기란 쉽지 않습니다. 감동의 시간이 지나고 나면 곧 의구심이 고개를 들기 때문입니다. 그러나 순종하지 않으면 어떤 결과도 기대할 수 없습니다. 말씀에 순종할 때 눈이 먼 박해자 사울이 다시 앞을 보고 세례를 받은 것처럼 기적이 일어납니다. 또 순종은 사람을 세우는 역할을 합니다. 아나니아의 순종으로 사울이 바울로 변화되었기에 위대한 사도가 탄생할 수 있었습니다.

하나님께는 다 계획이 있습니다. 사울의 눈을 멀게 하신 그때, 하나님은 아나니아를 준비시키셨습니다. 이처럼 우리가 예상치 못한 그 어떤 일도 다 하나님의 계획 아래 있습니다. 하나님께서는 불편한 부르심일지라도 우리를 불러 결단을 요구하십니다. 아나니아는 불편한 부르심에 순종함으로 위대한 사도 바울 탄생의 포문을 여는 족적을 남기게 되었습니다. 하나님의 완벽한 계획의 일부가 되는 방법은 바로 순종입니다.

● 함께 나누기　- 오늘의 말씀을 묵상하며 가장 마음에 와 닿은 부분을 나눠 보세요.
　　　　　　　- 나는 성령께서 마음을 감동하게 하신 대로 실천합니까?
　　　　　　　- 나에게는 불편한 부르심에 순종한 결과물이 있습니까?

● 묵상노트　　묵상한 내용을 가지고 기도 제목을 나누고 함께 중보하며 기도합니다.

_____

_____

48 week

바울,
자신의 약함을 자랑한 사람

● 환영　　　　간단한 인사와 안부를 서로 묻습니다.
　　　　　　　오늘의 만남과 모임을 위해 짧게 기도합니다.

● 본문　　　　고린도후서 12:7-10

● 말씀으로 들어가기

바울은 능력 있는 사도로 칭송받는 사람입니다. 그는 소아시아 지역에 수많은 교회를 개척했고, 병자들을 고쳤으며, 어떤 상황에서도 복음을 담대히 전했습니다. 바울은 성공적으로 사역을 감당했지만 늘 가시를 안고 살았습니다. 성경에 언급된 바울의 가시는 육체적 질병으로 추측됩니다. 복음을 위해 선교여행을 다니는 바울에게 육체적 질병은 큰 걸림돌이었을 것입니다. 바울은 육체적 질병이라는 가시를 놓고 하나님 앞에 엎드립니다.

　하나님은 바울의 기도에 응답하십니다. 그러나 바울의 가시를 제거해 주시지는 않습니다. 대신에 바울에게 있는 가시가 스스로를 높이지 않게 하려는 '하나님의 선물'임을 깨닫게 하셨습니다. 가시를 뜻하는 헬라어 '스콜로프'는 십자가라는 의미도 갖고 있습니다. 하나님의 응답을 받은 바울은 자신의 가시를 수긍할뿐더러 자랑으로 삼기로 결단합니다.

　바울은 자신의 온전함이 아닌 약함을 자랑했습니다. 문제와 약함을 자랑하는 것은 문제를 안고 사는 것과는 차원이 다른 일입니다. 오늘 바울이 쓴 편지의 수신인은 고린도교회의 교인들입니다. 타락하기 좋은 번성한 도시에서 사는 이들에게, 신앙의 박해를 경험하고 있는 교인들에게 바울은 자신의 약함을 자랑하고 드러냅니다. 약한 자만이 하나님의 도움을 받을 수 있다는 권면입니다. 약함과 능욕과 궁핍과 핍박과 곤란 위에 그리스도의 능력이 임할 것입니다.

나에게 이르시기를 내 은혜가 네게 족하도다 이는 내 능력이 약한 데서 온전하여짐이라
하신지라 그러므로 도리어 크게 기뻐함으로 나의 여러 약한 것들에 대하여 자랑하리니
이는 그리스도의 능력이 내게 머물게 하려 함이라(고후 12:9)

● 우리 삶으로 들어가기

상한 심령과 약함이 있는 자만이 능력 있는 삶을 살 수 있습니다. 예수님이 이
땅에 오셔서 말씀을 전하던 때, 예수님께로 나아온 자들은 문제가 있던 사람들
이었습니다. 예수님은 문제를 가지고 나아온 사람들을 만나 주셨습니다. 이처
럼 우리가 낮아질 때 하나님을 묵상할 수 있습니다. 하나님만이 삶의 의미가
되심을 고백할 때 그분을 우리의 주인으로 모실 수 있습니다. 반면 강퍅하고
굳은 마음에는 하나님의 말씀이 살아날 수 없습니다.

　오늘과 같은 경쟁 사회에서 약함을 인정하고 심지어 드러내라니, 얼른 와닿
지 않는 말씀입니다. 그러나 약한 자만이 하나님의 도우심을 받을 수 있습니
다. 약함을 드러내기 위해서는 인격적인 관계가 형성되어야 합니다. 가장 친
밀한 관계에서 가장 깊은 아픔을 드러낼 수 있습니다. 하나님은 바로 이런 관
계를 원하십니다. 그리고 내 아픔과 약함조차 사용하시는 하나님을 의지할 때
우리는 삶을 긍정하고 약점을 기꺼이 드러내게 됩니다. 하나님은 우리의 문제
를 고칠 능력이 충분히 있으신 분입니다. 그러나 그 문제를 고치시기 전에 우
리 스스로 하나님 앞에 문제를 드러내 놓기를 원하십니다.

　"내 은혜가 네게 족하도다." 바울이 하나님께 들은 응답입니다. 문제가 사라
지지 않는다면 문제를 안고 갈 힘을 얻는 것이 또 다른 해결 방법입니다. 가장
큰 기적은 환경이 아닌 내가 바뀌는 것입니다. 하나님은 우리의 연약함을 단점
으로 보지 않으십니다. 오히려 그 약함을 사용하여 우리의 자랑으로 변화시켜
주시는 분입니다. 하나님 안에서 약함은 수치가 아닌 자랑이 됩니다. "내 주는
강한 성이요 방패와 병기되시니 큰 환난에서 우리를 구하여 내시리로다."

● 함께 나누기　　- 오늘의 말씀을 묵상하며 가장 마음에 와 닿은 부분을 나눠 보세요.
　　　　　　　　- 나는 주님과 모든 약점을 드러내는 친밀한 관계를 형성하고 있습니까?
　　　　　　　　- 나의 연약함을 사용하시는 하나님을 알고 있습니까?

● 묵상노트　　　묵상한 내용을 가지고 기도 제목을 나누고 함께 중보하며 기도합니다.

_____

_____

도마,
의심을 딛고 증인으로 거듭난 사람

- **환영** 간단한 인사와 안부를 서로 묻습니다.
  오늘의 만남과 모임을 위해 짧게 기도합니다.

- **본문** 요한복음 20:24-29

- **말씀으로 들어가기**

예수님의 제자 도마에게는 '의심 많은'이라는 수식어가 따라붙습니다. 공생애 기간을 함께한 제자 도마는 예수님을 알고 있었습니다. 그러나 '부활의 주님'을 믿지 못했습니다. 도마가 다른 열 명의 제자들과 달리 부활한 예수님이 나타나신 현장에 없었기 때문입니다. 다른 제자들이 도마에게 "우리가 주를 보았노라"고 전했을 때, 도마는 '증거'를 보기 전까지는 부활을 믿지 않겠다고 말합니다. 예수님의 제자 도마는 목격하지 못한 부활 앞에서 믿음 없는 자의 모습을 보입니다.

도마와 달리 부활의 현장에 있던 사람들은 부활하신 예수님을 만났습니다. 슬픔에 빠진 막달라 마리아와 몇몇 여인들은 십자가 처형 이틀 후 향유를 들고 예수님의 무덤으로 향합니다. 시체가 사라진 현장에서 슬피 울던 마리아는 예수님의 음성을 듣고 바로 부활의 예수님을 깨닫습니다. 부활의 주님을 만난 후 슬픔이 기쁨으로 바뀌었습니다. 도마와 유다를 제외한 제자들은 십자가 처형 후 모여 문을 잠그고 있었습니다. 베드로가 예수님을 세 번이나 부인했던 것처럼 두려움 때문이었을 것입니다. 그러나 부활하신 주님이 찾아오셨고, 이들의 공포심 역시 기쁨으로 변화됩니다. 부활의 예수님을 만난 이들은 부활의 증인이 되었습니다.

예수님은 부활의 현장에 없던 도마를 찾아오셨습니다. 부활의 주님을 만나기 전 제자들이 닫아 둔 문처럼 닫힌 도마의 마음을 열기 위함이었습니다. 예수님은 도마에게 "평강이 있을지어다" 말씀하신 뒤 직접 손으로 십자가의 흔적을 만져 보라 하셨습니다. 도마의 확고한 신념이 깨어지는 순간입니다. 만져 보지 않으면 믿지 않겠다는 도마의 말을 주님은 알고 계셨습니다. 직접 찾아오신 예수님으로 인해 도마는 복된 사람이 되었습니다. 부활의 주님을 만난 자들의 사명이 도마에게도 동일하게 자라났습니다. 도마는 인도에까지 가서 복음을 전하다 순교한 사람이 되었습니다.

다른 제자들이 그에게 이르되 우리가 주를 보았노라 하니 도마가 이르되 내가 그의 손의 못 자국을 보며 내 손가락을 그 못 자국에 넣으며 내 손을 그 옆구리에 넣어 보지 않고는 믿지 아니하겠노라 하니라(요 20:25)

● 우리 삶으로 들어가기

도마에게는 믿음이 필요했습니다. 우리에게도 예수님에 관한 지식이 아니라 예수님에 대한 믿음이 필요합니다. 우리 인생의 스승이 되시며 구원자가 되시는 예수님을 구주로 고백하는 것은 물론, 부활하신 주님의 영광에 참예해야 합니다. 그때 우리는 하나님의 영광을 향해 달려갈 수 있습니다. 그리스도인의 길은 하나님의 영광을 바라보며 가슴 벅찬 기대로 인생을 살아가는 것입니다.

부활하신 예수님은 평강을 주십니다. 우리의 삶은 수많은 두려움 가운데 있습니다. 그러나 두려움으로 길을 잃고 방황하는 이들에게 주님은 "평강이 있을지어다"라고 말씀하십니다. 세상에서 우리가 환난을 당할지라도 담대할 수 있는 이유는 부활의 주님이 세상을 이기셨기 때문입니다(요 16:33). 현실을 부정하는 것이 아니라, 두려운 현실을 이기신 주님을 기억하라는 것입니다. 마리아와 여인들의 슬픔과 제자들의 공포를 기쁨으로 바꾸신 분이 바로 우리 예수님입니다. 길이요 진리요 생명이신 주님을 따라 살 때 두려움은 사라지고 현실을 뛰어넘는 평강이 우리에게 찾아옵니다.

예수님은 닫힌 마음의 문을 열기 위해 직접 찾아오십니다. 의심하는 도마를 내버려 두시지 않습니다. 몸소 자신을 내보이며 도마의 의심을 질책하지 않고 오히려 부활의 증인으로 삼아 주셨습니다. 부활한 예수님의 크신 사랑을 만난 도마는 이제 다른 부활의 증인들처럼 사명자의 길을 걷게 됩니다. 의심이 사라진 자리에 확신이 찾아오고 확신은 소망으로 우리를 이끕니다. 소망의 끈을 놓지 않을 때 결국 부활의 증인이 된 도마처럼 우리도 사명자가 될 수 있습니다.

● 함께 나누기   - 오늘의 말씀을 묵상하며 가장 마음에 와 닿은 부분을 나눠 보세요.
                - 나는 부활의 예수님을 알고 있습니까, 믿고 있습니까?
                - 내 마음의 문을 열기 위해 친히 찾아오신 주님에 대한 고백이 내게 있습니까?

● 묵상노트   묵상한 내용을 가지고 기도 제목을 나누고 함께 중보하며 기도합니다.

_____

_____

나다나엘,
메시아를 고대하던 사람

● 환영   간단한 인사와 안부를 서로 묻습니다.
                     오늘의 만남과 모임을 위해 짧게 기도합니다.

● 본문   요한복음 1:43-51

● 말씀으로 들어가기

예수님의 열두 제자 중 한 사람인 나다나엘은 공관복음서에서 바돌로매로 기록되어 있습니다. 요한복음은 예수님을 만난 현장을 기록하면서 나다나엘이라고 칭합니다. '빌립과 바돌로매'를 묶어 기록한 것을 보면, 나다나엘과 빌립은 친구 사이라는 것을 알 수 있습니다. 예수님을 우연히 마주한 빌립은 나다나엘을 떠올립니다. 그는 유대인들이 고대하던 메시아, 진정한 왕의 도래를 친구 나다나엘에게 전합니다.

나다나엘은 성경에 해박한 지식을 가진 사람이었습니다. 친구 빌립이 율법과 선지자가 기록한 이를 만났다 말했을 때 나다나엘은 "나사렛에서 무슨 선한 것이 날 수 있느냐"고 반문합니다. 당시 유대인들은 성경에 따라 메시아가 나사렛이 아닌 베들레헴에서 날 것이라 믿고 있었습니다(미 5:2). 비교적 큰 도시인 베들레헴이 아닌 140여 가구가 사는 작은 마을 나사렛에서 메시아가 났다는 것을 나다나엘은 받아들이지 못했습니다.

나다나엘은 빌립을 따라 예수께로 향합니다. 예수님은 다가오는 나다나엘을 보고 속에 간사한 것이 없는 참 이스라엘 사람이라고 말씀하십니다. 나다나엘은 자신을 아는 듯한 예수님께 어떻게 자신을 아는지 묻습니다. 예수님은 무화과나무 아래 있던 나다나엘을 알고 있다고 대답하십니다. 당시 경건한 이들은 무화과나무 아래에서 말씀을 묵상했습니다. 예수님은 말씀을 사모하던 나다나엘을 알고 계셨습니다. 나다나엘이 고대하던 메시아는 그의 모든 것을 알고 계신 분이었습니다. 예수님의 말씀 앞에 나다나엘이 무너집니다. 예수님이 자신이 고대하던 메시아임을, 자신의 생각보다 크신 분임을 깨닫는 영광을 얻습니다.

나다나엘이 이르되 어떻게 나를 아시나이까 예수께서 대답하여 이르시되
빌립이 너를 부르기 전에 네가 무화과나무 아래에 있을 때에 보았노라(요 1:48)

● 우리 삶으로 들어가기

좋은 친구가 필요하다면 먼저 좋은 친구가 되십시오. 메시아를 만난 뒤 같이
예수를 따르자며 나다나엘을 찾아간 빌립의 우정은 아름답습니다. 그러나 빌
립이 인생의 전환점에서 경건한 나다나엘을 떠올린 이유는 나다나엘 역시 빌
립에게 좋은 친구였기 때문일 것입니다. 하나님은 때로 친구를 사용하여 인생
의 길을 제시하십니다. "진정한 우정은 상대방이 자신에게 무엇을 해줄 수 있
느냐, 혹은 상대방이 자신의 기분을 얼마나 좋게 해주느냐를 따지는 관계가 아
니라, 서로 미덕을 기르도록 도와주는 상호 존중의 관계다"(아리스토텔레스).

주님을 만나는 방법이 모두에게 동일하지는 않습니다. 하나님을 간절히 찾
는 마음에 찾아오시는 주님이 있습니다. 반면 자신의 의지와 상관없이 설명할
수 없는 '섭리'에 의해 하나님을 만나는 경우도 있습니다. 두 만남의 방식은 다
르지만 이들이 고백하는 하나님은 동일한 한 분입니다. 중요한 것은 하나님을
만나는 방식이 아니라 그분을 향한 고백입니다. 나다나엘은 자신의 의지가 아
닌 주님의 섭리로 예수님을 만나게 되었습니다.

예수님조차 참 이스라엘 사람이라고 인정한 나다나엘은 모든 것을 아시는
주님 앞에서 여지없이 무너져 내렸습니다. 내 삶을, 나를 속속들이 알고 계시
는 주님 앞에서 내가 얼마나 하찮고 부끄러운 존재인지를 분명히 깨닫게 될 때
우리는 그분 앞에 무릎을 꿇게 됩니다. 나를 아시는 주님 앞에서 내 모든 지식,
경험, 확신이 깨어지는 순간, 삶을 바라보는 시각이 완전히 바뀌게 됩니다. 더
큰일을 보게 됩니다. 크고 비밀한 하늘의 일을 가슴에 품고 살아가는 사람으
로 거듭나게 되는 것입니다.

● 함께 나누기　　- 오늘의 말씀을 묵상하며 가장 마음에 와 닿은 부분을 나눠 보세요.
　　　　　　　　- 나는 먼저 좋은 친구가 되고 있습니까?
　　　　　　　　- 주님을 만나고 삶을 바라보는 시각이 바뀌었습니까?

● 묵상노트　　　묵상한 내용을 가지고 기도 제목을 나누고 함께 중보하며 기도합니다.

_____

_____

엠마오의 두 제자,
예수를 만나 방향을 바꾼 사람들

● 환영　　　간단한 인사와 안부를 서로 묻습니다.
　　　　　　오늘의 만남과 모임을 위해 짧게 기도합니다.

● 본문　　　누가복음 24:13-35

● 말씀으로 들어가기

예수님의 두 제자가 엠마오로 향하고 있습니다. 열두 제자에 속한 이들은 아닙니다. 그러나 예수님을 따르던 자들로 한 사람의 이름은 글로바, 나머지 한 사람은 그의 동료입니다. 엠마오는 예루살렘에서 북서쪽으로 약 12km 떨어진 곳입니다. 이들은 예루살렘이 있는 성전을 등지고 엠마오로 향하고 있습니다.

두 제자는 엠마오로 향하며 예수님에 대해 이야기합니다. 이들은 예수님이 부활하셨다는 소식을 들어 알고 있었습니다. 그러나 믿음으로 받아들이지는 못했는지 그들의 얼굴에는 슬픈 빛이 역력했습니다. 예수님을 이스라엘을 속량할 자로 믿고 따랐기에 이들에게 예수님의 죽음은 희망의 사라짐과 같았습니다. 그런 그들에게 예수님이 다가오셨습니다. 그러나 이들은 예수님을 알아보지 못했습니다. 분명 예수님을 따르던 자들임에도 불구하고 부활한 예수님을 알아채지 못했습니다.

두 제자는 예수님께 예수님에 대해 친절히 설명합니다. 예수님에 대해 알고만 있는 두 제자를 예수님은 미련하다며 질책하십니다. 그러나 지적이 예수님의 궁극적인 목표는 아니었습니다. "모세와 모든 선지자의 글로 시작하여"라는 말은 처음부터 설명하셨다는 뜻입니다. 예수님은 그들에게 자세히 예수님을 알려 주십니다.

문득 두 제자의 눈이 밝아져 예수님을 알아보게 되었습니다. 설명을 마치신 예수님은 이제 제자들의 눈에 보이지 않습니다. 그러나 '슬픔'이 가득해 옆에 계셔도 알아보지 못하던 제자들은 이제 예수님이 사라진 뒤에도 예수를 알아보는 '소망'을 갖게 되었습니다. 두 제자는 다시 예루살렘으로 향합니다. 엠마오를 향하며 의심했던 이들은 예루살렘에 돌아가 제자들에게 확신을 가지고 예수님의 부활을 전하게 되었습니다.

그들이 서로 말하되 길에서 우리에게 말씀하시고 우리에게 성경을 풀어 주실 때에
우리 속에서 마음이 뜨겁지 아니하더냐 하고(눅 24:32)

● 우리 삶으로 들어가기

신앙의 여정 중에는 흔들림이 찾아올 때가 있습니다. 슬픔과 절망이 눈을 가려 주님이 보이지 않습니다. 그런 우리를 주님은 실패라 하시지 않고 찾아와 만나 주십니다. 약속해 주시고, 설명해 주십니다. 믿음은 모르는 것을 알게 되었을 때가 아니라, 모든 답을 아시는 주님을 알게 될 때 굳건해집니다. 엠마오 제자들의 눈이 열린 것처럼 그때야 비로소 주님을 보게 됩니다.

예수님을 안다는 것은 마음의 문이 열리는 것입니다. 신앙은 피상적인 하나님과의 관계를 말하지 않습니다. 진정한 신앙은 하나님과의 인격적인 만남입니다. 하나님은 우리의 굳어 버린 마음을 풀어 주십니다. 그때 우리 마음은 다시 뜨거워집니다. 은혜를 깨달은 사람은 다시 인생의 소망을 향해 나아갑니다. 인생의 소망이 생긴 사람은 인생을 긍정적으로 바라볼 수 있습니다. 어제의 슬픔은 잊고 주님이 주시는 소망으로 다시 일어서는 것입니다.

엠마오로 향하던 두 제자가 그대로 엠마오에 정착했다면, 육신으로는 편안함을 누렸을지도 모릅니다. 그러나 예수님을 만나 살아갈 이유와 기쁨을 얻은 그들은 방향을 바꿔 예루살렘으로 향했습니다. 예루살렘에서는 엠마오에서와 달리 복음을 전하다 박해를 받고 고통스러운 삶을 살게 될 것입니다. 교회의 위기는 교회에 사람이 없는 것이 아닙니다. 교회에 있는 사람들이 주님을 만나지 못하고 삶을 바꾸지 못한다면 그것이 진짜 위기입니다. 진정 예수를 믿고 그 은혜를 안다면 삶의 방향을 바꾸지 않을 수 없습니다.

● 함께 나누기	- 오늘의 말씀을 묵상하며 가장 마음에 와 닿은 부분을 나눠 보세요. - 흔들림을 질책하지 않고 붙잡아 주시는 주님을 만났습니까? - 지금 내가 향하고 있는 곳은 엠마오입니까, 예루살렘입니까?
● 묵상노트	묵상한 내용을 가지고 기도 제목을 나누고 함께 중보하며 기도합니다.

니고데모,
영적 호기심을 가진 사람

● 환영   간단한 인사와 안부를 서로 묻습니다.
              오늘의 만남과 모임을 위해 짧게 기도합니다.

● 본문   요한복음 3:1-15

● 말씀으로 들어가기

니고데모는 당대의 기득권층이며 일반인들과 구별된 엘리트 집단인 바리새인
이었습니다. 율법을 철저하게 준수하며 종교적 생활에 열심을 다하였습니다.
또한 유대의 국회 혹은 대법원과도 같은 산헤드린 공의회의 일원이었습니다.
70인으로 구성된 산헤드린은 종교적 문제에서 진실과 거짓을 가리는 일, 거짓
선지자들을 분별하는 일을 맡아서 했습니다. 뿐만 아니라 예수님을 장례 치르
기 위해 "몰약과 침향 섞은 것을 백 리트라쯤 가지고"(요 19:39) 올 정도로 상당
한 재력가였습니다. 돈도, 권력도, 지식도, 명예도 그에게는 부족함이 없었습
니다.

그런 니고데모가 밤중에 예수님을 찾아왔습니다. 기득권을 포기하고 싶지
는 않지만, 호기심이 있던 니고데모가 구설수에 휘말리지 않기 위해 밤에 찾아
왔을 것이라고 흔히 이해합니다. 제자가 되고 싶었던 게 아니라 단순히 궁금
했을 뿐이라고 말입니다. 그러나 이 부분을 다른 관점으로 이해해 볼 수 있습
니다. 유대 랍비들은 율법을 공부하기에 가장 좋은 시간을 '밤'이라고 보았습
니다. 밤에는 방해받지 않고 오로지 율법에만 집중할 수 있어서입니다. 수많
은 사람이 예수님을 따라다녔기에, 예수님에게도 모든 일과를 마친 밤 시간이
진지한 대화를 나누기에 가장 좋은 시간이었을 것입니다.

그는 영적 호기심을 가지고 예수님께 나아왔습니다. 예수님이 행하신 표적
과 일들이 사람이 할 수 있는 일이 아니라는 것을 알았기 때문입니다. 예수님
은 그런 니고데모에게 거듭남을 이야기하십니다. 앎 너머의 믿음, 기적 너머
의 하나님 나라를 보도록 요청하신 것입니다. 이후 니고데모는 공회원들에 대
항하여 예수님을 적극 변호하고(요 7:50-52), 예수님의 시신을 장사지내는(요
19:39-40) 등 기적이 아닌 예수님을 믿고 따르게 되었습니다.

● 우리 삶으로 들어가기

예수님은 니고데모와 대화하는 중에 우리에게 잘 알려진 말씀을 전하십니다. "하나님이 세상을 이처럼 사랑하사 독생자를 주셨으니 이는 그를 믿는 자마다 멸망하지 않고 영생을 얻게 하려 하심이라"(요 3:16). 하나님은 우리를 사랑하여 예수님을 믿기만 하면 심판과 멸망이 없는 구원과 영생을 주겠다 약속하셨습니다. 여기서 우리는 니고데모와 같은 질문을 할 수 있습니다. "예수님을 어떻게 하면 믿을 수 있습니까?" "어떻게 해야 거듭날 수 있습니까?"

시작은 영적 호기심을 갖는 것입니다. 하나님이 하시는 일들이 무엇인지 관심을 가지고 볼 수 있어야 합니다. 다음에는, 차이를 알아야 합니다. 하나님께서 보여 주시는 복음의 능력이 이 땅의 권세와 어떻게 다른지 아는 것입니다. 차이를 알았다면, 그것이 가리키는 의미를 주님께 여쭈어 보아야 합니다.

표면적으로 보이는 부나 명예, 이적을 따라다니며 만족하지 마십시오. 주님께서 말씀하시는 십자가의 도를 배우고 주님께서 가리키시는 방향을 찾아야 합니다. 주님의 손끝은 하나님 나라를 가리키십니다. 마지막으로, 말씀대로 실천하며 살아야 합니다. 하나님 나라의 세계관을 따라 그분의 백성으로서 사는 것이 거듭난 삶입니다. 죄를 고백하고, 과거에서 벗어나 그리스도를 따르기로 결단하고, 나의 것을 나누며 사랑을 실천하는 여러분이 되시기를 바랍니다.

● 함께 나누기   - 오늘의 말씀을 묵상하며 가장 마음에 와 닿은 부분을 나눠 보세요.
            - 나의 일과 중 하나님 앞에 나아가기에 가장 좋은 시간은 언제입니까?
            - 나는 거듭났습니까? 혹시 거듭나지 않았다고 느낀다면 이유가 무엇입니까?

● 묵상노트   묵상한 내용을 가지고 기도 제목을 나누고 함께 중보하며 기도합니다.

_____

_____

사마리아 여인,
생수의 근원을 알게 된 사람

53 *week*

- **환영**　　　간단한 인사와 안부를 서로 묻습니다.
　　　　　　오늘의 만남과 모임을 위해 짧게 기도합니다.

- **본문**　　　요한복음 4:5-15

- **말씀으로 들어가기**

사마리아인은 유대인과 우호적 관계에 있지 않았습니다. 사마리아인은 북이스라엘 왕국이 앗수르에 의해 멸망당했을 때 포로로 끌려가지 않고 남은 백성과 사마리아를 정복한 앗수르가 외지에서 데려온 사람들과 섞여 살면서 이스라엘의 순결성을 잃게 된 사람들입니다. 사마리아인은 예루살렘에서 예배하기를 거부하는 등 유대인과 신학적 마찰을 빚었습니다. 또 역사적으로도 유대인과 대립하는 사건이 여럿 있었습니다.

　그러나 예수님은 사마리아로 향하십니다. 바로 단 한 사람, 사마리아 여인을 만나기 위해서입니다. 예수님은 사마리아의 수가라는 마을에 들어가 야곱의 우물 근처에 앉으셨습니다. 그때 사마리아 여인이 우물가로 왔고, 예수님은 그에게 물을 달라 하셨습니다. 유대인 남성이 사마리아 여성에게 말을 거는 일은 사회적 금기였습니다. 그러나 예수님은 개의치 않으셨습니다. 예수님은 갈급한 인생을 살고 있던 이 여인을 '영적 대화'로 초청하십니다.

　사마리아 여인은 예수님의 말씀을 단번에 이해하지 못했습니다. 생수의 근원을 알아채지 못한 채 물 길을 도구만을 생각했습니다. 그러나 예수님은 사마리아 여인에게 메시아가 누구인지를 알려 주십니다. 예수님이 그리스도임을 깨달은 사마리아 여인은 물을 긷기 위해 가져온 양동이를 버려두고 마을로 돌아가 그리스도를 선포합니다. 그는 더 이상 갈증을 해결하기 위한 도구나 양동이가 필요하지 않습니다. 이제 사마리아 여인은 외부에서 생수를 공급받는 것이 아니라 내면에서 솟아나는 생명수를 깨닫고 의지하게 되었습니다.

내가 주는 물을 마시는 자는 영원히 목마르지 아니하리니
내가 주는 물은 그 속에서 영생하도록 솟아나는 샘물이 되리라(요 4:14)

● 우리 삶으로 들어가기

우리의 목마름을 해결하는 방법은 바로 안식일을 지키는 것입니다. 안식일에는 신앙의 역설이 깃들어 있습니다. 인간은 갈증을 해소하기 위해 세상의 성공을 갈구합니다. 그러나 그리스도인은 안식일에 하던 모든 일을 내려놓습니다. 성공을 향해 달려가던 걸음을 멈추고 쉬는 이날을 하나님께서는 '복되고' '거룩하다' 말씀하십니다. 안식일은 우리를 목마르게 하는 세상 가치를 포기하고, 만유의 주 하나님을 따라 살아가겠다는 신앙 선언입니다.

안식일의 핵심은 우리의 '초점을 옮기는 것'입니다. 아무 일도 하지 않는 것이 안식일의 목적이 아닙니다. 일상에 여백을 만들어 하나님을 돌아보는 시간을 만드는 것이 안식일의 목적입니다. 성공이 우리 인생을 목마르게 했다면, 안식일은 마르지 않는 샘의 근원을 알려 줍니다. 하나님께서는 창조 여섯째 날에 사람을 만드시고 일곱째 날에 안식하셨습니다. 처음 창조된 인간이 경험한 것은 바로 '안식'이었습니다. 그러므로 무엇을 얻은 뒤 안식하리라는 생각은 순서가 뒤바뀐 것입니다. 하나님 안에서 먼저 안식을 얻으면 갈증을 느끼지 않을 수 있습니다.

하나님 안에서 안식을 누리는 것은 절대 '무기력'이 아닙니다. 하나님을 의지하여 모든 것을 맡기고 안식하는 일은 우리의 수고가 헛되지 않음을 믿는 일입니다. 안식 뒤 인생의 문제가 다 해결되지는 않습니다. 다만 하나님께 모든 것을 맡기는 담대한 믿음을 얻고 그 믿음으로 인생의 갈증에서 자유하게 됩니다. 우리가 진정한 생수의 근원을 찾는다면 사마리아 여인이 그런 것처럼 더 이상 목마르지 않게 될 것입니다.

● 함께 나누기　　- 오늘의 말씀을 묵상하며 가장 마음에 와 닿은 부분을 나눠 보세요.
　　　　　　　　 - 나는 일상에 여백을 만들어 하나님을 바라보고 있습니까?
　　　　　　　　 - 나는 진정한 생수의 근원을 알고 있습니까?

● 묵상노트　　　묵상한 내용을 가지고 기도 제목을 나누고 함께 중보하며 기도합니다.

_____

_____

1 《BST 성경 강해 시리즈》, IVP

2 《LAB 주석 시리즈》, 성서유니온선교회

3 《WBC 성경주석 시리즈》, 솔로몬

4 《대한기독교서회 창립 100주년 기념 성서주석 시리즈》, 대한기독교서회

5 《두란노 HOW 주석 시리즈》, 두란노아카데미

6 《엑스포지멘터리 시리즈》, 송병현, 이엠

7 《옥스포드 원어성경대전 시리즈》, 제자원, 성서교재

8 《톰 라이트 에브리원 주석 시리즈》, 톰 라이트, IVP

9 《현대성서주석 시리즈》, 한국장로교출판사

10 《호크마 종합주석》, 강병도 역, 기독지혜사

11 《갈라디아서 산책》, 권연경, 복있는사람

12 《공관복음서 이해》, 키트 F. 니클, 대한기독교출판사

13 《구약성서 이해 열 마당》, 왕대일, 새길

14 《그리스도인의 초자연적 회복력》, 존 엘드리지, 두란노

15 《다시 일어서는 목회》, 유진 피터슨, 좋은씨앗

16 《당신을 위한 로마서 1, 2》, 팀 켈러, 두란노

17 《마침내 드러난 하나님 나라》, 톰 라이트, IVP

18 《말씀에서 샘솟는 기도》, 엔조 비앙키, 분도출판사

19 《바울 평전》, 톰 라이트, 비아토르

20 《본회퍼의 시편 이해 : 기도의 책》, 디트리히 본회퍼, 홍성사

21 《브루그만의 시편사색》, 월터 브루그만, 솔로몬

22 《새로운 창조》, T. 러년, 기독교대한감리회(KMC)

23 《성경은 읽는 이와 함께 자란다》, 이연학, 성서와함께

24 《세상을 바꾼 24시간》, 아담 해밀턴, KMC

25 《시편 사색》, C. S. 루이스, 홍성사

26 《시편의 기도》, 월터 브루그만, 기독교문서선교회(CLC)

27 《시편의 깊은 세계》, 버나드 W. 앤더슨, 대한기독교서회

28 《신약개론》, 데이비드 A. 드실바, CLC

29 《예수가 바라본 하나님 나라》, 도널드 크레이빌, 복있는사람

30 《예수와 하나님 나라의 윤리》, 조경철, (감신대)성서학연구소

31 《예언자들》, 아브라함 요수아 헤셸, 삼인

32 《예언자들의 메시지》, 게르하르트 폰 라트, 비전북

33 《용서 없이 미래 없다》, 데스몬드 음필로 투투, 홍성사

34 《원복 : 창조영성 길라잡이》, 매튜 폭스, 분도출판사

35 《전도자의 질문 전도서의 해답 : 왕대일의 전도서 강해》, 왕대일, KMC

36 《특강 예레미야》, 김근주, IVP

37 《특강 이사야》, 김근주, IVP

38 《팀 켈러의 방탕한 선지자》, 팀 켈러, 두란노

39 《하느님을 읽는다 나를 읽는다》, 최안나, 성서와함께

40 《한 권으로 마스터하는 구약성경》, 헤르만 만케, 대한기독교서회

41 '하늘을 바라봐야 하는 땅', 최호균(만나교회), 나무생각(2020/11/13)

성경통독표(주 6일간 / 총 313일)

	Chapter 1			Chapter 2			Chapter 3			Chapter 4	
001	시 119	☐	027	레 11-13	☐	052	수 6-8	☐	079	삼하 22-24	☐
002	창 1-5	☐	028	레 14-16	☐	053	수 9-12	☐	080	왕상 1-2	☐
003	창 6-11	☐	029	레 17-20	☐	054	수 13-15	☐	081	왕상 3-6	☐
004	창 12-16	☐	030	레 21-24	☐	055	수 16-19	☐	082	왕상 7-8	☐
005	창 17-20	☐	031	레 25-27	☐	056	수 20-22	☐	083	왕상 9-11	☐
006	창 21-24	☐	032	민 1-4	☐	057	수 23-24	☐	084	왕상 12-14	☐
007	창 25-28	☐	033	민 5-7	☐	058	삿 1-4	☐	085	왕상 15-16	☐
008	창 29-31	☐	034	민 8-12	☐	059	삿 5-7	☐	086	왕상 17-19	☐
009	창 32-36	☐	035	민 13-15	☐	060	삿 8-10	☐	087	왕상 20-22	☐
010	창 37-40	☐	036	민 16-18	☐	061	삿 11-14	☐	088	왕하 1-4	☐
011	창 41-43	☐	037	민 19-21	☐	062	삿 15-18	☐	089	왕하 5-7	☐
012	창 44-47	☐	038	민 22-25	☐	063	삿 19-21	☐	090	왕하 8-10	☐
013	창 48-50	☐	039	민 26-30	☐	064	룻 1-4	☐	091	왕하 11-14	☐
014	출 1-4	☐	040	민 31-36	☐	065	삼상 1-3	☐	092	왕하 15-17	☐
015	출 5-8	☐	041	신 1-2	☐	066	삼상 4-7	☐	093	왕하 18-21	☐
016	출 9-12	☐	042	신 3-4	☐	067	삼상 8-12	☐	094	왕하 22-25	☐
017	출 13-15	☐	043	신 5-8	☐	068	삼상 13-15	☐	095	대상 1-2	☐
018	출 16-19	☐	044	신 9-11	☐	069	삼상 16-18	☐	096	대상 3-5	☐
019	출 20-24	☐	045	신 12-15	☐	070	삼상 19-22	☐	097	대상 6-7	☐
020	출 25-28	☐	046	신 16-20	☐	071	삼상 23-26	☐	098	대상 8-10	☐
021	출 29-32	☐	047	신 21-25	☐	072	삼상 27-31	☐	099	대상 11-14	☐
022	출 33-36	☐	048	신 26-28	☐	073	삼하 1-4	☐	100	대상 15-18	☐
023	출 37-40	☐	049	신 29-31	☐	074	삼하 5-8	☐	101	대상 19-22	☐
024	레 1-4	☐	050	신 32-34	☐	075	삼하 9-12	☐	102	대상 23-26	☐
025	레 5-7	☐	051	수 1-5	☐	076	삼하 13-15	☐	103	대상 27-29	☐
026	레 8-10	☐				077	삼하 16-18	☐			
						078	삼하 19-21	☐			

	Chapter 5			Chapter 6			Chapter 7			Chapter 8	
104	대하 1-5	☐	131	시 7-10	☐	157	시 119	☐	183	사 44-48	☐
105	대하 6-9	☐	132	시 11-17	☐	158	시 120-128	☐	184	사 49-55	☐
106	대하 10-13	☐	133	시 18-20	☐	159	시 129-135	☐	185	사 56-62	☐
107	대하 14-16	☐	134	시 21-25	☐	160	시 136-139	☐	186	사 63-66	☐
108	대하 17-20	☐	135	시 26-30	☐	161	시 140-144	☐	187	렘 1-3	☐
109	대하 21-24	☐	136	시 31-34	☐	162	시 145-150	☐	188	렘 4-6	☐
110	대하 25-28	☐	137	시 35-37	☐	163	잠 1-5	☐	189	렘 7-10	☐
111	대하 29-32	☐	138	시 38-41	☐	164	잠 6-9	☐	190	렘 11-15	☐
112	대하 33-36	☐	139	시 42-45	☐	165	잠 10-12	☐	191	렘 16-20	☐
113	스 1-4	☐	140	시 46-50	☐	166	잠 13-15	☐	192	렘 21-24	☐
114	스 5-7	☐	141	시 51-55	☐	167	잠 16-18	☐	193	렘 25-29	☐
115	스 8-10	☐	142	시 56-60	☐	168	잠 19-21	☐	194	렘 30-32	☐
116	느 1-4	☐	143	시 61-65	☐	169	잠 22-24	☐	195	렘 33-36	☐
117	느 5-7	☐	144	시 66-68	☐	170	잠 25-28	☐	196	렘 37-41	☐
118	느 8-10	☐	145	시 69-72	☐	171	잠 29-31	☐	197	렘 42-45	☐
119	느 11-13	☐	146	시 73-77	☐	172	전 1-6	☐	198	렘 46-48	☐
120	에 1-5	☐	147	시 78-79	☐	173	전 7-12	☐	199	렘 49-50	☐
121	에 6-10	☐	148	시 80-85	☐	174	아 1-4	☐	200	렘 51-52	☐
122	욥 1-5	☐	149	시 86-89	☐	175	아 5-8	☐	201	애 1-2	☐
123	욥 6-10	☐	150	시 90-94	☐	176	사 1-5	☐	202	애 3-5	☐
124	욥 11-14	☐	151	시 95-101	☐	177	사 6-12	☐	203	겔 1-5	☐
125	욥 15-19	☐	152	시 102-104	☐	178	사 13-20	☐	204	겔 6-11	☐
126	욥 20-26	☐	153	시 105-106	☐	179	사 21-27	☐	205	겔 12-15	☐
127	욥 27-31	☐	154	시 107-109	☐	180	사 28-33	☐	206	겔 16-18	☐
128	욥 32-37	☐	155	시 110-114	☐	181	사 34-39	☐	207	겔 19-21	☐
129	욥 38-42	☐	156	시 115-118	☐	182	사 40-43	☐	208	겔 22-24	☐
130	시 1-6	☐							209	겔 25-28	☐

Chapter 9			Chapter 10			Chapter 11			Chapter 12		
210	겔 29-32	☐	236	마 1-4	☐	262	요 13-15	☐	288	빌 1-4	☐
211	겔 33-36	☐	237	마 5-7	☐	263	요 16-18	☐	289	골 1-4	☐
212	겔 37-39	☐	238	마 8-10	☐	264	요 19-21	☐	290	살전 1-5	☐
213	겔 40-42	☐	239	마 11-13	☐	265	행 1-4	☐	291	살후 1-3	☐
214	겔 43-45	☐	240	마 14-17	☐	266	행 5-8	☐	292	딤전 1-6	☐
215	겔 46-48	☐	241	마 18-20	☐	267	행 9-12	☐	293	딤후 1-4	☐
216	단 1-3	☐	242	마 21-23	☐	268	행 13-15	☐	294	딛 1-3	☐
217	단 4-6	☐	243	마 24-26	☐	269	행 16-19	☐	295	몬 1	☐
218	단 7-9	☐	244	마 27-28	☐	270	행 20-23	☐	296	히 1-4	☐
219	단 10-12	☐	245	막 1-4	☐	271	행 24-28	☐	297	히 5-7	☐
220	호 1-7	☐	246	막 5-8	☐	272	롬 1-4	☐	298	히 8-10	☐
221	호 8-14	☐	247	막 9-10	☐	273	롬 5-8	☐	299	히 11-13	☐
222	욜 1-3	☐	248	막 11-13	☐	274	롬 9-11	☐	300	약 1-5	☐
223	암 1-5	☐	249	막 14-16	☐	275	롬 12-16	☐	301	벧전 1-5	☐
224	암 6-9	☐	250	눅 1-2	☐	276	고전 1-4	☐	302	벧후 1-3	☐
225	옵 1	☐	251	눅 3-5	☐	277	고전 5-7	☐	303	요일 1-5	☐
226	욘 1-4	☐	252	눅 6-8	☐	278	고전 8-11	☐	304	요이 1	☐
227	미 1-7	☐	253	눅 9-11	☐	279	고전 12-14	☐	305	요삼 1	☐
228	훔 1-3	☐	254	눅 12-14	☐	280	고전 15-16	☐	306	유 1	☐
229	합 1-3	☐	255	눅 15-18	☐	281	고후 1-5	☐	307	계 1-3	☐
230	습 1-3	☐	256	눅 19-21	☐	282	고후 6-9	☐	308	계 4-7	☐
231	학 1-2	☐	257	눅 22-24	☐	283	고후 10-13	☐	309	계 8-11	☐
232	슥 1-6	☐	258	요 1-3	☐	284	갈 1-3	☐	310	계 12-14	☐
233	슥 7-11	☐	259	요 4-6	☐	285	갈 4-6	☐	311	계 15-18	☐
234	슥 12-14	☐	260	요 7-9	☐	286	엡 1-3	☐	312	계 19-22	☐
235	말 1-4	☐	261	요 10-12	☐	287	엡 4-6	☐	313	시 119	☐

이스라엘 하나님의 영광이 동쪽에서부터
오는데 하나님의 음성이 많은 물 소리 같
고 땅은 그 영광으로 말미암아 빛나니

_겔 43:2